围城内外说法律

婚姻家庭财产纠纷疑难解析

ANALYSIS OF DIFFICULTIES IN MATRIMONIAL AND FAMILY PROPERTY DISPUTES

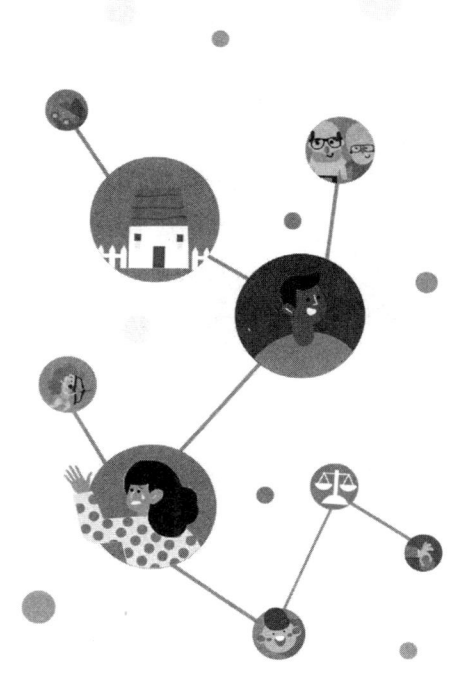

孙洪林 孙鸣民 ◎ 著

上海文化出版社

图书在版编目（CIP）数据

围城内外说法律：婚姻家庭财产纠纷疑难解析/孙洪林，孙鸣民著.—上海：上海文化出版社，2019.8

ISBN 978-7-5535-1676-9

Ⅰ.①围… Ⅱ.①孙… ②孙… Ⅲ.①婚姻家庭纠纷—处理—中国 ②家庭财产—财产权益纠纷—处理—中国 Ⅳ.①D923.904

中国版本图书馆CIP数据核字（2019）第139322号

出 版 人　姜逸青
责任编辑　王建敏
装帧设计　汤　靖

书　　名	围城内外说法律——婚姻家庭财产纠纷疑难解析
作　　者	孙洪林　孙鸣民
出　　版	上海世纪出版集团　上海文化出版社
地　　址	上海市绍兴路7号　200020
发　　行	上海文艺出版社发行中心
	上海市绍兴路50号　200020　www.ewen.co
印　　刷	上海天地海设计印刷有限公司
开　　本	890×1240　1/32
印　　张	16.25
版　　次	2019年8月第一版　2019年8月第一次印刷
书　　号	ISBN 978-7-5535-1676-9/D.007
定　　价	58.00元

告　读　者　如发现本书有质量问题请与印刷厂质量科联系 T：021-64366274

序

孙洪林律师自1997年创立上海市申房律师事务所（下称"申房"），二十多年来通过组建精良的律师团队，使申房成为以房地产及婚姻家事法律服务为特色的品牌律师事务所，为广大群众提供了优质的法律服务，赢得了良好的口碑。在专注于法律服务的同时，孙洪林律师多年来也是笔耕不辍，著有《我的房产我做主——孙洪林律师解析房产纠纷》《新民法谭——法律服务百姓的践行之路》《房屋买卖法律自助手册》《市民房产法律解答》等书。这本《围城内外说法律——婚姻家庭财产纠纷疑难解析》，即是孙洪林律师与孙鸣民律师新近撰写的大众法律普及读物。

本书分为六个部分，共二十三个小节，从结婚前的男女朋友关系到结婚后的婚姻家庭关系、夫妻离婚所涉及的各类问题，以及收养关系、继承关系等等，均有涉猎，涵盖了日常婚姻家庭生活中恋爱、结婚、离婚、收养、继承等方面较为常见、典型的法律问题。这是一部面向全社会广大人民群众的法律图书。全书文字通俗易懂、编排形式新颖，以上海市申房律师事务所承办的大量实践案例等为基础，以鲜活生动的案例故事为引导，将法律理论知识、律师诉讼技巧及法院审判思路融入其中。一个个案例情节扣人心弦、贴近生活，深入浅出地为读者普及法律基本知识，即便读者不具备法律专业基础，也能够通过阅读案例而了解乃至掌握大量日常法律知识。

法学是群众身边的实用之学，应当能够处理生活中的实际问题。本书反映了孙洪林律师、孙鸣民律师及其律师团队开阔的视野、扎实的理论功底、丰富的诉讼实务经验，也充分体现了法律规范在具体案件事实中的运用，对于广大群众面临日常法律问题寻求指引具有指导意义。编著出版面向普通读者的法律书籍，我认为这是非常难能可贵的，相信广大读者一定能够从中汲取法律知识、维护自身合法权益。

是为序。

华东政法大学校长　叶　青
2019 年 6 月

目录

第一篇 | 步入婚姻殿堂之前需要了解的法律问题

◇ 男朋友／女朋友财产纠葛之法律解决

- 3　01. 恋爱购房现分割　房屋归属法院判
- 5　02. 昔日恋人法庭见　为了房子起争执
- 7　03. 最熟悉的陌生人
- 8　04. 国外生活的弟弟，与女友上海购房，产权弟弟有份吗
- 9　05. 与男友一同购房，如何签订协议保障权益
- 10　06. 赔了女友又折房，我该怎么办
- 12　07. 恋爱期间女方借钱给男方，现男方称其为赠与，如何处理
- 14　08. 恋爱时男方出首付购房，产权登记女方，万一分手房子就归女方
- 15　09. 女方家庭出资购房，产证只写了男方的名字，女方就没有份了吗

◇ 与未婚妻／未婚夫的财产纠葛之法律解决

- 17　01. 女朋友非要产权加名，结婚不成，定金、装修等损失谁承担
- 19　02. 婚礼前一天老公意外过世，彩礼首饰要退吗
- 20　03. 婚前购婚房，产权登记女友名下，女友"劈腿"，房子可以要回来吗
- 21　04. 结婚后才发现女方不能生育，男方欲离婚，彩礼能否全部索回
- 22　05. 男方家人为购房而出资30万元，在两人离婚后男方家人能否要求返还财产
- 24　06. 面对为了房子信口雌黄的女友，怎么办
- 26　07. 被设计的同居生子

◇ 婚前财产协议法律知多少

- 29　01. 无耻的女婿
- 31　02. 与外国人签订婚前财产协议后遭遇背叛
- 33　03. 再婚前的婚前财产协议
- 34　04. 模特女儿的不幸婚姻

◇ 与同居同行的法律

37　01. 同居期间的借款到底存在吗
39　02. 同居时攒钱购房，男方能要回吗
41　03. 同居后为非婚生子买房，还可以被要回去吗
43　04. 与男友从私奔到分手
45　05. 我和老公不是事实婚姻吗
47　06. 同居给女友买房，分手可以要回来吗

◇ "假结婚""假离婚"惹出的麻烦之法律解决

49　01. 为生三胎与丈夫"假离婚"并签署离婚协议，该协议究竟是否有效
51　02. 为了多分动迁利益"假结婚"，离婚后"前妻"要主张征收利益
53　03. 为购房欲与前夫"假结婚"，风险有哪些
56　04. 我被前妻骗了两次
58　05. 从天而降的遗产争夺人
60　06. 签订协议的"假结婚"，还是出了问题
61　07. 早有预谋的妻子
63　08. "假结婚"和"真离婚"的后果

◇ 婚姻效力之法律解惑

65　01. 我是同妻，我的婚姻有效吗
67　02. 妻子与他人暗结珠胎后再与我结婚，这个婚姻有效吗
69　03. 无效婚姻解除后男方购房，女方以介绍购房为由要求分割房产是否合理
71　04. 有病的妹妹"被结婚"，婚姻登记可否撤销

第二篇 | 关于离婚、再婚、复婚

◇ 围城内的法律保护

77　01. 离婚应自由　赠与不撤销
78　02. 登记在岳父母名下的房屋女婿到底有份吗
80　03. 夫妻未离婚　房屋已过户
82　04. 丈夫售房给妹妹　妻子起诉确共有
83　05. 动迁安置房，我也可以成为产权人
85　06. 丈夫让患病弟弟成了共有人，妻子不知情

86	07. 怎么能保住这两处房产
87	08. 爱上一个没良心的男人
91	09. 婚前动迁安置，婚后购买产权的归属
92	10. 步步为营的抢房之路
94	11. 丈夫瞒着我把房子转给侄子，我的权益在哪里
95	12. 丈夫擅自转给他人巨额"分手费"，事后妻子能否追回

98	◇ **离婚之法律面面观**
98	01. 结婚离婚须谨慎　法院调解分房屋
99	02. 原配夫妻的第一次离婚诉讼
101	03. 婚房的归属
103	04. 80 后夫妻的房屋之争
104	05. 夫妻一场不容易　为了离婚上法院
106	06. 借条和字据引发的离婚诉讼
108	07. 离婚还要给我补偿款
109	08. 得到了抚养权，保住了房屋
110	09. 离婚中的债务归属
112	10. 几经诉讼终离婚　法院调解化矛盾
113	11. 离婚　分家
115	12. 加了名字的离婚产权分割
116	13. 离婚不是那么简单
118	14. 产权登记不是我　离婚仍可要补偿
119	15. 离家　离婚
121	16. 患有抑郁症的丈夫非要离婚
122	17. 丈夫隐瞒我婚前有孩子，婚后有小三，我要离婚
125	18. 漂亮老婆靠不住
127	19. 要离婚，我丈夫竟然用落户威胁我
129	20. 闪婚后的离婚
132	21. 外来媳妇不回家，可以单方面解除婚姻关系吗
133	22. 孩子未出生　丈夫却出轨
135	23. 只顾娘家的妻子

138	◇ **离婚分家产之法律说**
138	01. 买房手续由公公代办只写了丈夫一人名字，若离婚该房如何分割

140	02. 不孕妻子的不幸婚姻
143	03. "功利婚姻"的结束
144	04. 婚后父母出资买的房子，男方都能分吗
145	05. 老婆收入比我高，房子怎么分
145	06. 婚前买房，婚后还清贷款之房屋分割
146	07. 男方房屋婚后变更女方名下，女方出售后房款的归属
148	08. 离婚将无购房资格，房子会判给我吗
150	09. 婚后老公单位分的房子，如果离婚会如何分割
151	10. 婚后继承阿姨的房产，丈夫有权分吗
153	11. 未出资的婆婆上产证，房子怎么分
155	12. 外来媳妇婚后拆迁分房的份额
158	13. 确认份额的婚房，怎么分
159	14. 侄女婿赌输了的房子，侄女能分到什么
161	15. 面对想要分股权的妻子

164　◇ 离婚后财产纠纷之法律指南

164	01. 离婚协议未履行　起诉法院维权利
165	02. 继女挑拨致离婚　分割房屋和租金
166	03. 离婚后的征收补偿款之争
168	04. 离婚协议与欠条
169	05. "凤凰男"与城市女失败婚姻后的诉讼博弈
171	06. 内向儿子不顺婚姻后的动迁款之争
172	07. 离婚三年后房屋的处理
173	08. 结婚虽短　离婚后仍可主张征收补偿利益
175	09. 上门女婿的背叛
177	10. 继承二叔的房子引来前夫的诉讼
178	11. 离婚归离婚　征收补偿归补偿
180	12. 离婚后出售房屋难　前妻诉讼求分割
181	13. "丈夫"去哪了　诉讼见事实
183	14. 婚前购房婚后分　法院判决补偿款
185	15. 夫妻关系不再　共有房屋分割
187	16. 夫妻离婚时私下对房产份额达成协议，现女方反悔，该如何处理
189	17. 签好离婚协议但未办离婚证时儿子又购置房产，如今儿子过世，该房产前儿媳是否有份

191	18. 协议离婚后的承诺，黑心前夫不认账
193	19. 离婚后房子归了他，还要我还贷款
195	20. 夫妻两方共同购买期房，现男方造假将房产据为己有，女方如何应对
198	21. 已出国的前妻回国竟然为分我的房子
200	22. 夫妻本不易，丈夫要离婚还想分我的房子
202	23. 叔叔过世后他前妻和女儿上门来主张我承租房屋的居住权
204	24. 离婚后主张公婆的房子是夫妻共同财产，公婆如何应对
206	25. 离婚后出售共有房，前夫反悔不签字
208	26. 出尔反尔的老父亲
210	27. 离婚前就卖了的房子，离婚后丈夫来主张
212	28. 遇上"妈宝男"的婚姻之后
214	29. 婆媳矛盾引发的离婚 离婚之后仍旧纠缠不清
217	30. 公司倒闭后我的婚姻也走向尽头
219	31. 离婚后房子怎么才能卖了
221	32. 没拿产权证的动迁房，离婚后怎么分
222	33. 前夫知道我有男友后，竟然要分我的独资公司
224	34. 挂名股东和借出的股票账户，前妻能分吗

227 ◇受伤后的损害赔偿之法律保障

227	01. 遇到现代版的陈世美
229	02. 准女婿竟然是自己的私生子
232	03. 妻子打掉孩子，身患重症的丈夫可以要求赔偿吗
233	04. 女儿隐瞒婚史，女婿知晓后的大战
235	05. 婚外情 毁终身
237	06. 为妻子付出一切 妻子用出轨来回报
239	07. 分手后男方不断骚扰女方，女方能否要求男方赔偿精神损失费和医疗费
240	08. 妻子怀孕才知晓 我被戴了绿帽子
242	09. 离婚后发现女儿非亲生，前妻死不承认
245	10. 争执中碰到头，这算是家庭暴力吗
247	11. 网友成为妻子，婚后出轨不知去向，我该怎么办
248	12. 丈夫在外与他人生子，该如何主张损害赔偿

◇ 夫妻有约定　纠纷有法律

- 251　01. 离婚协议有约定　擅自售房属违约
- 253　02. 以哪份离婚协议为准
- 255　03. 这个离婚协议有用吗
- 257　04. 丈夫隐瞒不育真相，签订协议后又反悔不离婚
- 259　05. 父母出资购房有协议　女方认为无效起争执
- 261　06. 不孝女儿
- 263　07. 前夫不付离婚协议约定的抚养费，竟称协议无效
- 264　08. 男女双方离婚时达成协议将房产卖掉的钱留给孩子，现在男方反悔该如何处理
- 266　09. 前妻竟然谎称我以报警相威胁逼她签离婚协议，协议有效吗
- 269　10. 宝贝女儿的烦心婚事
- 271　11. 男方哄骗女方签下放弃产权协议书，事后女方能否要求拿回属于自己的动迁份额
- 273　12. 离婚协议约定公房承租人改为女方，事后男方反悔，女方该如何维权

◇ 再婚之法律提示

- 276　01. 丈夫过世后，他的子女上门来"洗劫"
- 278　02. 再婚妻子私自花了的钱，可以要回来吗
- 281　03. 再婚老公名下的房产，我就没有份吗
- 283　04. 再婚后购房，产权却登记在继女名下
- 284　05. 老夫妻为了房屋上法院，法院判决决权属
- 286　06. 再婚妻子是看上我的人，还是看上我的钱
- 288　07. 再婚老伴的儿子赖着不走，闹离婚分房难
- 290　08. 再婚之后的拆迁利益分割

◇ 复婚之法律提示

- 293　01. 复婚后再离婚，第一次的离婚协议有效吗
- 294　02. 复婚后，之前离婚协议中确认的房子和车算是婚前财产吗
- 295　03. 离婚、复婚、再离婚之后
- 296　04. 复婚后老婆要产证加名字，让我烦心不已

第三篇　｜　婚姻相关的赠与、债务及其他财产纠纷

◇ 与婚姻有关的赠与纠纷之法律释义

- 301

301	01. 婚后赠房要撤销　现已过户被驳回
303	02. 父母购房出资　赠与？借贷？引纠纷
304	03. 孙女非亲生，赠与儿媳的房产可否要回
306	04. 叔叔赠与我的房产，丈夫有份吗
307	05. 夫妻协议离婚，前夫承诺将房产赠与女儿，事后前夫反悔怎么办
310	06. 为了让儿子儿媳复婚转账的钱，还可以要回来吗
311	07. 男方父母转账还款，算赠与给儿子的吗
312	08. 老公主动给小三的钱能拿回来吗
315	09. 说好赠与女儿的份额被前夫出售
316	10. 婆婆全额出资购买的房产赠送给孙子，反悔是否可行

◇ 与婚姻有关的债务纠纷之法律释义

319	
319	01. 小姐妹过世后的债务偿还
320	02. 自家生意亏本，前妻只离婚不还债，我该怎么办
323	03. 再婚危机中的借条
326	04. 与前夫离婚后，他外在的债务我有义务偿还吗
327	05. "天降"租客
328	06. 丈夫把房子抵押给小贷公司，协议离婚怎么处理
329	07. 有福可同享，有难能同当吗
331	08. 借钱给侄子，侄子坐牢了，可以向他妻子讨债吗
332	09. 离婚时隐瞒真相，无意间发现丈夫婚内还债，我该怎么办
334	10. 患有精神病的儿子借款给他人，在找不到借款人的情况下这笔钱能否向其家属要回
336	11. 婚前男方向女方的借款是否会因为两人婚姻的缔结而自动消失
337	12. 前夫与前妻之前的债务纠葛

◇ 与婚姻有关的其他财产纠纷之法律释义

340	
340	01. 前妻购房来帮忙　追回房款靠起诉
342	02. 订立协议应履行　一家三口告女婿
344	03. 公公儿媳有矛盾　法院调解解烦忧
345	04. 离婚　分家　调解
347	05. 出钱买房为女作婚房　女儿离婚分割引诉讼
349	06. 夫妻财产被转让　合同无效获支持
351	07. 房屋买卖需要前妻同意吗

352	08. 父母出资购房，产权登记在我和儿子名下，丈夫有份吗
354	09. 委托儿媳理财，儿子儿媳离婚后怎么把钱要回
356	10. 有心机的儿媳
359	11. 夫妻离婚后债主上门，女方欲卖房但遭产权人之一的公公反对，该如何处理
360	12. 上家妻子售房十年后　丈夫称买卖合同无效
362	13. 多年前出让房屋，今朝为了少分财产，丈夫竟然让哥哥主张产权共有
365	14. 我们出首付，产权下写儿子还是儿媳有区别吗
366	15. 多疑的妻子遇上姐姐出资购房
368	16. 女儿过世后，亲家竟提出合同无效
370	17. 为儿购房确定份额，小夫妻离婚后房产的分割
372	18. 一边是友情　一边是亲情
375	19. 产权登记在母子名下，婚后父母还贷算夫妻共同财产吗

第四篇　｜　关于孩子

381	**◇ 抚养、探视权之法律注解**
381	01. "恐婚症"者有了孩子后
382	02. 离婚和儿子的抚养都是问题
384	03. 一次放纵后带来的孩子和官司
385	04. 18个月的孩子应由谁抚养？他名下的房产呢
386	05. 为了争孩子的抚养权，丈夫竟然去做了绝育手术
389	06. 丈夫出轨，我怀孕待产，孩子出生后的抚养问题
390	07. 放弃抚养费还能再主张吗？不能的话，可以给女儿改姓吗
391	08. 孩子一直由女方抚养，若夫妻离婚，孩子抚养权该如何判决
393	09. 分手后遭前男友家人诋毁，我想争回孩子的抚养权
394	10. 开销大了，可以要求调高抚养费吗
395	11. 女儿满月，丈夫离家，苦命的母女怎么办
396	12. 主张抚养费有诉讼时效吗
397	13. 女方因身体原因今后很难怀孕，在此种情况下孩子抚养权会作何判决
399	14. 离婚后孙子判给儿子，现儿子去世，前儿媳能否要求变更孙子抚养权

400	15. 没有领证，关于孩子的抚养所订协议是否有效
401	16. 遇到脾气暴躁的前妻，我可以要回女儿的抚养权吗
403	17. 未婚妈妈的艰辛之路
405	18. 丈夫的初恋女友回国后，毁了我的家庭
407	19. 年满18岁的孙女，爷爷奶奶怎么探望
408	20. 儿子由女方抚养，不代表男方看不到孩子

410	◇ **监护权之法律注解**
410	01. 儿子监护人擅自剥夺儿子的房产份额，亲生父亲该如何维权
413	02. 精神残疾的儿子被离婚，他的权益怎么保护
414	03. 妹妹的监护权之争
417	04. 帮弟弟炒股票，我的监护权就要被撤销吗

420	◇ **收养之法律注解**
420	01. 不作鉴定可推定　解除收养靠法院
422	02. 昔日收养齐欢喜　如今解除上法院
423	03. 如此"养子"
425	04. 曾经的养女　如今的继承
427	05. 为做伴收养女儿　不照顾反来继承
429	06. 养女因车祸死亡，生父母主张赔偿金
430	07. 收养了一个白眼狼
432	08. 这个收养合法吗

第五篇　｜　关于家族继承

437	◇ **继承中的法律护佑**
437	01. 妻子过世留债务　由谁偿还法院断
439	02. 父亲借款儿子还　返还房屋靠诉讼
441	03. 儿子过世已多年　前儿媳起诉未支持
443	04. 女儿过世后的继承
445	05. 继承人继承遗产，偿还债务有规定
447	06. 父亲过世之后，继母与我的"战争"
449	07. 失独老人与儿媳的诉讼
451	08. 妻子过世后的遗产之争

- 453　09. 白发人送黑发人的继承之诉
- 454　10. 丈夫过世后一波三折的继承
- 456　11. 前夫留遗嘱　法院定权属
- 458　12. 再婚夫妻　再生诉讼
- 460　13. 丈夫走了，我有权继承
- 461　14. 登记在丈夫名下房屋的继承
- 463　15. 丈夫走后订协议　公公反悔来诉讼
- 464　16. 当继承遇到重男轻女的父亲
- 466　17. 我爸走了，小三的孩子要来继承
- 469　18. 车祸中丧生的老公和婆婆的遗产继承
- 470　19. 男方欲将与前妻共有的房产留给再婚妻子，现其女儿不配合，该怎么操作
- 471　20. 能干的老婆走了，留下的商铺份额怎么能拿回来
- 474　21. 再婚后买房，若一方先过世，房产该如何分
- 475　22. 老人留下遗嘱，将遗产均分给子女及保姆，遗产能否顺利继承
- 477　23. 故意杀害妻子，还想要继承房产
- 479　24. 丈夫去世，与前妻所生子女来继承

- 481　◇ **家族财富传承之法律护航**
- 481　01. 家族信托之法律初识
- 486　02. 生前身后事处理之法律要点

第六篇　｜　涉外婚姻简要提示

- 495　◇ **涉外婚姻之法律在身边**
- 495　01. 留学生的离婚之路
- 498　02. 外籍夫妻财产关系的法律适用
- 500　03. 外国籍的父亲所留遗嘱的效力
- 503　04. 涉外姻缘尽了之后的抚养费之争

- 506　**后记**

第一篇

步入婚姻殿堂之前需要了解的法律问题

男朋友／女朋友财产纠葛之法律解决

01 恋爱购房现分割　房屋归属法院判

案情

几个月前，朱先生收到了法院寄来的起诉状，原来是朱先生的前女友徐女士将朱先生告上了法院，要求确认本市 A 处房屋归徐女士一人所有，由其补偿朱先生 20 万元的房屋折价款。在诉状中，徐女士称其与朱先生曾经是恋人关系，在恋爱期间购买了本市 A 处房屋打算结婚后作为婚房使用，后来因为双方性格不合而分手。当初购房时虽然产权登记在两人名下，为两人共同共有，但是首付款大部分都是徐女士出资，只有很少的部分是朱先生支付的，没有徐女士，朱先生根本买不起这套房屋，所以要求法院支持自己的诉讼请求。而朱先生认为，虽然购房时首付款自己支付的金额少，但是徐女士在购房时没有固定工作，不能从银行贷款，所以这套房屋是以自己的名义贷款购买，是公积金贷款和商业贷款一起贷的，而且房屋的购买、交房、办理入住、装修等全部是自己一个人处理，徐女士根本没有参与过，还有装修的钱也是自己付的，贷款也一直由自己偿还，现在这套房屋自己在住，徐女士在其他地方还有住房，所以希望法院将这套房屋判归朱先生一个人所有，由朱先生给付徐女士相应的房屋折价款。庭审中，朱先生和徐女士对该房屋的现有价值达成了一致的意见。

评析

《物权法》规定，共有人约定不得分割共有的不动产或者动产，以维持共有关系的，应当按照约定，但共有人有重大理由需要分割的，可以请求分割；没有约定或者约定不明确的，按份共有人可以随时请求分割，共同共有人在共有的基础丧失或者有重大理由需要分割时可以请求分割。因分割对其他共有人造成损害的，应当给予赔偿。目前，该房屋产权登记为朱先生和徐女士两人共同共有，购房时两人为恋爱关系，且以结婚为目的购房，现两人已结束了恋爱关系，共同共有的基础丧失，属于有重大理由需要分割的情况，因此法院应予以分割。

《关于贯彻执行〈中华人民共和国民法通则〉若干问题的意见（试行）》规定，共同共有关系终止的，对共有财产的分割，没有协议的，应当根据等分原则处理，并考虑共有人对共有财产的贡献大小，适当照顾共有人生产、生活的实际需要等情况。本案中，虽然首付款的出资大部分是由徐女士支付的，但是办理该房屋的交房、入住手续、偿还购房贷款、装修等均由朱先生完成。考虑到该房屋今后的贷款由朱先生偿还，以及该房屋的装修等事项均由朱先生自行完成，朱先生在交房后居住的实际情况，再加之徐女士不具备公积金贷款的资格，所以法院应将该房屋判归朱先生所有，由朱先生按照双方认可的房屋价值给付徐女士相应的房屋折价款。

结案

最终法院支持了我方的观点，判决该房屋归朱先生所有，由朱先生给付徐女士相应的房屋折价款。

02 昔日恋人法庭见　为了房子起争执

案情

季先生近日被前女友毛女士告上法庭。毛女士在诉状中称，其与季先生原来是恋爱关系，双方共同出资购买了本市A处房屋，产权登记为两人共同共有。后来其与季先生结束了恋爱关系，季先生提出将毛女士所有的产权份额转让给季先生。于是双方签订了上海市房地产买卖合同，约定转让款为人民币100万元。之后，双方办理了产权过户手续。现在这套房屋登记在季先生一人名下，而季先生并未给毛女士转让款，于是毛女士起诉至法院，要求季先生支付100万元的转让款。季先生认为毛女士在诉状中所述的都不是事实，当初之所以产权证上写毛女士的名字，是因为毛女士说她有公积金可以贷款，而事实上在购房时因为种种原因毛女士并没有贷款成功，所有的房款都是季先生支付的。之后，因毛女士与其他男性朋友交往过密，引起季先生的不满，于是双方终止了恋爱关系。双方曾约定，只要季先生向毛女士支付35万元，毛女士就同意将名字从产权证中剔除。庭审中，季先生提供了由毛女士亲笔书写的承诺书一份，写明：A处房屋在购房时本人并未出资，这套房屋的权利是属于季先生的，只要季先生再支付自己35万元，就把产权证中的名字去掉。季先生还提供了三份从银行账户提款共计35万元的凭证，提款的时间分别为与毛女士签订上海市房地产买卖合同之日、交易过户之日、取得产权证之日。而毛女士提供的双方签订的上海市房地产买卖合同中关于付款方式、付款期限等内容都为空白。

评析

公民、法人的合法的民事权益受法律保护，任何组织和个人不得侵犯。本案中，A处房屋产权由季先生和毛女士共同共有变更为季先生一人所有，双方签订的上海市房地产买卖合同中虽然约定转让款为100万元，但该合同就付款方式、付款期限等正常房屋买卖必备内容均未作约定，再结合毛女士曾亲笔书写的承诺书的内容，可以认定季先生所称的将毛女士从产权证上去名字而支付35万元是有证据证明的，而且证据之间相互印证。季先生提供了三份从银行账户提款共计35万元的凭证，提款的时间分别为与毛女士签订上海市房地产买卖合同之日、交易过户之日、取得产权证之日；同时，该房屋已过户至季先生名下，这些证据可以形成完整的证据链，证明季先生已向毛女士支付了35万元转让款。

民事行为是基于当事人的意思表示而发生法律效力的表意行为。毛女士作为完全民事行为能力人，应对自己出具的承诺书承担民事责任。在毛女士没有其他有证明力的证据推翻承诺书的情况下，法院应认定季先生与毛女士约定的该房屋产权证去除毛女士名字所支付的实际对价为35万元。

综上所述，毛女士的诉讼请求不应得到法院的支持。

结案

法院支持了我方的观点，判决驳回毛女士的诉讼请求。

03 最熟悉的陌生人

仇女士本以为自己对崔先生的一片深情，能让他回头，谁知道崔先生只说了一句"爱不在，情难留"，就离开了两人所住的房子，再也没有回来。但仇女士不死心，她觉得和崔先生缘分未尽，崔先生一定会回来的。结果她等到的却是崔先生委托律师发给她的一封律师函：崔先生认为仇女士所住的房子是他的，让仇女士搬出去。看到律师函的内容，仇女士傻了眼，她没想到崔先生会变成这样，变得如此陌生，变得让她心痛。

说起这套房子，其实最初是崔先生的前女友小姚买的。据崔先生说，小姚家里条件很好，两人恋爱后，小姚的父母不同意他们俩在一起，小姚就从家里跑了出来，和崔先生一起生活。那时房价还没有这么贵，小姚就把她自己的积蓄拿出来，买了一套二手房。为了不让小姚父母知道这套房子，产权就登记在了崔先生名下。后来，小姚还是没能拗过父母，和崔先生分了手。两人好聚好散，就商量把房子卖了，钱还给小姚。

而仇女士与崔先生早就相识，也知道他和小姚之间的爱情故事。仇女士其实早就对崔先生有了好感，只是当时他和小姚在热恋中，仇女士只有在一旁，默默地祝福。当知道他们不可能在一起后，仇女士觉得自己有了机会，常常关心、安慰刚失恋的崔先生。一来二去，两人就好上了。她从崔先生处得知了小姚想卖房子的事，刚好，她也在看房子，想买套房。于是一拍即合，一个要卖，一个要买，说好由她出资把这套房子买下来。因为仇女士资金有限，产权就还登记在崔先生名下，只不过贷款由仇女士归还，等贷款还清后，产权再过户到仇女士名下。谈妥后，仇女士就拿出了自己的全部积蓄,作为房款给了小姚。收到房款后的小姚,将房屋的钥匙交给了仇女士。仇女士和崔先生将房屋简单装修了一下,便住了进去。

因为仇女士年纪也不小了,两人恋爱两年后,她就催着崔先生结婚,而崔先生并不想结婚。这样,两人有了矛盾。发展到最后,崔先生提出了分手,就有了开头的那一幕。

拿着那封律师函,仇女士找到我们。作为她的代理人,我们准备了相关的证据材料,并撰写了起诉状,要求依法确认房屋归仇女士所有,并由崔先生协助办理产权变更手续。庭审中,我们将双方的微信对话记录和转账记录等作为证据,提交给了法庭,以证明房屋只是登记在了崔先生名下,实际房款由仇女士支付,并由仇女士偿还贷款,仇女士才是房屋的真正产权人。

仇女士仍然对崔先生有感情,她在现场看到崔先生后,便提出房子她不要了,她不想再住在这套让她伤心的房子里了,只要给她钱就行。这样本案在法院的主持下达成了调解协议,由崔先生给付仇女士一定金额的钱款,仇女士在收到钱款后便搬离这套房屋。

04 国外生活的弟弟,与女友上海购房,产权弟弟有份吗

沈女士

我的弟弟之前长期住在国外,最近准备回国并与女友结婚。女友是再婚的,与前夫有一个男孩,抚养权已判给前夫。弟弟与女友共同出钱从国内某开发商那里买了一套商品房,产权人是女友一人。房款是一次性付清。请问:弟弟回国与女友结婚后,该产权房弟弟是否有份?如果他们分手,我弟弟能分到多少份额?

律师解答

关键要看购买这套房屋时的出资情况,如果有证据证明是双方共同出资的,且是以结婚为目的共同购房,那么尽管产权登记在你弟弟女友一个人名下,通常会认定为共同财产。法院会根据双方出资情况,对该房屋的贡献大小对房产进行分割。

当事人对自己提出的诉讼请求所依据的事实或者反驳对方诉讼请求所依据的事实,应当提供证据加以证明,但法律另有规定的除外。在作出判决前,当事人未能提供证据或者证据不足以证明其事实主张的,由负有举证证明责任的当事人承担不利的后果。如果你弟弟和女友分手后,要对这套房屋进行分割,你弟弟就要提供证据证明他的出资情况,提供相应凭证,比如说钱款是从他的账户汇给开发商,或者是钱款从他的账户汇入女友账户,然后再由女友付至开发商处的银行流水明细等。如果你弟弟没有这个证据证明其出资的事实,那么就要承担对他不利的后果,即有可能认定为该房屋是女方的个人财产。

05 与男友一同购房,如何签订协议保障权益

岳女士

我和男友一起买一套房子,房产证只写了男友一人的名字。我应该与男友签订怎么样的协议,才能保证我拥有一半这套房子的产权?我们两个私下签可以吗?还是一定要到有关部门办理公证才可以?

律师解答

《物权法》规定,不动产登记簿是物权归属和内容的根据。不

动产登记簿由登记机构管理。不动产权属证书是权利人享有该不动产物权的证明。因此一般情况下，房屋的归属是以产权登记为准的，即产权登记在你男友名下，而你们只是恋爱关系，你未出资的，通常认定这套房屋归你男友所有。

但如果该房屋是你们共同出资购买，且你们两人书面约定清楚这套房屋的出资情况，以及产权虽然登记在男方名下，但实际产权归你们双方所有，各享有一半产权份额等等的，只要该协议是你们两人真实意思表示，不违反法律、法规强制性规定，即为合法有效。具体是否需要公证，以协议的约定为准。如果协议约定以签字为生效条件，那么可以不需要公证；如果协议约定以公证为生效条件，那么应办理相应的公证手续。

这里要提醒你注意，因为这套房屋登记在男方名下，即使你们双方签订协议，也可能会有男方隐瞒你将房屋售予他人等风险存在。而如果购房人为善意第三人的，你很难追回该房屋；对于你的损失，你只能要求请求男方赔偿损失。

06 赔了女友又折房，我该怎么办

鲁先生

今年年初，我把名下的一套商品房，以二手房买卖的形式过户给了女朋友，可现在我们两个人分了手，没想到我竟然要被"净身出户"了！事情是这样的。六年前，我家人出首付，我负责还贷，买了一套商品房。在这六年里，我陆陆续续把贷款全都还清了。去年，通过邻居的介绍，我和女朋友小谢相识、相恋。刚开始我们感情非常好，也非常甜蜜，她挺会做人的，经常会给我父母买些礼物，很讨我父母的欢心。我们感情很顺利，我肯定是奔结婚而去的。之后，小谢父母提出，希望两个人能有一个属于自己的家。我想想也是，毕竟结婚也是需要房子的，我为了表示心意就把名下的商品房以二手房买卖的形式过户给了小谢。合同其实就是个形式，她一分钱也没有给过我。房产过户后，我们两人感情更好了，而且还去国外拍了婚纱照。我本想一切都很顺利，可是好景不长，爱情的小船说翻就翻。前段时间，她突然和我说，我们两个只能做兄妹。我当然不同意。但是经过几个月感情的拉扯，我觉得她态度挺坚决的，最后就同意了，两人正式分手。然后我自己住在那套已过户的房子里。没想到有一天，小谢却突然换了锁芯，要将我扫地出门。我很郁闷，我买的房子怎么说没就没了。当时房子过户给她也是因为要结婚，后来婚不是没结成吗，我觉得这房子理所应当地还是我的。当时卖给她也就是个形式，分手之后我也没想太多，也没去变更房产。谁知道现在出问题了；并且小谢还说这个是我对她的补偿，是我在谈恋爱期间赠送给她的，就属于她了。这女人也太恶毒了，真是翻脸不认人啊。所以我今天想问一下律师，对于这份房屋买卖合同，有办法撤销吗？这个房子能否追得回来？

律师解答

你是否能要回来这套房屋，需要区分情况来作出认定。首先可以确定的是，你们之间虽然签订了房屋买卖合同，并依此进行了产权过户，但事实上你们之间并不是真实的买卖。如果是真实的买卖，小谢作为买受人，理应依约支付购房款，且取得房屋的居住等权利。但事实上，小谢并未支付任何对价，而这套房屋实际仍在你的占有和掌控之下，关于这套房屋只是产权人做了形式上的变更。

对于小谢提出的这套房屋为你在恋爱期间对她的赠与问题，赠与可以附条件。若赠与附条件的，受赠人应当按照约定履行。

不履行赠与合同约定的，赠与人可以撤销赠与。这就需要你来举证：你是为了结婚，才将这套房屋以买卖的形式过户至你女朋友小谢名下，明为买卖，实为赠与。如今是小谢单方面提出分手，即她未按赠与合同的约定履行，那么你可以行使撤销权，撤销对你女朋友的赠与，要求她配合将房屋恢复过户至你名下。

07 恋爱期间女方借钱给男方，现男方称其为赠与，如何处理

印女士

　　我是替我朋友咨询的。说起这件事，她也是没什么脸面的，我就来帮她问一下。我小姐妹今年五十多了，之前离过婚，离婚之后一直单身，直到前一阵子，她谈了个男朋友，但是那男朋友比她小很多，是80后。我小姐妹自己是有公司的，可以说经济条件不错，那小伙他没有什么正式的工作，换句话说就是无业游民。反正我当时就和我小姐妹说这个人不靠谱，他肯定是冲着你钱来的。但是我朋友不信，非说自己找到了真爱，就这样陷进去了。不仅如此，因为那小伙没工作，我朋友就心甘情愿地每月给他生活费，还和他说没关系，工作可以慢慢找之类的话。我当时就看出这小伙心怀不轨，可惜我自己干着急没用，我那个小姐妹根本不听我的。就这样，我朋友陆陆续续给她男朋友转了好几万的生活费。当时他们是口头说这钱先借给他，等到他找到工作就还给我朋友。因为当时处于热恋期，我朋友也没让他写什么借条。后来时间一长，这小伙狐狸尾巴就露出来了，他电话总是打不通，经常找不到人，我朋友就觉得不对了。后来我朋友跟踪了这个男朋友，结果发现这小伙和一个女的去宾馆，这下我朋友气死了。当晚，我朋友就找到他对峙，她男朋友也承认了这事，后来我小

姐妹让他补写下了前面所有给他钱的借条，还要求在两个月内归还。但是过了还款日期后，这个男的还是没有还钱。我朋友就去找他，让他还钱。但是这个男的你猜他说什么，他说自己没有工作，那些钱是之前我朋友送给他的生活费，而且当初写这个借条是我朋友逼他写的，所以他不同意归还。即使我朋友告上法院让他还钱，他也没有财产可以执行。他还说我朋友活该，说了很多难听的话。我朋友这段时间整个人精神很消极，因为毕竟谈个比她小那么多的男朋友，别人总归会说闲话，当时她觉得恋爱大过天，觉得他们是真爱，可是现在想想，这个男朋友就是在坑她的钱，而且自己的名声也坏了。我今天想替她问问律师，究竟这笔钱能不能要回？另外，我朋友能不能向这个男的主张精神赔偿？

律师解答

《最高人民法院关于审理民间借贷案件适用法律若干问题的规定》规定，出借人向人民法院起诉时，应当提供借据、收据、欠条等债权凭证以及其他能够证明借贷法律关系存在的证据。若你朋友手中持有其前男友出具的借条，且你朋友有证据证明实际出借了这些钱款，在还款期到后，她有权起诉至法院，要求前男友返还借款。

对于男方所称是你朋友逼他写这个借条的效力问题，"谁主张谁举证"，男方对他的这个主张应提供相应的证据证明，否则他要承担对他不利的后果，即这个借条的形成不存在被逼迫一事，应为合法有效。

对于精神赔偿一事，《最高人民法院关于确定民事侵权精神损害赔偿责任若干问题的解释》规定，因侵权致人精神损害，但未造成严重后果，受害人请求赔偿精神损害的，一般不予支持，人民法院可以根据情形判令侵权人停止侵害、恢复名誉、消除影响、赔礼道歉。因侵权致人精神损害，造成严重后果的，人民法院除判令侵权人承担停止侵害、恢复名誉、消除影响、赔礼道歉等民事责任外，可以根据受害人一方的请求判令其赔偿相应的精神损害抚慰金。因为你朋友和这位男士之前是恋爱关系，并不是婚姻关系，不适用《婚姻法》的有关规定。在恋爱期间，男友与他人有不正当关系，通常只能是从道德上进行谴责。而且双方解除恋爱关系，也并没有给你朋友造成严重后果，所以她主张精神赔偿，通常很难得到法院的支持。

08 恋爱时男方出首付购房，产权登记女方，万一分手房子就归女方

费女士

最近我的外孙准备要结婚了，目前他们还没有登记领证，准备先买好婚房再领证。初步打算我们男方家出150万首付，剩下的由他们小两口以后一起还贷。因为我孙子限购，而且女方公积金缴得多，产证打算先写女方的名字，以女方的名义办贷款。尽管他们说是要领证，但好多事情说不准，请问如果两人还没有结婚，就分手了，房子是不是就成了女方的呢？

律师解答

这属于恋爱期间以结婚为目的购房，一方支付全部首付款，房屋产权登记在另一方名下，并以另一方名义办理贷款，后双方未结婚即分手的房产分割问题。如果你们有证据证明，尽管产权登记在女方一人名下，但男女双方是以结婚为目的共同购买婚房的，那么一般法院还是会认定为这套房屋为共同财产。具体分割时，法院会考虑双方的出资、贡献大小等情况，依法进行酌定。

如果你们有担心，为了避免纠纷的产生，可以在购买这套房屋前，与女方订立书面协议，对相关的出资、产权归属情况，包括若分手后的分割问题作出约定。这样，如果真的分手了，也会有约可依，便于矛盾的解决和诉讼的进行等。

09 女方家庭出资购房，产证只写了男方的名字，女方就没有份了吗

郭女士

我和我的前男友是通过朋友介绍认识的，看他条件还可以，对我也很好，我们就谈恋爱了。相恋三年后，我们觉得差不多该结婚了，然后两个家庭就开始筹备婚事。结婚最重要的就是婚房，而上海的房价真的很高，我们一致决定买一套二手房再翻新一下当作婚房。我们跑了很多中介公司，终于找到了一套房屋，上家说房屋总价是 400 万。我把这件事情跟我爸妈说了，我爸妈他们非常愿意拿出他们的积蓄用来减轻我们小两口的贷款压力。到了签约那一天，我父母先是支付了购房定金 18 万元，后又通过转账方式付给我前男友 102 万元，有了我父母的帮助，我前男友就没申请贷款，而是分三次付清了全部房款，并在 8 月份和上家完成了房屋过户手续，房屋产权登记在我前男友一个人名下。房子也准备好了，但是在筹备婚礼的过程中，我们因为很多事宜谈不拢一直在吵架。然后有一天，我又发现了他手机微信里有一个女的和他一直聊天，还有开房的信息，面对这样的背叛，我立马解除了我们的婚约。现在对于这套婚房，我们一直在争吵。我爸妈前后付了 120 万，但是产证上却没有我的名字。我前男友说没有我的名字，我就没份，他能做的只是把我们家出的钱还给我。我想问

律师，这个房子是我们一起为结婚买的，没有我的名字，我就一点份也没有吗？现在这个房子附近的地铁开通了，价钱涨了，和我没有关系吗？如果打官司的话，这个房子会怎么分呢？

律师解答

根据《物权法》规定的物权公示原则，不动产物权的设立、变更、转让和消灭，应当依照法律规定登记。因此，一般情况下，房屋权属是以公示公信的产权登记为准。从你提到的房屋的产权登记上来看，产权人为男方。

但《最高人民法院关于适用〈中华人民共和国物权法〉若干问题的解释（一）》规定，当事人有证据证明不动产登记簿的记载与真实权利状态不符、其为该不动产物权的真实权利人，请求确认其享有物权的，应予支持。

与其他房屋购买意图不同的是，你们双方是恋爱期间以结婚为目的购房，双方共同出资购房，但最终你们并未结婚即分手，一般情况下应认定这套房屋为共同财产，具体法院会根据双方的贡献大小对房产进行分割。

与未婚妻／未婚夫的财产纠葛之法律解决

01 女朋友非要产权加名,结婚不成,定金、装修等损失谁承担

韦先生

我本来不想来,但我爸妈觉得不能这样就算了,我想想也实在气不过,才来问问律师的。我和小珍是去年在社交网站上认识的。本来我也觉得网上的女孩子照片都是 P 出来的,都是"见光死"。但没想到见了小珍第一面后,我就被她吸引了。按我妈的话是我太吃卖相了。之后,我就开始追求小珍,接她上下班,请她吃饭,给她买礼物、送花。我能想到的,我都做了一遍。恋爱中的小珍,我觉得是最好的。否则,我也不会向她求婚。见过双方父母后,我们就开始为之后的婚礼作准备。订婚宴,订婚纱照,订喜糖、约婚庆公司、化妆师、摄影摄像,租婚纱,还有蜜月旅行订机票等,太多事了,我都记不清了。我们的婚房是我爸妈早就给我准备好的,只不过装修是原来的老装修。小珍看了后不喜欢,想重新按她的意愿装修。我那个时候是小珍说什么就是什么,肯定是她想怎么样就怎么样。但我和爸妈说了这件事后,我爸妈有点不高兴。他们的意思是现在的装修也是才弄了没多久,等住几年,觉得哪里不好,再弄哪里,而且当时他们装修也花了不少钱,用的都是好东西。我肯定是站在小珍这一边。爸妈经不住我软磨硬泡,最后还是同意了。我们家就又拿出来二十多万,把这个房子按小珍的意见重新装修了。这些全部弄好了,就等着结婚的时候,小珍突然和我提出来,她爸妈觉得要让我给他们女儿一

个安全感，要把小珍的名字加到我们家的房产证上。因为这件事，我们两家人吵翻了。我爸妈和我的底线是结婚以后，两人有了孩子，不光把小珍的名字加到产权证上，还要把小孩的名字也加在产证上。但小珍家不同意，一定要产权证上加了小珍的名字，再领结婚证。最终，因为这个原因，我们没有结成婚，分手了。这件事对我的打击，我就不想说了。单说分手后的事，我们家为了筹备这个婚礼，付了那么多的定金，还按小珍的意见重新装修了房子。我去找小珍说，花费的钱两家一人一半，小珍不同意，她认为付的定金，我以后再结婚用得到；装修的房子，她又没有住过，房子产权证上也没有她的名字，她不可能出装修的钱。请问律师，就我付的这些定金，人家公司也不退了，我可以让小珍承担一半吗？房子装修，也是她要求的，我可以让她也承担一部分吗？还有之前我们谈恋爱时，一起去香港旅游，我给她买了一个名牌包，我可以要回来吗？

律师解答

你提到的问题，其实是有关婚约的一个纠纷。"婚约"是指缔结婚姻关系的预约，是男女双方以今后缔结婚姻为目的作出的一种一致意思表示。你们两人经相识恋爱到共同筹办婚礼，可以确认双方已经有了以缔结婚姻为目的的意思表示。后来你们自愿中止恋爱关系，是双方意思自治，对于因恋爱关系及筹备结婚产生的财产关系应依法处理。

对于这些订婚宴、订婚纱照等一些准备工作，都是为了两个人走向婚姻的殿堂所作的准备。你们两人最终没能结婚，是因为女方提出要在产权证上加名字。我认为这个要求并不合理，婚姻是两人感情升华的结果，不能以是否产权证上加名字作为一个衡量感情的标志。因此，对于你提到的各项定金等损失，我认为双方可以就相关损失合理分担。

关于你提到的女方应支付婚房装修款的事，该房屋虽原系作婚房准备，但女方并未居住使用，因此你出资装修婚房并不能作为要求女方赔偿损失的依据。

关于你们香港所购名牌包的事，因发生在恋爱期间，如果你们互有送礼物的，我认为很难再要回来。

02 婚礼前一天老公意外过世，彩礼首饰要退吗

刘女士

我是外地人，我老公是上海人。我们是先领证的，后面补办酒席。可在办酒席的前一天他出车祸过世了。结婚前，他们家给了我彩礼钱差不多二十万。我们领证有一年了，因为没有办婚礼，所以还没有住在一起，当然没有孩子。现在男方家里要求退还全部彩礼包括给我的金银首饰，我应该退吗？

律师解答

《最高人民法院关于适用〈中华人民共和国婚姻法〉若干问题的解释（二）》中规定，当事人请求返还按照习俗给付的彩礼的，如果查明属于以下情形，人民法院应当予以支持：（一）双方未办理结婚登记手续的；（二）双方办理结婚登记手续但确未共同生活的；（三）婚前给付并导致给付人生活困难的。适用前款第（二）、（三）项的规定，应当以双方离婚为条件。

依据上述规定，你与你丈夫虽在一年前办理了结婚登记手续，但实际上未共同生活，而且在办理婚礼前你丈夫就过世了，你们的婚姻关系也因你丈夫过世而终止。因此，你丈夫的家人是可以主张要求你返还彩礼的。

03 婚前购婚房，产权登记女友名下，女友"劈腿"，房子可以要回来吗

田先生

我向我女朋友求婚时，她答应了。但她说如果我要跟她结婚领证的话，按他们当地的风俗，男方一定要先把房子买好，然后写她的名字作为彩礼；看到房子的产权证她才肯和我结婚。我就从我爸妈这里拿了一笔钱过来，买了一套房子，这套房子上就写了她一个人的名字。结果房子买完，准备跟她谈结婚的事，她就开始躲我。现在大概已经过了半年左右，她和我说她现在有了新男朋友，要跟这个男的结婚。请问律师，这个房子，我可以要回来吗？

律师解答

《最高人民法院关于适用〈中华人民共和国婚姻法〉若干问题的解释（二）》中规定的彩礼，具有严格的针对性，必须是基于当地的风俗习惯，为了最终缔结婚姻关系，不得已而给付的，其具有明显的习俗性。因此，人民法院对于当事人诉请返还彩礼的案件，通常会根据双方或收受钱款一方所在地的当地实际及个案具体情况，确定是否存在必须给付彩礼方能缔结婚姻关系的风俗习惯，否则只能按照赠与进行处理。

因此，对于你说的购买房屋作为彩礼，一般情况下很难得到法院的支持。我个人觉得应按照赠与来处理，但这个赠与是附条件的，即是为了你们双方缔结结婚。现由于你女友的原因，导致最终你们未能结婚，即未办理结婚登记手续，也未共同生活。你可以提出撤

销赠与，要求女方返还房屋，或房屋归女方所有，要求返还相应的钱款，最终以双方的举证，以及案件的具体情况为准。

04 结婚后才发现女方不能生育，男方欲离婚，彩礼能否全部索回

崔女士

去年年底，我弟和女友结婚了，当时大家都很高兴。可是，婚后半年发现女方有先天生理问题无法生育，而这些我弟在婚前并不知晓。女方在婚前就知道这个事，却刻意向我们隐瞒。我弟弟是三代单传，我爸妈就想抱个孙子，因为这个我弟没办法，只能选择离婚。可是，我们家太亏了，被骗了半年，再算上彩礼钱前前后后花费了十万多。请问律师，我们能追回全部的彩礼吗？

律师解答

根据你所述，你弟弟与女方已结婚半年，应该是在共同生活中发现女方因先天生理问题无法生育，且你们认为是女方隐瞒了这个情况。但返还彩礼是有一定的限制条件的，《最高人民法院关于适用〈中华人民共和国婚姻法〉若干问题的解释（二）》明确规定，若已办理结婚登记的有两种情形符合返还彩礼的条件：一是未共同生活；二是婚前给付了彩礼，导致你们家生活困难的。除非你们有证据证明存在上述两种情形之一的，可以要求返还彩礼。否则你们很难要求返还彩礼。而且，类似于你弟弟这种已结婚登记后，要求返还彩礼的，还要以离婚为条件。如果他们未能离婚的，那么更不存在返还彩礼一说。

对于女方在结婚前隐瞒先天无法生育一事。《婚姻法》规定，

有下列情形之一的，禁止结婚：（一）直系血亲和三代以内的旁系血亲；（二）患有医学上认为不应当结婚的疾病。若女方患有上述规定的疾病，男方可以要求确认婚姻无效。否则，男方只能以此为由，来要求离婚。

05 男方家人为购房而出资30万元，在两人离婚后男方家人能否要求返还财产

谈阿婆

　　要说这事都怨我。我儿媳妇是个外国人，我儿子工作时外派出国，两人是在国外认识的。结婚后，没多久就有了孙子。我非常喜欢这个孙子，儿子也知道我的心思，只要孙子有长假，他就会带孙子回上海。所以我和这个孙子的感情很好。孙子也很喜欢上海，大学毕业后，就来上海找了份工作。我有私心，想让孙子一直留在上海，不要像儿子一样，出国后就不在身边了。我有个小姐妹刚好有一个远房亲戚，是个小姑娘（沪语对年轻女孩的称呼——编注），我之前见到过一次，觉得长得蛮好看，人也不错，就想给我孙子介绍。但我不能直接说介绍，这样我孙子肯定不会见面的。我就找了个机会，和孙子一起去吃饭，按现在时髦的话，就是看起来像"偶遇"，这样两个小年轻认识了。没多久，就像我计划的一样，两人恋爱了。恋爱了大约快一年的样子，就说到要结婚了。这个小姑娘家里条件还可以的，爸妈就这么一个宝贝女儿，提出来他们给两个孩子买婚房。这里要说一句，我儿子他们想法和我们不一样，我儿子和儿媳妇从来都没有说过要给孙子买婚房，他们认为孙子成年了，有了工作，就可以养活自己了，他们不管了。所以孙子在上海的事全部是我在弄。孙子结婚，人家

都出钱买房了，我们家不能一分钱不出吧，在两个孩子领结婚证之前，我就转了30万到女方妈妈的银行卡里，转钱的时候，我写好用途是购房款，算是给的彩礼用作购房。据我所知我给的这个钱，第三天就付给了卖房子的上家。后来，房子买好了，要装修的时候问题出来了，不光两个小孩子，我们两家也因为装修的事和办婚礼的事吵得一塌糊涂。恋爱的时候显不出来，到了真正要结婚，两个孩子国籍、文化的差异就显出来了。这婚肯定是结不成了，之前定好的婚礼也取消了。后来，我孙子和小姑娘一起去民政局办了协议离婚。因为这个事，我孙子还得了带状疱疹。从他们结婚到离婚，一共不到三个月。我现在其他也就不多说了，只想把当初转账的30万拿回来。那个房子只写了女方一个人的名字，还是婚前买的，我们也不想说去要房子了，就想把属于我们的钱拿回来。可他们女方家里说，这个钱不是买房子的钱，而是彩礼，等于是男方的保证，给了他们就归他们了，他们想怎么花就怎么花，而且这些钱已经用掉了。我想问问大律师，我孙子现在回他爸妈那里去了，钱是我转的，而且是转给小姑娘妈妈的，我可以要回来吗？我该怎么做呢？

律师解答

　　我国地大物博，不同地域会有不同的风俗习惯，一些地方就有结婚前男方必须给女方彩礼的风俗。这些地方的男女双方到了谈婚论嫁的阶段，就免不了会讨论彩礼的问题。彩礼是婚前男方家庭送给女方的一份礼金或财产，嫁妆是女方带给婆家的物品或钱财的总和，从一些地方的传统习俗看来，没有彩礼与嫁妆，婚姻难以成立。而事实上，这样的习俗往往会带来很多问题。由于实践中，彩礼的给付人和接受人并非仅限男女双方，还可能包括男女双方的父母和亲属，这些人均可成为返还彩礼诉讼的当事人。

　　你提到的你孙子与女方结婚之前，你通过银行转账给女方的母亲30万元彩礼用于购房,这个既可以认为是男、女双方在恋爱时,以结婚为目的,共同购房,也可以是按实际情况,确定为是婚前男方家庭送给女方的礼金或者财产。这要看诉讼时,你们双方对此的表述,以及举证情况等。如果是认为共同购房的,可以确认尽管产权登记在女方名下,但恋爱双方有以结婚为目的共同购房的意思表示的,通常可以认定为共同财产,并根据双方的贡献大小对房产进行分割。

如果是双方都确定该笔钱款的给付为彩礼的,该款项的给付时间与支付房款的时间相隔三天。而且,你孙子与女方结婚登记后,仅仅维持了三个月左右时间便协议离婚,还未办理结婚仪式。在这期间,双方就婚房进行了装修,他们两人结婚后未能实际组成家庭共同生活。因此,除非女方有证据证明双方婚后共同生活,而且该彩礼已全部用于双方日常消费的支出,否则你本人就可以起诉,要求女方及家人共同返还这30万元。

06 面对为了房子信口雌黄的女友,怎么办

邹先生

我第一个女朋友是我大学同学,那时我们感情很好,我也真的想和她结婚,可爸妈不同意,嫌她是外地人,而且家是农村的,条件不好,认为我们不般配。我也和爸妈抗争过,可爸妈说,如果我找这个女朋友,他们不会出钱帮我们买房子,结婚也一分钱不出。虽然这样,我女朋友还是没有离开我。我们想着实在不行先租房子,攒到钱了再买房子。最后我爸妈看这样不行,就上我女朋友的单位去闹,一次两次就算了,他们经常去。为此我女朋友换了两份工作,后来她实在受不了我爸妈,我们才分手的。之

后，就因为这件事，我女朋友离开了上海，回到了家乡。我呢，就开始在爸妈的安排下进行一场又一场的相亲。后来的这个小美，不是我看中的，是我爸妈觉得好。反正我喜欢的，我爸妈肯定不高兴，我也不想烦，他们觉得好，我就结婚。我和小美确定好关系后，我爸妈就催着结婚。婚房是要买的。因为小美是我妈的小姐妹介绍的，所以我妈特别喜欢，也特别放心。本来婚房要写我们两个人的名字，但后来考虑到我名下已经有一套房子了，如果产权证上有我的名字，贷款就不算首套，贷款贷得少不说，利息也不划算，当然还有税费的问题。小美名下无房，产权证上写她一个人的名字，就算首套，这样可以省不少的钱。于是我们商量了一下，产权就写在小美一个人名下。但买房子付首付的钱都是我爸妈出的，是通过银行转账到小美账户上。贷款也是我在还的。房子拿到后，装修好，我们就挑了个好日子办了婚礼。婚礼后，我们俩就住到了新买的婚房。其间，我一直催小美去领结婚证，结果她一天推一天，总是找借口，不去领证。后来，我催得紧了，她就回了娘家。后来通过我妈的那个小姐妹，就是介绍人的那个阿姨说，是小美和家里人说的，我生理上有缺陷，所以她不会和我结婚的。我爸妈这时才觉得有问题：她就是骗我们给她买房子，骗我们家的钱。我是无所谓，不结就不结，反正也是爸妈安排的，我其实不太喜欢，是他们要我结婚我才结的，关键就是房子是我们出的钱。我和我爸妈商量了一下，房子不要了，要了也觉得不吉利，但小美要把我们出的钱还回来。我们觉得我们这样做已经算很好了，结果小美传过来话，说我有生理缺陷，所以我爸妈转给她的钱一半是对她的补偿，另一半也不单单是买房子用了，还包括办婚礼时的开销、我们俩住在一起时的开销，其中也有她帮我爸妈介绍客户的提成。我爸妈听到她这样说，都快气晕过去了，这不，我妈这几天都住院了。我想来问问，如果打官司，我能要回来买房子时，我们出的钱吗？

律师解答

赠与可以附义务。赠与附义务的，受赠人应当按照约定履行义务，不履行赠与合同约定的义务，赠与人可以撤销赠与。就你所说的情况，你们双方在恋爱，并确定婚约关系时，你方给付小美大额钱款的行为，从给付目的看是一种附条件的赠与，即你有与小美结成夫妻的目的。小美在恋爱期间接受你方钱款，可以视为小美接受附条件的赠与，她对你方给付钱款的目的是明知的。作为受赠人，她在接受了你方大额财产后，仅与你举办了婚礼仪式，但不与你办理结婚登记，等于是未依约履行义务。

当事人对自己提出的诉讼请求所依据的事实应当提供证据加以证明，当事人未能提供证据或者证据不足以证明其事实主张的，由负有举证证明责任的当事人承担不利的后果。如果你有证据证明已交付小美相应的钱款，那么你可以要求小美返还钱款。对于小美所说的，你有生理缺陷，你爸妈转给她的钱一半是对她的补偿，另一半也是基于其他一些原因；如果诉讼，同样，小美对她的这些说法是要提供证据证明的，如果这些只是她的一面之词，而非事实，你们是不用担心的。

07 被设计的同居生子

魏先生

我现在觉得我是被设计了，但我自己也有不对的地方，没有把持住自己。我和小玉是在旅游的时候认识的。小玉长得很漂亮，认识没多久，我们发生了关系。之后，小玉就怀孕了。我本来就没有想过要和她结婚，她也知道。孩子我一开始说是不要的，但小玉不同意，她说就算我不要，也会自己把孩子生下来。她非要生，我也没有办法，我只能是出钱，让她顺利生产。

孩子生下来后，她就带着孩子去了郊区住，房租是我出的，他们母子俩的生活费也是我全包的。我因为在市区上班，不和他们住在一起，但每周我都会抽空去看儿子。有几次时间晚了，我就住下了。这期间，我们又发生过关系。谁知道，她有一天告诉我，她又怀孕了。我认为已经有一个孩子了，这个就不要了。但她求我说，医生说她很难再怀孕的，这次是上天给她的礼物，她很喜欢孩子，希望能生下来。我这个人心软，她一直求我，我也就同意了。这次生的是女儿。孩子生下来后，她就开始逼我和她结婚，还拿孩子作要挟。其实，她如果不这样，我也想过和她结婚的，毕竟都有两个孩子了。可她这样做，我就要考虑一下了。有一次，我过来看孩子，她又因为结婚的事和我闹，还是当着孩子的面。我一看她这样就走了。之后，我很长时间没有来。等我再来，她和我提出，不结婚就分手，而且还要在我房子的产权证上加名字。她说，这套房子是我们同居期间买的，我们在一起时钱是混在一起的，这套房子是我用我们俩的共同积蓄买的，所以她有一半产权。事实上，这套房子是两个孩子生好后，我们家里人出钱给我买的，产权证上就我一个人的名字。小玉自从有了我们的第一个孩子后，就没有出去上过班，都是我在赚钱养他们母子三人，她怎么可能有钱去买房子呢！请问律师，小玉说的有道理吗？这套房子她有份吗？

律师解答

你与小玉未办理过结婚登记手续，故双方同居后取得的财产不受《婚姻法》的保护，不是想当然地认定为共有财产。对于财产性质的认定应依据财产取得的来源、双方贡献的大小来确定。

你如果有证据证明，小玉在其与你共同生活期间，没有收入来源，小玉与子女共同生活开销均由你来负担，以及购房款全部来源于你的家庭出资购买的,那么鉴于该事实,你的家庭全额出资购买这套房屋,并登记在你一人名下,因此这套房屋应当属于你个人财产,而非你们两人的共同财产。故小玉要求确认她享有这套房屋一半的主张,是没有法律和事实依据的。

婚前财产协议法律知多少

01 无耻的女婿

汪女士

我和老伴就一个女儿，真是把她当掌上明珠。我还好一点，我老伴对女儿那个宠啊，我都看不过眼。只要女儿想吃的，他跑遍上海也要给她买回来；只要女儿想要的，在能力范围内，我老公都会满足。女儿也听话，学习好，工作好。就是恋爱这个事，我们有点烦。女儿找的这个男朋友，比她年纪小一点，卖相是不错，应该我女儿就是看中这一点。这个男孩子家里条件不好，拿不出钱给他们买婚房。女儿原本的意思是两人可以先租房，等有了首付的钱，再去买套房。我们不忍心女儿受罪，就把原来我单位给我分的一套小房子卖了，把钱拿去给女儿作为首付，这样他们两个年轻人自己还贷款就可以了。我们拿出的钱比他们新买房子价钱的一半还多一点，本来我想着新买的房子等于是我们家的钱买的，产权证上就写女儿一个人的名字。可女儿说这个男孩子很敏感的，这样会不高兴，要写两个人的名字。我和老公不大赞同，因为我们其实是看不上这个男孩子的，家里条件不好也就算了，关键是他看上去很浮躁，嘴很花的，很会说，觉得这种人不牢靠。他们两个人如果过得好，能一辈子走下去，而且他对我女儿好，房产证上写谁的名字都无所谓。万一像我们所担心的那样，他现在对我女儿是千好万好，以后对我女儿不好，不就麻烦了。何况结婚一般都是女方要加名字到男方买的房子产证上，这次我们家颠倒了，男方要在女方买的房子上加名字。可女儿说什么也不听，被这个男孩子迷住了，非要加上他的名字。于是我们提出，既然男方要加名字，就先写个协议。很简单，协议写清楚，房子我们出了一半的钱，虽然我们老两口产权证上不写名字，但房子我们有一半的产权份额，这套房子未经我们同意，不准出售、出租和抵押。这个协议上，我女儿、这个男孩子和我们夫妻俩都签了字。房子是女儿和这个男孩子去看的，合同也是他们自己签的，不过首付是我们付的，有转账凭证，当然产权证上写的是我女儿和这个男孩子的名字。我们是看好房子后签的协议，之后我女儿和他领了结婚证，过了一段时间签的买卖合同。房子买好后，就开始装修。说好等房子弄好后，晾三个月，等可以住的时候再办婚礼，刚好住到新房里。可还没等他们办婚礼，我女儿就发现这个男孩子外面有人了。这个男的承认，说是前女友来找他的，是女方主动，他是被动的，他以后再也不会了。我劝女儿说，有第一次，就有第二次，早离早解脱。女儿这次听进去了，就和这个男孩子谈离婚的事。因为两个人没有一起住过，也没什么其他共同财产，就是这套房子。这个男孩子很无耻的，说产权证上有他的名字，房子的一半是他的。我女儿就说起我们四人签的协议。这个男的说，这个协议不算数，是结婚前签订的，以产权登记为准。请问律师，这个房子一半多的钱是我们夫妻俩付的，贷款还了还不到一年，都是我女儿在还，这个男的能分到房子的一半吗？另外这个男孩子出轨的事，对分房子有影响吗？

律师解答

虽然，不动产权属证书是权利人享有该不动产物权的证明，但当事人之间订立有关设立、变更、转让和消灭不动产物权的合同，除法律另有规定或者合同另有约定外，自合同成立时生效；未办理物权登记的，不影响合同效力。

你提到的你们与女儿、女婿签订的协议应该是各方真实意思表示,合法有效,因此按该协议的约定,该房屋中一半产权归你和丈夫所有。对于另一半产权份额,在分割时,法院通常会考虑房屋来源、双方对房屋的贡献大小等,来进行分割。法院判决房屋归你们和女儿的可能性很大,由你们给付男方相应的房屋折价款。由于该房屋涉及你们的产权份额,所以一般不会在离婚诉讼中处理。你们夫妻可以依据该协议,主张对该房屋享有产权份额。

另外,离婚时,如果你女儿有证据证明男方有《婚姻法》四十六条规定情形之一:"(一)重婚的;(二)有配偶者与他人同居的;(三)实施家庭暴力的;(四)虐待、遗弃家庭成员的。"导致离婚的,你女儿作为无过错方有权请求男方损害赔偿。

02 与外国人签订婚前财产协议后遭遇背叛

朱女士

我是帮一个好姐妹来问的。我这个姐妹人好,命不好。我说的命指的是姻缘,而不是指钱,要说钱,我这个姐妹自己是赚得动的。当初,她和她的第一任老公结婚的时候,她老公什么也没有,两个人白手起家,有了点基业后,她老公就开始在外面有花头了。之后,他们离婚了,我这个姐妹有点傻,还给那个男的留了一半财产,也没有说要多分一些。后来,我这个姐妹就一直一个人,虽然也有人追她,但她说对男的已经失望了,都没有感觉。三年前,一个和她一样大的外国人迈克出现在她面前后,她就不再说这个话了。迈克和我姐妹是在国外旅游时认识的,等我姐妹旅游回来,前脚人刚到,后脚这个迈克就跟着来了。迈克之前在中国上过学,不仅会说普通话,还会写中文。这个迈克不知道用了什么方法,让我姐妹对他是喜欢得不得了,没多久他们俩就结婚了。结婚前,我听我姐妹说这个迈克虽然没钱,但有头脑,做生意是一把好手,还说已经帮她介绍了不少客户。于是我劝我姐妹写个东西,不要被这个外国佬给骗了,结果他们就写了个婚前财产协议,写明迈克在中国没有房子,所以他们结婚后住我姐妹的房子里,迈克没有钱更没有银行存款,而我姐妹有房子和存款,同意用她的钱供双方花销;如果以后双方共同做生意,收入属于两人共有。两人结婚后,刚开始还不错,一起又开了一个公司,也赚了不少钱。后来,我姐妹体检时发现身体长了个肿瘤,就开始到处看病,去了好多的医院,也没有心思做生意,公司的事就丢给迈克一个人。虽然后来,几个医院都说是良性的,但是这个事把我姐妹吓得不轻,到处开始看中医,学养生,还专门去了长寿的地方住了很久。这期间,迈克竟然背着我姐妹和别的女的搞到了一起。这一切我姐妹后来才知道。而且迈克和那个女的搞到一起不说,还把公司赚的钱大部分都给了这个女的。我姐妹知道后,气得都吃不下饭,天天哭。请问律师,我姐妹可以从那个女人那里要回这些钱吗?

律师解答

《婚姻法》第十九条规定,夫妻可以约定婚姻关系存续期间所得的财产以及婚前财产归各自所有、共同所有或部分各自所有、部分共同所有。约定应当采用书面形式。从你的讲述可以看出,你朋友与迈克并未约定实行分别财产制,他们只是在结婚前订立了一份婚前财产协议。不论从《婚姻法》的规定,还是从该婚前财产协议的内容,可以确定的是双方在婚后共同做生意所得收入均属于两人共有,也就是说属于你朋友与其丈夫的夫妻共同财产。

夫妻共同财产应该是不可分割的整体,夫妻双方均对全部共同财产不分份额地共同享有所有权及平等的处理权。你朋友的丈夫未经你朋友同意，擅自将夫妻共同财产赠与他人，事后也未取得你朋友的追认，擅自处分夫妻共同财产的行为，应为无效。而且你朋友丈夫的这个行为还有违公序良俗原则，违反了夫妻间的忠实义务，因此，你朋友可以要求他人，也就是你说的那个女人返还这些钱款。

03 再婚前的婚前财产协议

吕先生

我有一个朋友打算再婚，她和男方现在各自都有房产和孩子。为了让双方的孩子都安心，他们两人想写个协议，写明把各自的财产都留给自己的孩子，两人签名后，协议一式四份。请问这样一份协议是否具有法律效力？

律师解答

再婚夫妻之间，除了两人的感情会影响婚姻外，两人名下的财产及各方子女均会给这段婚姻带来不稳定因素。可以说，你的朋友是有先见之明的。《婚姻法》规定，夫妻可以约定婚姻关系存续期间所得的财产以及婚前财产归各自所有、共同所有或部分各自所有、部分共同所有。约定应当采用书面形式。夫妻对婚姻关系存续期间所得的财产以及婚前财产的约定，对双方具有约束力。如果你朋友想要达到他们的目的，我个人认为有两种形式。

第一种就是依据上述规定签订财产协议，明确各自的财产归各自或各自的子女所有。如果涉及房屋的，须办理产权过户，其他财产可以分掉，这样以后就不会因为这些财产而产生矛盾。但是如果其中有房屋涉及要共同居住的，或是子女们有私心的，那就会有一定的风险。

另外一种就是写遗嘱，他们可以分别订立符合法律规定形式的遗嘱，明确百年后，属于各自的财产由各自的子女来继承。

最后，建议再婚夫妻在婚前可以订立财产协议，以明确财产的权属，然后再分别订立遗嘱。希望这样可以减少矛盾和纠纷，让婚姻之路走得能长久。

04 模特女儿的不幸婚姻

李女士

我是来帮我女儿问的，我现在真的是很后悔，那时候没有拉住女儿。女人啊，自己有才是真的有，别人有的永远是别人的，男人靠不住啊。我女儿和刘先生是在活动中认识的，他通过主办方要了我女儿的电话，之后就像电视里演的那样，用尽所有方法来追求我女儿。刘先生帅气多金，我女儿怎么可能抵挡得住。我女儿和他在一起的时候，并没有和我说太多，只说自己谈了一个男朋友，我一直说要见见面，但我女儿说时候不到，到了自然会让我见的。结果，他们恋爱的时候，我女儿怀孕了。我知道后，当然马上要求他们结婚，要不然就分手。刘先生当时是跪下来求我女儿不要把孩子打掉，说要和我女儿结婚。我女儿之前做模特，每个月收入不低的，如果要生孩子，这个模特工作肯定是没法做了。为了向我女儿表明心迹，这位刘先生还和我女儿签订了一份婚前协议，内容是：自两人领结婚证之后，刘先生每个月向我女儿支付人民币伍万元生活费，每个月的第一周付至我女儿的账户；如果以后开销增加，可再行增加。当天，他就先把两个月的钱转到我女儿卡上。这样，第三天，我女儿就和这位刘先生同去民政局，领了结婚证。之后，我女儿安心在家待产。一开始这位刘先生是不错，每天嘘寒问暖，专门请了阿姨照顾我女儿。可慢慢地，他开始以工作忙为由晚回家，发展到后来就是夜不归宿。我外孙出生的时候，他还在我女儿身边。等我女儿一出月子，他就不见人了。只要他们两个人在一起就是吵。而且这都有一年多了，他一分钱也没有拿到家里来。我女儿和外孙都靠我女儿之前的积蓄生活。这样的婚姻要了有什么用？于是两人就谈好，去民政局办了协议离婚。当时刘先生承诺会按婚前协议履行，把没有给的钱一起补上的，所以在离婚协议里就没有写婚前协议约定的每个月给钱的事，而是写了双方无共同债权债务。我女儿一点心眼也没有，这个刘先生说会给，她就信了。结果现在再去要，这位刘先生就说离婚协议中已经写了无共同债权债务，所以他不欠我女儿一分钱。请问律师，我女儿如果打官司，可以要回之前刘先生没有给的生活费吗？

律师解答

按《婚姻法》第十九条的规定，夫妻可以约定婚姻关系存续期间所得的财产以及婚前财产归各自所有、共同所有或部分各自所有、部分共同所有。约定应当采用书面形式。没有约定或约定不明确的，适用本法第十七条、第十八条的规定。夫妻对婚姻关系存续期间所得的财产以及婚前财产的约定，对双方具有约束力。

你女儿和这位刘先生在婚前签订了婚前协议，根据该协议约定，自两人领结婚证之后，刘先生每个月向你女儿支付人民币伍万元生活费，在指定日期汇入你女儿的账户内。订立协议的第三日，双方办理了结婚登记并领取了结婚登记证。从婚前协议的内容来看，系你女儿和刘先生对双方婚后共同生活期间男方给予女方一定数额的生活费作出的约定，我认为该约定是双方对婚姻关系存续期间家庭生活费用的负担所作出的约定，应当属于夫妻财产约定的范畴，双方通过书面形式在平等、自愿、真实意思的情况下所作出的意思表示，对双方具有约束力。刘先生未履行的部分应依法履行。刘先生仅以离婚协议中无共同债权债务为由来抗辩是没有法律依据的。除非刘先生拿出他已完全履行婚前协议中约定的给付生活费的证据。

因此你女儿可以提起诉讼，要回婚姻关系存续期间，刘先生依约应付而未付的生活费。

与同居同行的法律

01 同居期间的借款到底存在吗

📝 案 情

冀女士本以为能和史先生白头到老，两人的家是她最后的归宿，但可惜未能如愿，他们没能走到最后，最终两人是以离婚收场。其实，冀女士当初与史先生离婚时，并不是真心想离，而是想给史先生一个教训，或者说是为了让史先生看到自己有决心离婚，当然最主要的是想史先生能回头，不再与外面的女人来往，两人能复婚。所以，虽然冀女士与史先生协议离婚了，但仍住在同一屋檐下。在此期间，史先生因生意失败，整天无所事事，两人的生活开支就靠冀女士一个人。可史先生大手大脚惯了，没钱但又要高消费，就以两人的名义办了很多张信用卡，经常是用这张卡的钱还那张卡，后来两人的生活消费共计欠款 24 万余元。为了还债，冀女士只好把自己名下的一套房屋出售，房款用来还了这些欠款。在还了钱后，冀女士得知史先生又在外面找了一个女朋友。当冀女士质问史先生时，他竟然称自己爱上了这个女朋友，要和冀女士分手。看到感情不可能再挽回，冀女士也同意分手。

对于冀女士之前卖房还债的事，史先生表示愿意还一半的钱，于是他给冀女士出具了一份借条，写明借冀女士 12 万元，半年内归还。现在半年期满，史先生一分钱也没有还给冀女士，于是冀女士将史先生告上法院，要求史先生偿还 12 万元的借款。开庭时，冀女士除了提供借条和卖房、还信用卡的材料外，还提供了一份有她和史先生字迹的关于信用卡账单的记录，共计 24 万余元。而史先生却否认借款的存在，认为当时冀女士去自己女朋友家里吵闹，为了避免纠纷，在冀女士的威逼下他才出具借条的，而那份冀女士提供的信用卡账单的记录也是应冀女士的要求抄写的，他并不知道其中的含义。

评析

当事人对自己提出的诉讼请求所依据的事实或者反驳对方诉讼请求所依据的事实，应当提供证据加以证明，但法律另有规定的除外。在作出判决前，当事人未能提供证据或者证据不足以证明其事实主张的，由负有举证证明责任的当事人承担不利的后果。本案中，史先生出具借条，写明向冀女士借款 12 万元。但对于该借条出具的原因，双方各执一词。冀女士认为是两人在共同生活期间的花费全部都由她一人承担，而且她还将自己所有的房屋出售，用于偿还两人的信用卡，后来在史先生决定与他人继续交往后，自愿承担共同生活期间的花费 12 万元，才出具了借条；史先生认为是冀女士去女朋友家里吵闹，他才被迫写了借条。冀女士对她的陈述事实除了借条外，还提供了有她和史先生字迹的关于信用卡账单的记录，两人花费达 24 万余元，同时冀女士还提供了房屋出售的相关材料。但史先生对他的陈述却没有提供合法有效的证据予以证明。因此在史先生确实出具过借条的情况下，史先生作为被告应承担举证不能的责任，冀女士的诉讼请求应得到法院的支持。

> **结案**
>
> 法院采纳了我方的观点，判决支持了冀女士的诉讼请求。

02 同居时攒钱购房,男方能要回吗

魏女士

我爸妈一直在上海打工,我大专毕业后,也来上海,找了一份前台的工作。在公司上班时,我认识了杨先生。刚开始,我们之间并没有什么交集,就是他来找老总,我帮着他通报一下。后来,他来得多了,我们就认识了。听同事说,他是老板的朋友,也是我们公司的客户,自己有一家公司,还做得不错。关于他的婚姻问题,有的说他结婚了,还有孩子,有的说他没有结婚,还有的说他离婚了,到底是哪个版本,他们也不确定。刚认识时,我根本没想到我们会在一起,他比我大十多岁,而且不是我的理想型。后来,他再来我们公司,先不找老板,总是和我聊天。有一次我感冒了,有点发烧,他来我们公司发现后,帮我向老板请了假,还带我去了医院。就是这次让我对他有了好感,之后他就开始名正言顺地追我了。

刚开始的时候,他对我特别好,给我买衣服、买包包、买首饰,还送我车,还给我零花钱,不让我上班。但我班还是在上的,我们确立关系后,我就让他不要再去公司了。可能是从小家境不好,比较节约,他给我的钱我没有乱花,都存了起来,加上我自己的工资,攒了些钱后,我就想着买一套房子。他知道后又给了我一些钱,我就在郊区买了一套面积不大的商品房。商品房预售合同是我和开发商签的,钱也是我付的,发票上写了我的名字,房子的产权登记在我一人名下,房子拿到后也是我爸妈和我在住。我们在一起四年后,我第二次怀孕了,第一次他说我还小,让我把孩子打了,这次我想把孩子生下来,要和他结婚,可他不同意。看到他这个样子,根本不想和我结婚,我也不想再和他有什么关系了,就提出分手。

谁想到，他一听我说要分手，就说分手可以，让我把他给我买的车子、首饰、房子什么的都还给他。他的意思是，给我送房子、车子这些都是以结婚为目的，现在是我在外面和其他男的乱搞，导致我们俩分手；现在没有结婚，分手了，那些他出钱买的东西，都要还给他，特别是房子。其他像车子和首饰这些我都可以还给他，但房子是我自己买的，他虽然出了一些钱，可很少，房子在郊区，面积不大，而且那时房价不高，大部分房款都是我自己存的，所以我不同意把房子还给他。他就威胁我说，他手里有证据证明房款是他付的，而且我也承认了。我想起来，有可能是之前吵架的时候他偷偷录了音，我大概也就是说房子的钱是他之前给我，我攒下来之类的。请问律师，如果他有证据证明他买房出钱了，他就可以打官司抢房子吗？他说这套房子全部是他一个人的，让我把房子过户到他名下，有依据吗？

律师解答

《物权法》规定，不动产物权的设立、变更、转让和消灭，依照法律规定应当登记的，自记载于不动产登记簿时发生效力。不动产权属证书是权利人享有该不动产物权的证明。你与开发商签订商品房预售合同、支付全部房款后取得房屋，并依法取得系争房屋的产权登记，你是经登记公示的房屋权利人。

一般情况下，这套房屋应归你所有，除非有其他特殊情况。例如：你男友出资购房，由于其他原因，其不能登记为产权人，即由你代为持有房屋产权，且你们双方签订有书面协议，若你男友基于协议及出资证明等，则有权主张房屋产权归其所有，或共有。

当然，你男友出资购房，还有一种可能是赠与。赠与人在赠与财产的权利转移之前可以撤销赠与。受赠人有下列情形之一的，赠与人可以撤销赠与：（一）严重侵害赠与人或者赠与人的近亲属；（二）对赠与人有扶养义务而不履行；（三）不履行赠与合同约定的义务。因为该房屋登记在你一人名下，除非符合上述可撤销的情形，否则不存在撤销的可能性。而且如果有上述情形的，你男友也应主张撤销赠与。

因此就算这套房屋的购房款中有部分是你男友给予你的款项，但无论该款项的给予是被定性为共同出资，还是赠与行为或是其他性质，你前男友仅以购房款中有其出资为由要求确认他是该房屋的唯一权利人并要求办理房产过户，排除你的权利，缺乏事实和法律依据，如果诉讼，也很难得到法院的支持。

03 同居后为非婚生子买房，还可以被要回去吗

王女士

我和老李在一起的时候，我根本不知道他有老婆，按他的说法，他是离过婚的，有一个女儿、一个儿子，现在都成年了，他想找个人一起过。这样我们就在一起了。虽然他年纪比我大很多，但他对我很好，不仅从工作上帮我，而且在生活上对我非常照顾。我呢，父亲走得早，是我妈一个人把我带大的，可能有点恋父情结，一直喜欢比我大的男士。我们同居了半年后，我怀孕了。其间，我一直催老李领结婚证，但他以各种理由推托。后来实在逼得他没办法，才和我说了实话：他没有离婚，只不过老婆陪女儿出国读书了而已。我的生气和痛苦是难免的，但那个时候，我已经快要生了，为了肚子里的孩子，我没有去做极端的事，而是把孩子生了出来。我生的是个男孩，老李重男轻女的思想很严重，所以对儿子特别好，还和我承诺会和老婆离婚。结果，我等了一年又一年，孩子都快上学了，他还是没有离婚。我知道他在骗我，吵了也不知道多少次了。后来，他老婆也知道了我的存在，就和

他闹了。而老李最终选择了他老婆。这样我和老李只有一个结局，那就是分手。

我们的事，他老婆都知道的。当时，因为孩子的抚养，还有我们以后生活的事，我们写了一份分手协议，约定儿子由我抚养，他有权在不影响孩子学习的情况下进行探望，儿子的姓名永远不能变，他每个月给我们一笔抚养费。按老李老婆的要求，我们还在协议里写了这样一条：我儿子放弃对老李及其家族、公司财产权益的全部主张。我们签这份协议之前，我已经和老李还有他老婆一起谈好，签这份协议书可以，但要给我和儿子在上海买一套房子。他们俩当时都是同意的，所以在签订协议前，老李就给我和儿子在上海买了一套房子，手续则是老李让他自己的女儿去办的，包括付钱和签合同，等于是我和儿子委托老李的女儿代办，还办了公证手续。等我看到预售合同后，我才在协议书上签字。因为房子都买好了，钱都全部付清了，所以协议上没有写这套房子的事。这都是五六年前的事了。因为那个时候房子是期房，我和老李分手后，老李就安排我和儿子住到他女儿名下的房子里，因为我儿子在那个房子附近读书。后来，我和儿子的房子也拿到产证了，但因为离儿子的学校太远，所以我们一直也没搬家。那套房子就由老李一家住，老李老婆只要在国内，也是住在那里的。我想等儿子从学校毕业后，换一下房子就可以了，老李也同意的。

但现在儿子毕业了，我提出换房子，老李老婆却提出来，买这套房子的钱是他们夫妻的共同财产，老李是瞒着她给我和儿子买的房子，她不知情，所以这个行为是无效的，房子是她和老李的，和我、我儿子没有关系。她还说，房子产权登记在我们名下，对我们来说是不当得利。请问律师，什么是不当得利？老李给我和儿子买房子，对我和儿子来说算是不当得利吗？这个行为是无效的吗？这套房子到底是不是我和儿子的呢？

律师解答

《民法总则》规定，因他人没有法律根据，取得不当利益，受损失的人有权请求其返还不当利益。根据我国法律对于不当得利情形的规定，判断是否构成不当得利最为关键的要素在于取得利益的一方是否有法律根据。购买房屋时是由李先生要求其女儿为你们办理了合同签订、支付房款等相应手续，并将房屋的产权证登记在你和儿子名下。据此，李先生为你们购房支付房款并不属于无给付目的的错误支付。你和李先生同居，并育有一子，虽然你和儿子在购买房屋时未支付对价，但这并不属于不当得利。

对于无效一说，首先，购买房屋的实际经办人为李先生和他妻子所育之女，而且你和儿子已向李先生的女儿出具了公证委托；其次，房屋交付后，是由李先生及其妻子等家人共同居住在内；再者，你和儿子长期所居住的房屋为李先生的女儿所有。因此，我认为，李先生的妻子称对其购房及产权登记在你们名下不知情的说法，实有悖常理。当然如果诉讼，你应提供相应的证据证明李先生的妻子对丈夫出资购买房屋，并登记在你和儿子名下这一情况是知情的。李先生的妻子在时隔数年后，主张丈夫的上述行为属擅自处分夫妻共同财产，我认为是缺乏事实依据的。

04 与男友从私奔到分手

金女士

我有个青梅竹马的男朋友，他住我家隔壁，比我大两岁，由于我们两人年龄差距不大，童年时经常一起玩，感情非常好，后来我考上了外地的大学，我们依旧感情很好，并决定恋爱。但是家里人不同意我们在一起，因为他们觉得我男朋友没有房子、没有车子，不能托付，于是我们商量后就决定私奔。然后我们去了附近的一个县城过上了同居生活。一开始由于我们两人还比较年轻，什么都不懂，生活比较艰难。但是我们节衣缩食，日子就这么过下去了。后来，我男朋友找到了工作，能够维持家里的基本开销，两人生活得很甜蜜。一年后，我生下了一个男孩。由于有了儿子，家里的开销更加大了，为了能让家里过上更好的生活，我男朋友便决定自己开一家服装店，由他负责进货，而我负责销售。经过我们的努力，服装店生意非常红火，一家三口生活得其乐融融。但是因为各种忙，我们始终没有去民政局办理结婚登记。

好景不长。在儿子长到两岁时，由于服装店生意比较好，我先生工作变得比较忙，经常早出晚归，我们还会经常为了家庭琐事和服装店的经营细节发生争吵，两天一小吵，五天一大吵，到后来，他连家也不回，我们两人已经形同陌路。我开始对自己年轻时不听父母劝告与他私奔的行为感到后悔。于是我想和他分手。我知道他的一个银行账户里有一笔存款，这笔钱是我们俩共同经营服装店盈利所得，但是账户上只有他的名字。我现在比较担心的是，由于我们没有领证，如果我和他分手，我们经营的服装店、银行里的存款等财产应该怎么分割？孩子归谁抚养？

律师解答

《关于人民法院审理未办结婚登记而以夫妻名义同居生活案件的若干意见》规定，解除非法同居关系时，同居生活期间双方共同所得的收入和购置的财产，按一般共有财产处理。因此，你们共同经营服装店盈利所得的存款，虽然银行账户的户名是你男友，但一般为你们两人的共同财产。你可以主张其中一半的金额。

对于你们的孩子的抚养问题，对两周岁以上未成年的子女，父方和母方均要求随其生活，一方有下列情形之一的，可予优先考虑：（一）已做绝育手术或因其他原因丧失生育能力的；（二）子女随其生活时间较长,改变生活环境对子女健康成长明显不利的;(三)无其他子女,而另一方有其他子女的;(四)子女随其生活,对子女成长有利,而另一方患有久治不愈的传染性疾病或其他严重疾病,或者有其他不利于子女身心健康的情形,不宜与子女共同生活的。若孩子长期和你共同生活,且你男友不存在上述优先可以考虑的情况的,一般情况下孩子判决和你共同生活的可能性更大。

05 我和老公不是事实婚姻吗

苏女士

　　我的继女想要独吞我老公的财产,我觉得这不公平。事情是这样的,我老公早在多年前曾经有过一段婚姻,但是他这个妻子后来得病死了,他们俩有一个女儿小丽,那个时候他们没什么钱的。后来,我经人介绍和他认识了,不久我们就谈起了恋爱,在2000年的时候,我们就生活在一起了,但没有去领结婚证。虽然我曾多次催他领结婚证,但是他都以各种借口推托,还说他女儿不是很喜欢我,也不同意我们结婚。为了不为难他,我也就没逼他领证,就这样一起生活。我心想只要两个人的感情好,有没有证也无所谓。

　　可是后来我才发现,他不领证其实是有私心的,亏我对他一心一意,可在他心里他考虑的只有他女儿,他根本没把我当作妻子。我们在一起后合开了一家店,因为我以前做过生意,所以对于经营这块很熟悉,而且我这人很活络,外面朋友很多,跟顾客的关系也都很好,可以说生意做得很不错,店铺经营顺风顺水。我们开这家店挣了不少钱,当时他就哄我说挣的钱他都存起来,这是属于我们共同的钱，存在谁的名下无所谓。因为当时我们感情很好，所以我就相信了他。挣的钱我都给他，让他存起来，我一直以为这钱是存在他的名下的。去年，我老公不幸在一次车祸中身亡。他死后，他女儿和我几乎天天吵架，她经常没事找事，我们两个人都不想再和对方生活在一起。我当时想，反正她又不喜欢我，也没把我当作继母，分家就分家。但是当我提出分割她父亲财产时，我才发现我彻底被他们骗了。我老公死亡后，留有六张存款单，一共有六十多万，这些钱居然全都存在他女儿名下。他女儿和我说，这钱都是她的，我一分钱也分不到。可我认为，这些钱都是我经营有道，挣出来的，本来就存在她爸爸的名下，我当然有权分。可她说她咨询过，法律上，我和她父亲没有结婚，也不属于事实婚姻，所以我什么也得不到。请问，这种情况我该怎么办？

律师解答

这里我先说一个事实婚姻的概念。《最高人民法院关于适用〈中华人民共和国婚姻法〉若干问题的解释（一）》规定，未按《婚姻法》第八条规定办理结婚登记而以夫妻名义共同生活的男女，起诉到人民法院要求离婚的，应当区别对待：（一）1994 年 2 月 1 日民政部《婚姻登记管理条例》公布实施以前，男女双方已经符合结婚实质要件的，按事实婚姻处理。（二）1994 年 2 月 1 日民政部《婚姻登记管理条例》公布实施以后，男女双方符合结婚实质要件的，人民法院应当告知其在案件受理前补办结婚登记；未补办结婚登记的，按解除同居关系处理。

如果说在 1994 年 2 月 1 日前，你们同居在一起的，那么法律上是认可你们之间形成事实婚姻的，对于财产，按照《婚姻法》中的有关夫妻的规定来处理。如果你们是在 1994 年 2 月 1 日民政部《婚姻登记管理条例》公布实施以后同居的，但没有办理结婚登记，也就是没有领结婚证，你们之间就是同居关系。

解除同居关系时，同居生活期间双方共同所得的收入和购置的财产，按一般共有财产处理。你所谓的丈夫已过世，你们之间也不存在解除同居关系一说。对于你们共同所得的收入一般按共有财产处理。对于这六张存单，要看你所谓的丈夫是直接存入他女儿名下，还是先存入他名下，之后再转账至他女儿名下的。如果存单是之后再转入他女儿名下的，这意味着你所谓的丈夫在未经你同意的情况下，擅自将属于你们共同的财产赠与给他女儿，侵害了你对这些钱款所享有的共有权，你可以要求他女儿返还，对于属于你所谓的丈夫的遗产，可以依法继承。如果存单是直接以你所谓丈夫女儿的名义存入的，在你没有证据的情况下，很难对这些钱款主张权利。

因为你们没有办理相应的婚姻登记手续，所以你们之间的关系不受《婚姻法》的保护。同理，你不能以配偶的身份要求继承你所谓丈夫的遗产，但《继承法》规定，对继承人以外的依靠被继承人扶养的缺乏劳动能力又没有生活来源的人，或者继承人以外的对被继承人扶养较多的人，可以分配给他们适当的遗产。如果你有证据证明你对被继承人你所谓的丈夫扶养较多的，按法定继承的情况下，你可以主张要求法院分配适当的遗产。

06 同居给女友买房，分手可以要回来吗

陈先生

我帮朋友咨询一下。我朋友是离过婚的，现在他有一个女朋友，两个人没有领结婚证书，只是同居在一起。我朋友给女方买了一套房，产证上写的是女方一个人的名字，钱全部是我朋友一

个人出的。我朋友想问一下律师，如果他们两个分手了，那这套房产还要得回来吗？

律师解答

　　这就要看你朋友出资购房，产权登记在女方名下的原因，是以女友的名义挂名买房，还是为了结婚而购买婚房，还是单纯的对女友的赠与等。如果说是挂名买房的，且你朋友有相关的证据证明，那么你朋友可以其是实际出资人及权利人，主张自己对这套房屋所享有的权利。如果两人是为了结婚购房，根据案件查明事实，可以确认尽管产权登记在一方名下，但恋爱双方有以结婚为目的共同购房的意思表示的，宜认定为共同财产，并根据双方的贡献大小对房产进行分割。如果这套房屋是你朋友对其女友的赠与，那么，根据《合同法》的相关规定，受赠人有下列情形之一的，赠与人可以撤销赠与：（一）严重侵害赠与人或者赠与人的近亲属；（二）对赠与人有扶养义务而不履行；（三）不履行赠与合同约定的义务。赠与人的撤销权，自知道或者应当知道撤销原因之日起一年内行使。在符合上述情形的情况下，你朋友可以主张撤销对女友的赠与，要求女友返还房屋。如果不存在上述情形的，那么你朋友就很难要回已经赠与完成的这套房屋了。

"假结婚""假离婚"惹出的麻烦之法律解决

01 为生三胎与丈夫"假离婚"并签署离婚协议，该协议究竟是否有效

顾女士

我今年刚刚30岁，我丈夫在县城与人合资开了家小饭店，收入还不错，我们还有两个女儿，可以说我还是很满意我的家庭生活的。可我一直想再生个儿子。但是根据当地规定，要三胎必须缴社会抚养费，为了不交钱，我跟丈夫商量："咱先躲过计生委的检查，办个离婚，我只要不参加孕检，偷偷把孩子生下来，就不用交社会抚养费了。"这也是怪我太天真。当时和丈夫说这个想法的时候他还挺犹豫，我为了说服他，就提出和他签个离婚协议，房子、车子、孩子、存款全归他，我什么都不要，就是为了让他放心。谁知道，我这就是自作孽不可活！为了将离婚后的戏演得更逼真，我离开了婆家，在距丈夫饭店不远处租了间房子，一边照顾"丈夫"的起居，一边偷偷实施"三胎计划"。几个月后，我就怀孕了。谁知道刚怀上三胎的我没高兴多久，就遭到"晴天霹雳"。有一天，我突然收到一条无名短信："我是大伟的女朋友，既然你们离婚了，请你以后离我男朋友远点儿，不然我就对你不客气。"收到这条短信，我顿时傻眼了，急忙给丈夫打电话，质问短信是怎么回事。"是我女朋友发的短信，咱俩离婚了，我交女朋友不违法。"我丈夫眼看事情败露，索性大胆承认。"你这个没良心的，我们是真的离婚吗？我们离婚是为啥，你不清楚吗？现在

我怀着你的孩子,你竟然在外面找女人,你还算人吗?"我都要崩溃了。他却说:"离婚还能有假?我们早就不是两口子了。"我虽然对自己荒唐的"假离婚"后悔至极,但为时已晚。像我这种情况,现在丈夫是铁了心要真离婚了,那我之前签署的那份假离婚协议是不是有效?财产我能不能分割?还有就是我的两个女儿的抚养权我可不可以要回?当时因为是假离婚我才把孩子抚养权给他的。

律师解答

如果说你们两人并没有到婚姻登记机关申请离婚,也没有去法院诉讼离婚,只是伪造了一个假的离婚证书,这样才称为"假离婚"。目前就你的情况来说,你跟你所谓的丈夫之间并不存在"假离婚"一说。你们两人已到婚姻登记机关申请离婚,婚姻登记机关已给你们双方发了离婚证,因此你们已不是夫妻关系,是真正的离婚。你们在离婚时签订的自愿离婚协议书一般应为合法有效,对你们双方均有约束力。

《最高人民法院关于适用〈中华人民共和国婚姻法〉若干问题的解释(二)》规定,男女双方协议离婚后一年内就财产分割问题反悔,请求变更或者撤销财产分割协议的,人民法院应当受理。人民法院审理后,未发现订立财产分割协议时存在欺诈、胁迫等情形的,应当依法驳回当事人的诉讼请求。因此,你如果想要拿回属于你的财产,就要有证据证明你们签订自愿离婚协议时,你是被骗的,即你们当初离婚时,只是为了再生育,且约定等再生育完成后,再行结婚。你可以要求撤销自愿离婚协议中关于财产分割的内容。如果你没有证据证明的,则要承担举证不能的责任。

至于两个女儿的抚养权,也是同样的问题。如果该自愿离婚协议未能撤销的,你要求变更两个女儿抚养关系,通常应有下列情形之一的:(一)与子女共同生活的一方因患严重疾病或因伤残无力继续抚养子女的；（二）与子女共同生活的一方不尽抚养义务或有虐待子女行为，或其与子女共同生活对子女身心健康确有不利影响的；（三）十周岁以上未成年子女，愿随另一方生活，该方又有抚养能力的；（四）有其他正当理由需要变更的。

02 为了多分动迁利益"假结婚"，离婚后"前妻"要主张征收利益

高先生

  我真后悔，当初就不应该搞这个事情，现在弄得自己一身的麻烦。我是离过婚的。因为前妻嫌我没钱，找了一个比我有钱而且还没有孩子的男的，带着我的女儿一起走。我本来不同意离婚，但我前妻上法院去了两次，我实在没办法，才离的。离婚后，我也不想再结婚，实在是太伤人了。

  三年前，有传言说我住的老房子就要拆迁了。说起这个老房子，是我爸妈留给我的，产权就登记在我一个人名下。最初我们一家三口和爸妈一起住，那时候觉得老房子太小、太破。等我离婚后，就是我和爸妈三人在住。再后来，我爸妈相继因病过世，这个房子就我一个人住。刚开始，我很不习惯，太冷清，不过时间长了也就适应了。我朋友知道我们家老房子可能很快就要拆迁的事后，就说，他原来拆迁过的，按我们家的情况，老房子就我一个人的户口，拿不了多少钱；如果我结婚了，再多一个人头，可以多拿一份钱。我说我这辈子是不想再结婚了，没意思。他帮我出了一个主意，说是可以假结婚，等拿了动迁款，就离婚。而且他和我说，现在这种事很多的。我呢，耳根子软，就听他的了。于是说好，他帮我介绍一个女的结婚，以后拿到多的动迁款，我

给他一点钱意思意思就可以了。这样,我就第二次结婚了。

果真是我结婚后不久,我们这里就说要动迁了。但我去了动迁组了解后才知道,现在不叫拆迁,叫征收,都是按人头的,除非是家里人多,认定居住困难,才会有别的补偿,而我们家面积足够了,我结婚不结婚,补偿的都是一样的。而且这次征收都是公示的,不管我结婚离婚,没什么差别。一听这样,我怕有什么后遗症,就先和之前结婚的那个女的去民政局离了婚。离好以后,第二天我就去动迁组签订了补偿协议,分了一套房子。结果前段时间,那个女的不知道从哪里知道我现在拿到房子,就找到我,让我分她一笔钱,否则就去法院告我。她的意思是说,我分的房子是因为我们结婚才分的,否则我拿不到两室的房子,让我补她一笔钱。这里多说一句,我们离婚是在民政局办的,离婚协议上写了再婚后无共同财产,无共同债务。这种情况,我拿到的安置房,那个女的有份吗?如果她打官司告我,她有赢面吗?

律师解答

首先要强调的是你与那位女士的婚姻不存在"假结婚"一说。《婚姻法》规定,要求结婚的男女双方必须亲自到婚姻登记机关进行结婚登记。符合本法规定的,予以登记,发给结婚证。取得结婚证,即确立夫妻关系。未办理结婚登记的,应当补办登记。你和那位女士已在婚姻登记机关进行了结婚登记,并取得结婚证,你们的婚姻是受法律保护的。

《上海市国有土地上房屋征收与补偿实施细则》规定,征收居住房屋的,被征收人取得货币补偿款、产权调换房屋后,应当负责安置房屋使用人;公有房屋承租人所得的货币补偿款、产权调换房屋归公有房屋承租人及其共同居住人共有。按你所述,你提到的房屋是产权房,所得的征收补偿利益通常归你所有,当然如果该房屋有使用人的,你还应当负责安置房屋使用人。这位女士虽然和你结婚登记了,但她并未实际和你共同居住在这套房屋内,因此她既不是产权人,也不是房屋使用人,无权取得被征收房屋的征收补偿利益。

虽然夫妻在婚姻关系存续期间所得的财产除法律另有规定以外,属于夫妻共同财产,但事实上,被征收的房屋是你婚前所有的产权房,且你签订征收补偿协议,确定并取得征收补偿利益均在你与这位女士离婚之后。同时,你们的离婚协议书中也未确定这位女士在被征收房屋中享有利益,故如果诉讼,这位女士的主张也很难得到法院的支持。

03 为购房欲与前夫"假结婚",风险有哪些

董女士

我在离了婚以后,一个人来到上海找了份工作。在工作中,我认识了现在的老公。经过一年的地下恋情后,终于我们修成正果领了结婚证。由于公司不赞成办公室恋情,所以在我们公开恋情后,我就辞职了。我老公是上海人,他知道我之前的不幸婚姻,不仅没有嫌弃我,而且还包容我,比我前夫对我好很多。刚开始,他父母是不同意我们恋爱的,但是经过一段时间的接触后,他的父母也渐渐接受了我。对于我们的婚姻,他父母没有别的要求,就是提出我们婚后住的房子和我没有关系,让我写一张承诺书。这套房子是我们结婚前,我老公贷款买的,据他说首付是他父母付的,贷款是他自己还的。因为这个房子我一分钱也没有出过,觉得他们家里人不计较我的过去已经很好了,于是我就顺应他父母的要求写了这个承诺,说这个房子是我老公婚前买的,虽然贷款是我老公的,但我承认这个房子是我老公的个人财产,我不享

有任何权利,没有任何份额。看到我连这个承诺都写,他爸妈高兴坏了,还夸我比其他小姑娘好。

婚后的前两年,我觉得很幸福。我因为年纪比我老公大一点,又有过一次婚史,所以对我老公很照顾,他在家,什么也不用做,全部家务都我一个人来,把家里收拾得很好。他妈每次来都要夸我的。但有件事,让他爸妈很着急,就是孙子的事。本来我年纪就不小,他们家就我老公一个独子,他爸妈说没有其他要求,就是希望我能快点给他们家生个孙子,孙女也行,只要有个孩子就可以了。婚后,我们也一直积极备孕,可就是怀不上。去医院检查,也说是没有问题,医生说这个和心情也有关,让我们放轻松。但两年过去了,我的肚子一点动静也没有。我公公婆婆就开始着急了,我也吃了不少中药,可就是怀不上。我婆婆还让我去做试管婴儿,可我觉得我又不是有病不能怀孕,总是会有的,不同意去做。这样我们之间就因为这个有了矛盾,我公公婆婆经常在我老公耳边吹风。我老公刚开始没什么,后来对我也有了意见,说他朋友知道我们结婚这么久还没孩子,笑话他什么的。我们就为这些事常常吵架。吵得多了,就说到了离婚。有一次,我老公又说要离婚,我一生气就同意了。第二天,我们就去了民政局,协议离了婚。结婚后,我们就只有一些存款,我拿了一半,剩下一半给我老公。离婚后,我前夫找过我几次,但我不想再和他一起了,特别是对生孩子这件事,我都怕了。之后,我一直没有再找对象,在上海租房住。

去年,我手里有了些积蓄,想在上海买套小房子。但是因为我户口还在外地,不能买房子。中介公司就给我出主意,说我可以找个人结婚,等房子买好后,再离婚。我在上海可信赖的人也不多,虽然和前夫离婚了,但最信任的还是他。于是我找到他,说了假结婚的事。我前夫也还没有再婚,他本人对这个没有意见。但是我朋友提醒我:如果结婚了,买房子就算两个人的,他也有份的；还有就是结婚后，他不同意，我就离不了婚，让我想想清楚。请问律师，我如果和我前夫再婚，是假结婚的话，我们可以约定是假结婚吗？如果我让他写个承诺，说明是假结婚，我买的房子和他没有关系，然后买好房子后多少天就去离婚，这可以吗？如果到时候，他不同意离婚，我该怎么办呢？还有如果我们再结婚，我以前写的那个承诺书还有用吗？如果我不写别的承诺，离婚的时候，万一他不同意离，我是不是还可以要他名下的那套房子的份额呢？

律师解答

《婚姻法》规定，要求结婚的男女双方必须亲自到婚姻登记机关进行结婚登记。符合本法规定的，予以登记，发给结婚证。取得结婚证，即确立夫妻关系。也就是说只要你们男、女双方亲自到婚姻登记机关办理了结婚登记，并领取了结婚证，即形成真实的婚姻关系，不存在"假结婚"的说法。因此，有关"假结婚"的约定是违反法律规定的，应为无效。

但《婚姻法》规定，夫妻可以约定婚姻关系存续期间所得的财产以及婚前财产归各自所有、共同所有或部分各自所有、部分共同所有。约定应当采用书面形式。夫妻对婚姻关系存续期间所得的财产以及婚前财产的约定，对双方具有约束力。这样你与前夫结婚时可以对财产的归属作出约定，一般情况下只要该约定不违反法律、行政法规强制性规定等，应为合法有效，双方应恪守履行。

对于你们离婚的问题，离婚有两种途径：一种是你们双方关于财产等协商一致，前往婚姻登记机关协议离婚；另一种就是诉讼离婚。如果你和前夫再婚后，你前夫不同意离婚，你只有去法院诉讼离婚。但是如果你没有证据证明你们的感情确已破裂，且有法院准予离婚的情形的，一般情况下，法院不会判决你们离婚。因此，这里我要奉劝你，结婚是以感情为基础的，双方应有缔结婚姻的真实意愿，不应为了其他利益而结婚，这样有可能会"偷鸡不成蚀把米"。

对于你提到的男方婚前的房屋，以及你所书写的承诺书，我认为由于你是在第一次结婚前就作出承诺，因此不论再婚与否，这套房屋均为你前夫的个人财产，应该与你无关。

04 我被前妻骗了两次

时先生

我现在心里别提多郁闷了，当时和前妻离婚时本来是假离婚，但后来却弄假成真了。我现在想想，可能我前妻早就想好了，就是我自己傻，没想那么多，对她太信任了。当时我们是去民政局离的婚。写离婚协议时，我都没怎么看，都是前妻写好，我就直接在上面签了字。之所以搞假离婚，原本想的是拆迁的时候能多分一套房子，但拆迁后，我根本没有分到房子。我要和前妻复婚时，她说已经在民政局离好婚了，没有什么假离婚一说，而且离婚协议里已经写好，房子归她和孩子，我没有份，我还要给孩子付抚养费。后来，我只要一有空就去找她，找得多了她就烦了，就答应我说等到卖房子的时候，会给我一笔钱，具体钱的数额没说。我想反正已经这样了，能给钱也行，也没有多想。

去年，我前妻要卖这个房子，因为我女儿还是未成年人，所以卖房子的时候房地产交易中心要我这个监护人去签字。我就提出，要我前妻给我她曾经答应给我的钱。她说房子还没卖，所以没有那么多的钱，等卖了房子后再给我钱。我怕她赖账，让她写个书面的材料，于是她给我写了个欠条，上面写的是欠我30万元。

看到欠条都写了,我就同意我前妻卖房子了,也在交易中心签了字。等了两个月,我想她肯定拿到钱了,就去问她要这30万。谁想到,我这个前妻真有本事,竟然说那个欠条是我逼她写的,如果她不写,我就不签字,房子没有办法过户,她要付违约金,所以她是不情愿写的,不是她真的欠我30万元。而且在离婚协议上已经写好,房子归她和女儿,所以她不同意给我钱,认为那个欠条是我威胁她,她没办法才写的,是没有效力的。请问律师,我和我前妻当初是假离婚,我又没有犯什么错,如果不是假离婚,我是不可能把房子都让给她和女儿,自己净身出户的。现在我前妻不承认假离婚,我的权益怎么保护?还有关于欠条,我前妻说的有道理吗?这个欠条有效吗?如果我前妻坚持不同意的话,我可以打官司告她,拿回30万元吗?

律师解答

《婚姻法》规定,男女双方自愿离婚的,准予离婚。双方必须到婚姻登记机关申请离婚。婚姻登记机关查明双方确实是自愿并对子女和财产问题已有适当处理时,发给离婚证。由此可见,我国《婚姻法》中并没有假离婚的规定。在你无任何证据的情况下,坚持所谓的假离婚,如果诉讼是不会得到法院的认可的。

对于你手中的这张前妻所写的欠条的有效性问题,我认为这不同于一般的普通的债权债务纠纷,即你们之间真实存在借贷关系。事实上,你们曾经是夫妻,离婚时,全部夫妻共同财产均归你前妻所有,在你与其协商后,她同意将房屋出售后,给付你30万元,名为欠条,实质上是对你的一个补偿。除非你前妻有证据证明你胁迫她书写这份欠条,否则作为完全民事行为能力的她应当对自己的行为负责,即依据诚实信用原则,来履行这份欠条的内容,向你支付30万元。

05 从天而降的遗产争夺人

柳先生

我哥过世了,他没有子女,亲人只有我们姐弟四人。但是他过世前做了一件事,被人钻了空子。这事要从三年多前说起。我哥认识了一个女的,这个女的已经结婚,还有个儿子,她的丈夫在老家带儿子。我就叫她小王吧。因为小王想把儿子接到上海读书,所以当时她就找到我哥,求我哥帮个忙,说是希望儿子能来上海考大学,想和我哥结婚,用我哥的户口,她儿子才能在上海读书。因为我哥一直都是一个人过,他当时觉得这个女的也是个老实人,而且还承诺会照顾他的起居,所以我哥就同意了。没多久,小王就和在老家的老公离了婚,一个月后,她就和比她年长二十岁的我哥登记结婚了。在登记结婚前,我哥和她还有她的前夫,三个人签订了一份承诺书,约定:这次她和我哥办理结婚登记,是为她儿子能在上海考大学所办手续,感谢我哥的帮忙和支持;双方婚前婚后财产归各自所有,以后各方的财产对方无权享用和支配;双方生活各不相干,也无权过问对方的个人隐私,更不得提不合理的要求,一切以儿子为中心。小王的前夫还在里面写:绝不会打扰我哥今后生活,我哥名下财产与他不相干;为感谢我哥的帮助,我哥今后的生活会给予帮助的,他会把我哥当父亲来照顾。

可是没想到,我哥与小王登记结婚两年后,不幸因病过世。我哥生病时,都是我们姐弟几个照顾他,之前那个小王和她前夫承诺会照顾我哥的话根本没有做到。自从我哥重病入院后,他们一次都没有来过。后来我哥在还算清醒的时候,将承诺书及总额近百万元的银行存折亲手交给了我们姐弟几个。他那意思就是这些钱让我们姐弟分掉，也算是他给我们留的遗产。我哥走了没过多久，那个小王就提出要继承我哥的财产，还说我们兄弟姐妹无权继承我哥的遗产，我哥的遗产只有她一个人能继承。事实上，我们都知道我哥和她是假结婚的，实际上她还是和她前夫生活在一起。她现在已经得了便宜，儿子在上海读书，我哥没问她要任何好处，只是希望他们两个人能够适时照顾一下他，可他们不但没有照顾，反而得寸进尺，那个小王也要来分遗产。我们几个兄弟姐妹实在不知道怎么办了。到底她说的有道理吗？她真的可以一个人继承我哥的遗产吗？

律师解答

对于这位王女士是否可以配偶身份继承你哥哥遗产的问题，我认为答案是肯定的。你提到的那份承诺书，从内容看应该是你哥哥与王女士及前夫对各自财产归属进行的约定，因此该承诺书不属于遗嘱。虽然你哥哥与王女士及其前夫签订有承诺书，但这不能改变你哥哥与王女士已经结婚登记的事实。而在你哥哥过世前，你哥哥与王女士未办理离婚登记，那么从法律上来说，你哥哥和王女士仍为夫妻关系。鉴于你哥哥生前未留有遗嘱，按法定继承，王女士可以配偶的身份继承你哥哥的遗产。

但这并不意味着你哥哥的全部遗产均由这位王女士继承。从承诺书的内容可以看出，你哥哥与王女士两人登记结婚是为了王女士的儿子能在上海考大学，并非以双方长久共同生活为目的，而且这位王女士在婚后并未与你哥哥共同居住生活在一起，你哥哥在生前，特别是临终前数月的住院治疗，均由你们兄弟姐妹们在关心照顾，可以确认你们兄弟姐妹在劳务等方面给予了你哥主要扶助，因此你们也有权分得继承遗产。当然如果诉讼，具体金额由法院根据本案实际情况兼顾对你哥所尽义务酌情予以考虑分配。

06 签订协议的"假结婚",还是出了问题

马女士

我和前夫十多年前离婚了,但我的户口没有迁,一直在我前夫家里。之所以没有迁走,是因为那时候拆迁是按户口来的,我想分一份。这个事,我前夫也同意,他说有人头费就一定会给我的,所以我们才离婚的。后来,我听别人说,他们那里拆迁有假结婚的,可以多拿钱。我的心思就活起来了,也想找个人假结婚。但又怕以后有问题。朋友说可以写协议,说清楚,只要钱给到了,不会有问题。这样,我经过朋友介绍和一个外地人结了婚。我们签订的协议内容是:经双方协商,事成后支付9万元;如果我拿到动迁款,先付给这个外地人6万元,离婚后再付3万元。协议签好后,我们就去民政局领了结婚证。之后,我和这个外地人就再也没有见过面。

去年,我前夫家里拆迁,结果现在拆迁不是按人头,而是"数砖头",我前夫家里也没有托底,所以我一分钱也没有分到。我就通过原来的朋友联系那个外地人,要和他离婚。谁知道,那个外地人不同意,非要我马上给他9万块钱。我和他说,我一分钱没分到,没钱给他,按协议就是我要拿到动迁款才给,如果我没有拿到,是可以不给他钱的。他却说,有没有拿到他不管,反正要离婚就要给钱。我当时就火了,和他说,不同意离婚,我就上法院。他声音比我还高:去法院就去法院,到时候他就说我们是真结婚,就不同意离婚,法院肯定不会判决离婚的。请问律师,我遇到的这个情况,能把婚离掉吗?还有我要给这个外地人钱吗?如果他打官司问我要钱,法院支持他的可能性大吗?

律师解答

你们之间的婚姻关系应该是可以解除的。你们的婚姻谈不上任何感情成分,而且未共同以夫妻名义生活过,你可以起诉至法院,要求诉讼离婚。

你为争取自己动迁利益的最大化,经人介绍认识你前面提到的这名男士,并签订了协议,目的在于该男士"帮忙"与你结婚,让你有更多的条件争取额外的动迁利益。协议签订后,你们为了各自的利益建立了没有感情基础的婚姻,以至于你动迁后因未依约支付这名男士相应的钱款而发生纠纷。你以与这位男士建立没有感情的婚姻为手段,欲争取额外动迁利益的行为违背公序良俗,双方的行为纯粹建立在金钱交易的基础上,根本不是一个正常的家庭。因此可以认定为你们两人恶意串通,损害国家和集体的利益,根据法律规定,该协议为无效协议,对你们双方没有法律约束力,且不受法律保护。对于这个无效民事行为的形成,你们双方均有过错,应承担相应的民事责任。所以,即使这位男士诉讼,也很难取得这 9 万元钱。

07 早有预谋的妻子

史先生

我觉得我被前妻骗了,而且没想到她会如此绝情!不过也怪自己钻政策空子,搞得现在什么都没有,家也散了。事情是这样的,因为孩子快到上学的年纪,我当时限购,就和我前妻(当时还没离婚)决定假离婚来购买一套学区房。然后我们去办了协议离婚,离婚后儿子归女方。但是我们离婚后发现,由于原来住的房子归两个人名下,我无法去办理购房贷款,于是过了一个月我们又复婚了。一个星期后，我们再次去办理离婚，在离婚协议里将原来住的房子归到女方名下。离婚后，我办理贷款购置一套学区房，为了确保孩子顺利入学，当时前妻前后共支付50万元房款。

拿到房子后，我就和她商量啥时候复婚，可是她一直拖拖拉拉地不肯去办。之后我就渐渐发现不对了，果然，后来我发现妻子有了外遇。这我就傻了。我什么心思都没了，我觉得我被妻子骗了。当时为了出口气，所以我说要把这套学区房卖掉，孩子上学的事情也不管了。但是我也只是说说，我怎么可能耽误孩子的学业呢。可我前妻绝了，她以为我会真的卖学区房，担心小孩因此无法正常入学，她居然把我告了。因为那个时候，我还住在原来的房子里，这个房子在我们第二次离婚时已经归到前妻名下，于是，她起诉我，要求我搬出这个家。后来法院也判了，要求我搬出去。没办法，我只能在外租房。我好端端的生活就这样被假离婚给毁了。没想到我前妻还不依不饶，她现在还要起诉我，说是想要回当初在购买学区房时付的50万元房款，而且还要30万增值款。那我这次肯定不能再坐以待毙了。当初离婚是假的，按理说以前的房子和这套学区房都有我的份额。她现在要我归还当时买学区房的钱，是不是合理？另外，我对以前那套房屋是不是有份额？因为当初是为了假离婚才把产权归到她名下的。

律师解答

《最高人民法院关于适用〈中华人民共和国婚姻法〉若干问题的解释（二）》规定，离婚协议中关于财产分割的条款或者当事人因离婚就财产分割达成的协议，对男女双方具有法律约束力。男女双方协议离婚后一年内就财产分割问题反悔，请求变更或者撤销财产分割协议的，人民法院应当受理。人民法院审理后，未发现订立财产分割协议时存在欺诈、胁迫等情形的，应当依法驳回当事人的诉讼请求。

如果你和你前妻的离婚证书，是你们双方前往婚姻登记机关申请离婚，婚姻登记机关查明双方确实是自愿并对子女和财产问题已有适当处理后核发的，那么这个离婚就不存在"假离婚"一说，而是真正的符合国家法律规定的离婚。离婚时，你们双方在婚姻登记机关签署的自愿离婚协议对双方是有约束力的。如果你在协议离婚后一年内就财产分割问题反悔，请求变更或者撤销财产分割协议的，起诉至法院，而法院审理后，未发现订立财产分割协议时存在欺诈、胁迫等情形的，通常会依法驳回你的诉讼请求。

在这种情况下，你们在自愿离婚协议中约定归你前妻所有的房屋即为其一人所有，离婚后，你对这套房屋是不享有产权份额的。但对于离婚后购买的学区房，因为产权登记在你一人名下，虽然你前妻有出资 50 万元，但如果这 50 万元是对之前房屋归她所有后，她对你个人的补偿，那么这笔钱款她应该是要不回去的。

08 "假结婚"和"真离婚"的后果

唐女士现在别提多后悔了，要没有当初的"假结婚"，现在也不会想着要打官司。早在多年前，唐女士就和前夫离了婚，家里的房子分给了唐女士一份。几年前，这套房屋所在地块动迁，唐女士也是被拆迁人。本来唐女士准备去签订拆迁补偿安置协议，但一个要好的朋友和唐女士提出可以找人和唐女士假结婚，这样就可以分中套的房子。刚开始唐女士也不想这样做，但禁不住朋友的劝说，最后唐女士还是与朋友介绍的这位男士假结婚了。结婚的手续都是这个朋友陪着去办的，唐女士看都没看那位男士一眼，当然对他的情况也根本不了解。这样，唐女士就分得了一套中套安置房,拿到的动迁款也分给了这个朋友一部分。拆迁后,唐女士马上就与这位男士离了婚,之后再也没有见到过这位男士。之后,相安无事好多年,如今,唐女士分得的安置房可以办产证了,但是由于拆迁补偿安置协议以及配房单上都有这位男士的名字,他不到场,就没法办产权证。于是唐女士就去找那位介绍的朋友,谁知这个朋友却躲着不见唐女士。

  无奈之下,唐女士找到我们,希望我们能帮她达到办出产权证的目的。由于唐女士结婚、离婚的相关材料遗失,且她对那位男士一无所知,因此我们首先要做的就是调查,查出这位男士是谁。最终我们查到了这位男士及唐女士结婚、离婚的相关信息和材料,将这位男士告上法庭,要求确认安置房归唐女士所有。在庭审中,我们提出唐女士与这位男士并未共同生活、进行结婚登记是为了分得中套安置房的事实,同时在双方签订的自愿离婚协议书中也明确约定,无共同财产分割,各自名下的财产归各自所有,且安置房长期以来也一直由唐女士一人居住使用。

  最终,看到我们准备的充足证据,这位男士同意与唐女士协商解决此事。本案以调解结案,安置房归唐女士所有,由唐女士给付这位男士一定金额的补偿款。

婚姻效力之法律解惑

01 我是同妻，我的婚姻有效吗

余女士

我和我老公是经别人介绍认识的，恋爱的时候，他对我还可以，不过就是没有特别主动。那时他对我一直没有过于亲昵的举动，我想他是尊重我，因此还觉得他人品好，也没有多想。恋爱不到一年，双方的父母就催着我们结婚。我老公求婚还特别浪漫，当时我好多朋友都在场，他单膝下跪，手里拿着名牌戒指，我能做的就是点头同意。可是结婚后，我慢慢地发现有点不对劲：他和我过夫妻生活都是有计划的，而且是帮我算日子，说白了就是以怀孕为目的，其他时间他碰都不碰我。他对我根本不像是对待老婆，我就像个外人，就像他的普通朋友一样，我们之间几乎没有什么亲昵的动作。本来我还以为他是个内向的人，不善于表达，比较含蓄、内敛。我之前也没有结过婚，恋爱也只有这一次，没什么经验，又不好意思和父母、朋友讲，我们俩就这样不咸不淡地生活着。

有一次，我和一个特别好的闺蜜聊天，我就当作说别人的事和闺蜜说起了我和老公之间如何相处。闺蜜的一番话点醒了我这个梦中人。她说，有可能这个男的是同性恋，怕别人知道，所以才结婚的，结婚就是为了给家里人一个交代，还说这样的妻子叫"同妻"。我其实之前看到过"同妻"的新闻，但是我从来没有往这方面想。后来，我就开始有意识地观察我老公，并偷偷地调查了他。我发现他平时和一个男的来往比较多，而且听说他结婚前还和别的男的有来往，他周围有一些人知道他的性取向，但都没有明说。更让我生气的是，他有一次和我说出差，实际竟然是和那个男的一起出去旅游，就两个人。我现在觉得我们的婚姻就是他精心布置的骗局，他是为了掩盖自己是同性恋的身份，为了给父母一个交代，为了传宗接代才和我结婚的。另外，我老公是在大公司上班的，收入很高，我只是公司的一个普通员工，而且和他结婚后，他就让我在家备孕，不让我上班，家里开销都由他来，他给我零花钱，他的工资也都是他自己保管，我根本不知道家里有多少存款。我们现在住的房子也是他在结婚前就买好的，产权证上就他一个人的名字，不过因为有贷款，结婚后是由他在还贷款。请问律师，他欺骗我结这个婚，这样的婚姻算无效吗？还有，如果我们俩不在一起了，我可以问他要赔偿吗？我可以分到多少财产呢？

律师解答

关于无效婚姻，《婚姻法》有明确的规定，即有下列情形之一的，婚姻无效：（一）重婚的；（二）有禁止结婚的亲属关系的；（三）婚前患有医学上认为不应当结婚的疾病，婚后尚未治愈的；（四）未到法定婚龄的。《婚姻法》中并没有规定，与同性恋结婚的婚姻无效。因此，你仅以男方为同性恋，要求确认婚姻无效，不会得到法院的支持。

《婚姻法》还规定，因胁迫结婚的，受胁迫的一方可以向婚姻登记机关或人民法院请求撤销该婚姻。受胁迫的一方撤销婚姻的请求，应当自结婚登记之日起一年内提出。被非法限制人身自由的当事人请求撤销婚姻的，应当自恢复人身自由之日起一年内提出。如果你结婚时，是受胁迫的，你自领取结婚证之日起一年内可以提出撤销该婚姻。但如果你结婚时，只是受欺骗，并没有受胁迫的，那只能依据《婚姻法》的规定提出离婚。

至于你提到的房屋，因为这套房屋是你丈夫婚前购买的，婚后需偿还贷款，尽管是你丈夫用自己的工资还贷的，但还贷事宜发生在你们夫妻关系存续期间，无论是哪一方所得的工资等收入都属于夫妻共同财产，所以通常法院会判决房屋归你丈夫所有，你们婚后共同还贷支付的款项及其相对应财产增值部分，离婚时由你丈夫对你进行补偿。在确认补偿的金额时，法院还会根据财产的具体情况，照顾你的权益的原则进行判决。

关于精神赔偿的问题，《婚姻法》规定有下列情形之一，导致离婚的，无过错方有权请求损害赔偿：（一）重婚的；（二）有配偶者与他人同居的；（三）实施家庭暴力的；（四）虐待、遗弃家庭成员的。也就是说只有在上述情形下，无过错方才有权请求损害赔偿。因此，你仅以丈夫性取向为由提出损害赔偿，通常很难得到法院的支持。

02 妻子与他人暗结珠胎后再与我结婚，这个婚姻有效吗

崇先生

我和我老婆是在亲友介绍下相识的，4月订婚，5月登记结婚，7月举行婚礼。因为我们俩的感情基础不是很牢，所以婚后经常争吵不断，感情也不是特别的好。结果结婚才一年，我老婆就提出离婚，并要我每月给孩子抚养费2 000元。我心想这么短时间就要离婚，把我当什么了。还有件事使我特别郁闷，就是"我们的"孩子。孩子是11月底生的，而我和我老婆是在订婚前一个月发生的关系，算下来也就是刚发生关系她就怀孕了，我心想这也太赶巧了。不过我也不愿多想，所以这事我也没有多问。但现在

她要离婚，问我要孩子抚养费，我就偷偷去做了亲子鉴定，结果证明孩子不是我亲生的。我真的是窝火死了！她最后也承认了，她结婚前曾偷偷与别人多次发生关系，婚后还继续和这人保持这种关系。她是在知道自己怀孕后，才约我见面，并和我发生第一次关系的，之后就谎称怀了我的孩子。她当时就是想利用我，找个人结婚，因为那个男的是有家室的，不可能和她结婚。而且我家条件还不错，当时订婚时我给了她6万的彩礼；她怀孕以后，所有的医院检查、生产费用，还有月子会所的钱，都是我付的。在不知情的情况下，我替别人养孩子这么久，可以说给我和我家人造成了巨大的经济损失以及精神伤害。尤其是我妈，她知道这事后就晕过去了，这太丢人了。我现在精神上也很崩溃，感觉每天都会听到别人对我指指点点，真是没脸见人。

所以我想咨询下律师，首先我能不能到法院起诉，要求确认这段婚姻无效？另外，能不能要求女方退回我之前为这场婚姻所付出的所有花费，并让她赔偿我的精神损失？

律师解答

关于无效婚姻，《婚姻法》是有明确的规定，如果你仅以女方在婚前与他人有不正当关系，并导致怀孕，且欺骗你所育子女为与你共同生育为由，要求确认婚姻无效，是不会得到法院支持的。

《婚姻法》规定，男女双方自愿离婚的，准予离婚。双方必须到婚姻登记机关申请离婚。婚姻登记机关查明双方确实是自愿并对子女和财产问题已有适当处理时，发给离婚证。男女一方要求离婚的，可由有关部门进行调解或直接向人民法院提出离婚诉讼。人民法院审理离婚案件，应当进行调解；如感情确已破裂，调解无效，应准予离婚。因此你们两人离婚只有两个途径：一是协议离婚；二是诉讼离婚。如果你们不能协议离婚的，你可以起诉至法院，要求离婚。由于女方隐瞒婚前与他人怀孕的事实，违反了夫妻之间应当互相忠实、互相尊重义务，可以认定她对夫妻感情破裂存在过错，通常法院会判决你们离婚。

由于女方所生孩子不是你的亲生子女，因此你对该子女没有法定抚养义务，应由女方自行抚养。对于你提到的为这次婚姻所付出费用，你可以要求女方返还，但具体法院会根据案件及举证情况等予以酌定。由于女方违背夫妻间相互忠实义务，存在过错，确实给你造成精神伤害，你也可以要求女方赔偿精神损害抚慰金，同时法院通常也会根据案件情况予以酌定。

03 无效婚姻解除后男方购房，女方以介绍购房为由要求分割房产是否合理

沈先生

我前妻是因为我没钱，和别的男人跑了，老家很多人都知道这件事，我在老家实在待不下去，就到上海来投奔一个远房亲戚。亲戚人还不错，帮我找了一份快递的工作。刚开始不认路，我没少跑冤枉路，钱挣得也少。后来做熟了，慢慢就好了，收入也高了。再后来，我就自己出来做了小老板，挣了些钱。这期间，我认识了一个老乡，我叫她小兰吧。据她说，她也是老公外面有人了，才离的婚；她也是在老家待不下去，而来到上海打拼。这样，我们这同病相怜的两个人走到了一起。一年后，我们一起回了老家，领了结婚证。结婚时，我手里存了一些钱，老家的房子也让我卖了，我打算在上海郊区买套房子。好的房子我买不起，经小兰介绍，我打算买一套动迁房，这个上家也和小兰认识的，我们就和上家签订了房屋买卖合同。但在办手续期间，因为上家的原因，房子没办法过户，他就把房款退回给我了。之后，我就怕了，

觉得买这种房子有风险，一直看，也没有看中的，再加上工作忙，买房子的事就耽搁下来了。

后来，我无意间发现，小兰和我的一个客户搞不清楚，有一次还被我逮到了。这时我才发现，小兰在和我结婚的时候，其实和前夫还没有离婚。于是，我就去了法院，要求确认我们的婚姻是无效的，法院支持我的要求，宣告我们的婚姻无效。这件事过去没多久，原来那个上家来找到我，说他的房子现在可以拿出来卖了，这次和上次不一样，他们有了产证，我付了钱就可以过户。这样我和上家又签订了房屋买卖合同，现在产权证上写的是我的名字。小兰知道后，冲到我家里来，说这个房子是我们结婚后买的，是夫妻共同财产，她也有一半，要我给她一半的钱。请问律师，小兰说的有道理吗？我要给她分一半的钱吗？

律师解答

《最高人民法院关于适用〈中华人民共和国婚姻法〉若干问题的解释（一）》规定，被宣告无效或被撤销的婚姻，当事人同居期间所得的财产，按共同共有处理。但有证据证明为当事人一方所有的除外。从上述规定可以看出，你和小兰的婚姻已经法院认为定为无效婚姻，你们在同居期间所得的财产，通常是按共同共有处理了。

对于这套房屋的分割问题，就要看这套房屋出资和购买的情况。可以确定的是这套房屋的购买是发生在你们婚姻被确认无效之后，但你未明确这套房屋的购房资金是来源于你们同居期间所得的财产，还是来源于你个人的自有财产。如果这套房屋的购房款是你原有房屋出售后的售房款，那么就不属于同居期间所得的财产，在这种情况下，你后来购买的房屋就应该是你个人的财产，小兰无权要求分割。但如果，这套房屋的购房资金是你们同居期间共同的收入，那么小兰对这套房屋就应该是享有权利的。一般情况下，法院会综合你们双方对这套房屋的贡献等，酌情确定相应的房屋折价款。

04 有病的妹妹"被结婚"，婚姻登记可否撤销

时先生

　　我妹妹是从外地来上海打拼的，自己现在有两家公司。我妹妹可以说要什么有什么，不仅长得好而且还有钱，按流行话说就是白富美。追我妹妹的人很多。但是妹妹感情生活并不顺，之前结过婚，后来离了。离异多年后，我妹妹花重金在相亲网站上注册成为"钻石会员"，并很快通过网站与小李相恋了。本来以为妹妹终于找到个称心的伴侣，我这个做哥哥的也就放心了。可是好景不长，没想到我妹妹命这么苦。一年后，我妹妹出现行走不稳、生活无法自理的症状。今年在小李的陪伴下，我妹在医院检查出患有脑部肿瘤。可奇怪的是，两人并没有迅速办理入院手续让妹妹进行治疗，而是在拿到检查结果的第二天，他们登记结了婚。这些事情我当时都不知道，是事后才知道的。

　　更奇怪的是，在我妹妹经历了大型脑部开颅手术以后，本应陪伴在旁的丈夫小李却消失得无影无踪。我们打他电话，一开始他说自己有事过不来，后来还彻底消失了。由于后续长期化疗需要不少钱，我们家里人来到我妹妹公司准备清算她的个人财产，却惊讶地发现我妹的办公室被人翻了个遍。保险箱被搬空了，里面的黄金首饰、存款凭证、三套房屋产证、两家公司证照全都没了，还包括小李以前借款时写的 50 万元欠条。后来，公司前台人员才透露是小李把这些都拿走的。说到这个借条，是之前他们交往两个月后，小李提出自己已辞职，准备出来做生意，然后开口

向我妹借钱。我妹陆陆续续借给他 50 万元，为以防万一，她要求写借条，小李当时也写了给她。公司的人说，小李来的时候还拿着和我妹妹的结婚证，说他是丈夫，来帮着收拾。

当我们再去问我妹妹时，她说自己因为脑部患病，意识模糊，不记得曾和小李办理了结婚登记。我们也去民政局了解过，工作人员经过回忆查找，说他们登记当日，两人搭乘出租车到达后，男方从车辆后备厢取出轮椅，推着女方进入受理大厅要求办理结婚登记。当时男子称女方摔伤，右手无力提不起来，工作人员拿出纸笔要求女方在纸上签字，女方写的字像心电图一样颤抖，难以辨认。在确认女方无法流畅地书写姓名情况下，遂要求男方代为填写声明书上其他内容，并在其见证下，女方在"声明人"一栏，以及告知书、处理表上都按了指纹。现在我妹妹财产损失惨重，让我们不得不怀疑这一切都是男方图谋财产的骗局。

请问，我妹妹在婚姻登记时只有指纹按压印，并不是正常的签字确认，我妹妹可以将民政局告上法庭、撤销婚姻登记的效力吗？另外，我妹的财产又该怎么做才能追回？

律师解答

《婚姻法》《婚姻登记条例》等规定中均未对当事人"不能写字、书写不便"情形下进行结婚登记作出明确的程序要求。在法律、法规等没有明确规定的情况下，通常指纹和签名享有同等法律效力。因此，若婚姻登记机关在办理结婚登记过程中，你妹妹和小李结婚登记符合实质要件，婚姻登记机关考虑到你妹妹书写不便的客观实际，从原则性和灵活性相结合出发，婚姻登记员当场监誓，让你妹妹在声明书、告知书及处理表相应位置按指纹，并无不当，他们的婚姻应该是生效的、合法的。你妹妹如果单纯因为进行结婚登记时只有指纹，没有签字，而要求撤销结婚登记，通常很难得到法院的支持。

但如果你妹妹有证据证明，申请登记结婚时，并不符合她本人的真实意愿，当时她为无民事行为能力，或者限制民事行为能力，又或者结婚时是受人胁迫，那么也可以据此提出要求撤销结婚登记。

对于你妹妹的财产问题，如果小李有诈骗、盗窃等违法犯罪情节的，则可以向警方报案，若小李涉嫌犯罪，则作为刑事案件来处理。

如果房屋产权、存款等登记在你妹妹名下的，为你妹妹的个人财产，你妹妹可以向有关机关挂失房屋产权证、公司证照等，向银行挂失存单等。若相关财产登记在小李名下的，你妹妹可以向法院提起民事诉讼，并要求进行诉讼保全。对于有其他证据证明的借款也可以通过民事诉讼来解决。

第二篇

关于离婚、再婚、复婚

围城内的法律保护

01 离婚应自由　赠与不撤销

　　找到我们的是田女士。事情是这样的，田女士和刘先生在一次朋友聚会上认识，之后刘先生展开了对田女士的狂热追求，最终两人走到了一起。在蜜月期，刘先生为了向田女士证明自己的感情，将其婚前所有的一套房屋过户给了田女士。过了一段时间，在刘先生的要求下，田女士出具了一份保证书，保证和刘先生白首不相离，不单方面提出离婚。但是之后的婚姻生活，对田女士来说痛苦异常。刘先生性格暴躁，经常因为小事就和田女士争吵不断。终于在一次争吵过后，刘先生动手打了田女士，由于出手过重，导致田女士的鼻血都被打出来了。田女士回到娘家后，就提出离婚。而刘先生在田女士提出离婚后不久，就将田女士告上法庭，要求撤销自己将房屋过户给田女士的行为。在起诉状中刘先生认为当初自己将房屋过户给田女士是赠与行为，而且这个赠与是附义务的即"白首不相离"，不单方面提出离婚，现在田女士提出了离婚，那么其就有权提出要撤销房屋的赠与。

　　庭审中，我们认为赠与合同是赠与人将自己的财产无偿给予受赠人，受赠人表示接受赠与的合同。但事实上，婚姻自由是法律赋予公民的基本权利，也是公民的人身权利。离婚是由当事人自主决定，不受其他组织和个人的干涉。本案中，刘先生不能以赠与妻子田女士房产而剥夺田女士婚姻自由的权利，同时刘先生并无证据证明将房屋过户给田女士为附义务的赠与。目前刘先生已将房屋过户给田女士,即所赠的财产已发生了转移,赠与已完成,不存在撤销赠与的法律依据,所以刘先生的诉讼请求,不应得到法院的支持。

最终法院支持了我方的观点,驳回了刘先生的诉讼请求。

02 登记在岳父母名下的房屋女婿到底有份吗

案情

前段时间,徐老先生和妻子收到了女婿毛先生将他们告上法庭的起诉材料。在诉状中,女婿毛先生称,其是经人介绍与徐老先生的女儿小娟认识的,之后恋爱结婚。在婚前,毛先生和小娟一起在国外生活。婚后,毛先生陆续给徐老先生和妻子汇款上百万元,让岳父母帮自己和小娟在上海购买婚房。于是徐老先生和妻子通过中介与上家签订了上海市房地产买卖合同,约定房款为150万元,其中60万元通过银行贷款付款,其余房款以现金方式支付。购房后,A处房屋登记在徐老先生夫妇名下。毛先生在外国的生意蒸蒸日上,又陆续给徐老先生夫妇汇款达百万以上,因此徐老先生夫妇提前还清银行贷款。当时毛先生与岳父岳母的关系融洽,认为当时的产权登记只是形式上的,实际上该房屋应为大家庭共有,毛先生和小娟对该房屋也享有权利。现在毛先生起诉至法院,要求确认A处房屋归毛先生、小娟及徐老先生夫妇共同共有。

庭审中,徐老先生夫妇称,他们多年前就有自己的公司,并且公司一直赢利,A处房屋是他们用自己的收入购买的,与毛先生和小娟无关。虽然有收到毛先生的汇款，但是这些钱是帮毛先生购买货物以在国外销售之用，而且他们还曾帮毛先生付过部分货款，毛先生不仅给他们汇过款，也给毛先生的父母汇过款，为此徐老先生夫妇提供了相应的证据用于证明自己所述的事实。而且徐老先生夫妇还提出，之所以现在毛先生打官司，是因为毛先生要和自己女儿小娟离婚，想多分财产。

评析

《物权法》规定，不动产物权的设立、变更、转让和消灭，经依法登记，发生效力；未经登记，不发生效力，但法律另有规定的除外。不动产登记簿是物权归属和内容的根据。不动产权属证书是权利人享有该不动产物权的证明。本案中，A 处房屋登记在徐老先生夫妇名下，因此该房屋应归徐老先生夫妇所有。虽然原告毛先生举证将钱款汇给徐老先生夫妇，但是徐老先生夫妇也举证曾为毛先生购买过货物，以供毛先生在国外销售之用。所以原告毛先生提供的证据并不能证明他和妻子小娟向徐老先生夫妇的汇款是用于购买 A 处房屋，双方之间的经济往来更是无法证明 A 处房屋为毛先生、小娟和徐老先生夫妇共同购房所得。综上所述，原告毛先生要求确认 A 处房屋归毛先生、小娟和徐老先生夫妇四人共有的诉讼请求，不应得到法院的支持。

结案

法院支持了我方的观点，判决驳回原告毛先生的诉讼请求。

03 夫妻未离婚　房屋已过户

📝 案情

朱女士无奈之下将丈夫和女儿告上了法庭。本来朱女士一手将女儿抚养成人，应该说和女儿的关系很好。但是，丈夫和女儿的种种举动让朱女士很寒心。A处房屋是朱女士和丈夫结婚后用积蓄购买的商品房，由于在家时朱女士一直是主内的，所有家里对外的事都是由丈夫处理，当然购房的事全部都是由丈夫操办的。当丈夫拿回登记在他一人名下的房产证时，朱女士曾经提了一下说为什么不写她的名字，丈夫则说写谁的都一样，写了他的名字朱女士还是有份的，如果写朱女士的名字，就要朱女士本人去签字。见丈夫这样说，朱女士也就不再问下去了。本来朱女士和丈夫的感情还不错，但自从丈夫在外面做生意赚了些钱后，对这个家，包括对朱女士的关心就少了，还经常以工作为由，不回家；别人还告诉朱女士说看到她丈夫和别的女人在一起。面对这一切，朱女士为女儿和家选择了忍。虽然丈夫和朱女士的感情有了裂痕，但丈夫和女儿的感情却一直很好。后来女儿结交了一些不好的朋友，在一起就比吃比穿，特别喜欢买名牌。为此，朱女士没少教育女儿，可丈夫却很支持女儿买名牌，说女孩子要富养，经常给女儿钱。前段时间，朱女士又因为买名牌包的事和女儿吵了起来，女儿最后的一句话让朱女士吓了一跳，女儿竟然说：你就不要管我了，你要是再管我、骂我，我就把你赶出这个房子。之后，在朋友的指点下，朱女士查询了所住房屋的产权信息，结果才知道丈夫在几个月前将 A 处房屋以买卖的形式过户到了女儿名下。于是，朱女士将丈夫和女儿列为被告，要求法院判决丈夫和女儿就 A 处房屋签订的上海市房地产买卖合同无效，并要求将该房屋产权恢复登记在丈夫名下。庭审中，丈夫和女儿均承认，女儿并没支付过房款，名为买卖，实为赠与，同时丈夫还拿出曾和朱女士一起签订过的离婚协议书，其中约定，离婚后 A 处房屋夫妻两人都放弃产权，归女儿所有。但直至起诉，朱女士也没有和丈夫离婚。

评析

公民的合法的民事权益受法律保护，任何组织和个人不得侵犯。依据《婚姻法》规定，本案中的 A 处房屋是朱女士与丈夫在婚姻关系存续期间，用夫妻共同财产所购买的，虽登记在丈夫一人名下，也无法否认该房屋为夫妻共同财产的事实，因此无法排除朱女士在该房屋中的权利。

而朱女士的丈夫与女儿通过签订房屋买卖合同的形式，将该房屋过户至女儿名下，属于非因日常生活需要对夫妻共同财产的重要处理决定，丈夫应与朱女士平等协商，取得一致意见。而事实上，丈夫并没有征得朱女士的同意，而是隐瞒朱女士，将该房屋过户至女儿名下，丈夫的行为已构成对夫妻共同财产的擅自处分。女儿在无实际出资的情况下，通过买卖合同形式取得了该房屋的产权，从社会一般观念和日常生活经验法则看，女儿不属于善意第三人，不能受到法律的特别保护。

对于丈夫提供的离婚协议书，由于至今朱女士与丈夫也未办理离婚登记手续，双方仍为夫妻，财产也未进行分割，离婚协议书中的内容均未得到实际履行，故该房屋仍属于两夫妻的共同财产，法院不能以此离婚协议书来认定朱女士放弃 A 处房屋的产权。

综上所述,朱女士的诉讼请求是有法律和事实依据的,应该得到法院的支持。

> ✓ 结 案
>
> 法院采纳了我方的观点,判决支持了朱女士的诉讼请求。

04 丈夫售房给妹妹　妻子起诉确共有

吴先生与杨女士原来是一个公司的同事,在一次公司聚会时,不同部门的两人擦出了火花。由于公司内部不允许员工谈恋爱,因此在瞒着同事恋爱一年后决定结婚前,杨女士从公司辞职。最初的婚姻生活,对杨女士来说是甜蜜幸福的,在两人有了自己的儿子后,三口之家的生活让杨女士更感到了婚姻的美满。吴先生和杨女士婚后购买了一套商品房,由于当时所有的手续都是吴先生办理的,因此产权证上写的是吴先生的名字,由于两人的关系一直都很好,杨女士对此也没有过多的追究。

但是前段时间,杨女士无意间发现,有女人给吴先生发暧昧的短信,虽然吴先生矢口否认,但是杨女士还是很担心。最近,吴先生都早出晚归,在家里待的时间越来越少,对儿子和杨女士的关心也和之前是天壤之别。虽然杨女士没有什么证据证明吴先生出轨,但是心里总是有个心结。特别是吴先生还和杨女士提到想出售房屋的事,让杨女士更是心有不安。当杨女士提出要在产权证上加上自己的名字时,吴先生坚决不同意,还说这套房屋都是自己打拼挣钱买的,杨女士一直赋闲在家,没出过力。两人为此还吵了一架。之后，无意间，杨女士发现吴先生将这套房屋出售给了妹妹。而吴先生的妹妹对这套房屋的情况是清楚的，还知道他们夫妻俩为产证加名字吵架的事。

我们作为杨女士的代理人，为其撰写了诉状，并进行相应的调查后，将吴先生和其妹妹告上法庭，要求确认两人签订的《上海市房地产买卖合同》为无效合同。在该诉请获得法院支持后，我们又将吴先生告上法庭，要求确认婚后购买的这套房屋为吴先生和杨女士共同共有。庭审中，我们提出依据《婚姻法》的规定，夫妻在婚姻关系存续期间所得的工资、奖金、生产、经营的收益等均为夫妻共同财产。这套房屋是在婚后用夫妻共同财产所购买的，虽产权登记在吴先生一人名下，也应属于夫妻共同财产。《最高人民法院关于适用〈中华人民共和国婚姻法〉若干问题的解释（三）》规定，婚姻关系存续期间，一方有隐藏、转移、变卖、毁损、挥霍夫妻共同财产或者伪造夫妻共同债务等严重损害夫妻共同财产利益行为的，夫妻一方可以请求分割共同财产。本案中，吴先生未经妻子杨女士同意，擅自转移夫妻共同财产，故杨女士有权要求确认这套房屋为两人共有。

最终法院采纳了我方的观点，判决这套房屋归吴先生和杨女士共同共有。

05 动迁安置房，我也可以成为产权人

案情

乔女士和丈夫结婚时，她是初婚，而丈夫那时已和前妻离婚多年，子女也都成年了。她和丈夫最初那几年感情是很好的，丈

夫对乔女士很关心,小到生活的点点滴滴,都会为她着想,乔女士当时觉得婚姻很幸福。之后,先是乔女士公公婆婆的老房子拆迁,分给乔女士和丈夫一笔钱;后来丈夫承租的公房也拆迁(征收),乔女士和丈夫都是安置对象,两人分到了一套商品房和一定金额的动迁款。这套商品房虽说早已交房,但产权证还没有办下来。因为承租人是丈夫,所以当时产权登记在丈夫名下时,乔女士也没有在意,就由丈夫与房产开发商签订了商品房预售合同。本来家里条件一般的时候,夫妻俩恩爱有加,可如今拆迁了,不仅有了新房,而且手里有了钱,丈夫慢慢地就变了,先是经常以各种名义晚回家,后来竟然发展到夜不归宿。本来乔女士还相信丈夫的各种说辞,后来邻居说好像看到丈夫和别的女人在一起,乔女士才有所察觉。每每和丈夫就这些事争吵时,丈夫总是说乔女士疑神疑鬼。但乔女士还是有自己的担心,其他不怕,她最担心的就是丈夫背着她把拆迁分的商品房卖了。事实上,前段时间丈夫真是有了售房的举动。于是乔女士将丈夫告上法院,要求确认拆迁安置的配套商品房归乔女士和丈夫共同所有。

评析

不动产物权的设立、变更、转让和消灭,经依法登记,发生效力。房屋产权登记在夫或妻一方名下,并不必然认定为夫妻共有财产,且登记权利人可基于不动产登记的公示效力进行相应交易,而未登记权利人的合法权利难以有效保障。因为作为未登记为权利人的夫或妻一方是有请求确认为共有权利人并办理权利登记的现实需求。本案中,拆迁安置的商品房是乔女士和丈夫在婚姻关系存续期间取得的,两人均为拆迁安置对象,故属于夫妻共同财产,而现在乔女士的丈夫已与房产开发商签订商品房预售合同,且他在登记为权利人后可基于产权登记在其一人名下进行交易,这样乔女士的合法权益就难以得到有效的保障，因此乔女士的要求确认拆迁安置的商品房归两人共同所有的诉讼请求应得到法院的支持。

> ✓ **结案**
>
> 法院采纳了我方的观点，判决拆迁安置的商品房归乔女士和丈夫共同所有。

06 丈夫让患病弟弟成了共有人，妻子不知情

杨女士没想到和自己结婚已二十年的丈夫，竟然背着自己在家里一套房子的产权证上写了他弟弟的名字。杨女士和丈夫结婚后，发现丈夫其他地方都好，就是有疑心病，总是怀疑别的男人和自己关系暧昧。每次都是杨女士为了证明自己的清白，和他大吵一架，丈夫就好一段时间，过了几个月，他又故态复萌。当然，杨女士也想过离婚，但为了孩子，加上丈夫就这一个毛病，除此以外，对自己是真好。家里的大活小活，丈夫一个人包了，什么事都不用杨女士操心，而杨女士也乐得做甩手掌柜，两人的婚姻生活就这样不好不坏地过着。丈夫是家里的长子，他有一个弟弟患有精神疾病，因为父亲过世得早，母亲身体也不大好，因此这个弟弟就一直由丈夫和杨女士来照顾。基于此，家里人协商后签订了协议书，确认弟弟由丈夫来照顾，家里的一套公房就归丈夫所有。之后，丈夫就用夫妻俩的积蓄把这套公房买成了产权房，产权登记在丈夫一人名下。这些事都是听丈夫说的，杨女士自己没有参与。过了几年，丈夫说那套房子太老了，张罗着又把那套房子卖了，重新买了一套房子

按丈夫的说法，这套新买的房子和之前一样就写了他一个人的名字，而且现在有规定的，只要是婚后的财产，就算写他一个人的名字，杨女士也是有份的。之前丈夫从来没有骗过自己，一直也都是丈夫弄这些事，所以杨女士根本没有多想。

今年年初，丈夫的弟弟因病过世了。在处理弟弟的后事时，杨女士无意间发现，原来丈夫口中那套只写了他一个人名字的新买的房子，产权证上竟然还有弟弟的名字，也就是产权人是两人，一个是丈夫一个是丈夫的弟弟。在确认此事后，杨女士和丈夫大吵了一架，丈夫的说辞是购买这套房子时，弟弟出钱了，所以写了弟弟的名字。但杨女士记得丈夫当时明明说了卖老房子的钱用来买房是有多的，剩下的还用来装修了。看到丈夫这个样子，杨女士只有拿起法律武器维护自己的权益。

于是我们作为杨女士的代理人，撰写了起诉状，并整理和调查了相应的证据材料。由于杨女士丈夫的母亲还在世，而弟弟生前未婚、未育，因此我们将杨女士丈夫及其母亲告上法庭，要求确认这套新买的房子归杨女士及丈夫共同共有。

案件审理中，丈夫及其母亲看到我方提供的充足证据，同意调解解决此事。最终在法院的主持下，杨女士、丈夫及其母亲达成协议，这套新买的房子归杨女士及其丈夫共同共有，鉴于婆婆的身体等各方面原因，杨女士也同意由她和丈夫一起给婆婆补偿一定金额的钱款。

07 怎么能保住这两处房产

包先生

我有两处房产，一处是婚前买的产权房，现在有可能要面临拆迁，在法律上这算夫妻共有财产吗？第二处房产是婚后两年，我父亲把他的房产以买卖方式过户给我。我怎么样做才能把两处房产都保住，算我个人财产呢？

律师解答

《婚姻法》规定，有下列情形之一的，为夫妻一方的财产：（一）一方的婚前财产；（二）一方因身体受到伤害获得的医疗费、残疾人生活补助费等费用；（三）遗嘱或赠与合同中确定只归夫或妻一方的财产；（四）一方专用的生活用品；（五）其他应当归一方的财产。《最高人民法院关于适用〈中华人民共和国婚姻法〉若干问题的解释（一）》规定，夫妻一方的所有的财产，不因婚姻关系的延续而转化为夫妻共同财产。但当事人另有约定的除外。

对于你提到的第一处婚前购买的产权房，产权若登记在你一人名下，且与妻子并无约定的，那么这套房屋就应该为你的个人财产，不因婚姻关系的延长而转化为夫妻共同财产。

对于你提到的第二处房屋，则要区分不同情况来作出认定。若这是真实的买卖，且用夫妻共同财产出资，购买父亲名下的房屋，虽然产权登记在你一人名下，也属于夫妻共同财产。若你父亲只是以买卖的形式将该房屋赠与给你的，名为买卖，实为赠与，那么在你提供了相应证据的情况下，通常认定这是你父亲对你的个人赠与，而非夫妻共同财产。

08 爱上一个没良心的男人

刘女士

我和我老公是在老乡聚会的时候认识的，他比我大九岁，而且是离过婚的,当时我根本没有想着会和他结婚。那时追求我的人也比较多,我根本没有看上他。我们在上海的老乡本来就不多,大家都谈得来,所以经常聚会,一来二去,我们俩也比较熟一点了。而当时我的工作刚好和他有交集,他时不时会在工作上帮点忙,让我得到了老板的夸奖,几次之后,我就有点不好意思,总不能老让他白帮忙,就请他吃饭。吃饭的时候,他就和我说了他的身世,以及他怎么到上海打拼的,怎样才有现在的身份和地位。我当时就崇拜得一塌糊涂,觉得身边的那些小男孩怎么能和他比。这算是一个开始,之后他就展开了对我的追求,半年后,我们结婚了。婚后一年,我生下了女儿。这一切都让我觉得幸福无比:我终于在上海有了自己的家庭,有了爱我的丈夫,有了可爱的女儿。哎,可之后的生活,让我觉得是从天堂跌入了地狱。在女儿一岁多的时候,我觉得有点不舒服,当时也没有怎么管,想的是又带孩子又上班,可能太累了。不久,在单位体检的时候,发现有了问题,跑了几家大医院后,确诊为癌症。刚知道结果时,我第一个想到的就是女儿,她才一岁多呀,怎么能没有妈妈呢。那时候的我状态糟糕极了,我爸妈也到了上海照顾我和女儿。刚开始我老公还可以,陪我看病什么的,爸妈也觉得他可以。可时间长了,就不一样了,刚开始他是以工作忙为借口,后来我就不怎么能见到他人了。那时候看病要用很多钱,我和爸妈手里的钱用完后,他曾经给过我五万元,但之后就一分钱也不给我了。我开刀做手术的时候,他就来过一次。后来,我爸妈就一直陪着我,照顾我。我本来想等好点,就去工作的,这样我自己心情也会好一点,但是无奈手术后,我根本没有办法再工作。后来我去做了劳动能力的鉴定,鉴定下来是完全丧失劳动能力,单位也因此和我解除了劳动合同。前段时间,我老公提出来要和我离婚,我当然是不同意。没想到,他竟然将我告上了法院。

在法院开始调解的时候,我才知道,在这段时间,我老公竟然把他名下的两套房子都卖了。更让我没有想到的是，我老公还和他妹妹假装打了一场官司。我老公的妹妹将我老公"告"上法院，要求我老公归还她所谓的根本不存在的婚前个人借款。而且我老公同意了他妹妹的全部诉讼请求，并同意将我老公名下的两套房屋进行抵扣，两套房子全部归了我老公的妹妹所有，法院还出了一份民事调解书。后来，我调查了才发现，我老公在签这个法院的调解书前，就把这两套房子全部卖给别人了，签了房屋买卖合同；调解书下来后，我老公把房子过户给了别人。他妹妹实际也没有拿到过房子。我要说明一下，这两套房子产权证上写的都是我老公的名字，当初首付也是他付的，是他在我们结婚前就买好的，但是婚后我也还贷了，特别是我曾有一笔存款也用来还贷了。请问律师，这两套房屋中有我的份额吗？我能主张多少？现在他有了调解书，房子归她妹，这个调解书明显是他们两人为了不给我房子和钱，做假的，我该怎么办？我现在这种情况，我老公不管我，也不给我钱，我看病的钱都是从亲戚那里借的，我能怎么维护我的合法权益呢？

律师解答

《最高人民法院关于适用〈中华人民共和国婚姻法〉若干问题的解释（三）》规定，夫妻一方婚前签订不动产买卖合同，以个人财产支付首付款并在银行贷款，婚后用夫妻共同财产还贷，不动产登记于首付款支付方名下的，离婚时该不动产由双方协议处理。依前款规定不能达成协议的，人民法院可以判决该不动产归产权登记一方，尚未归还的贷款为产权登记一方的个人债务。双方婚后共同还贷支付的款项及其相对应财产增值部分，离婚时应根据《婚姻法》第三十九条第一款规定的原则，由产权登记一方对另一方进行补偿。

虽然你提到的房屋是你丈夫婚前购买的，首付款也是你丈夫支付的，但这并不意味着你对这套房屋没有任何权益。依据上述规定，你们婚后共同还贷的部分及其相对应财产增值部分，离婚时你丈夫应对你进行补偿。

《最高人民法院关于适用〈中华人民共和国婚姻法〉若干问题的解释（三）》规定，婚姻关系存续期间，夫妻一方请求分割共同财产的，人民法院不予支持，但有下列重大理由且不损害债权人利益的除外：（一）一方有隐藏、转移、变卖、毁损、挥霍夫妻共同财产或者伪造夫妻共同债务等严重损害夫妻共同财产利益行为的；（二）一方负有法定扶养义务的人患重大疾病需要医治，另一方不同意支付相关医疗费用的。

目前，你身患重病，且丧失劳动能力，而你丈夫却转移财产，不愿意为你支付医疗费用，因此即使你们未离婚，在婚姻关系存续期间，你有权利要求分割夫妻共同财产，用于支付医疗费用。

而且，《婚姻法》还规定，夫妻有互相扶养的义务。一方不履行扶养义务时，需要扶养的一方，有要求对方付给扶养费的权利。因此，你还可以要求你丈夫给付扶养费。

《民事诉讼法》规定，对当事人双方的诉讼标的，第三人认为有独立请求权的，有权提起诉讼。对当事人双方的诉讼标的，第三人虽然没有独立请求权，但案件处理结果同他有法律上的利害关系的，可以申请参加诉讼，或者由人民法院通知他参加诉讼。人民法院判决承担民事责任的第三人，有当事人的诉讼权利义务。前两款规定的第三人，因不能归责于本人的事由未参加诉讼，但有证据证明发生法律效力的判决、裁定、调解书的部分或者全部内容错误，损害其民事权益的，可以自知道或者应当知道其民事权益受到损害之日起六个月内，向作出该判决、裁定、调解书的人民法院提起诉讼。人民法院经审理，诉讼请求成立的，应当改变或者撤销原判决、裁定、调解书；诉讼请求不成立的，驳回诉讼请求。

对于目前，你丈夫的所作所为，我认为这两套房屋虽然是你丈夫在结婚登记前购买的，但婚后还贷的款项中包含有夫妻的共同财产在内是不争的事实，你丈夫在未征得你同意的情况下，将两套房屋抵作其个人婚前债务的行为显然侵害了你的合法权益。况且，在你丈夫和他妹妹达成调解协议前，你丈夫已将两套房屋分别出售给他人，事后也办理了过户手续，调解书中对房产归你丈夫妹妹的约定并未实际履行。你可以在法律规定的期限内起诉至法院要求撤销他们达成的民事调解书。

09 婚前动迁安置，婚后购买产权的归属

邬女士

2002年我跟我老公领证结婚。在我们结婚前，我老公家私房动迁，当时拆私还公，分得一套公房，承租人是我老公，需要每月付房租，那时动迁协议里没有我的名字，我不是安置对象。我们结婚了三年后，我老公用我的公积金把这套房子买成了产权房，名字登记在他一个人名下。本来我觉得登记他一个人的名字也没关系，但最近他提出这套房子是他的婚前财产，没我的份。我想请教的是，这套房子到底是他的个人婚前财产，和我没关系，还是我们的共同财产？

律师解答

《最高人民法院关于适用〈中华人民共和国婚姻法〉若干问题的解释（二）》规定，由一方婚前承租、婚后用共同财产购买的房屋，房屋权属证书登记在一方名下的，应当认定为夫妻共同财产。

你提到的这套房屋是你丈夫婚前承租的，婚后用你的公积金购买为产权房，即使产权登记在他一个人名下，法院通常也会认定这套房屋为夫妻共同财产。

10 步步为营的抢房之路

齐先生

我们家里条件比较好，我爸妈是开公司的，所以在我结婚前，我名下就有好几套房子。我和我老婆结婚时，她对我们家的情况是知道的，按她那时的话，是不图我们家的房子和钱，就是看中我这个人。我那个时候年轻单纯不懂事，就相信了。但我现在想来，她一步步都是计划好的。我们结婚后，住到了一间市中心的三室两厅的高级公寓中。结婚前，我老婆从来没有说过要在产权证上加名字。在我们结婚三年后，我老婆就提出要在产权证上加名字。那个时候，我老婆刚怀孕，我为了孩子，和父母商量后，就同意加了我老婆的名字。这样相安无事地又过了三年，我们家想再生一个小孩，我就和老婆商量生二胎的事。我老婆这时提出来，生孩子可以，房子产权证上要写她一个人的名字，这样她在老家的亲戚朋友面前有面子。我那时找人问过的，别人说夫妻之间房产证上写谁的名字都是夫妻共同的财产。这样，我就又一次妥协了，去房产交易中心，把房子产权证上我们两个人的名字变成她一个人的名字。等房产证变成只有她一个人名字后，她就开始不对了，动不动因为一点小事就说要和我离婚。因为有两个孩子，我是肯定不会离婚的。前段时间，我们家里的生意出现点问题，需要钱，我名下其他的房子都不是很好卖，就我们住的这套房子变现快一点，我就和她商量，想搬到另一套房子里去住，把这套卖了。结果我老婆说房子是她的。可是，因为结婚后她为了孩子辞去了工作，为这个家付出了她所有的一切，我为了感激她，房子才一步步登记在她一人名下的。我们谈的时候，我老婆还拿出一张我以前写的承诺，上面写了婚后我老婆名下的财产归我老婆所有，我不主张任何权利。她的意思是按这个承诺，房子就是她一个人的，和我没有关系。我记得这个承诺，写这个承诺和我们家的房子一点关系也没有。当时她家里要买房子，产权想写在她一个人名下，所以她说不要我们家的房子，她们家的房子也和我无关。我当然同意，就写了个承诺，而且写这个承诺的时候，房子还在我名下，没有她的名字。后来，她家房子也没有买，这个承诺我以为都扔了，没想到我老婆还留着。另外，其实我手里还有一个录音，就是我老婆经常说要和我离婚时，我录的，她说要离婚，我说那房子怎么办，她说卖了，卖的房款两人一人一半。请问律师，我写了那个承诺，房子就变成我老婆一个人的吗？如果我打官司，可以把房子变成我一个人的名字吗？如果不行，可以变成我们两个人的名字吗？我现在还不想离婚，我可以打这个官司吗？

律师解答

夫妻在婚姻关系存续期间取得的财产，除了特别规定外，一般情况下，归夫妻共同所有。虽然你妻子在婚姻关系存续期间取得这套房屋产权，但这套房屋来源于你的婚前个人财产，之后产权的变更均属于夫妻间的更名，不存在买卖或赠与的相关约定，因此，这套房屋应属于夫妻共同财产。

对于你之前曾作出的承诺，因为在作出承诺时，这套房屋产权尚登记在你个人名下，且系你婚前财产，所以，我认为该声明并不能说明就是对你们有争议的房屋权属的一个确认。况且，你说到录音对话中，你妻子认可离婚时，变卖房子双方对半分割房款,这也在一定程度上印证了你们之间均无这套房屋专归一人所有的意思表示。

不动产物权的设立、变更、转让和消灭,经依法登记,发生效力。房屋产权登记在夫或妻一方名下,并不必然认定为夫妻共有财产,且登记权利人可基于不动产登记的公示效力进行相应交易,而未登记权利人的合法权利难以有效保障。故未登记为权利人的你是有请求确认为共有权利人,并办理权利登记的现实需求,你可以依法提起诉讼。

11 丈夫瞒着我把房子转给侄子,我的权益在哪里

那女士

我现在住的这个房子是从我公公婆婆买下来的,产权原来登记在我公公名下。我公公走了以后,我婆婆和她的两个儿子一起去了公证处,我婆婆和大儿子放弃继承,这套房屋就由我老公一个人继承。等继承办好了,我老公就凭着公证书继承了这套房子,产权登记在他一个人名下。后来,我和我老公的关系比较紧张,我老公竟然瞒着我把房子通过买卖过户给了他侄子。前段时间,这个侄子说他要在这套房子里结婚,房子是他的,让我搬出去。请问律师,我对这个房子有没有权利?

律师解答

《婚姻法》规定,夫妻在婚姻关系存续期间继承或赠与所得的财产归夫妻共同所有,但遗嘱或赠与合同中确定只归夫或妻一方的财产除外。如果说,你丈夫的父亲过世后,留有遗嘱确定这套房屋中属于他的份额由你丈夫一人继承的,那么你丈夫依此继承

的房屋产权份额为你丈夫的个人财产。但如果你丈夫的父亲未留有遗嘱，按法定继承，在你婆婆和她大儿子放弃继承的情况下，这套房屋登记在你丈夫一人名下，一般应为夫妻共同财产。

这里还涉及你丈夫的父母的夫妻共同财产问题。由于这套房屋是你丈夫的父母在婚姻关系存续期间，用夫妻共同财产购买，即使产权登记在你丈夫的父亲名下，也属于夫妻共同财产。这套房屋中一半产权份额属于你丈夫父亲的遗产，另一半属于你丈夫母亲的财产。对于他父亲的遗产部分的法定继承，你作为妻子是享受权利的。然而对于你丈夫母亲所有的那一半产权份额，由于产权登记在你丈夫一人名下，一般视为他母亲对他的个人赠与。因此你所享有权利的仅为你丈夫通过法定继承取得的产权份额。

12 丈夫擅自转给他人巨额"分手费"，事后妻子能否追回

邱女士

一年多前，我因工作原因，被外派到国外，就这一年多的时间，发生了一件让我根本没有想到的事。我和我老公从小青梅竹马一起长大，两家的家长都是认识多年的好友。大学毕业后，我们俩在父母的催促下，结了婚。婚后的生活没有变好，也没有变坏，平时我们两人的工作都忙，家务事有保姆做，有空的时候会一起出去吃吃饭，休息时还会国外度假，过着别人羡慕的生活。我要出国一年多的事，我是和老公商量过的，他完全同意，还说会找时间去看我，顺便好好玩一下。结果一年多了，他一次也没来不说，我回到家，惊讶地发现在他账上我们准备换房的钱，少了一百多万。一开始，他还不说实话，说是被同事借走周转一下。

后来，实在圆不了谎，他才和我说实话：这钱让他给了小三，是分手费。原来我老公在我走了没多久，就和一个同事搞在了一起，趁我不在，那个人还住到了我家里来。我老公呢，说他其实就是想玩玩的，等知道我回来的日期，他就和那个女的说了要分手，让她离开。结果这个女的不但不离开，还说是怀了我老公的孩子。我老公的意思是他还是爱我，和那个女的在一起只是寂寞无聊，这个女的名声也不好，不知道这个孩子是不是他的。后来，这个女的找人上门要分手费，没办法，我老公就给她转了100万。在之前，两个人好的时候，那个女的还借了我老公一些钱，加起来一共有120万。我知道这事后，就去找这个女的，问她要钱。她给了我20万，剩下的钱就不给了。而且她后来就不承认了，说那些钱是我老公之前借她的钱，而她还给我的那20万，是她借给我的。请问律师，我老公打给那个女的钱，还能要回来吗？怎么要？

律师解答

夫妻对共同所有的财产，有平等的处理权。夫或妻在处理夫妻共同财产上的权利是平等的。因日常生活需要而处理夫妻共同财产的，任何一方均有权决定。夫或妻非因日常生活需要对夫妻共同财产做重要处理决定，夫妻双方应当平等协商，取得一致意见。他人有理由相信其为夫妻双方共同意思表示的，另一方不得以不同意或不知道为由对抗善意第三人。

首先，你应该收集证据以证明你老公和该女士有密切关系，以及你丈夫因与该女士分手而支付该女士分手费。比如，你们之间关于此事的录音记录、相应的转账凭证等证据。在你有证据证明上述事实的基础上，你作为丈夫的配偶，对丈夫名下的财产享有共有的权利，现你丈夫在未征得你同意的情况下，将属夫妻共有的大额财产擅自处分，而你丈夫与该女士为同事且关系密切，其应当清楚你丈夫处分的财产为夫妻共有。现他们两人的行为明显违反了社会善良风俗，对你的权利构成了侵害，故你有权要求该女士将你丈夫给付款项予以返还。

对于这位女士所称的借贷一事，应由其证明之前向你丈夫出借钱款一事，否则她有关借贷的说法是站不住脚的。

离婚之法律面面观

01 结婚离婚须谨慎　法院调解分房屋

小海是接到了妻子小丽的起诉状后找到我们律师事务所的,希望我们代理他参加法院的诉讼。小海和小丽是同事,但分属不同的部门,而且在平时工作上也没有什么交集,所以直到参加公司组织的活动时才认识。小丽性格外向,小海有点腼腆,在小丽的带动下,两个人聊得很开心。之后没过多久两人确定了恋爱关系。

大约半年后,小海的父母想改善住房,准备把原来的老房子卖掉,买一套三室两厅的大一点的房子,经中介介绍后,小海的父母与上家签订了居间合同。小海偶然将这些告诉了小丽,小丽就说自己反正也是要和小海结婚的,而且她有一些积蓄,可以和小海一起购房,还可以用公积金贷款,但是她提出产权证上只能写小海和她的名字。回去后,小海和父母商量了这件事,起初父母不同意,但经不住小海"非小丽不娶"的强烈要求,父母还是妥协了,同意小丽的要求。就这样,小海与小丽很快领取了结婚证,重新与上家签订了正式的上海市房地产买卖合同,买受人由原来的小海父母变成了小海和小丽的名字,并且办理了银行贷款,首付款绝大部分都是由小海父母出售老房子的房款,只有很少的一部分是小丽出资的。

虽然小海和小丽领了结婚证,因为没有办结婚仪式,所以新房子一直只是由小海和父母居住,所有的装修款也都是由小海的父母用积蓄支付的,而且房屋也是小海父母找工人辛苦装修的,小丽没有出过钱,也没有出过力。本来以为事情会这样顺利地发展下去,没有想到的是,在小海和小丽为结婚典礼做准备的过程中,两家的矛盾就突现出来了。对于婚礼在哪里办、办的规格等等一系列的事情,两家人怎么都谈不拢,而且小海和小丽也在婚礼的筹备中发现了对方的缺点。但小海还是想尽量维护这段婚姻。可是只有小海一个人的努力是不够的,小丽还是提起了离婚的诉讼,并要求分割新买的房子,由小海向她支付扣除未偿还的贷款外的房屋价值的一半。

接到这个案件后,我们要求小海提供了他父母出售老房子的买卖合同,以及相应的收到房款的凭据、当初由小海父母与上家签订的居间合同、小海父母支付新购房屋的购房款并进行装修等的凭据。我们将所有证据组织起来,形成完整的证据链。开庭时,我们提出,这套房屋虽然是在双方领取结婚证后办理产权证的,但是购房时绝大部分的首付款是由小海的父母出资的,而且夫妻双方并没有共同居住生活,这套房屋的装修等是由小海的父母完成的,小丽并没有为这套房屋作出贡献,这套房屋自取得后也是由小海和父母共同居住生活的,小丽并未实际入住。更为重要的是,之所以产权证上写小丽的名字,完全是以结婚为条件,而现在小丽却单方面地提出离婚,因此不同意小丽的诉讼请求。

最终本案以调解结案,双方均同意离婚,这套房屋归小海一人所有,小海给付小丽一定数额的折价款,当然给付的折价款是远低于小丽的诉讼请求的。

02 原配夫妻的第一次离婚诉讼

在董女士的字典里根本没有"离婚"两个字。自从和丈夫结婚后，她就用贤妻良母的标准来要求自己，一心扑在丈夫身上。有了儿子后，她的生活重心又转移到了儿子这里。在外人眼里，董女士一家是幸福家庭的标准配置：丈夫事业有成，妻子温婉可人，儿子健康向上。董女士之前也是这样认为的，面对朋友们羡慕的眼光，她觉得这就是自己这辈子追求的终极目标了。

但三年前开始，随着丈夫的晚归、在外留宿的次数增多，董女士苦心经营的和睦之家有了被打破的迹象。一开始，董女士也想和丈夫摊牌，问个究竟，真的丈夫有外遇了就离婚。但左思右想后，她并没有这样做。孩子虽然也大了，还有半个月就要过18岁生日，但他还要读书，以后还要结婚、生子，如果自己不负责任地离了婚，那么对儿子是不公平的，对他以后的生活也会有不好的影响。另外，这么多年，她对这个家庭的付出根本是无法用金钱来衡量的，董女士肯定不甘心把这一切拱手让给别的女人。于是，她依然和往常一样快乐地生活着，有家就有希望。

但董女士这样做，并不代表丈夫也和她想的一样。前段时间，丈夫正式和她分开居住，不过他还是住在这个家里，只是两个人分房睡。同时，丈夫提出了离婚，理由也说得很直白：其实他觉得董女士一直营造的和睦之家是个假象，他每天在这样的家中，感到厌倦，感到烦躁。原先他一直没有提出离婚，是因为儿子还小，他不想因为夫妻间的事影响儿子的人生观、价值观。如今儿子已成年，应该有能力面对父母离婚的事。丈夫还说，他和董女士一个南方人、一个北方人，生活习惯有差异，董女士从来没有尊重过他，强行让他按着自己要求的方式生活，他忍了很久，希望能在离婚后得到解脱。董女士当然不同意离婚。不久，丈夫就将董女士告上法庭，要求离婚，并依法分割夫妻共同财产。

董女士找到我们求助。在庭审中，我们提出，董女士与丈夫之间并没有不可调和的矛盾，现有的问题都属于正常的夫妻矛盾，而且两人都是原配，还有一个儿子。董女士愿意在今后加强与丈夫的沟通交流，希望丈夫念及结婚后，她给予丈夫的帮助，以及对孩子和家庭的付出，给双方一次和好的机会。

最终法院认定双方是具有一定感情基础的，不存在实质性矛盾，判决对董女士丈夫要求离婚之诉讼请求，不予支持。

03 婚房的归属

案情

黄先生和龚女士是大学同学，在上学期间，两人就互有好感，毕业后，两人所在的公司又恰好有了业务合作的关系，这就促成了两人的恋爱、婚姻。黄先生父母只是工薪阶层，一家人所住的房屋是黄先生的父亲单位分的公房，虽然面积不大，但在市中心，地理位置很好。等黄先生和龚女士确定要结婚时，黄先生父母就打算买一套房屋给黄先生作婚房，由于父母手里的存款有限，只能买在离市区远一点的地方。买卖房屋需要一个过程，在黄先生和龚女士领取结婚证前，黄先生就通过房产中介签订了房屋买卖协议；在两人登记结婚后，才付了首付，剩余的房款是以贷款的行形式支付的，主贷人是黄先生，新房产权登记在黄先生名下。由于黄先生和龚女士工作的公司都在市中心，住在新房中上下班非常不方便，于是黄先生和龚女士住到了黄先生父母在市中心的老房子中，黄先生父母住到了新房里。婚后，黄先生和龚女士经常因生活琐事、经济问题等起争执，尤其是龚女士和黄先生父母关系特别不好，黄先生夹在妻子和父母间很难做。最终两人都同意离婚，但因财产分割达不成一致，于是龚女士起诉至法院，要求离婚，同时分割婚后所购的新房。龚女士认为新房是在婚姻关系存续期间取得的,是婚房,之所以让黄先生父母住,是为了照顾老年人,首付款是她和黄先生一起付的,她也参与了还贷,所以要求新房归她,由她给黄先生相应的房屋折价款。庭审中,黄先生向法院出示了由其父母出资付首付的银行转账凭证,证明首付是其父母出资的。而龚女士关于首付款的支付并没有提供相应的证据予以证明。

评析

对于首付款的支付问题,依据《最高人民法院关于民事诉讼证据的若干规定》规定,当事人对自己提出的诉讼请求所依据的事实或者反驳对方诉讼请求所依据的事实有责任提供证据加以证明。没有证据或者证据不足以证明当事人的事实主张的,由负有举证责任的当事人承担不利后果。本案中,黄先生提供的银行转账凭证可以看出首付款是由黄先生的父母支付的,而龚女士称首付款是其与黄先生共同支付的,却没有提供任何证据证明,故应由龚女士承担举证不能的不利后果。

对于新房的产权归属问题,《最高人民法院关于适用〈中华人民共和国婚姻法〉若干问题的解释(三)》规定,夫妻一方婚前签订不动产买卖合同,以个人财产支付首付款并在银行贷款,婚后用夫妻共同财产还贷,不动产登记于首付款支付方名下的,离婚时该不动产由双方协议处理。依前款规定不能达成协议的,人民法院可以判决该不动产归产权登记一方,尚未归还的贷款为产权登记一方的个人债务。双方婚后共同还贷支付的款项及其相对应财产增值部分,离婚时应根据《婚姻法》第三十九条第一款规定的原则,由产权登记一方对另一方进行补偿。由于本案中,婚前黄先生就签订了房屋买卖协议,且首付款是黄先生父母支付的,产权人登记为黄先生,虽然婚后龚女士参与还贷,但龚女士也不必然取得新房的全部产权。相反新房长期由黄先生父母居住，且黄先生对新房所作的贡献较多，其又是主贷人，故新房应归黄先生所有，由黄先生给付龚女士相应的房屋折价款。

> ✓ 结 案
>
> 本案以调解结案，双方离婚，同时新房归黄先生所有，由黄先生给付龚女士相应的房屋折价款。

04 80后夫妻的房屋之争

吴女士和程先生是80后，但两人都已经历过一次失败的婚姻。在一次朋友聚会上，两人相识，不久，又在工作中相遇，相同的经历让两人有了共同的话题。经过一段时间的了解、恋爱，两人慎重地领取了结婚证。刚开始的婚姻生活，自然是甜蜜而温馨的，一年多后，吴女士为两人生下了爱情的结晶——女儿小美。但是有了孩子后，不仅没有增进两人的感情，反而平添了很多生活琐事，不断的争吵使两人的婚姻出现了危机。同为争强好胜的性格让两人都不愿意作出让步，离婚就成了必然。但由于双方对房屋的分割达不成一致意见，只有上法院解决。这套房屋是程先生在第一次结婚时就购买好的，但房子有贷款，产权证上写的是程先生一个人的名字，在与前妻离婚时，这套房屋是归程先生所有的，由于前妻购房时有出资，程先生给了前妻相应的房屋折价款。

找到我们的是吴女士。对于房屋的分割，我们的意见是依据《婚姻法》及相关司法解释，夫妻一方婚前签订不动产买卖合同，以个人财产支付首付款并在银行贷款,婚后用夫妻共同财产还贷,不动产登记于首付款支付方名下的,离婚时该不动产由双方协议处理。双方不能达成协议的,人民法院可以判决该不动产归产权登记一方,尚未归还的贷款为产权登记一方的个人债务。双方婚后共同还贷支付的款项及其相对应财产增值部分,离婚时由产权登记一方对另一方进行补偿。也就是说在离婚时,这套房屋通常会判决归程先生所有,对于婚后两人共同还贷的部分及其相对应财产增值部分,由程先生给吴女士房屋补偿款。吴女士采纳了我们的建议,并提起离婚诉讼,要求法院判决女儿由其抚养,由程先生给付抚养费,同时要求据此分割夫妻共同财产。

庭审中,双方对于离婚及女儿的抚养事宜均没有争议,只是对房屋的分割有异议。程先生认为房屋的贷款不是用两人的收入还的,是吴先生的父母还的,两人婚后的收入还不足以维持生活开支,而且吴女士没有对这套房屋作过任何贡献,该房屋是他的婚前财产,不同意分割。

最终,法院采纳了我方的观点,判决房屋归程先生所有,由程先生给付吴女士相应的房屋补偿款。

05 夫妻一场不容易 为了离婚上法院

毕先生和田女士是经朋友介绍认识的,相恋一年后,两人在亲朋好友的祝福下举行了结婚仪式。婚后一年,田女士如愿怀上了宝宝。女儿出生后,两家的长辈都把女儿视为珍宝,抢着要带孩子,因此田女士休完产假后,就放心地去工作了。由于公司进行了变革,田女士的职位有了调动,除了收入提高外,田女士面临的是经常性的出差。刚开始,女儿还小,公司照顾田女士,让她只在上海周边出差,一年过后,田女士就在国内各地出差。虽然较以前的工作辛苦不少,但现在的工作能让田女士更大限度地发挥自己的优势,这让田女士累并快乐着。女儿平时就由两家的长辈来照顾,因为田女士的母亲是退休的幼儿园老师,所以女儿和田女士的父母在一起的时间更多一些。而田女士除了工作外,只要一有空就陪女儿,这样难免冷落了丈夫毕先生。本来毕先生对田女士的工作就颇有微词,加上现在田女士经常出差,这让毕先生更心生不满,多次和田女士争吵。后来在父母的劝说下,田女士从公司辞职,找了一份轻松点的工作,但毕先生并不罢休,反而说田女士现在工作的单位是前同事创业的公司,田女士与老板是不正当的男女关系,一天到晚疑神疑鬼,并经常借机和田女士吵架。无奈之下,田女士打算和毕先生离婚,毕先生也同意离婚,只是两人关于孩子的抚养权及共同财产的分割谈不拢。

  于是田女士找到我们作为她的代理人,将毕先生告上法庭,要求法院判决双方离婚,同时要求女儿由田女士抚养,毕先生每月支付抚养费,并依法分割银行存款和婚后购买的车子等财物。同时,我们提供了相应的证据证明,女儿自入幼儿园后就一直在田女士的父母家生活,由田女士及其父母照顾。经过调查我们还发现在诉讼前一周,毕先生从其名下的银行账户中提取了八万元。

  庭审中,毕先生同意离婚,但要求女儿由其来抚养;对于婚后购买的车子,毕先生认为这个车子当初是贷款购买的,首付和车贷是由他的父母出的,所以车子应归他,田女士没份。对于从银行账户中支取的八万元,毕先生说这本来就是他父母的钱,取出只是归还父母而已。

  针对毕先生的辩称,我们提出毕先生所称车款的来源及银行账户中钱款的归属都是其一家之言,并没有任何证据证明,相反我们已提供证据证明车子和银行存款全部都是在婚后取得的,毕先生的辩称不应得到法院的支持。

最终法院采纳了我方的观点，判决女儿由田女士抚养，毕先生每月支付抚养费；车子归毕先生所有，由毕先生给付田女士相应的折价补偿款；毕先生之前取出的八万元存款也算夫妻共同财产，加上剩余存款，由毕先生给付田女士其中的一半钱款。

06 借条和字据引发的离婚诉讼

✎ 案 情

樊先生和沈女士虽然是再婚夫妻，但是两人的感情在结婚之初非常之好，两人都吸取了在前次婚姻中的教训，倍加珍惜这段感情。一晃十多年过去了，就在这十多年里两人一起奋斗，经营着一个铺面，每天起早贪黑，不辞辛苦。有了一些存款后，两人先是买了一套商品房，后来又买了一套商铺，两套房屋都登记在两人名下。在共同经营的后期，两人因经营问题产生矛盾，再加上双方孩子抚养及其他家庭琐事，他俩开始争吵不断，感情出现破裂，继而分居。面对这样的婚姻生活，两人感到厌倦，都同意离婚，只是对财产分割一事谈不拢。于是，沈女士向法院提起离婚诉讼，并要求分割夫妻共同财产。庭审中樊先生向法庭提供了沈女士陆续向他出具的四张借条和两人曾订立的字据。借条内容分别为"因做生意，向樊先生拿了贰拾万元"，"今天借人民币伍万元用于发工资"，"今天收到樊先生人民币叁拾万元，用于店里结账"，"今天借人民币伍万元用于关店"，共计借款陆拾万元。字据中写明：为了避免纠纷，确定房子都是由樊先生出资购买的，具有决定权，沈女士只有使用权，决定由樊先生女儿一人所有。樊先生认为夫妻双方就各自独立经营达成过口头约定，上述借款是用于沈女士个人经营活动，因此在分割夫妻共同财产时，沈女士应归还所有的借款。对于字据，樊先生认为婚后买的商品房和商铺是他出资购买的，樊先生对两套房子有决定权，沈女士只有使用权，房屋归自己女儿所有，因此不同意沈女士的分割要求。而沈女士对樊先生的陈述都是不认可的。

评析

根据本案争议的问题，我们先来谈樊先生所称的沈女士向其借款陆拾万元，是否应予以归还。《最高人民法院关于适用〈中华人民共和国婚姻法〉若干问题的解释（三）》规定，夫妻之间订立借款协议，以夫妻共同财产出借给一方从事个人经营活动或用于其他个人事务的，应视为双方约定处分夫妻共同财产的行为，离婚时可按照借款协议的约定处理。本案中，樊先生虽称双方曾就各自独立经营达成口头约定，但樊先生并没有提供证据证明沈女士投资的财产属于其个人所有，而且沈女士也否认双方对各自独立经营业务有过约定，因此沈女士向樊先生出具的借条并不能视为双方约定处分夫妻共同财产，樊先生要求沈女士偿还借款的请求，不应得到法院的支持。

对于双方订立的字据，该字据内容只是表明双方婚后购买的房屋是由樊先生出资的，但由于夫妻双方从未对婚姻关系存续期间取得的财产归属进行约定，因此难以确定房屋是由樊先生个人单独出资购买的。而且字据中虽写明樊先生对房子有决定权，但决定权并不能代表所有权。至于双方决定房子归樊先生的女儿所有，由于双方订立字据后，至今也将房屋产权过户至樊先生女儿名下，因此沈女士完全可以撤销赠与，两套房屋都应属于夫妻共同财产。

> ✓ 结 案
>
> 法院采纳了我方的观点,判决双方离婚,并依法对夫妻共同财产进行了分割。

07 离婚还要给我补偿款

冷女士从小到大都是班里的最不爱说话的那个女孩,内向是她的标签。因为不善于言谈,大学毕业工作后,父母最操心的就是她的婚姻大事。在父母的压力下,冷女士参加了一场又一场的相亲,最终父母为她挑选了他们觉得各方面条件都不错的李先生。冷女士虽然不讨厌李先生,可对他也没有特别的感觉,为了父母她再一次妥协了。两人恋爱半年后,在父母的催促下结婚了。婚后面对日常生活的柴米油盐,冷女士和李先生之间的矛盾就显露出来了。李先生在恋爱时觉得话少是冷女士的优点,显得她矜持稳重,但结婚后,面对一天和自己说不了几句话的冷女士,李先生就觉得没了趣味。而冷女士其实已经很努力地去经营这个小家庭了,可李先生根本看不到。结婚两年后,李先生提出了离婚,冷女士当然不想离婚。可是在收到李先生的起诉材料后,冷女士看到了李先生离婚的决心,于是她找到了我们,作为她的代理人参加诉讼。

关于离婚这一点,双方并没有什么不同意见。庭审中的争议点在于婚后两人居住的房屋,冷女士是否应得一定的房屋补偿款。这套房屋是李先生在婚前购买的,但是每月有银行贷款要还。李先生认为贷款是由他父母还的,所以这套房屋与冷女士无关。针对李先生的说法,我们提出,李先生虽称贷款是其父母归还的,但没有提供任何证据证明。相反,从现有证据可以看出,银行贷款都是从李先生的银行账户中支出的。根据《婚姻法》相关司法解释的规定,李先生虽在婚前就购买了该房屋,并支付了首付款,但在婚后是用夫妻共同财产偿还银行贷款的,所以对于婚后共同还贷支付的款项及其相对应财产增值部分,离婚时李先生应对冷女士进行补偿。

最终本案在法院的主持下,双方达成了调解协议,冷女士与李先生自愿离婚;离婚后,李先生应在给定的期限内给付冷女士一定金额的房屋还贷折价款,双方居住问题自行解决,在各人处及个人名下的财产归各人所有。

08 得到了抚养权,保住了房屋

本来倪女士早就要和老公离婚了,但就在她打算提出离婚时,倪女士发现自己怀孕了,而且医生说如果倪女士这次不要这个孩子,因为身体原因,她以后不会再有孩子,为了孩子,倪女士只能继续着自己并不幸福的婚姻。倪女士现在想来,这也许是一个错误的决定,当时就离婚可能会更好。本来以为有了孩子,夫妻两人的关系会有所缓和,丈夫也不会再像以前那样脾气暴躁,有事情大家会有商有量,不会争吵不断。但事实上,有了孩子以后矛盾更多,不光倪女士和丈夫两人吵,公公婆婆也因孩子喂养和教育的问题,和倪女士发生争执。在孩子满两周岁的时候,家里为了如何过周岁生日的事,又吵得一塌糊涂。这次提出离婚的不是倪女士,而是丈夫。面对这样的婚姻,倪女士当然也有离婚的想法，而两人谈离婚时，在孩子抚养权及财产分割的问题上有了分歧。倪女士丈夫提出，因为他们家三代单传，所以儿子应归他抚养，由倪女士给抚养费，而且倪女士在婚后拆迁分了套房子，他也有份，要求倪女士给他房屋折价款。倪女士当然不同意丈夫的意见。孩子是她唯一的希望，一直也是她自己带，当然抚养权要归她；丈夫提到拆迁分的房子是她家老房子拆迁，在结婚前就分好的，只不过因为动迁单位的原因，婚后一年多才拿到产权证，这个房子和丈夫完全没有关系。

在收到丈夫要求离婚的起诉材料后，倪女士找到我们。在庭审中，我们提出，现在两人的孩子已满两周岁，而倪女士由于身体原因已丧失了生育能力，且儿子一直以来都随倪女士生活，改变生活环境明显对儿子的健康成长不利。因此儿子应由倪女士抚养，丈夫给付相应的抚养费。倪女士名下的拆迁安置房在其结婚前就取得了，虽然产权证的取得在婚后，但这不能改变该房屋婚前个人财产的属性，所以该房屋不属于夫妻共同财产，丈夫无权分割。

最终本案以调解结案，倪女士如愿和丈夫离了婚，而且儿子由倪女士抚养，丈夫每月支付生活费，并支付儿子教育费及医疗费自理部分的50%直至儿子年满十八周岁，同时确认倪女士名下的拆迁安置房屋归倪女士所有。

09 离婚中的债务归属

要说唐先生和范女士当年的爱情也算是轰轰烈烈，即使双方的父母、亲朋好友都不看好，但他们还是排除万难，最终走在了一起，领了结婚证。相比较恋爱时的如火热情，婚后的生活总是归于平淡的,在柴米油盐的生活琐事中,两人的缺点都慢慢显露出来。而且最主要的问题还是孩子问题。虽然他们去医院检查的结果都是正常的,但已经结婚七年了,范女士还是一点动静都没有。在一次激烈争吵过后,唐先生搬出去了,之后两人开始分居,彼此间没有任何联系。范女士以为这样大家冷静一下,也许是好的开始,可没想到前段时间,她竟然收到了唐先生要求离婚的起诉材料。

在这些起诉材料中,唐先生不仅把范女士描述得一无是处,而且还提出要分割夫妻共同财产,包括登记在唐先生、范女士及其母亲名下的婚房。让范女士气愤的还有,唐先生居然还拿出了一份民事调解书,上面赫然写到唐先生曾向民间借贷机构的李姓人员借款30万元,法院调解唐先生应归还此笔款项。之后虽说唐先生已归还了这笔借款,但他认为这是夫妻共同债务,要求范女士承担一半。

在接受范女士的委托后,我们作为她的代理人参加了诉讼。庭审中,我们提出由于婚房的产权人除了唐先生和范女士外,还有范女士的母亲,而且该房屋的出资大部分来源于范女士母亲,涉及案外人的利益,应另案诉讼。对于唐先生提出的夫妻共同债务的问题,那时双方已分居,而且在调解书中明确写到,这笔钱是用于唐先生生意周转而借的,可以确定的是这笔借款并非为夫妻共同生活所负的债务。依据相关规定,债权人就婚姻关系存续期间夫妻一方以个人名义所负债务主张权利的,应当按夫妻共同债务处理。但夫妻一方能够证明债权人与债务人明确约定为个人债务,或者能够证明属于《婚姻法》第十九条第三款规定情形的除外。由于这笔借款是在两人分居期间发生的,用于唐先生个人生意周转,且约定这笔债务为唐先生的债务,因此这笔借款属于唐先生的个人债务,范女士没有义务承担一半。

最终本案在法院的支持下双方达成调解协议:唐先生与范女士

自愿离婚，在各人处及个人名下的财产归各人所有；离婚后，双方自行解决居住问题。对于婚房的问题，由于涉及案外人的利益，另案处理。

10 几经诉讼终离婚　法院调解化矛盾

宋女士和郭先生是朋友介绍认识的，恋爱一年后，两人领了结婚证。婚前，郭先生就出了首付买了一套商品房，两人结婚后这套房屋就成了婚房。那时夫妻俩关系很好，还生了小宝宝。看两人婚后还要还银行贷款，宋女士的父母就提出帮小夫妻俩把贷款还了，再给他们一些钱，让他们给小外孙买个学区房，这套房子就算是老两口的。当时大家一团和气，就此事写了协议书，宋女士、郭先生以及宋女士的父母都在协议书上签了字，约定由于过户税费过高，产权人的登记不变，但实际房屋归宋女士的父母所有。几年后，宋女士和郭先生的感情出现了裂痕，在一次大的争吵后，郭先生搬出去住再也没有回来。看到女儿和女婿的关系变成这样，宋女士的父母就着急起自己出钱的房子的事。经历了一场诉讼后，法院判决这套房屋归宋女士的父母所有，由宋女士的父母给付郭先生一定金额的房屋补偿款。这场官司后，可想而知宋女士和郭先生的关系已不可能再回到从前。先是郭先生起诉离婚，未获法院支持后，宋女士又起诉离婚。

作为宋女士的律师，我们提供了相应证据证明双方已分居达两年，孩子一直随宋女士及其父母生活，并提供了双方夫妻共同财产的证据。

庭审中，我们提出，经过几次诉讼，宋女士与郭先生的感情确已破裂，且两人因感情不和分居满两年，符合法院判决离婚的条件。同时,夫妻在婚姻关系存续期间所得的下列财产,归夫妻共同所有:(一)工资、奖金;(二)生产、经营的收益;(三)知识产权的收益;(四)继承或赠与所得的财产,但遗嘱或赠与合同中确定只归夫或妻一方的财产除外;(五)其他应当归共同所有的财产。婚后,两人为孩子读书所购买的学区房,是在婚后取得的,虽然登记在郭先生一人名下,但也属于夫妻共同财产。

最终本案在法院的支持下,双方达成了调解协议:宋女士和郭先生自愿离婚,孩子随宋女士共同生活,郭先生支付给孩子一定金额的抚养费;学区房归郭先生所有,郭先生给付宋女士相应的房屋折价款;之前法院判决宋女士的父母给付郭先生的房屋补偿款,郭先生自愿放弃。

11 离婚 分家

于女士打算和丈夫江先生离婚,其实这事酝酿了很久,但一直没有下决心,这次实在忍不了,她就找到我们。于女士和江先生是朋友介绍的,江先生比于女士小三岁,本来知道要见比自己小的男生,于女士就有点打退堂鼓,但经不住朋友的撺掇,见一面就见一面呗。这一见面后,江先生就对于女士展开攻势,加上于女士对江先生也颇有好感,两人很快就确立了关系,半年后结了婚。恋爱时,于女士了解到江先生家里条件并不好,父母在外地生活,江先生一直租房住,而且他的工作也很一般。当初介绍他们认识的那个朋友,听到两人要结婚的消息,曾劝过于女士,希望她和江先生结婚要谨慎,当初只是因为江先生说想让帮着介绍认识个女朋友,而她并不了解江先生,只是看到于女士一直单着,就想一起玩一玩,也没有想到两人居然谈起了恋爱,还要结婚。于女士那时觉得朋友是嫉妒她找了一个比自己小、还长得帅的老公，现在想来自己真是被爱情冲昏了头。

于女士家里条件不错，父母在她还上大学时，就给她买了一套两室两厅的房子。所以婚房对于她来说，根本不成问题，把这套房子装修一下，两人便住了进去。婚后，刚好于女士认识的一个朋友，急着出手一套使用权房，因为急用钱，价格比市场价低不少，于是于女士就买下了这套房子的承租权。购房时是全额付的款，于女士出了三分之二的钱，江先生也拿出了他的积蓄，出了三分之一的钱。房子买好后，于女士把自己的户口迁了进来，成了承租人。

刚结婚的那几年，两人的关系还好，江先生也能正常去工作。后来，江先生在工作时出了些事，被单位辞退了，从此之后，他便不再上班，天天在家里打游戏。于女士给他找了不少工作，但都是做个两三个月，就不做了。而且平时还要于女士给他钱，有了钱后他不是用在打游戏上，就是晚上去泡酒吧。回到家，没事就和于女士吵。这次吵架，江先生竟然动了手，所以于女士才决意提出离婚。

我们作为于女士的代理人，撰写了起诉材料，向法院提起诉讼，要求与江先生离婚。庭审中，江先生提出要分割两人购买的那套使用权房，他要这套房子，婚房装修的钱是他出的，他就不要了。针对江先生的主张，我们提出这套房屋购买承租权时，两人结婚不到两年，房款都是两人的婚前财产，于女士支付了其中的大部分，且该房屋的承租人是于女士，于女士的户籍也在该房屋处，而江先生的户籍不在本市，无法承租该房屋。

最终在法院的主持下，双方达成了调解意见：两人自愿离婚，那套使用权房屋租赁权归于女士，于女士给付江先生一定金额的房屋租赁权折价款，江先生在限定期限内迁出两人的婚房，自行解决居住问题。

12 加了名字的离婚产权分割

　　这已经不是罗先生第一次被妻子小芙告上法庭了。小芙之所以接二连三地起诉罗先生，是想离婚和分割房产。罗先生和小芙是朋友介绍认识的，两人恋爱了一年多后结的婚。婚后前两三年，两人的感情蛮好的。可之后，妻子小芙迟迟没有怀孕，让两家的老人都很着急。在家人的督促下，他们俩也去了医院，结果是两人都没有问题。可能是压力太大，妻子小芙就是怀不上。其实对于罗先生来说，有没有孩子，他不在乎。关键是双方父母，只要一遇到小两口，就必然会提到孩子的事。时间久了，这就引发了罗先生和小芙的矛盾。罗先生觉得主要是小芙父母的问题，常常含沙射影，说是罗先生的原因，他们的女儿才没有孩子。而小芙则认为罗先生父母一见面就提孩子的事，成天找来各种各样的生孩子的偏方，逼着她吃，把她都弄得快疯了，因此就有了小芙起诉罗先生离婚的事。在诉状里，小芙称罗先生不承担家务，没有责任心，双方无法沟通，性格不合，因为生育问题，导致她患上焦虑症。除了要离婚，小芙还提出分割婚房，要求享有一半的折价款。

　　对于离婚的事，罗先生内心是不愿意的。但看到小芙那么坚持，他也只能无奈接受。然而对房子的要求，罗先生不同意。这套婚房原来是罗先生的父母单位分的公房，父母是受配对象。后来，这套公房买成了产权房，产权登记在罗先生一人名下。这些都是罗先生和小芙结婚前的事了。婚后，两人还处在新婚甜蜜期时，在小芙的要求下，罗先生把小芙的名字加在了产权证上，这套房屋就转移产权登记为罗先生、小芙共同共有。

罗先生找到我们，我们作为他的代理人，提供了这套房屋的住房受配单等证据材料。庭审中，我们提出这套房屋来源于罗先生父母受配所得，而且是在双方结婚前购买为售后产权，这套房屋本应属于罗先生的婚前个人财产。之后产权人登记有了变化，加入了小芙为产权人之一，这是罗先生对小芙的部分产权的赠与行为，但产权变动时，双方并未明确约定赠与的比例。现在小芙主张取得二分之一的产权折价款，于理不合。具体法院在分割这套婚房时，应考虑双方对这套房屋的贡献大小及实际使用情况。

最终法院采纳了我方的观点，酌情确定小芙可获得的产权比例为20%，以折价款的方式实现权利，判决准予双方离婚，这套房屋产权归罗先生所有，罗先生支付小芙一定金额的房屋折价款。

13 离婚不是那么简单

这是丈夫顾先生第二次起诉离婚了。第一次丈夫起诉时，侯女士不想离婚，原因只有一个——为了孩子，如果不是孩子，她早就想离婚了。侯女士与顾先生是亲友介绍认识的，恋爱半年后，在家人的催促下两人领了结婚证。说实话，顾先生家里的条件没有侯女士家好，婚后刚开始，两人是住在侯女士家里的。侯女士怀孕后，顾先生父母出了首付款，小夫妻俩才有了属于自己的婚房，女儿也出生在这套新房中。购房时，因为首付是顾先生父母出的，因此产权证上写了四个人的名字：顾先生的父母、顾先生和侯女士。之后的银行贷款是小夫妻公积金贷款，每月按时还款。

侯女士认为丈夫的问题是疑心病太重，还有家庭暴力，对这个家不管不顾。丈夫顾先生则称侯女士经常以加班为名，晚回家，肯定是有外遇。两人因为家庭琐事，经常发生争执，有时还会动手。

面对丈夫的第二次离婚诉讼，侯女士也想通了，同意离婚。但对于女儿的抚养权、探望权，以及夫妻共同财产的分割，双方没有达成一致意见。

作为侯女士的代理人，我们在庭审中提供了公安部门案（事）件接报回执单、验伤通知单，以证明顾先生对侯女士实施家庭暴力。因为女儿一直是由侯女士及其父母照料的，侯女士当然想要女儿的抚养权，为此我们提供了侯女士的在职收入证明，相关的学位、荣誉证书等，以证明女儿与侯女士生活，对女儿的成长更为有利。同时，侯女士为了女儿的成长，还在外报班参加多项培训。我们把这些培训的发票和收据也作为证据，提交给了法院。关于夫妻共同财产，主要是侯女士名下的一辆车，当然还有那套婚房。因为这套婚房产权登记在四人名下，涉及顾先生父母的财产，如果由法院判决，通常会因为涉及案外人的财产，要求另案诉讼。

由于这次离婚诉讼不是两人的第一场官司，因此双方都有一定的预判，也都同意调解了结本案。关于孩子问题，顾先生看争取抚养权无望，也就同意女儿由侯女士抚养，他每月给付一定金额的抚养费。当然，侯女士在此前提下，同意每周周六18时至周日18时顾先生对女儿行使探望权，同时对于寒、暑假的探望时间也作了确定，侯女士有协助顾先生探视女儿的义务。为了不再诉讼，关于财产问题，在法院的主持下，双方也达成了一致意见：车子和牌照归侯女士所有，婚房中属于侯女士的份额归顾先生所有，顾先生在期限内给付侯女士相应的房屋折价款，其他各自处和各自名下的财产归各自所有。

在调解协议的笔录上签字后，侯女士长舒一口气，终于从这场婚姻中解脱出来了，她将带着女儿一起开启属于她们的新生活。

14 产权登记不是我　离婚仍可要补偿

幸福的家庭都是相同的，不幸的家庭各有各的不幸。结婚前曹女士以为自己将会是最幸福的新娘，未来的婚姻生活也一定会过成自己想要的样子。她和施先生是大学同学，可以说施先生对曹女士是一见钟情，上了四年大学，施先生追求了她四年。曹女士是家中的乖乖女，父母让她不要在大学谈恋爱，她就真的一心扑在学习上。大学毕业后，曹女士才和施先生谈起了恋爱，半年后两人结了婚。曹女士想这个追求了自己四年的男生，应该是世界上除了父母外最疼爱自己的那个人。结婚前或许是这样，可真的结婚了，情况就变了。

结婚前施先生对曹女士是无话不说，结婚后却成了无话可说；结婚前施先生对曹女士是体贴有加，结婚后就成了不闻不问。就这个变化，曹女士也曾质问过施先生，他的意思很明确，当初那几年就是钓曹女士这条鱼，如今结婚了，鱼钓到了，怎么可能还会给鱼喂诱饵呢。而且，更让曹女士无法接受的是，因为生活琐事，施先生常常和她发生争执，有几次，还动了手。曹女士也给过施先生机会，希望两人能携手走下去，可施先生仍旧我行我素，把她的话当耳旁风。两人又一次吵架时，施先生打了曹女士一个巴掌后，曹女士毅然离开了这个让她伤心的家。当时已半夜，本来曹女士想着，施先生如果找她，向她赔礼道歉，她是会原谅施先生的，可施先生找就不说了，连个电话也没有。面对这样的婚姻，曹女士只有选择离婚。施先生也同意离婚，就是双方对财产问题无法达成一致意见，没能协议离婚。

曹女士找到我们，要求依法提起离婚诉讼。作为曹女士的代理人，我们撰写了起诉状，并根据案件情况调查了相关的证据材料。该案双方主要争议的点在于对于双方婚房，曹女士是否可以主张相应的权利。庭审中，我们提出，该房屋虽然是施先生婚前购买的，以个人财产支付了首付款并在银行贷款，但婚后用夫妻共同财产还贷。因此，曹女士同意该房屋产权归产权登记人施先生所有，但婚后共同还贷支付的款项及相对应财产增值部分，应由施先生对曹女士进行补偿。对此，施先生强调银行贷款中大部分是父母出资偿还的，只有小部分是自己的工资，曹女士并未出过一分钱还贷。而施先生对上述辩称，并没有提供任何证据证明，相反从还贷的账户和资金来源，明显可以确认还贷的钱款均为曹女士和施先生的夫妻共同财产。

最终本案在法院的主持下达成了调解协议：双方自愿离婚，婚房归施先生所有，施先生在期限内给付曹女士一定金额的补偿款。

15 离家　离婚

对于离婚，汪先生原本并不同意，可妻子小美的坚持，让他最终也放弃了。说起这段婚姻，最初的那段日子，对两人来说都是最美好的回忆，可随着时间的推移，一切都变了。汪先生现在最后悔的就是不应该答应妻子，成了周末夫妻。两人领了结婚证、办了婚礼后，住在汪先生家的老房子里。没几个月，老房子拆迁，分了一套安置房。因为两人那时关系很好，汪先生自然就把小美的名字也写在了分得的拆迁安置房的产权证上。在拆迁安置房中居住了一段时间后，小美提出，她在市区工作，平时工作很忙，常常要加班，要是住在安置房，上下班的时间都浪费在了路上，很辛苦，她想在公司附近租个房子，工作日住在出租房内，周末再回家里住。刚开始,汪先生是不同意的。但看到小美每天早出晚归的,汪先生心软了,就这样两人过起了周末夫妻的生活。聚少离多的生活,刚开始是新鲜,日子长了就变成了冷漠。妻子小美觉得汪先生对自己不关心,不体贴,汪先生则认为小美只爱工作,并不爱自己,连个孩子也不生,只要见面两人就吵个不停。

之后,汪先生收到了法院寄来的小美的起诉材料,小美除了要离婚外,还要分割登记在汪先生名下的一辆车和动迁分的那套安置房。

一审法院认定,车辆是汪先生在婚后购买的,应为夫妻共同财产。对于那套安置房,因汪先生和小美都是安置人口,产权登记在两人名下,属于他们的夫妻共同财产。法院判决两人离婚,车子和房子均都判决汪先生所有,但汪先生须给付小美一大笔财产折价款。

汪先生不服一审判决,找到我们作为他二审的诉讼代理人。二审庭审中,我们提出,对于这辆登记在汪先生名下的车辆,按《婚姻法》有关司法解释的精神,这辆车是由汪先生的父母全额出资购买的,且登记在汪先生一人名下,故该车辆应视为汪先生父母对汪先生一方的赠与,属于汪先生的个人财产,不应作为夫妻共同财产分割。被拆迁的房屋是汪先生的父亲承租的公有住房,来源和小美无关,且小美只是结婚初期在这套房屋住,并未在这套房屋里居住满一年,故不属于这套房屋的共同居住人,之所以将小美登记为产权人,不仅是处于亲情的考虑,而且是以两人婚姻关系存续为前提的。因此在分割这套房屋时,不应拘泥于产权登记,而应综合考虑房屋来源、居住使用情况等。

最终本案在二审法院的主持下,汪先生和小美达成了调解协议,在车辆和房屋仍归汪先生的前提下,汪先生给付小美的财产折价款少于一审法院判决的金额。

16 患有抑郁症的丈夫非要离婚

徐女士

我丈夫比较走极端,遇事也不和我说,经常一个人生闷气,自己和自己说话,我怀疑他有抑郁症。他现在就一直和我说想和我离婚,边说还边哭。因为我们有两个孩子,我不想让家散了,不想离婚。如果他打官司提出离婚了,我这里不离婚,法院可以不判吗?

律师解答

《婚姻法》第三十二条规定,男女一方要求离婚的,可由有关部门进行调解或直接向人民法院提出离婚诉讼。人民法院审理离婚案件,应当进行调解;如感情确已破裂,调解无效,应准予离婚。有下列情形之一,调解无效的,应准予离婚:(一)重婚或有配偶者与他人同居的;(二)实施家庭暴力或虐待、遗弃家庭成员的;(三)有赌博、吸毒等恶习屡教不改的;(四)因感情不和分居满二年的;(五)其他导致夫妻感情破裂的情形。一方被宣告失踪,另一方提出离婚诉讼的,应准予离婚。

法院判决是否离婚主要看夫妻感情是否确已破裂。主要表现就是上述规定中的内容,如夫妻分居两年以上了,这个是夫妻感情确已破裂的一个标志;另外,如果一方有赌博、吸毒等恶习屡教不改,有家庭暴力等等一些重大的过错的,法院可以根据双方的举证来认定为感情破裂。就你所述的情况,他本人可能患有精神疾病,如果他提出要离婚,你作为妻子不同意离婚的,那么可以向法院请求,对他行为能力进行鉴定。如果他不是完全民事行为能力人，那么应由他的法定监护人代理他提起诉讼。当然如果他是完全民事行为能力人，仅仅是患有忧郁症，那么你又愿意包容他、照料他，法院一般是不会判决离婚的，除非你们之间有符合法律规定的感情破裂的情形。

17 丈夫隐瞒我婚前有孩子，婚后有小三，我要离婚

冯女士

我真没有想到我老公是这样的人。我们家里条件还可以，我爸妈很早就从单位出来了，自己创业，吃了很多的苦才有了我们家后来的公司，公司的生意在他们的努力下，一直都不错。我大学毕业后父母就让我在公司里上班，接手公司的业务。我在公司上班时认识了我现在的老公，我老公也算是我们家公司的骨干，他做业务是一把好手，是我爸从别的公司挖过来的。我进公司，我爸妈就让我跟着他学习，这样一来二去，我们俩就谈起了恋爱。他比我大六岁，本来我爸妈不同意，说是六冲，但我坚持，而且我爸觉得他工作上进，有事业心，以后可以帮到我，就同意了我们的婚事。结婚后，刚开始我们还真是过得不错，两年后我们还有了一个儿子。由于我老公在公司里帮我打理生意，我爸妈就有空帮我带孩子，我以为这种幸福会一直持续下去。可没想到，我无意间发现，我老公有几次背着我给一个名字一看就是女人的陌生人汇钱，而且一汇就是几万元。再后来我查到了这个女的电话，和她通话后，我才知道，我老公竟然在和我结婚前就和这个女人有了一个孩子。这件事他从来没有和我说过。当我质问他时，他说这个女的是原来和他有生意往来的客户，两人发生关系后，那个女的就怀孕了。而且，我老公说他对这个女的没有感情，曾明

确和这个女的说,他们俩以后不可能有结果的,让这个女的把孩子做了。可这个女的坚持把孩子生了下来,后来还一直来问我老公要钱。我老公怕我知道,才按她说的汇钱给她。我老公还说,他到现在也不能确认那个孩子是他的,他汇钱一是怕我知道,二是出于道义。我其实知道这件事后就想和我老公离婚,我觉得他是胡说,那个孩子和他一个姓,出生证上"父亲"一栏也写的是他的名字,他这么说等于又一次地骗我。他能骗我这一回,就能骗我第二回。但为了儿子我没有去法院。在这之后,我就开始暗地里查我老公了。这一查不要紧,我发现我老公在我们结婚后,还有一个女的,只不过这个女的也知道我们结婚了,她和我老公说不破坏我们的家庭,而我老公也经常以公司业务为由给这个女的钱。这下,我肯定要和我老公离婚的。但他坚决不同意离婚,对于第二个女的,他咬死说是客户,没有任何其他关系。我就想问问律师,我们儿子今年刚满四周岁,如果去法院离婚,儿子会判给谁?还有就是,我们结婚的时候,买了一套商品房,产权证上写了我们两个人的名字,我和他出首付的钱差不多,银行贷款我是主贷人,这套房子他和我都想要。请问律师,法院通常会怎么判?给我的可能性大吗?我有他给那两个女人汇款的凭证,还有我老公和我吵架时,承认结婚前没有和我说他之前有孩子这件事的录音,以及我老公在外面的那个孩子的出生证明,这些可以说明他隐瞒他的过去和我结婚,婚后还和别的女的有关系吗?他之前汇给她们的钱,我可以在分财产时提出来,要求分吗?在离婚分财产时,我可以多分吗?

律师解答

对于孩子的抚养权,《最高人民法院关于人民法院审理离婚案件处理子女抚养问题的司法具体意见》规定,对两周岁以上未成年的子女,父方和母方均要求随其生活,一方有下列情形之一的,可予优先考虑：(一)已做绝育手术或因其他原因丧失生育能力的；(二)子女随其生活时间较长，改变生活环境对子女健康成长明显不利的；(三)无其他子女，而另一方有其他子女的；(四)子女随其生活，对子女成长有利，而另一方患有久治不愈的传染性疾病或其他严重疾病，或者有其他不利于子女身心健康的情形，不宜与子女共同生活的。父方与母方抚养子女的条件基本相同，双方均要求子女与其共同生活，但子女单独随祖父母或外祖父母共同生活多年，且祖父母或外祖父母要求并且有能力帮助子女照顾孙子女或外孙子女的，可作为子女随父或母生活的优先条件予以考虑。由于你儿子今年四岁，平时同你及你父母共同生活的时间更长，我认为法院会优先考虑把这孩子判给你。毕竟改变已有的生活环境，对小孩的成长不利。而且，你丈夫不仅向你隐瞒其婚前与他人生育子女的事实，而且在婚后与其他女人有不正当关系，显然道德品质有问题，如果孩子随父亲生活，应该不利于他的身心健康成长。

关于房产的问题，这套房屋是你们结婚时购买的，产权登记在两人名下，首付款差不多是半半支付，且主贷人是你，从审判实践来看，如果你们双方在离婚时，都要求分得这套房屋，通常法院会将这套房屋判给主贷人一方。如果法院将房屋判给男方，一般情况下要征得银行的同意。

另外，若你有证据证明你丈夫曾汇款至其他女人账户的凭证，且在录音中，你丈夫承认与这个女人发生过关系，并在婚前未告知你这些情况，以及孩子的出生证明上"父亲"一栏填写的是你丈夫，孩子的姓也和你丈夫一致，那么除非你丈夫有其他相反的证明，否则即使他否认，也可以证明他在婚前与他人育有非婚生子女，并在与你登记结婚时加以隐瞒，这对你确实造成很大的伤害，因此你们夫妻感情的破裂，显然你丈夫存有过错。但这个过错不是《婚姻法》第四十六条规定的过错。

由于婚后你与丈夫所得的财产通常为夫妻共同财产，你丈夫未经你同意，将属于夫妻共同财产的部分钱款汇入他人账户中，侵害了你的合法权益，在离婚诉讼中，你可以提出，要求法院在分割共同财产时在他应得的财产予以扣减。

18 漂亮老婆靠不住

袁先生

其实我早就应该提出离婚了，但想着女儿还小，我也就忍到今天。我和老婆结婚的时候，我爸妈就不同意。因为我们是邻居，我老婆从小学习不好不说，而且脾气、性格各方面都不好，唯一优点就是长得漂亮。最主要的是她年纪比我小七岁，我爸妈觉得太小了，和我不合适。但我不顾爸妈的反对和她结了婚。婚后两年，她生了一个女儿，那时我别提多高兴了。女儿三岁的时候，我刚好有个亲戚从国外回来，他在国外开餐厅，和我接触后，觉得我不错，希望我能和他一起去国外赚钱。那时候出国赚钱的人很多，我老婆也觉得这是个机会，这样我就去了国外。在国外，虽然是在亲戚的店里，但也特别苦，可为了老婆和女儿，我即使再苦再累，也觉得是甜的。两年半的时间，我也赚了一些钱。由于想给老婆、女儿一个惊喜，我没有告诉她们要回国的消息，就一个人回国了。但让我没想到的是，回家等待我的不是与家人团聚的喜悦，我反而看到了根本没有想到的事，我看到老婆和别的男的待在家里。当时，我都傻了，不知道怎么办，眼睁睁看着那个男的跑了。我连家都没有待，就去了爸妈那里。第二天，我爸妈把女儿接过来，我陪女儿玩了一天后，第三天我就坐上了回国外的飞机。这样一去快二十年了，我再也没有和老婆联系过，女儿的消息都是从爸妈那里知道的。现在女儿成年了，我也没有什么顾虑了。而且我从爸妈那里知道，我这个老婆不学好，不知道从哪里学会了吸毒，已经几进几出戒毒所了，女儿是在我爸妈家和我丈母娘家里轮流住的。我前段时间回国，和我老婆提出了离婚的事。离婚，她是同意的，但是她有要求。她说这么多年，女儿都是她一个人带，所以要让我付这么多年的抚养费。她自己算一年两万，20岁，就是20年，一共40万。她还提出她现在住的房子要归她。这个房子是我婚前的私房拆迁分的公房，承租人是我，当时安置的是我和女儿两个人。我出国后，我老婆一直住在这个房子里。她说如果这两个要求我不答应，她就不同意离婚。其实我老婆在我们结婚后，户口一直在娘家，后来她娘家拆迁也给她分了房子和钱，但她不去住。我离婚也不想去分她的东西，但是不想把我自己的房子给她。她看我不同意，就和我说，在国内，如果女方不同意离婚，男方就离不了婚。请问律师，像我和我老婆这种情况，我怎么才能和她离婚？如果能离婚，这套公房在法律上会怎么处理呢？

律师解答

婚姻应以感情为基础。由于你出国后，与妻子再无联系，两人分居时间长达十多年，应该说你们夫妻俩的感情确已破裂，依据《婚姻法》的规定，你若起诉离婚的，法院通常会判决你们离婚的。

对你妻子要求你支付分居期间女儿抚养费的问题，基于你女儿已成年，这应该是由你女儿自己决定的事，在离婚诉讼中通常不予处理。

对于你提到的公有住房一事，《最高人民法院关于审理离婚案件中公房使用、承租若干问题的解答》规定，夫妻共同居住的公房，具有下列情形之一的，离婚后，双方均可承租：（一）婚前由一方承租的公房，婚姻关系存续五年以上的；（二）婚前一方承租的本单位的房屋，离婚时，双方均为本单位职工的；（三）一方婚前借款投资建房取得的公房承租权，婚后夫妻共同偿还借款的；（四）婚后一方或双方申请取得公房承租权的；（五）婚前一方租的公房，婚后因该承租房屋拆迁而取得房屋承租权的；（六）夫妻双方单位投资联建或联合购置的共有房屋的；（七）一方将其承租的本单位的房屋，交回本单位或交给另一方单位后，另一方单位另给调换房屋的；（八）婚前双方均租有公房，婚后合并调换房屋的；（九）其他应当认定为夫妻双方均可承租的情形。离婚时，一方对另一方婚前承租的公房无权承租，另行租房经济上确有困难的，如承租公房一方有负担能力，应给予一次性经济帮助。

由于该公房是你婚前所有的私房动迁所得，根据有关规定，离婚后该房屋由你居住较为适宜，但基于双方的婚姻关系及你妻子的实际情况，从公平原则出发，可由你给予妻子一定的经济帮助，以供她借房或以其他方式解决居住，这个具体数额一般由法院酌情确定。

19 要离婚，我丈夫竟然用落户威胁我

包女士

结婚这个事，真是急不得，越着急，婚就结得越草率，一草率，这婚姻就真是不幸福。我就是一个活生生的例子。结婚前，我年纪也不小了，介绍人说对方是上海人，家里有房子条件也不错。见了几次面，我们就确立了恋爱关系。谈了恋爱不到半年，我爸妈就催着我们结婚，就这样，我们结婚了。婚后，我才发现，我丈夫性格怪得不得了。刚开始他还每天都是正常去工作，一年

后,他说工作不开心,就辞职在家,也不去找工作,天天在家里炒股。我有工作,他们家里也不缺钱,我觉得不工作就算了。但在家里总是可以做家务吧,可他是个油瓶子倒都不扶的主,什么都是我来做。我想着自己能改变他,可是三年过去了,他还是那个样。刚好有个工作机会,公司派我去外地半年。我希望分开能让两人冷静一下,或许会好一些。没想到,我去外地的这半年,他就只给我打过一个电话,还是问家里的东西放在哪里。回上海后,我就搬了出去,我们开始分居。即便是这样,我也不太想离婚,主要是怕父母知道后担心,我爸妈身体都不太好,特别是我爸还有严重的心脏病。我们俩就这样拖着。其间,我已经符合户口迁到上海的条件。可我找我丈夫办理时,他就提出来两个条件:一离婚,二净身出户,否则不配合。我实在是气不过,结婚这么多年,我没让他帮我做过一件事,而我为了这段婚姻付出那么多,现在他竟然拿落户的事来要挟我。其实要说财产,我们就一套房子,是结婚后他们家里老房子拆迁分的,我和他都是安置对象。当时一共分了两套房子,一套写了他父母的名字,一套写了我们夫妻两个人的名字,是共同共有。拆迁是算人头的,一个人十多万,安置房的钱是动迁款抵扣的。见我不同意净身出户的事,我丈夫就又提出来,离婚,房子归他,按三分之一的市场价补给我折价款。理由是被拆迁的房子是他父母的,而且当时房子除了动迁款抵扣外,他还用婚前的公积金贴了一部分钱,所以对这套房子,他贡献大,所以他占三分之二,我只有三分之一。请问律师,现我们俩都同意离婚,就是房子的事谈不拢,我该怎么才能离婚?我丈夫关于分房子的事,说的有道理吗?如果按法律来,这个房子我占多少份额?

律师解答

对于如何离婚,这对你们来说,并非难事。《婚姻法》规定,男女一方要求离婚的,可由有关部门进行调解或直接向人民法院提出离婚诉讼。人民法院审理离婚案件,应当进行调解;如感情确已破裂,调解无效,应准予离婚。有下列情形之一,调解无效的,应准予离婚:(一)重婚或有配偶者与他人同居的;(二)实施家庭暴力或虐待、遗弃家庭成员的;(三)有赌博、吸毒等恶习屡教不改的;(四)因感情不和分居满二年的;(五)其他导致夫妻感情破裂的情形。一方被宣告失踪,另一方提出离婚诉讼的,应准予离婚。

在你们不能就财产问题协议一致的情况下,你可以起诉至法院要求离婚。如果庭审中,你们两人均同意离婚的,那么法院通常会判决你们离婚的。如果男方不同意离婚,而你有证据证明你们感情确已破裂,有上述准予离婚的情形的,法院也会判你们离婚。

对于你提到的婚后取得的那套动迁安置房,这套房屋虽来源于你男方父母原有房屋的动迁安置,但你们两人均为被安置人,且在所有被安置人向房地产登记部门申请登记产权时已经对权利进行了处分,你们作为这套房屋共同共有人已经通过产权登记的形式得到确定。再加上,这套房屋取得于你们婚姻存续期间,根据《婚姻法》的规定,当属共同财产,因此一般情况下,这套房屋还是你们两人各半分割的可能性比较大。

20 闪婚后的离婚

鲁女士

我和我老公算是闪婚吧。我们是在朋友聚会上认识的,当时就对彼此有了好感,互留了联系方式。经过三个月的热恋,我们结婚了。想想自己那时候也比较疯狂。在办完婚礼后,我们就住在一起。我们住的房子是我老公的爸妈在婚前就给他买好的商品房,是带装修的。买的时候,全部房款都是他爸妈付的,只是签订了预售合同,产权证因为开发商的原因还没有下来,房子已经交了。这样,我们就在这套新房里结了婚,这套新房算我们的婚房。结婚后没多久,我就怀孕了。我觉得我们的矛盾是从怀孕开始的,我可能怀孕的时候比较作,经常随意使唤我老公,有点小事就和他发脾气。因为我怀孕最大,他都让着我。等女儿出生后,我们因为养孩子的事,矛盾更大了,再加上双方的老人也为了带孩子的事有了争执,我们之间就争吵不断。刚开始还好一点,后来几乎是天天吵。有一次,我们两个大吵一架后,他竟然就走了,之后就再也没有回来过,我一个人带着孩子。前段时间,他回来了,和我说的第一句话就是离婚。我当时没有答复他,说让我考虑一下。这里我就想先问问,现在我这种情况,如果离婚,一般法院怎么处理房子、孩子和存款的事。对于我们的这套婚房,产权证是结婚后才办下来的,产权证上只有他一个人的名字,房款是他爸妈出的,我还有份吗?如果房子我没有份,女儿又判给我的话,我可以问他要住房补贴吗?能要多少?这里要说一下,我爸妈早在我上大学的时候,就买了一套商品房,面积不大,二室一厅,产权证上写了我们一家三口的名字,这会影响他给我住房补贴吗?女儿今年才三周岁,平时我们家里带得多,法院会判给我吗?如果女儿判给我,他要付多少钱的抚养费?一般怎么给?我可以要求他一次性付到18岁吗?还有如果我不同意离婚的话,法院一般会怎么处理呢?他说分居满两年可以自动离婚,有这个说法吗?

律师解答

先来说你提到的房屋的问题。这套房屋因为是你丈夫父母婚前出资购买的，且产权登记在他一人名下，即使这套房屋是婚后取得产权证，也不影响这套房屋为你丈夫个人财产的属性。如果离婚，你很难对这套房屋主张权利。

对于你提到的住房补贴的问题。《婚姻法》规定，离婚时，如一方生活困难，另一方应从其住房等个人财产中给予适当帮助。具体办法由双方协议；协议不成时，由人民法院判决。因此如果你有证据证明生活困难，那么可以要求丈夫给予适当的住房补贴。但目前，因为你不仅名下登记有产权房，而且有固定工作，一般很难主张要求丈夫给予适当帮助。

《最高人民法院关于人民法院审理离婚案件处理子女抚养问题的若干具体意见》规定，对两周岁以上未成年的子女，父方和母方均要求随其生活，一方有下列情形之一的，可予优先考虑：（一）已做绝育手术或因其他原因丧失生育能力的；（二）子女随其生活时间较长，改变生活环境对子女健康成长明显不利的；（三）无其他子女，而另一方有其他子女的；（四）子女随其生活，对子女成长有利，而另一方患有久治不愈的传染性疾病或其他严重疾病，或者有其他不利于子女身心健康的情形，不宜与子女共同生活的。在你丈夫没有上述优先考虑的情况时，而孩子一直随你共同生活的时间较长，法院判决孩子由你抚养的可能性更大。子女抚育费的数额，法院会根据子女的实际需要、父母双方的负担能力和当地的实际生活水平确定。有固定收入的，抚育费一般可按其月总收入的百分之二十至三十的比例给付。抚育费应定期给付，有条件的可一次性给付。但如果你丈夫不同意，通常法院不会判决一次性给付所有的抚养费。

如果你不同意离婚，你丈夫可以提起诉讼要求离婚。人民法院审理离婚案件，发现你们双方感情确已破裂，调解无效，应准予离婚。有下列情形之一，调解无效的，应准予离婚：（一）重婚或有配偶者与他人同居的；（二）实施家庭暴力或虐待、遗弃家庭成员的；（三）有赌博、吸毒等恶习屡教不改的；（四）因感情不和分居满二年的；（五）其他导致夫妻感情破裂的情形。如果你丈夫没有证据证明有上述情形的，他第一次提起离婚诉讼，通常很难得到法院的支持。分居满二年，只是法院认定你们感情确已破裂的一个情形，但并没有自动离婚一说。若你丈夫有证据证明你们分居满二年，法院很有可能判决你们离婚。

21 外来媳妇不回家，可以单方面解除婚姻关系吗

苗先生

我是个残疾人，找了个外来媳妇，现在孩子也快二十岁了。但在两年前，我媳妇开始不回家。刚开始我叫她没用，孩子催她回来，她也不回来。到现在，我们都联系不上她了。请问我单方面是否可以解除我们的婚姻关系？要如何办理手续？还有个问题就是，我家一套房子是我爸单位分配的，后来买成售后公房，写了我爸的名字。几年前，我爸把产证转成了我的名字，那年我媳妇的户口也到了上海，在这套房子里。请问如果离婚，这个房子有她的份额吗？

律师解答

《婚姻法》中没有单方面解除婚姻关系的规定。离婚的途径有两种：一是你们双方协议离婚，前往婚姻登记部门办理，前提是你们两人没有纠纷，关于离婚的事都协商一致了；二是诉讼离婚，即一方起诉至法院，要求离婚。另外，如果你妻子被宣告失踪，你提出离婚诉讼的，法院一般会准予离婚。

就你的情况，如果你有证据证明你妻子和你分居满两年，且

她长年离家在外,与家人没有往来,可以确认你们之间感情确已破裂,如果你提出离婚诉讼,法院判决离婚的可能性很大。

  对于你妻子对这套房屋是否享有产权份额的事,《婚姻法》规定,赠与合同中确定只归夫或妻一方的财产,为夫妻一方的个人财产。如果你父亲是将这套房屋赠与给你个人的,那么这套房屋即属于你的个人财产。即使你妻子的户籍在这套房屋处,也不代表她就对这套房屋享有产权份额。

22 孩子未出生　丈夫却出轨

陶女士

  我对这个和我结婚六年的男人彻底死了心,我现在想请律师来告诉我,我怎样做才能最大程度地维护我自己的权益。事情是这样的。我六年前通过朋友介绍认识了这个负心汉,婚后我们一直想要一个孩子。对于他们家来说,传宗接代是非常重要的事情,他和我说得最多的一句话就是"不孝有三,无后为大"。我为了满足他这个心愿,也一直在喝中药调理。为此我们做了很多检查,医生说是我年纪有点大了,再加上身体一直不好,属于难孕体质,必须要花时间把身体调理好。但是我中药也喝了一年多了,始终没有怀上。其实我心里比谁都难过,我们经常也为了这个事情争吵。有一次他说话实在太难听,我半夜整理了行李就走了,回娘家。我本以为他会追过来,可是两个月过去了,他连一通电话都没有打给我。而就在这个时候,我发现自己怀孕了,我真的特别特别高兴,立马就跑回家想告诉他这个好消息。没想到我打开家门,却发现家里有一个二十多岁的年轻女孩,而我的丈夫似乎并没有想要跟我解释的意思。他只是很平静地跟我说了句:"我们离婚吧,小胡怀孕了,我要对她负责。"说完他就把离婚协议递给了我。我看着他们俩,一句话都说不出来,拿着离婚协议就走了,连我怀孕的事情都没有告诉他。这份离婚协议上写着:这套我们共同购买的房屋归他所有,他支付我200万房屋折价款;另外,他再支付给我100万的精神赔偿费。说到这套房子,是他家出了首付50万,婚后我们共同还贷的,不过他工资比我高,还得多。现在这套房屋市价500多万,产权登记在我们两人名下。我内心的想法是,这套房子我不想给他,现在我也怀孕了,如果房子给了他,我和我的小孩住在哪里?而且他出轨,凭什么要求拿房子?就算分房子,他肯定应该少分。还有,我现在才怀孕两个月不到,以后孩子出生了,抚养费该如何计算?

律师解答

对于你们离婚的事,先来说明一下。女方在怀孕期间、分娩后一年内或中止妊娠后六个月内,男方不得提出离婚。女方提出离婚的,或人民法院认为确有必要受理男方离婚请求的,不在此限。也就是说,你丈夫现在不能提出离婚,要等你的孩子出生一年,孩子满一周岁以后,你丈夫才可以提出离婚。

对于你提到的房屋问题,产权登记在你们两人名下,是婚后共同购买的,应为夫妻共同财产。不考虑其他情况,仅从出资来看,你丈夫家出了首付款,剩余房款以银行贷款的方式支付,由你们夫妻两人共同还贷,在分割时,法院会考虑双方对这套房屋的贡献情况来酌情确认份额的。如果你们两人均主张这套房屋产权的,且同意竞价取得的,法院是准许的。

对于你提到丈夫出轨而少分房产一事,没有法律或者司法解释规定,出轨一方应当少分或者不分财产。很多人可能是误解了《婚姻法》第四十六条的规定。该条规定有下列情形之一的,无过错方有权请求损害赔偿。这种"过错"是特定的:(一)重婚的;

(二)有配偶者与他人同居的;(三)实施家庭暴力的;(四)虐待、遗弃家庭成员的。其中"有配偶者与他人同居",是指有配偶者与婚外异性,不以夫妻名义,持续、稳定地共同居住,而非"一夜情"、"嫖娼"或"婚外恋"。《婚姻法》确实也规定了一方少分或不分财产的情况,即离婚时,一方隐藏、转移、变卖夫妻共同财产或伪造债务以及其他侵占一方财产的。不过,《婚姻法》及司法解释同样规定要保护妇女儿童的合法权益,照顾无过错方,所以通常在审判实践中,法官会在法律赋予的自由裁量权范围内利用权力引导正面的社会价值观念和社会风气,也就是说对于被出轨一方可以适当酌情处理。

再来谈一下,你丈夫给你的那份离婚协议,其中要说明的是那100万元的精神赔偿费。如果诉讼,法院首先很有可能不支持你向男方主张精神赔偿。如前面提到的《婚姻法》第四十六条的规定,只有符合该条规定,主张精神损失赔偿,才有可能得到法院的支持。退一步,就算法院支持这一主张,金额也不可能达100万元之巨。

对于孩子出生后的抚养费金额问题,可根据子女的实际需要、父母双方的负担能力和当地的实际生活水平确定。有固定收入的,抚育费一般可按其月总收入的百分之二十至三十的比例给付。负担两个以上子女抚育费的,比例可适当提高,但一般不得超过月总收入的百分之五十。

23 只顾娘家的妻子

包先生

我和我老婆是在一次朋友聚会时认识的,因为我们两个人都迟到了，被大家罚一起唱歌。我有点五音不全，而我老婆唱歌特别好听，我一下就被迷住了。之后，我主动要了她的联系方式。三个月后，我们确定了恋爱关系。半年后，我就向她求了婚，她当然是说"YES"。可我把她领回家后，就有了麻烦，我爸妈觉得我老婆是个外地人，家里还是农村的，有弟弟、妹妹，结婚后，我娶的不是一个人，而是一个大家庭，会很麻烦的。我当时不觉得，上海人和外地人有什么区别，而且我老婆因为有弟弟、妹妹，很会照顾人，比上海小姑娘好多了。就这样，我开始了与爸妈的斡旋，几次下来，爸妈被我搞得没有办法，只得同意。不久，我们便领了结婚证。

  我爸妈嘴上说不高兴，但该做的还是会做。我妈按规矩，给我老婆买了全套的金首饰，一对手镯，一根项链。我买了钻戒。我们办婚礼的时候，来的几乎全部都是我们家的亲戚和朋友，他们家来的人很少。礼金也是我们家里送的多，他们家里的亲戚给的很少。一共我们收了八万元的礼金，我爸妈一分钱也没要，全部都给了我们。我肯定是把钱给老婆的，她和我说存起来了，以后给孩子用。我当时还挺乐，觉得这个老婆是真没有选错。我们结婚没多久，我老婆的妈，也就是我丈母娘查出来得了癌症。我老婆商量都没商量，就把她妈接来了。她妈来了也就算了，一家老小都来了，我连住的地方也没有。看这个情况，我就回到爸妈家里住。我因为回家连个下脚的地方也没有，加上那段时间工作忙，回家的次数就少了。但我丈母娘做手术，都是我和我老婆陪的。可这样，我老婆还不满意，开始和我闹，说我不管她妈什么的。她的意思是我应该和她一样，二十四小时陪着，可我还有工作，怎么可能和她一样呢。就因为这个事，我们吵了好多次。而且两家长辈也参与进来了，闹得是天翻地覆。

  现在我们俩都同意离婚，就是钱的事没谈拢。我妈说那些金首饰，她要要回来的；另外还有结婚时收的八万元礼金，本来最起码有七万元是我们家的亲友送的，但算了，我们现在就要回一半。可我老婆不同意。她说这个钱，她妈生病用了六万，剩下的她自己用了。请问律师，这个婚我该怎么离？如果离婚了，首饰可以全部都要回来吗？礼金我可以要回来一半吗？

律师解答

离婚有两种途径，协议离婚和诉讼离婚。你如果和妻子对财产分割未能适当处理，无法对离婚达成一致意见，只能诉讼离婚，即向人民法院提出离婚诉讼。

你提到的首饰，要看是赠与发生在婚后还是婚前。如果说是婚前，你或者你父母赠与给她的，那即为你妻子的婚前的财产，离婚时，一般不作为夫妻共同财产分割。如果是婚后赠与的，且并没有确定只归你妻子一方，即为夫妻共同财产。但如果诉讼时，对于这些金首饰，你妻子否认，而你又没有证据证明的，通常很难得到法院的支持。

对于亲友赠送的礼金八万元，若确认是你们结婚后取得，一般认定为夫妻共同财产。如果诉讼，你妻子主张已将上述存款全部用尽，是要提供相应的证据予以证明，比如用于其母亲的医疗费和你们日常生活等。如果你妻子没有证据证明的，法院通常会考虑双方日常生活所需等，遵循照顾妇女权益的原则，依法处理。

离婚分家产之法律说

01 买房手续由公公代办只写了丈夫一人名字，若离婚该房如何分割

陈女士

我觉得我是一天也和我老公过不下去了，只想和他离婚。按说，我们俩现在结婚都十多年了，也有孩子，我如果能忍下去，也就算了。可是他不光在外面有别的女人，而且还赌博。这些他爸妈都知道，还帮他瞒着我，我听别人说他爸妈已经帮他还了不少赌债了。我们俩刚结婚的前几年，我老公还可以，我生儿子的时候，我爸妈身体也不大好，都是他一个人忙里忙外，照顾我们母子俩。他之所以变成现在这样，我觉得和他换的工作，以及后来认识的一些人有关。我老公是个好面子的人，意志力不坚定，容易被人影响。他原来单位的一个同事自己出来单干，拉我老公一起，我本来是不同意的，但是我老公被他那个同事鼓动得信心满满，我也就没有再坚持，就随他去。刚开始他还是很辛苦的，为了公司，天天从早忙到晚。后来公司开始有了起色，业务多了起来，应酬多了之后，我老公就慢慢地变了。先是我发现他外面有了女的，经常三更半夜地打电话，有时还说有应酬晚上不回家。后来还知道他去赌博……这些我是肯定不能接受的。关于离婚，我们已经谈过，他刚开始不同意，后来看我坚持，也就同意了。但他提出：我们住的房子是他父母出钱买的，所以我没有份；还有孩子不能带走。关于我们住的房子，其实是我们结婚已

经三年的时候买的，首付是我们结婚时收的礼金和婚后的存款，再加上向亲戚借的钱，剩下的是银行贷款。因为我们买这个房子的时候是在十多年前，房价没有现在这么高。现在贷款也全部还清了。当初买的时候，我和我老公都在上班，没有时间，我公公说他认识开发商的人，可以打折，所以全部手续都是我公公去办的，产权证上就写了我老公一个人的名字。我当时还问过，为什么不写我的名字，我老公说这是因为有一部分是用他的公积金贷款，他的公积金比我多，我也就没有多想。购房是我公公办手续的，所以购房合同、发票等所有材料都在我公公那里，还有上面的签字都是我公公签字的。这也是我老公说房子是他父母出钱买的、产权证写了他一个人的名字，所以房子应该归他的凭证。请问律师，这个房子算是我公公婆婆给我老公买的吗？产权证上写了他一个人的名字就是他一个人的了吗？首付的钱都是我们两个人的钱，还有借款，这些都不算吗？难道所有手续都是我公公办的，材料都在他们那里，房子就算他们家的了吗？我就没有份了吗？

律师解答

夫妻关系存续期间取得的财产，通常都是夫妻共同财产，特别约定或者法律另有规定的除外。你提到的这套房屋结婚三年后购买的，房款的首付款是你们用结婚时收的礼金和婚后的存款，再加上向亲戚借款支付的。剩余房款是用银行贷款支付的，虽然部分贷款是你丈夫用公积金还贷的，但如果这部分公积金也形成在婚后，那么等于也属于夫妻共同财产。所以从整个房屋的购房资金来源来看，该房屋即使产权登记在你丈夫一人名下，也应为夫妻共同财产。

如果诉讼，你丈夫称房屋由其父母全额出资购房，应由他承担举证责任。根据合同相对性原则，若你丈夫并未能提供父母出资资金往来、交付凭证等有效证据，则无法认定该房屋由你丈夫的父母全额出资。你丈夫仅以其父亲代为办理相关购房手续、持有购房款发票等来主张父母出资购房，一般不会得到法院的支持。当然，你也要提供相应的证据证明你们支付首付款，及共同还贷的事实。

这里要另外说明一下，如果当时这套房屋是由你丈夫的父母支付了全部房款购买的，且产权登记在你丈夫一人名下的，可视为只对你丈夫一方的赠与，这套房屋应认定为你丈夫的个人财产。当然，你提到的房屋并不属于这种情况。

02 不孕妻子的不幸婚姻

安女士

我老公不是上海人，他是我的大学同学。我们恋爱的时候父母就反对，除了我爸妈嫌弃我老公是外地人以外，还有一个原因是我老公家里条件比较差，和我们家里比起来差得不是一星半点。恋爱时，我只看到他身上的闪光点、优点，其他的一概看不到。当时，我爸妈和我说，结婚要门当户对，门不当户不对，肯定不幸福。但我根本没有听进去，就觉得我老公对我好，一定要和他结婚。按我老公家里的条件，根本不可能在上海帮我们买房子的，钱也肯定一分也拿不出来。我那时是被爱情冲昏了头脑，觉得我们家里的条件好，反正我爸妈会出钱给我们买婚房的，只要我老公对我好，其他都是浮云。我爸妈看我很坚持，最后就妥协了，同意我们结婚。婚后，我们先是和我爸妈一起住在家里的大房子里，后来我觉得不自由，就让我爸妈出钱给我们买了一套商品房。我老公在婚后，很会哄我爸妈开心，对我也是百依百顺，我爸妈很快接受了他。买房子的时候,预售合同上就写了我们两个人的名字。这样的好日子持续了一两年,在这期间,我怀孕了。但当时我不知道自己怀孕就吃了些药,后来怕对孩子有影响,我把孩子打掉了。就是这件事,让我和我老公有了隔阂,我本来就心情不好,我老公却因为这件事经常埋怨我。我从小就是家里的公主,怎么可能受得了这样的气,于是在一次争吵后,我一气之下和我老公提出离婚。那时两人都在气头上,第二天就去了民政局办理离婚手续,在离婚协议上写好,新买的商品房归我所有,他放弃权利,其他各自名下的财产归各自所有。离了婚后,我又后悔了,但也不愿意先和他道歉。后来,还是在我一个朋友的调和下,我们俩又和好了。半年后,我们复婚了。经过上次离婚的事,我也改了一下自己的坏脾气,收敛了很多,我们俩仿佛又回到了恋爱的日子。其间我一直在备孕,但总是怀不上。我去医院检查,医生说上次流产影响了我的怀孕,很有可能我以后不能再怀孕了。我老公知道后嘴上虽然没有说什么,但心里肯定有了想法。从那之后,他对我的态度就慢慢开始改变了,而且还经常以加班为由晚回家或不回家。时间久了,我发现他在外面有了花头,就和他摊牌。他不承认他外面有人,但同意离婚,要求新买的房子有他的名字就有他的一半,让我给他一半的钱,或者房子归他,他给我钱。看到他这副样子,我气死了,就质问他,房子他一分钱没出,凭什么要分一半,而且第一次离婚都确认了房子归我。他说有他的名字他就可以分一半,而且产权证是后来出的,那时我们都复婚了,之前的离婚协议书就没有用了,这算是我送给他的。可事实上,这套房子买的时候是期房,当时预售合同上写的两个人的名字,第一次离婚的时候,还不能办产权证。复婚后,产权证才出来,因为产权证上的名字要和合同上的一样,所以产权证上还是两个人的名字。那时,我也让他去把名字去掉,但他总是推托。请问律师,房子产权证上有他的名字,就算是赠与他的吗?

我们之前的离婚协议就没有用了吗？如果我们离婚，这个房子有他的份额吗？

律师解答

让我们先从这套房屋来源来看，是婚后女方的父母出资购买的，产权登记在夫妻两人名下，视为女方父母对夫妻两人的赠与，因此，这套房屋应为夫妻共同财产。但你们两人协议离婚时，双方同意这套房屋归你所有，他放弃权利。

这套房屋是你们第一次婚姻关系存续期间购买，并以双方的名义签订了商品房预售合同，因为是期房，双方协议离婚时尚未取得该房产权证，但购房款是你父母全额支付，房屋产权清晰，只需完善权属登记手续，所以你们在第一次协议离婚时对这套房屋进行处分，确认归你一人所有。

《最高人民法院关于适用〈中华人民共和国婚姻法〉若干问题的解释（二）》规定，离婚协议中关于财产分割的条款或者当事人因离婚就财产分割达成的协议，对男女双方具有法律约束力。你们双方签订的离婚协议并不违反法律、行政法规的强制性规定，该协议对你们双方均有法律约定力。由于在离婚协议中确定该房屋归你一人所有，这属于你在复婚前的个人财产。若你在复婚后将自己所有的房产份额转与给你丈夫的，应当有明确的意思表示，而且赠与行为必须是积极主动的作为，而非不作为。相关部门根据预售合同颁发产权证，不论双方是否复婚，该房屋产权都会被登记在双方名下，这是预售合同延续履行的结果，双方都是被动的接受者。若你丈夫没有证据证明你有积极主动的赠与行为，就算双方复婚后取得的房屋产权证登记在双方名下，但这套房屋仍然属于你的婚前个人财产，不因复婚而转化为夫妻共同财产。

03 "功利婚姻"的结束

李先生

我是在去年年底领的结婚证,领好后第六天去付的首付款,买的是二手房。首付的钱是我父母当天打到我的卡里的,我也向父母打了借条,但是女方没有签字。房产证写的是我和女方两个人的名字,贷款是双方公积金共同还贷,我是主贷人,女方的公积金比我少很多。前段时间房子装修好后,女方以莫须有的借口提出离婚,要求平分房产。想咨询下大律师,父母出的首付款能否拿回来(女方现在坚持首付款是父母赠与给我们的)?短时间的婚姻,女方对房产的贡献很小,给人的感觉就是功利婚姻,所以女方能否少分房产?

律师解答

《最高人民法院关于适用〈中华人民共和国婚姻法〉若干问题的解释(二)》规定,当事人结婚前,父母为双方购置房屋出资的,该出资应当认定为对自己子女的个人赠与,但父母明确表示赠与双方的除外。当事人结婚后,父母为双方购置房屋出资的,该出资应当认定为对夫妻双方的赠与,但父母明确表示赠与一方的除外。

对于购房时,你父母出资支付首付款的出资定性问题是借贷关系还是赠与关系,一般法院会根据双方提供的证据及查明的案件事实来确定。在处理结果上,若确系父母赠与出资购房,离婚纠纷中分割房屋时可考虑一方父母出资事实,在份额上可适当多分;若认定为借贷关系,且是夫妻共同债务的,则在房屋份额分割时应考虑夫妻均等享有产权份额。

04 婚后父母出资买的房子,男方都能分吗

茅女士

我和我老公结婚有五年了,之前我们关系还可以。后来他爸妈和我们住到了一起,我们关系就开始不好了。他妈老是看不惯我,经常讲我,我老公从来不帮我说话,还让我听他妈的。因为这事我们吵了不止一次两次,反正他肯定是帮他妈的。上次大吵一场以后,我就回娘家了。我老公一个电话都没有打给我。我就和他提出离婚。没想到,他还想分我老家的房子。之前,我爸妈在老家买了一套房子,产权证上写了我一个人的名字,我们一分钱也没有出过。我老公说离婚可以,但要让我把这套房子按市场价给他一半的钱。我就想问问:凡是我们婚后买的房子,男方都能分吗?

律师解答

《婚姻法》对于夫妻的个人财产和夫妻共同财产有明确的规定。其中规定,夫妻在婚姻关系存续期间所得的下列财产,归夫妻共同所有:(一)工资、奖金;(二)生产、经营的收益;(三)知识产权的收益;(四)继承或赠与所得的财产,但遗嘱或赠与合同中确定只归夫或妻一方的财产除外;(五)其他应当归共同所有的财产。

但你提到的这套房屋是由你父母全额出资购买的。《最高人民法院关于适用〈中华人民共和国婚姻法〉若干问题的解释(三)》规定,婚后由一方父母出资为子女购买的不动产,产权登记在出资人子女名下的,可按照婚姻法第十八条第(三)项的规定,视为只对自己子女一方的赠与,该不动产应认定为夫妻一方的个人财产。因

此，你提到的这套房屋产权登记在你名下，由你父母出资购买，应视为对你一方的赠与，该房屋为你的个人财产，与你丈夫无关。

05 老婆收入比我高，房子怎么分

鲁先生

我现在和老婆正在闹离婚，我们两人结婚后买了一套房子，都是我们俩存的钱付的首付，剩下的钱是从银行贷的。我老婆收入比我高，贷款人是她，房子的产权也登记在她名下，还贷是我们一起还的。请问这套房子离婚怎么分？

律师解答

夫妻在婚姻关系存续期间所得工资、奖金，生产、经营的收益，知识产权的收益等，归夫妻共同所有。你提到的这套房屋是你们两人在婚姻关系存续期间购买的，首付款为你们夫妻两人的积蓄，贷款也由你们两人共同偿还。因此，这套房屋虽然产权登记在你妻子名下，但也属于夫妻共同财产。

离婚时，夫妻的共同财产由双方协议处理；协议不成时，由人民法院根据财产的具体情况，照顾子女和女方权益的原则判决。

06 婚前买房，婚后还清贷款之房屋分割

费先生

结婚前女方首付贷款买房，婚后用共同财产还清贷款，之后

加了丈夫的名字,请问离婚的话丈夫能分多少份额呢?

律师解答

因为这套房屋是女方在婚前用自己的个人财产出资购买的,应该说如果不结婚的话,这套房屋为女方的个人财产。男、女双方结婚后,假如仍维持原来的产权登记,不做变更的话,如果双方离婚,人民法院通常会判决这套房屋归产权登记一方即女方,双方婚后共同还贷支付的款项及其相对应财产增值部分,离婚时由女方对男方进行补偿。现在的问题就在于婚后,产权证上加了男方的名字,即男方也成了这套房屋的产权共有人,那么这套房屋就应该是双方的共有财产。离婚时,一般会根据双方的出资情况,对房屋的贡献大小等作出分割,女方会酌情多分,男方则少分一些。

07 男方房屋婚后变更女方名下,女方出售后房款的归属

姚先生

我这个人要求一直比较高,这个我承认的,之前也谈过几次恋爱,但都没成。眼看着都五十了,我还没有结婚,爸妈急得不得了,天天催我。刚巧那段时间,我从交友网上认识了一个在国外的女的,年纪和我差不多,是离过婚的,但和我很聊得来。一来二去,我们就通过网络谈起了恋爱,加上爸妈逼我结婚,我就向那个女的求了婚。之后,我们顺理成章就结了婚。因为女方的工作在国外,所以我们是两头跑。刚开始还觉得挺新鲜的,而且她也不是一天到晚粘在我身边,我们的婚姻还算幸福。因为我开了个小公司,钱是赚了一些的,在上海有三套房子,一套我爸妈

住，一套出租，一套我们结婚住。结果，这个女的就看中了我出租的那套房子，非要让我把房子的产权人改成她的名字。刚开始我肯定是不同意，但后来经不住她和我搞、和我闹，为了表示我对她的真心，我就傻傻地把这套房子的产权人改成了她一个人的名字，改的时候是按配偶间更名办的。不过在过户前，我朋友提醒我，我和她写了一份协议书，写明：我们的婚房仍在我名下，但出租的那套房子改在女方的名下，但女方不可以在更名后提出离婚，即使更名了，女方也不能转让这套房子。后来，公司生意不是很好，我就一门心思扑在工作上，对女方就没有之前那么关心了，也很少去她工作的地方看她，结果她就怀疑我有外遇，外面有人了。也是我倒霉，那个时候公司经营出了问题，我疏忽了，我作为公司的法定代表人承担了刑事责任，被判了两年刑。结果，这个女的，就在我服刑期间，把我出租的那套房子卖了，钱自己拿走了。我现在出来了，问她要钱，她说房子是她的，卖房子的钱也是她的，和我没有关系。看到她这个样子，我肯定不想和她过下去了，如果我们离婚，这个卖房子的钱，我可以拿回来吗？具体可以拿回来比一半多吗？

律师解答

　　《最高人民法院关于适用〈中华人民共和国婚姻法〉若干问题的解释（三）》规定，一方未经另一方同意出售夫妻共同共有的房屋，第三人善意购买、支付合理对价并办理产权登记手续，另一方主张追回该房屋的，人民法院不予支持。夫妻一方擅自处分共同共有的房屋造成另一方损失，离婚时另一方请求赔偿损失的，人民法院应予支持。

　　这套房屋从来源看，属于你的婚前个人财产。尽管在婚后，应女方的要求，你将这套房屋的产权人变更为妻子一人，但这是在婚姻关系存续期间以配偶间更名的方式办理的，且你们双方还订立有协议，因此可以确认这套房屋属于你们夫妻共同财产。依据有关规定，夫或妻非因日常生活需要对夫妻共同财产做重要处理决定，夫妻双方应当平等协商，取得一致意见。而你妻子在你服刑期间擅自出售这套房屋，显然严重侵犯了你的权益。如果购房人为善意取得，支付了合理的购房款并办理了产权登记手续的，你很难追回这套房屋，只能在离婚时，要求你妻子赔偿损失。具体金额法院通常会考虑这套房屋来源于你婚前房屋的转化，且由你全额出资购买等情节，酌情多分给你一定的金额。

08 离婚将无购房资格，房子会判给我吗

赵女士

我老公是个医生，平时工作特别忙。结婚前，虽然我也知道他工作的性质，但真的两个人一起生活了，矛盾就出来了。他工作忙也就算了，但是只要有空，他就去外面和朋友聚会，吃吃喝喝不说，经常很晚回家，有时还夜不归宿。而且就算他回家，也只是玩手机或者打游戏。没有女儿的时候，他还好一点，有时也会和我一起吃个饭什么的。有了女儿后，我一心扑在女儿身上，他却对女儿不管不顾。人家都说女儿是爸爸前世的情人，但这个事在我老公这里是例外，他们家里人都是重男轻女的，对这个女儿真是一般性。我们为此没少吵架，到后来我连吵架的力气都没有了。他对我等于是冷暴力，就算回家也不和我说话，女儿全部是我妈帮着我在带，我公婆平时来就看一下，一天也没有带过。前段时间，我老公和我谈离婚的事，我同意离婚。但我们俩对孩子和房子的事谈不拢。我是想要女儿的抚养权的，从孩子生下来到现在五岁不到，从来没有离开过我。我老公对女儿，高兴时抱

一下，不高兴时看都不看，有的时候还会无缘无故对和女儿发脾气，很吓人的。而且他的工作性质，经常要值班什么的，根本没办法带孩子。让我没想到的是，我老公也要女儿。他的理由是我爸妈是离婚的，这样对孩子有影响，而且他的工作稳定，相对我的工作来说，他的收入等各方面都优于我，对孩子的生活更为有利，现在他爸妈也承诺会帮他一起带孩子，所以孩子和他生活更好。对于房子，这个房子是我们在结婚前就买了的，一开始是我老公去下的定金，30%的首付款是他爸妈付的，是在结婚前付的，剩下的房款是贷款。后来，我们说好要结婚了，于是我们两个人一起去开发商那里签订了预售合同，后来产权证也办在我们两个人名下。现在贷款还得差不多了，剩了没多少。我想要房子是因为我户口还没有迁到上海，如果我们离婚了，这个房子不给我，我单身在上海是没有资格买房子的，为了女儿读书，我肯定要在上海，所以我要房子。我想扣除贷款后，按市场价的一半给我老公。而且我老公和他父母还有一套房子，他肯定有地方住的。可是我老公也要房子，他说这个房子我一分钱没有出，首付是他们家里出的，贷款也是他还的，最多给我10%了不起了。请问律师，我们这种情况，如果打官司，法院会判决女儿由我抚养吗？房子法院会怎么判呢？我能拿到房子吗？

律师解答

关于子女抚育的问题，通常法院会从有利于子女身心健康、保障子女权益的角度加以综合考虑。因为孩子年纪小，且长期与你共同生活，主要由你照顾其日常起居，我认为法院会考虑你们双方的收入、居住环境等方面的条件，根据你女儿的生理特征及年龄状况作为判决。我个人认为女儿随你共同生活更有利于其成长。

关于房屋分割方面，根据我国《婚姻法》的相关规定，离婚时，夫妻的共同财产由双方协议处理；协议不成时，由人民法院根据财产的具体情况，照顾子女和女方权益的原则判决。这套房屋是你们双方于婚前签订预售合同，首付款系由你丈夫的父母出资。根据有关规定，当事人结婚前，父母为双方购置房屋出资的，该出资应当认定为对自己子女的个人赠与，但父母明确表示赠与双方的除外。我认为该部分出资为你丈夫父母对你丈夫的个人赠与，相应的产权份额应归属于你丈夫的个人财产。同时，该房屋于双方婚后登记在双方名下，由双方共同归还贷款，即便如你丈夫所述，是其用自己的收入归还房贷，但该收入亦属于你们的夫妻共同财产，故你所享有的份额不可能仅是10%。该房屋除归属于你丈夫个人财产的部分外，剩余部分属于夫妻共同财产，原则上应予以各半分割。考虑到双方之女年纪尚幼，从照顾子女和女方权益角度出发，我认为法院判决房屋归你的可能性比较大，由你给付你丈夫相应的房屋折价款。

09 婚后老公单位分的房子，如果离婚会如何分割

鲍女士

我和老公结婚之后，单位分了间使用权房，老公瞒着我在户主栏写了他母亲的名字，他母亲一直住到今天。后来付了些钱给单位，单位就没有收回这个房子。老公单位第二次分房分了间40平方的使用权房，户主是我老公，里面有我和老公还有女儿三个人的户口。我们将这套房子产权买下后不久，又置换了套稍大一点的房子，产证还是我老公一个人的名字，我们只是户口在内而已。请问如果离婚，这个房子如何分割？还有就是，之前我们婚后，老公单位第一次分房的房子我有份额吗？

律师解答

《婚姻法》规定，夫妻在婚姻关系存续期间所得的下列财产：工资、奖金，生产、经营的收益；知识产权的收益；继承或赠与所得的财产，除遗嘱或赠与合同中确定只归夫或妻一方的财产以外，一般都归夫妻共同所有。《最高人民法院关于适用〈中华人民共和国婚姻法〉若干问题的解释（二）》还规定，由一方婚前承租、婚后用共同财产购买的房屋，房屋权属证书登记在一方名下的，应当认定为夫妻共同财产。

因此，对于你说的你丈夫所在工作单位第二次所分房屋，虽然产权登记在你丈夫名下，但不仅这次分房发生在婚姻关系存续期间，而且是用你们夫妻共同财产购买为产权房的，所以这套房屋应属夫妻共同财产，如果你们离婚，你可以主张相应的权利。

对于你提到你丈夫所在工作单位第一次所分房屋，如果这套房屋的租赁户名为你丈夫的母亲，是你丈夫的母亲在交付了相应钱款后，这套房屋才没有上交，且这套房屋长期由你丈夫的母亲居住生活，再加上之后你们一家三口已在他处有福利分房，因此，你很难对这套房屋主张权利。

10 婚后继承阿姨的房产，丈夫有权分吗

万女士

我和我老公结婚要说也有十年了，本来"七年之痒"时，我就想离婚了，但为了孩子，我没有提，想这样凑合着过算了。但是我老公是变本加厉，本来是回家晚，或者说出差、不回家，发展到后来一周就回来一两天。我觉得他外面有人，可我没有什么证据。我自己有工作，还要带孩子，我真的没时间去和他搞这个。

我听他的朋友和别人提起他,是"外面彩旗飘飘,家里红旗不倒"。有人和我出主意,让我找私家侦探什么的,但我真不想把自家的事搞得满城风雨。我就是想着好离好散,他只要不太过分,孩子这边的利益保证就行了。我们谈了好几次,其他的都已经谈妥,就只有一套房子的事,卡住了。我没想到我老公还惦记着我的这套房子,如果他再逼我,我真的要和他法庭见了。这套房子原先是我大姨的,她是我妈妈的姐姐。我这个大姨年轻时长得漂亮,可红颜薄命,她结婚没多久,我姨夫就出意外过世了。大姨和姨夫是邻居,又是同学,感情特别好。我姨夫走了以后,她天天哭,身体哭坏了,后来她也没有找别人。等她想再找的时候,又查出来长了肿瘤,之后就是经常去医院了。五年前我大姨走了。我大姨在世的时候,没有孩子,就把我当自己的孩子看。我和我大姨特别亲,她去医院,只要有空,我一定陪。我结婚的时候,我大姨还给了我嫁妆呢,我结婚也是从我大姨家走的。我们虽然不是母女,但胜似母女。我大姨过世前给我留了一份公证的遗嘱,说她的房子在她百年后由我继承。等我大姨过世后,我办了些手续,这套房子就归我了,产权证登记在我一人名下。现在我老公提出来,我大姨生病时是他和我一起照顾的,而且他也一直把我大姨当自己的妈对待,这个房子是我们婚后得到的,应该是夫妻共同财产,他有一半。如果我们俩协商的话,他可以不要一半,只要三分之一就行了。请问律师,我老公说的有道理吗?他对这套房子有份吗?

律师解答

虽然《婚姻法》规定了夫妻在婚姻关系存续期间所得的工资、资金,生产、经营的收益,知识产权的收益等应当归共同所有的财产为夫妻共同财产,但这里有个除外情形,即继承或赠与所得的财产中,遗嘱或赠与合同中确定只归夫或妻一方的财产为夫妻一方的财产,而非夫妻共同财产。

你所遇到的问题也就是这种例外的情况。你是通过遗嘱继承的方式取得了原属于你大姨所有的房屋,如果,该遗嘱明确列明这套房屋只归你一方继承,那么这套房屋当然属于你的个人财产,与你丈夫无关,在离婚时,你丈夫无权要求分割。

这里还要说明,若夫妻在婚姻关系存续期间所得的继承或赠与所得的财产,除遗嘱或赠与合同中确定只归夫或妻一方的财产外的,仍属于夫妻共同财产。如夫妻一方在婚姻关系存续期间通过法定继承所得的财产,就应当属于夫妻共同财产,而非夫妻一方的个人财产。对于这笔财产,配偶是有权继承的。

11 未出资的婆婆上产证,房子怎么分

尤女士

我和我老公结婚的时候,我老公是有房子的,他之前家里拆迁分了一套公房,那套公房在一楼,虽然出入不用爬楼梯,但是很潮湿,阳光也不好。当时我们没有多少钱,有个房子住就不错了。后来,有了一点积蓄,我们先是把这套公房买成了产权房,产权证上写了我老公一个人的名字。我原来一直怀不上孩子,天天吃中药,过了几年,终于怀上了。为了以后给孩子一个好的生活环境,我和老公打算换房子,把这套一楼的房子卖了,买一个楼层好一点的,哪怕远一点的房子也没有关系。没多久,我老公就看中了一套房子,而我们的房子虽然是一楼,但是因为周围生活方便,出手也很快。虽然买的房子是我老公看中的,由于那个时候我老公工作单位比较忙,而我正在怀孕,反应很大,一天到晚孕吐,所以买房子的事具体都是我婆婆帮我们操办的。买房子

的时候，我还从我娘家拿了十万元，本来这个钱说好要还给我妈的，后来我妈也没有要。我和我老公说好，房子还是写我们两个人的名字。我们买的房子地段虽然远了一些，但周围有一个不错的幼儿园，而且房子还是装修过的，这样我们就直接搬到了新房子里。我在新房子里生了我女儿，之后我一门心思扑在了女儿身上，其他的事都不管不顾，这引起了我老公的不满。这期间，我无意间发现，新房子的产权证上竟然除了我和我老公，还有我婆婆的名字，房子是我们三个人共同共有。为此，我和我老公大吵了一架。我老公的意思都是他妈去办的，当时他不知情，现在已经这样了，就这样吧。我觉得这是我老公和他妈串通好的，他不可能不知道。而且如果他们家真的出的钱多了，写他妈名字也就罢了。可是买房子的钱，除了我们俩的积蓄外，我妈给了十万，他们家里一分钱也没有出，名字却上去了。那次吵架就是个引子，这件事就像个地雷。之后的日子里，只要我们有不开心，最后总是会说到这件事。现在女儿都上学了，我们几乎还是两天一大吵，三天一小吵。这样我们俩就都提出了离婚。女儿归我，他也没有意见，因为女儿一直是我妈带的。主要还是房子的事，我老公认为原来的那套老房子是他的个人财产，是婚前的，而且新房子产权证上还有他妈的名字，所以房子归他们家；看在我带女儿的面子，我娘家出的十万块钱和我们俩存款的一半算我出的，其他的都算他的钱，这样只肯算我五分之一的份额。这我肯定不愿意。请问律师，我婆婆一分钱没有出，只是产权证上有她的名字，如果要分房子，她有份额吗？还有原来的老房子，是算我老公的个人财产，还是我也有份？如果是法院判，分房子会考虑哪些方面呢？

律师解答

根据《物权法》规定的物权公示原则，不动产物权的设立、变更、转让和消灭，应当依照法律规定登记。因此，一般情况下，房屋权属是以公示公信的产权登记为准。从你提到的房屋的产权登记上来看，产权人为你、你丈夫和你的婆婆。如果要对这套房屋进行分割，你婆婆作为产权人之一，当然是对这套房屋享有权利的。

在共同共有关系终止时，对共有财产的分割，有协议的，按协议处理；没有协议的，应当根据等分原则处理，并且考虑共有人对共有财产的贡献大小，适当照顾共有人生产、生活的实际需要等情况。但分割夫妻共有财产，应当根据《婚姻法》的有关规定处理。

你提到的这套房屋登记为三人共同共有，如果要分割，通常是均分。但具体析产时，如果你有证据证明你婆婆并未出资，且贷房款来源于你们夫妻两人的积蓄和你家人的出资，而且当初约定是产权登记在夫妻两人名下，你婆婆只是利用办相关购房手续之际，未经你同意将自己登记为产权人之一；这样的话，你可以要求确认买卖合同无效，产权为你们两夫妻共有。如果你没有充足的证据证明，只是口头陈述，那么这个主张是很难得到法院支持的。

而且，如果只是在现状下进行析产，你父母的出资一般视为赠与，法院会考虑你们三人对这套房屋的贡献大小，适当照顾生产、生活的实际需要等情况依法作出分割。

对于你提到的你丈夫婚前的那套公房，如果在你们结婚后用夫妻共同财产购买为产权房，即使产权登记在他一人名下也属于夫妻共同财产，这套房屋不是你丈夫的婚前个人财产。

12 外来媳妇婚后拆迁分房的份额

杨女士

我不是上海人，但我到上海好多年了，有一份收入不错的工作,有一套虽然不是很大,但够住的房子。之前我在老家有过一段婚姻,后来因为我丈夫外面有了女人,还生了孩子,我知道后,就提出了离婚。我前夫当然是同意的,给我分了一笔钱后,我就离开了曾经的家。就是不想再和之前的生活有任何联系,我才离开老家,来到了上海。刚到上海时,我人生地不熟,第一份工作还是原来的一个同学介绍的。一段时间过后,我喜欢上了这个城市;有了自己的房子后,我就觉得这就是我的家。到了上海后,一直有人给我介绍男朋友,但我都回绝了。实在是上一段婚姻伤我伤得太深,而且后来我生过一场病,医生说不能再生孩子了。所以我本来打算一个人过到老的。后来在工作中,我遇到了老李。老李之前对我很好的,他比我大十岁,是前妻给他"戴了绿帽子",他们才离婚的,女儿判给了前妻,前妻已经带着女儿去了国外生活。他在上海是一个人,相同的经历让我们走到了一起,加上老李特别会照顾人,让我重新体会到了被别人疼爱的感觉。交往了一年多后,我们结婚了。婚后两年多,老李父母家的房子拆迁,老李的户口在里面,加上我是外来媳妇,也算安置对象,他们家里一共分了两套房子,其中一套是我们俩的,后来办产证,写了我们两个人的名字。那个时候分房子不像现在算面积,而是算人头,一般按一个人十多个平方分的。我看过拆迁协议,上面有我的名字的,所以产权才能办在我们两个人名下。我们一起生活了十多年,其间不可能没有摩擦,但总的来说,还可以。我要求不高,只要两个人能一起过日子,不瞎搞就行了。但后来发生的一件事,成了我们离婚的导火索。就是户口的事,我们结婚到了一定的年限,我的户口是可以迁到上海的,但是不知道为什么,老李就是找理由不让我迁户口。后来,我听邻居说,是老李年纪比我大,他的收入没我高,现在就是户口能卡住我,如果让我这么便当把户口迁过来,我随时都可能走的。我当时就气坏了,两人一起过了这么多年,他还是不相信我。之后,我们有了多次争吵。我一赌气,答应了公司派我到外地工作的要求,离开上海一年。这期间,老李觉得是我不对,要离婚才走的,所以他一个电话也没有打过给我,更不要说看我了。我觉得日子这么过下去也没有意思,从外地回来我就和老李谈离婚的事。他也同意离婚。我们现在就是房子的事谈不拢。就是那套拆迁分的房子,他的意思是这套房子是因为他爸妈的房子拆迁才分的,本来说好,这套房子给我们,是让我们为他爸妈养老送终的,如果我们离婚,我不可能这样做了,所以房子不能一人一半,他最多给我四分之一的钱。请问律师,老李说的有道理吗?如果打官司,我可以要到一半吗?

律师解答

你提到的这套房屋虽来源于李先生父母原有房屋动迁安置,但你们夫妻两人均为被安置人,且在所有被安置人向房地产登记部门申请登记产权时已经对自己的权利进行了处分,你们两人为这套房屋的产权人已经通过产权登记的形式得到确定。

《婚姻法》规定,夫妻在婚姻关系存续期间所得的下列财产,归夫妻共同所有:(一)工资、奖金;(二)生产、经营的收益;(三)知识产权的收益;(四)继承或赠与所得的财产,但遗嘱或赠与合同中确定只归夫或妻一方的财产除外;(五)其他应当归共同所有的财产。这套房屋取得于你们婚姻存续期间,根据上述规定,应当属于共同财产。

离婚时,夫妻的共同财产由双方协议处理;协议不成时,由人民法院根据财产的具体情况,照顾子女和女方权益的原则判决。李先生要求根据房屋来源等取得四分之三产权的主张是没有法律依据的,相反,你主张一半产权份额应该可以得到法院的支持。

13 确认份额的婚房，怎么分

武先生

  我和我前妻是小学同学，其实有好多年我们都没有什么联系，是几年前的同学会让我们走到了一起，之后，就顺理成章地确定了关系。我们是以结婚为目的的恋爱，婚房应该是首要考虑的问题。这样，我们两个人看了不少房子，最后选中了一套离她上班比较近的小区的房子。首付款是我爸妈出的，以我的名义办的贷款，是公积金和商业贷款一起的组合贷，产权证上写了我们两个人的名字。本来房子买好了，我们就要结婚的。结果因为一点小事情，我们闹得不开心，后来我一生气就说了分手，然后我们就分开了大约一年左右。在这一年，我们谈好，她放弃婚房的共有份额。为了把她在产证上的名字去掉，我爸妈还帮我提前还了这套婚房的一部分贷款。在我们分手后，我还是很难过的，觉得爱的还是她，也试着去和别的女的交往，但总是想到她。她估计也是这样。在她过生日的时候，我送给她一个她特别想要的礼物，然后约她出来，这样我们就又在一起了。那时房子产权证上的名字还没有改，因为又说要结婚了，就没有去改，产权证上还是我们两个人的名字。之后，我们结婚了，还生了娃。但有了孩子以后，我们的矛盾就更多了，本来的小毛病也成了大问题，吵了不知道多少次。我还注意点，小孩子在的时候，我让着她；我前妻不管，只要她不高兴，就开始和我吵，也不管小孩子在不在，有好多次小孩子都被她吓哭了。一次两次可以，天天这样，我是真的受不了。我前妻也受不了。我们就谈到了离婚的事，其他的都没什么问题，就是婚房的事谈不拢。她的意思是一人一半，我的意思是我爸妈出的钱总是算我们家的，不可能算两个人的。我今天来就想问：我们结婚前，我爸妈给这房子出的首付，以及我们分手后、结婚前，我爸妈帮我还贷的钱，到底算我和前妻两个人的，还是算我一个人的？

律师解答

《最高人民法院关于适用〈中华人民共和国婚姻法〉若干问题的解释（二）》规定，当事人结婚前，爸妈为双方购置房屋出资的，该出资应当认定为对自己子女的个人赠与，但爸妈明确表示赠与双方的除外。当事人结婚后，爸妈为双方购置房屋出资的，该出资应当认定为对夫妻双方的赠与，但爸妈明确表示赠与一方的除外。

虽然你们购置婚房后，将该房屋所有权人登记为你和前妻按份共有，但是，你爸妈出资支付该房屋首付款时并未明确表示赠与你们双方，况且，你爸妈在你和前妻终止恋爱关系后欲将该房屋所有权人变更为你一人时，另行支付钱款用于偿还银行贷款，你爸妈所实施的上述行为应该可以确定他们的出资行为是对你一人的赠与行为。所以我个人认为你爸妈的上述出资款和你婚前偿还银行贷款本息及其增值部分应属你的婚前财产。具体在分割这套房屋时，法院应该会考虑这些情况的。

14 侄女婿赌输了的房子，侄女能分到什么

梁先生

我侄女和侄女婿结婚十年，现在他们在闹离婚。我那个侄女婿他在外面赌，还借高利贷，如今把房子都赌输了。这个房子是

我侄女婿在结婚前，家里就给买好的，产权证上也没有我侄女的名字。我大哥、大嫂走得早，我侄女很可怜的，我就想帮着问问，如果离婚，我侄女能分到什么东西呢？现在他们还有一个小孩才九岁，一直是我侄女自己带的，离婚的话，侄女婿应该对孩子怎么负责？

律师解答

《婚姻法》及司法解释规定，有下列情形之一的，为夫妻一方的财产：（一）一方的婚前财产；（二）一方因身体受到伤害获得的医疗费、残疾人生活补助费等费用；（三）遗嘱或赠与合同中确定只归夫或妻一方的财产；（四）一方专用的生活用品；（五）其他应当归一方的财产。夫妻一方的所有的财产，不因婚姻关系的延续而转化为夫妻共同财产。但当事人另有约定的除外。

你提到的房屋是男方家庭在婚前购买的，除非另有约定，否则即为男方的个人财产，不会因结婚时间的长短而转变为夫妻共同财产。如果离婚，你侄女无权要求分割这套房屋，或售房款。

如果离婚，你侄女可以向其丈夫主张抚养费。至于孩子抚养费的金额，《最高人民法院关于人民法院审理离婚案件处理子女抚养问题的若干具体意见》规定，子女抚育费的数额，可根据子女的实际需要、父母双方的负担能力和当地的实际生活水平确定。有固定收入的，抚育费一般可按其月总收入的百分之二十至三十的比例给付。负担两个以上子女抚育费的，比例可适当提高，但一般不得超过月总收入的百分之五十。无固定收入的，抚育费的数额可依据当年总收入或同行业平均收入，参照上述比例确定。对一方无经济收入或者下落不明的，可用其财物折抵子女抚育费。所以即使男方没有固定收入，法院也会判决男方给付一定金额的抚养费。

另外，如果在婚姻关系存续期间，你侄女与其丈夫有存款、股票、基金等夫妻共同财产的，你侄女可以依法要求分割。

15 面对想要分股权的妻子

唐先生

我和我妻子是大学校友，她比我大一届，年龄也比我大一岁，我们是在校园活动时认识的。我大学毕业两年后，我们结束了六年的恋爱，走向了婚姻。婚后，我们都有自己的工作，两年后，我们有了孩子。随着孩子的花销增大，以及学区房的购买，我觉得家里的经济总是不那么宽裕。刚巧工作上也不是很顺心，有个学长要创业，这样我就和这个学长一起开了有限责任公司，股东除了我之外，还有三个人。这件事，我妻子是不赞成的，所以开公司的钱都是我自己问亲戚朋友借的。刚开始，公司经营得并不好，我和学长每天为了公司就睡几个小时，一天到晚地泡在公司。在我们的坚持和努力下，公司渐渐有了起色。这边事业刚有转机，那边婚姻出现了危机。因为我不着家，忙事业，我妻子就觉得我不顾家，没有责任心，什么都推给她，她受不了，只要我一回家就和我吵。我烦得不行，后来索性就不回家了。前段时间，我收到了我妻子给我发的微信，说要和我谈离婚的事。反正过不下去就离呗，我就和她约地方去谈。结果是不欢而散，她的要求真是太过分了。我妻子不光要孩子的抚养权，而且让我每个月给她和孩子一万元的抚养费，还要分房子和公司的股份。房子就算了，反正是婚后买的，一人一半，我也没有什么意见。关键是那个抚养费，实在是太多了，我一个月才挣多少钱啊。现在算好一点了，之前很长一段时间，我是一分钱不挣，都是往公司里倒贴的；就算如今公司挣钱了，我每个月到手也就两万，公司还要发展。另外就是公司的股份，当初她一分钱也没出过，你知道她要什么吗？她不是要钱，她知道公司赚钱了，她要的是公司的股权，她要成为股东，以后也能分红。请问律师，她说的一万元的抚养费有道理吗？公司的股份她有份吗？法律上会怎么分呢？

律师解答

关于抚养费的问题，分为两个部分，一个是给你女儿的抚养费，一个你妻子主张她的抚养费。对于你女儿的抚养费，《最高人民法院关于人民法院审理离婚案件处理子女抚养问题的若干具体意见》中有明确的规定，有固定收入的，抚育费一般可按其月总收入的百分之二十至三十的比例给付。如果诉讼，法院会结合你的收入、当地的生活水平及孩子所需的正常生活开销等对抚养费的金额作出认定。对于你妻子主张她的抚养费，《婚姻法》中并没有离婚后男方给付女方抚养费的规定，只是规定了，离婚时，如一方生活困难，另一方应从其住房等个人财产中给予适当帮助。具体办法由双方协议；协议不成时，由人民法院判决。也就是说，如果你妻子不存在生活困难的情形，你是不需要给她帮助的，只是离婚时要分割夫妻共同财产。

对于你婚后与他人共同设立的有限责任公司股份的分割问题，我认为首先可以确认的是这家公司虽然是你借钱开设的，但是在婚姻关系存续期间取得的，除非你们另外有约定，否则应为夫妻共同财产。如果离婚，就涉及到分割这家公司的出资额。

如果你们双方均主张股权，原则上法院判决归股东一方所有，并给予非股东一方相应的经济补偿的可能性比较大。这个经济补偿一般是对公司股权价值确定基础上由作为股东的你给予另一方即你妻子相应的经济补偿。如果你作为股东放弃股权，应在对公司股权价值确定基础上由取得股权方即你的妻子给予你相应的经济补偿,但应经其他股东过半数同意且明确表示放弃优先购买权。

离婚诉讼中待分割股权之价值存在争议时,一般会采取协商一致、评估、竞价、参考市场价等方式予以确定。

离婚后财产纠纷之法律指南

01 离婚协议未履行　起诉法院维权利

小梅和小明是高中同学，上大学期间两人在不同的学校，也没什么联系。毕业后的一次同学聚会上，两人才再次相遇，刚好两人的座位在一起，就这样聊了起来。之后两人顺理成章地发展成了恋人关系。在恋爱期间，小明对小梅的照顾可谓是无微不至，不仅得到了小梅父母的肯定，而且小梅也成了周围闺蜜羡慕的对象。恋爱两年后，两人领取了结婚证，举行了盛大的结婚仪式。婚后，在小明的要求下，小梅为了备孕辞职在家，做起了全职太太。但是这样过去了一年多，小梅仍然没有怀孕，小明家人对小梅不满的情绪就表现出来了，而且小梅发现小明对自己也和恋爱时不一样了，经常以工作为借口在外过夜。后来，小梅无意间发现了她不愿看到的事实——小明有了外遇。当小明得知小梅已知晓自己有外遇的事后，就和小梅提出了离婚，虽然小梅一再挽回，但是小明已打定了离婚的主意。无奈之下，小梅同意离婚，与小明去民政局协议离婚。在离婚协议中，双方约定双方居住的婚房归小明所有，小明给付小梅150万元的补偿款。但是离婚后，小梅多次向小明索要这150万元，而小明在多次推托后，就消失了，打电话关机，去家里也没人。没办法，小梅找到我们，希望我们能通过法律，帮她拿到这笔钱。

接案后，我们准备了相应的证据材料，并撰写了起诉状，诉讼请求确定为要求被告小明向原告小梅支付补偿款150万元。庭审中我们提出：离婚协议中关于财产分割的条款或者当事人因离婚就财产分割达成的协议，对男女双方具有法律约束力；而本案中的离婚协议在订立时不存在欺诈、胁迫等情形，所以法院应依据该离婚协议，支持我方的诉讼请求。

在庭审中小明认识到自己不该逃避，最终在法院的主持下双方达成了调解协议，小明依约在给定的期限内向小梅支付补偿款150万元，逾期则向小梅支付违约金。

02 继女挑拨致离婚　分割房屋和租金

林先生和夏女士是再婚夫妻，夏女士是初婚，林先生有一个女儿，婚后一家三口一起生活。在林先生和夏女士结婚后，林先生家里的老宅动迁，分了一套配套商品房，办理产权证时产权人登记为夏女士、林先生和女儿。拆迁后，一家三口就住到了这套商品房中。本来林先生和夏女士感情还不错，但林先生女儿在林先生前妻的授意下经常挑拨林先生与夏女士的关系。女儿一直希望林先生能与前妻复合，还故意制造机会让他们一起出去。刚开始，夏女士也没有在意，时间长了，次数多了，这就让夏女士无法忍受，还多次因为这些事与林先生争吵。再加上还有其他矛盾，最终夏女士提出与林先生离婚，林先生也同意离婚，两人只是因为那套商品房的事谈不拢，所以一直没有办理离婚手续。之后，夏女士搬离了这套商品房。林先生和女儿也搬去他处居住。这套商品房被林先生租了出去，租金一直由林先生一人收取。

我们在接受夏女士的委托后，先向法院提起了离婚诉讼，在法院判决双方离婚后，我们又将林先生和女儿告上法庭，要求确认房屋归林先生和女儿所有，由林先生和女儿给付夏女士三分一的房屋折价款,同时还要求林先生给付夏女士房屋租金收益的三分之一。

庭审中,林先生和其女儿提出这套商品房是林先生家里的老宅动迁所得,当初是因为夏女士与林先生的婚姻,产权证上才有了夏女士的名字,现在夏女士要离婚,所以不同意给夏女士房屋折价款和租金收益。

针对林先生和其女儿的辩称,我们提出本案三位当事人基于家庭成员关系依法登记为这套商品房的共同权利人,在三人对产权份额无明确约定情形下,三人依法享有同等的产权份额。现夏女士与林先生已离婚,之前基于家庭成员关系的共有基础已经丧失,夏女士据此要求进行分割是符合法律规定的,而且鉴于夏女士在这套商品房分割之前依法享有三分之一产权份额,同时夏女士有证据证明林先生长期将该房屋出租,故其有权就三分之一租金收益进行主张。

最终,林先生和女儿同意了我方的观点,夏女士和林先生及其女儿在法庭上达成了调解协议,林先生和女儿将这套商品房折价款及租金收益的三分之一给了夏女士。

03 离婚后的征收补偿款之争

郑女士和前夫唐先生是经朋友介绍认识的,这是郑女士的第二次婚姻。郑女士的第一次婚姻,因丈夫的意外过世而结束,郑女士花了几年才从丧夫之痛中走出来。与唐先生经几次接触后,郑女士被他的幽默和善解人意所打动,恋爱一年后,两人领取了结婚证,郑女士也就搬到了唐先生家里的老房子里住。结婚前,唐先生对郑女士说他的前妻是嫌弃他没钱,和一个有钱人跑了。

但婚后，郑女士无意中听到邻居说才知道，唐先生是因为出轨被前妻逮了个现行才离婚的。而且，让郑女士没有想到的是，唐先生和她结婚一年多后，就开始有了出轨的迹象：先是打电话背着郑女士，后来经常回来很晚，再之后就以朋友聚会为由夜不归宿。终于一次唐先生和其他女人在一起时被郑女士看到了，离婚就成了必然。离婚时，郑女士的户口因没有地方迁，所以唐先生就同意她的户口仍在唐先生家的老房子处，当时唐先生觉得有愧于郑女士，还口头承诺说，以后如果老房子拆迁一定会把郑女士应得的一份给她的。

前段时间，唐先生家里的老房子被征收，由唐先生作为承租人与征收单位签订了《上海市国有土地上房屋征收补偿协议》。由于郑女士的户口在该房屋处，且他处没有房屋，而且这套房屋内还有唐先生其他兄弟姐妹的户口，因此征收单位认定唐先生家符合居住困难户的补偿安置条件，并认定郑女士也是居住困难的人口之一。

得知此事后，郑女士就找到唐先生，希望唐先生能把属于她的补偿款给她。但是唐先生却称，当时离婚时郑女士口头承诺离婚两年后就将户口迁出，但两年到期郑女士也未依约迁户口，而且由于郑女士的户口在内，算托底保障，他家就无法拿到本应安置的好的房源，计算下来损失高达50万元，因此不同意给郑女士一分钱。

在这种情况下，郑女士找到我们作为她的代理人进行诉讼。了解情况后，我们将唐先生及其他安置对象一起告上法庭，要求分割征收补偿利益，并确定郑女士应得的补偿款。庭审中，我们提出郑女士是本次征收的居住困难人口之一，是基于被告唐先生的同意才将户口迁至被征收房屋处的，而且郑女士也曾在被征收房屋处实际居住满一年以上，他处也无房，故应取得相应的征收补偿款。

之后，本案在法院的主持下达成了调解协议，唐先生在给定的期限内支付郑女士应得的征收补偿款。

04 离婚协议与欠条

刘女士和前夫龚先生原来是大学同学，在大学时两人就谈起了恋爱，毕业两年后，两人如愿领取了结婚证。婚后一年，刘女士育有一女。按理说一家三口的生活应该是幸福美满的，但龚先生却因工作原因常在外应酬，对家里是不管不顾，不时为了琐事和刘女士争吵。后来矛盾升级，龚先生还对刘女士动起了手。这样刘女士就提出离婚，龚先生想也没想就同意了。于是，两人去民政部门办理了离婚手续，在双方签订的自愿离婚协议书中明确约定：家里的房屋归龚先生所有，贷款由其偿还，龚先生在离婚后一个月内按房价的70%计人民币80万元给刘女士折价款。但之后，龚先生一直推说没钱，并没有给过刘女士一分钱。一年前，刘女士又和龚先生协商此事，于是龚先生向刘女士出具了一张欠条，写明由于龚先生没有按离婚协议给刘女士房屋折价款，现在愿意在半年内按现在房价50%给刘女士房屋补贴共计150万元，逾期未付按同期银行贷款利率支付利息。可就算写了欠条，龚先生仍是一分未付。于是刘女士找到我们，希望能通过法律途径拿回属于自己的150万元。

于是我们为刘女士撰写了起诉状，将龚先生列为被告，要求他向刘女士支付150万元及相应的利息。庭审中，龚先生提出他愿意按离婚协议履行付款义务，即给刘女士80万元，那个欠条内容全部是刘女士写的，自己在上面的签名是刘女士骗他写的。针对龚先生的辩称，我们认为这张由龚先生签字确认的欠条，是龚先生的真实意思表示，不存在欺骗的可能性，而且欠条是针对龚先生未按离婚协议履行付款义务作出的变更，离婚协议及欠条所列金额均根据房价产生，是符合情理的。所以龚先生的辩称于法无据，而刘女士的诉请是有法律和事实依据的，应得到法院的支持。

最终法院采纳了我方的观点，判决龚先生在期限内给付刘女士 150 万元及相应的利息。

05 "凤凰男"与城市女失败婚姻后的诉讼博弈

案 情

许先生是标准的"凤凰男"，家在农村，在上海读的大学，毕业后留在上海，有一份不错的工作。在朋友的介绍下，许先生与上海姑娘小梅相识、相恋。到了谈婚论嫁的时候，婚房成了首要问题。许先生家里自然没有多余的钱给他在上海买房子，但许先生自从工作后，就开始存钱，而且他还利用业余时间帮别人做设计，也有了些积蓄。于是在和小梅及家人商量后，两人决定买下小梅舅舅正在出售的房子。许先生贡献了自己的全部积蓄，小梅家里也出了些钱，因为小梅的公积金高一点，余下的房款就以小梅的名义申请了公积金贷款，这样小夫妻有了自己的婚房。由于小梅家里出了些钱，因此小梅的母亲坚持要成为产权人之一，许先生为了小家的幸福，也就没有计较这些。俗话说结婚一定要"门当户对"，恋爱时不觉得，结婚特别是有了孩子后，两人的矛盾开始突显，后来在小梅父母的参与下，矛盾不仅没有缓解，反而更加激化，最终两人在法院调解离婚。由于这套婚房中有小梅母亲的名字,在离婚诉讼中未对这套房屋进行分割。于是在离好婚后,许先生将小梅和她母亲告上法院,要求对房屋进行分割。因为房子后来一直是小梅和父母住着,孩子也由小梅抚养,所以许先生在起诉时同意房屋归小梅和她母亲所有,只要她们给他约三分之一的房屋折价款即可。庭审中,小梅和她母亲提出按当时的房价,房子卖给夫妻俩时,便宜了将近二十万,这是小梅舅舅对小梅母亲的赠与,除了婚后共同还贷的部分外,都是小梅家里出的钱;而且许先生应该付孩子抚养费到18岁,这要从给许先生的钱里抵扣。

评析

共有人约定不得分割共有的不动产或者动产,以维持共有关系的,应当按照约定,但共有人有重大理由需要分割的,可以请求分割;没有约定或者约定不明确的,按份共有人可以随时请求分割,共同共有人在共有的基础丧失或者有重大理由需要分割时可以请求分割。本案中,该房屋登记在许先生、小梅和母亲三人名下,原则上各方各占三分之一的产权份额。小梅及母亲虽称许先生仅支付部分贷款,且房价低于市场价的部分是小梅舅舅对小梅母亲的赠与,但他们并没有提供相应的证据予以证明。当事人对自己提出的诉讼请求所依据的事实或者反驳对方诉讼请求所依据的事实,应当提供证据加以证明;当事人未能提供证据或者证据不足以证明其事实主张的,由负有举证证明责任的当事人承担不利的后果。所以应由小梅和母亲承担举证不能的责任。

对于小梅和母亲提出的用抚养费折抵一事,关于抚养费的支付在离婚诉讼中已明确,故小梅和母亲提出的这一主张于法无据,不应得到法院的支持。

> ✓ **结 案**
>
> 一审法院采纳了我方的观点,判决许先生取得其应得的房屋折价款。小梅和母亲又提起上诉,最终二审法院驳回了她们的上诉,维持原判。

06 内向儿子不顺婚姻后的动迁款之争

这次,找到我们的是关老伯和他儿子小刚,把他们告上法庭的是前儿媳小敏。小刚平时性格内向,眼看都过了适婚年龄,一个女朋友也没有领回来。于是关老伯发动亲戚朋友给小刚找女朋友,但小刚就是不愿意去相亲。后来关老伯给小刚下了最后通牒,不带女朋友回来,就必须去相亲。没想到周末小刚就带来了女朋友小敏。通过交谈关老伯才知道,小敏是小刚的同事,两人已交往快半年了。之所以一直没有让父母知道小敏的存在,是因为关老伯夫妇希望小刚找个上海人,而小敏恰恰是外地的。后来在小刚的坚持下,两人算是修成正果,步入了婚姻的殿堂。婚后一年多,小敏生了一个女儿。本来想着小夫妻俩就这样幸福地生活,但女儿出生后,对她的教育问题及日常生活琐事,让小夫妻俩争吵不断,发展到后来两人竟然在法院的调解下离了婚,女儿归了小敏。这次小敏起诉为的是关老伯家里老房子的动迁款。老房子是私房,产权人是关老伯,小刚和小敏离婚时,因为涉及关老伯的利益,所以离婚案件中对拆迁利益未处理。小敏认为当时她虽然户口不在上海,但她和小刚结婚了,所以她就应该也是同住人,动迁款她是有一份的，而关老伯只给了孙女动迁款，一分钱也没有给她，所以要求关老伯和小刚支付她应得的动迁款。

作为关老伯和小刚的代理人，我们在庭审中提出：民事活动必须遵守法律，法律没有规定的，应当遵守国家政策。由于拆迁时，小敏的户籍不在被拆迁房屋处，而且当时她和小刚结婚的时间并不长，因此按所在地块的拆迁政策，小敏不是被拆迁房屋的安置对象。拆迁时，关老伯的孙女还未出生，小敏尚在怀孕中，所以拆迁单位给予了孙女相应的动迁款，而这笔钱在离婚前，关老伯就给了小敏，所以现在小敏无权再要求动迁款。后来，关老伯和儿子小刚，考虑到孩子由小敏抚养，以及拆迁时的安置情况，自愿给小敏一笔补偿款。

最终，小敏在收到补偿款后，撤回了本案的诉讼。

07 离婚三年后房屋的处理

小毅和小梅这一对小夫妻，结婚都六年多了，还有一个可爱的儿子，可就是过不到一起，到最后是三天一大吵，两天一小吵，离婚就成了他们唯一的选择。在去民政局办理离婚手续时，双方已经谈好，儿子由小梅抚养，小毅给抚养费，离婚后把他俩买的房子出售以后扣除贷款，两人各得一半房款。要说这套房子其实不是他们的婚房，婚房是小毅家里在他们结婚前就买好的，这套房子是在结婚后买的，首付是小梅的父母将名下的房屋出售后所得的房款，这笔钱相当于借给他们俩，产权证上就写了小梅一个人的名字。如今两人离婚已经三年多了，房子还没有卖掉，小毅就着急了，原来他有了新女朋友，急着要用钱买婚房。前不久，小梅收到了小毅起诉自己的材料，小毅认为双方在民政局离婚时，签署的《自愿离婚协议书》中约定了，婚后买的房子出售以后扣除贷款，两人各得一半房款，但之后小梅始终未出售该房屋，因此他要求房屋归小梅所有，扣除银行贷款后，由小梅给他一半的房屋折价款。

　　小梅拿着小毅的起诉材料找到我们。经过分析和调查，我们在庭审中提出，虽然双方签署了《自愿离婚协议书》，但事实上离婚后，银行贷款均由小梅个人承担。同时，就这套房屋来说，在取得时，小梅对该房屋所作的贡献是大于小毅的。更为重要的是，在婚姻关系存续期间，两人有一段时间分居时，贷款也由小梅来偿还。因此法院在分割该房屋时，应对小梅予以多分。而且由于现在这套房屋由小梅、孩子及她父母居住，所以房屋应判决归小梅，小梅支付小毅一定金额的折价款，但折价款的金额应低于扣除未还贷款外的房价的一半。

　　最终法院采纳了我方的观点，判决房屋归小梅所有，小梅给付小毅相应的房屋折价款，这个钱款的金额低于扣除房屋贷款外房价的一半。

08 结婚虽短　离婚后仍可主张征收补偿利益

　　郭女士和前夫经人介绍认识，两人恋爱一年后就领了结婚证。本来领证后就要办酒席的，可是因为婚房出现了质量问题，还在和开发商协商，一时半会也住不进去，所以连同结婚仪式就一起推迟了。后来，婚房的质量问题终于解决了，就开始装修。自从装修开始，郭女士的噩梦就来了，因为是婚房，所以郭女士想按自己的想法来，而且装修的钱也是郭女士家里拿大头，可她婆婆却很有主意，自说自话地连装修队都找好了。郭女士想这是新婚将要住的房子,希望能找个设计师设计一下,可婆婆觉得这些都是浪费钱,就按楼下一家人装修的样子来,不是也蛮好。而前夫不仅不帮郭女士,反而站在他妈那一边,为此两人没少吵架。更过分的是,每次吵架过后,前夫从来不主动去找郭女士,而是要郭女士向他赔礼道歉,才会理郭女士。次数多了,郭女士就有了想法——这还没有住在一起,以后真的住在一起了,那还得了。于是她一纸诉状将郭先生告上法庭,后来经法院调解,两人离婚。因为郭女士在离婚时提出分割的征收补偿款中涉及其他人的利益,为此郭女士找我们帮她代理分割征收补偿款的共有纠纷案件。

接受委托后,我们依据相关证据材料,撰写了起诉状,将郭女士的前夫及家人告上法庭,要求对前夫取得的征收补偿款进行分割。经过一系列的调查后,我们在庭审中提出,本次征收,被征收房屋为公有住房,郭女士的前夫长期在该房屋处居住生活,且户籍在册,是该房屋的共同居住人。而且他们这一户被核定为居住困难人口,郭女士的前夫为被安置对象。该房屋被征收是发生在两人领取结婚证后,本次征收中,前夫理应取得一定金额的征收补偿款。该笔钱款是在两人婚姻关系存续期间取得的,因此前夫所得的征收补偿款应为两人的夫妻共同财产。现在两人已离婚,郭女士要求分割前夫取得的征收补偿款,是符合法律规定的。

郭女士的前夫及家人辩称,被征收房屋的承租人并非郭女士的前夫,而且前夫是在与郭女士结婚前就取得了被征收房屋的居住使用权,所以房屋的征收补偿利益应是前夫婚前财产的转化,郭女士无权主张。最终法院综合房屋来源、居住状况等因素,酌情确定了前夫应得的份额,同时考虑到郭女士与前夫婚姻关系存续期间较短,未共同居住生活等情况,酌情确定了郭女士应得的征收补偿款,判决前夫及家人应在判决生效之日起十日内支付郭女士一定金额的征收补偿款。

09 上门女婿的背叛

案情

小丁是上门女婿，和小艳结婚后，一开始小两口还算恩爱，可后来小丁换了工作，在市区上班，随着职务的提高，加班和出差的次数越来越多，和小艳之间就有了隔阂。后来，小丁和单位的一个实习生走得很近，引起了小艳的不满。而小丁本来和这个实习生没有什么特殊的关系，但看到小艳对自己不信任和猜忌，小丁后来竟然真的和这个实习生走到了一起。这样，他和小艳的离婚成了必然。到现在，两人离婚都六年了，而小丁却将小艳和她的父母告上了法庭，要求依法分割多年前拆迁所得的安置房屋中属于他的份额。原来，早在他和小艳结婚两年后，小艳家里的老房子拆迁，适用同等价值产权房屋调换得到三套安置房。在拆迁补偿协议中，确认被拆迁房屋有证面积和应建未建的面积，以及相应的货币补偿款等，同时还明确小艳父母、小艳和小丁四人为被安置人员。小丁认为他是被安置人员之一，和其他被安置人员应享有同等利益。

一审判决

法院认为，小艳父母、小艳和小丁均被拆迁单位核定为被安置人员，因此他们对拆迁安置房屋、拆迁补偿款等安置份额享有分割的权利。原房屋的拆迁补偿款中除应归原产权人所有的款项外，其余动迁款应为房屋拆迁的被安置人员共同所有。在小艳和小丁已离婚的情况下，小丁要求分割房屋的请求合理，判决三套房屋归小艳及父母所有，小艳及父母给付小丁一笔不菲的房屋折价款。

二审过程

小艳及父母对一审法院的判决不服，提起上诉。案件审理过程中，经申请法院依职权对小丁在动迁过程中应享有的利益进行了调查。动迁部门认为，四人虽均为安置人口，其中安置总面积中的有证面积与小丁无关，小丁只能在应建未建面积中享有动迁利益，然后计算出相应的阳光补偿，再折算面积和款项。

评析

公民的合法的民事权益受法律保护。本案的争议焦点就是小丁在本次动迁中应享有多少利益。根据动迁补偿协议的约定和动迁部门的陈述，可以确认小艳父母、小艳和小丁是被安置人员，而小丁只能对应建未建面积享有动迁利益，其他面积的补偿利益与小丁无关，小丁无权主张。一审法院的判决显然超出了小丁应得的动迁利益。

结案

二审法院采纳了我方的观点，判决维持了一审法院民事判决的第一项，即三套安置房归小艳及父母所有，撤销一审法院民事判决的第二项，判决小艳及父母给付小丁低于一审判决金额的房屋折价款。

10 继承二叔的房子引来前夫的诉讼

季女士和前夫已经通过法院离了婚,可近日,她却被前夫告上法庭。前夫想要分的是季女士的二叔的房子。季女士从小和二叔的感情很好,二叔没有结过婚,单位给他分了一套房子后,他就把季女士的户口迁了进去,后来二叔出钱把这套房子买成了产权房,产权登记在二叔和季女士名下。二叔去世后,因为二叔的父母已先于他死亡,他又没有结婚生子,季女士对二叔尽了生养死葬的义务,所以在二叔的兄弟姐妹放弃继承的情况下,通过办理相关的公证手续,季女士继承了二叔所遗的这套房屋中二分之一的份额。之后,季女士将这套房屋出售了。前夫认为,两人结婚后,这套房屋产权才登记在季女士和她二叔名下,登记在季女士名下的二分之一产权份额应属于夫妻共同财产,而且二叔是在两人婚姻关系存续期间死亡的,季女士通过继承取得了一半的产权份额,这一半产权份额也属于夫妻共同财产。所以前夫认为这套房屋属于夫妻共同财产,现该房屋已出售,他应分得一半的折价款。

季女士找到我们后,作为她的代理人,我们查阅了她前夫的起诉材料,了解了案情,并且调查收集了证据。在庭审中,我们提出,这套房屋是分给季女士二叔的,且季女士户口迁入发生在结婚前,这套房屋的来源与前夫无关。而且,该房屋由公房转为产权房,是二叔出资的,二叔将季女士登记为共有产权人应视为其将一半产权赠与给季女士,故登记在季女士名下的二分之一产权份额并不属于夫妻共同财产。对于季女士继承的份额,我们认为季女士并不是二叔的法定继承人,而是在离婚后,其他法定继承人放弃继承的情况下,才取得了另外一半产权份额。故这部分也不属于夫妻共同财产。

而一审法院没有采纳我方的观点,认定了登记在季女士名下的一半产权是季女士以同住人、共同购房人身份取得的,属于夫妻共同财产;对于另一半产权份额,季女士按《继承法》的规定,继承人以外的对被继承人扶养较多的人,可以分配给他们适当的遗产,依法享有继承取得二叔遗产的权利,一审法院认定这一半产权也属于夫妻共同财产。但一审法院同时认为,房屋来源自季女士家庭等,如果对半分割,显属有失公允,判决酌定前夫按20%取得折价款。

之后,季女士对一审法院判决不服,提起上诉。上诉时,我们重申了一审时的观点,提出一审法院认定房屋是夫妻共同财产是错误的。最终,本案在二审法院的主持下,双方达成了调解意见,季女士支付前夫一定金额的分割款(金额少于一审法院的判决)。

11 离婚归离婚　征收补偿归补偿

✎ 案情

纪先生和蒋女士都是再婚的,纪先生的前妻因病过世后,亲友们给他介绍了蒋女士。一开始,纪先生就想着接触一下,几次见面后,纪先生对蒋女士好感加深。相处了一年左右,两人领了结婚证。最初的日子里,对于第二次婚姻,纪先生和蒋女士都分外珍惜。几年过后,因为各自子女的事,两人开始有了矛盾。日积月累下来,本来的小问题发展成了大纠纷,争执是不可避免的。一年多前,两人又大吵了一架,纪先生还动了手。一气之下,蒋女士离开了这个让她伤心的家。前段时间,蒋女士和纪先生住的公房被征收了,纪先生作为承租人与征收单位签订了征收补偿协议,取得了全部征收补偿利益。而此时,纪先生也与蒋女士在法院诉讼离婚。在纪先生签订征收补偿协议后,经法院调解,双方解除了婚姻关系。但蒋女士与纪先生无法就征收补偿利益的分割达成一致意见,而这套房屋中除了纪先生的户籍外,还有蒋女士和纪先生儿子的户籍。于是蒋女士将纪先生和其儿子诉至法院,要求分得一定金额的征收补偿款。庭审中,纪先生提出,这套房屋是他婚前承租的公房调换的,而且蒋女士享受过福利分房,不符合同住人的标准。另外,纪先生的儿子提出,他的户籍在该房屋处,属于同住人,也有权取得补偿利益。经调查确认,蒋女士在婚前曾因旧房改造,取得过住房,但旧房与所配房屋面积相差不大。纪先生儿子结婚后户籍曾迁入过岳父家,取得过拆迁安置房屋。在本次征收前,纪先生儿子与妻子离婚,但对之前所得拆迁安置房屋未作分割,且其仍住在拆迁安置房屋中。

评析

《上海市国有土地上房屋征收与补偿实施细则》规定,征收居住房屋的,公有房屋承租人所得的货币补偿款、产权调换房屋归公有房屋承租人及其共同居住人共有。共同居住人,是指作出房屋征收决定时,在被征收房屋处具有常住户口,并实际居住生活一年以上(特殊情况除外),且本市无其他住房或者虽有其他住房但居住困难的人。这里所称的"其他住房",应当仅限于福利性质取得的房屋。本案中,蒋女士虽作为受调配人配得房屋,但该房屋受配属旧房改造项目,而非福利分房性质的动迁房屋分配,因此蒋女士应视为被征收房屋的同住人享有相应的征收补偿利益。纪先生儿子曾因动迁配房作为配房人员之一获得安置房屋,虽然其在离婚时未就房屋居住进行安排，但这并不改变纪先生儿子已在他处获得过福利性房屋的性质，所以纪先生儿子不应作为同住人享有房屋征收补偿利益。综上，本案所涉征收补偿利益应在承租人纪先生和同住人蒋女士之间进行分割。

> ✓ 结案
>
> 最终法院采纳了我方的观点，判决支持了蒋女士的诉讼请求。

12 离婚后出售房屋难　前妻诉讼求分割

贾先生最近收到了法院寄来的起诉材料。起诉状中，原告是贾先生的前妻，贾先生是被告。说起和前妻的婚姻，贾先生有一肚子的牢骚，但毕竟现在已经离婚了，他也不想再说前妻的坏话了。两人当初是协议离婚的，离婚后，家里原来前妻承租的公房拆迁了，安置人口除了前妻外，还有贾先生和儿子。动迁分了两套房子，一套写儿子的名字，另一套写贾先生的名字。拆迁时，前妻被查出来患有重病，说好了由儿子为她养老送终，她就不要求产权证上写她的名字。之后，前妻又提出需要钱治病，想让贾先生把那套房子卖了，两人分钱。于是贾先生就和前妻协商售房的事，为此，双方还写了一份协议书，约定在一个月内将这套房屋出售，售房款中扣除80万元归贾先生所有，由贾先生另行购房，剩余的钱款双方一人一半。若售房时间超过一个月的，房价涨跌由各自承担。可房子虽然挂牌了，但一直没有卖掉。

前段时间，前妻没有和贾先生联系，就将他告上了法庭，要求法院判决动迁安置房二分之一产权份额归前妻所有。前妻称，是她承租的公房拆迁，登记在贾先生名下的安置房，她应有一半的产权份额，这次打官司，是因为她患病急于出售这套安置房，而贾先生不配合。

贾先生向我们讲述了事情的经过后，表示如果前妻和他好好谈，他不会怎么样的，毕竟两人有一个儿子，他也不想把事情搞得很僵。基于这样的原因，我们就在庭审中提出，房屋一直在出售，从来没有贾先生不配合一事。之所以至今房屋未售出，是市场原因，而非贾先生造成的。《民法总则》规定，民事法律行为自成立时生效，但是法律另有规定或者当事人另有约定的除外。行为人非依法律规定或者未经对方同意，不得擅自变更或者解除民事法律行为。为了出售房屋，双方曾达成一致意见，并形成书面协议，贾先生同意按约定将该房屋出售，但所得售房款中应先行扣除80万元归他所有，剩余钱款一人一半。

针对贾先生的说法，前妻认为目前售房时间已远超一个月，故不应按协议的约定履行，不存在售房款中作扣除一事，所得的售房款应由她和贾先生均分。

最终本案在法院的主持下，双方各退一步，达成了调解协议，登记在贾先生名下的房屋由贾先生享有60%的产权份额，前妻享有40%的产权份额。双方应在一定期限前办理该房屋的产权变更手续，双方互有配合义务，产权变更所产生的税、费由双方各半负担。

13 "丈夫"去哪了　诉讼见事实

房屋征收对每一个家庭来说，应该都有不一样的意义，对这一点，楚女士深有体会。她和丈夫郑先生是亲友介绍认识的，恋爱、结婚都算是顺其自然。儿子的出生，让他们的小家庭充满了希望和欢乐。这时，他们一家三口和公公婆婆共同生活在老房子里，就显得挤了。为此，楚女士的单位给她分了一套公房，两间房，两个门牌号码，承租人是楚女士。在这套房子里，一家三口其乐融融。十多年前，就有传言说这套房子会动迁，为了动迁能多分一点，夫妻俩竟然去办了离婚手续，而且在双方签订的自愿离婚协议中，还约定好，两间房其中一间归楚女士所有，另一间归丈夫所有。他们这个离婚，并不是夫妻间感情破裂而导致的，纯粹是为了多分动迁款，所以，之后的那些年，楚女士一家三口仍然幸福地生活在这套房子里。拆迁的传言从未中断，夫妻俩一直就处于离婚的状态。几年前的一天，丈夫郑先生突然分别给楚女士和儿子留下一封信后，就离家出走了。信的内容主要是说他做了对不起这个家的事，所以走了，让家人不要找他，也不要恨他。就在这时候，狗血的事来了。这套房子真的被征收了，也就是老百姓说的拆迁。楚女士作为承租人，与征收单位签订了征收补偿协议，取得了一定金额的补偿款。可没多久，楚女士和儿子收到了郑先生的起诉材料。从他提交的证据中楚女士和儿子才知道，原来郑先生竟然瞒着他们，在外面和其他女人结了婚，还生了女儿，有了自己的小家庭。郑先生提出，他不仅户口在被征收房屋处，而且与楚女士离婚时，确认其中一间房屋归其所有，所以他应享有一半的征收补偿款。郑先生还提供了自己和案外人的结婚证、小女儿的出生医学证明，以及小女儿上幼儿园的相关发票。郑先生的意思是他的女儿因没有户籍，至今没报上户口，一直在私立幼儿园上学，每月要支付高额的保育教育费、伙食费等。看到这些的楚女士，气不打一处来，这就是那个与自己共同生活二十年多年的人吗？竟然神不知鬼不觉地在外面与别的女人生了孩子，现在还有脸回来问自己要钱。

  楚女士和儿子向我们讲述了事情的来龙去脉后，作为他们的代理人，我们根据案件情况，收集了相关的证据材料。庭审中，我们提出这套房屋是楚女士单位所分，与郑先生无关。而且郑先生自离家出走后，并未在这套房屋内实际居住。当初自愿离婚协议书的签订只是为了多分动迁款，与房屋的实际归属无关。另外，这套房屋是公有住房，不是产权房，不应和产权房一样对所有权进行分割。

最终本案在法院的主持下，原告、被告达成了调解协议，由楚女士支付郑先生一定金额的征收补偿款，该金额比郑先生诉讼请求要求的一半还低。

14 婚前购房婚后分　　法院判决补偿款

案情

离婚这件事，在结婚前，肯定是没想过的。然而没想过，不代表不会发生。常先生和姚女士是在朋友聚会上认识的，之后两人正常交往、恋爱、结婚、生子。生活仿佛就这样朝着幸福的路上走着，可一切平和之下暗藏波涛。他们没能熬过七年之痒，在法院离了婚。离婚时，姚女士就提出来两人婚后居住的房屋中虽然没有她的名字，但是婚后还贷的增值部分应属夫妻共同财产，她也有份。因为这套房屋产权登记在常先生及其父母名下，所以离婚时，法院未处理。等两人的离婚判决生效后，姚女士就将常先生及其父母告上法庭，要求依法分割这套房屋中她和常先生夫妻关系存续期间共同还贷对应的财产增值部分。说起这套房屋，是常先生家里婚前就买好的，结婚后父母和小夫妻同住，当初购房时，常先生还不认识姚女士。房屋的首付款都是常先生的父母出的，贷款按常先生的说法也是父母在还，产权登记在常先生和父母名下，未明确产权份额。庭审中，姚女士和常先生及其父母均确认了房屋的市场价，以及姚女士和常先生夫妻关系存续期间归还贷款本息的金额。按姚女士的计算方式，她应得的补偿款为房屋市场价的五分之二左右。

评析

夫妻一方婚前签订不动产买卖合同，以个人财产支付首付款并在银行贷款，婚后用夫妻共同财产还贷，不动产登记于首付款支付方名下的，离婚时该不动产由双方协议处理。不能达成协议的，人民法院可以判决该不动产归产权登记一方，尚未归还的贷款为产权登记一方的个人债务。双方婚后共同还贷支付的款项及其相对应财产增值部分，离婚时应根据《婚姻法》规定的原则，由产权登记一方对另一方进行补偿。

本案中，购房时支付的税费、首付款的金额和贷款本息总额相加即为获得该房屋的对价。原、被告已确认姚女士和常先生夫妻关系存续期间归还贷款本息的金额，由此可以得出姚女士和常先生夫妻关系存续期间所还贷款本息占获得房屋对价的比例。同时，该房屋未明确常先生和父母的产权份额，且常先生和父母共同居住、生活在这套房屋处，在分割增值利益时，还应考虑上述情节，以保护常先生父母的合法权利。

结案

最终法院采纳了我方的观点，判决常先生及父母给付姚女士共同还贷支付的款项及其对应财产增值部分的补偿款金额，比姚女士主张金额的四分之一还少。

15 夫妻关系不再　共有房屋分割

✎ 案 情

　　夫妻一场，竟然在短短几年的时间，要多次对簿公堂，这让方先生想起来就一阵心酸。结婚的时候，他父母就不同意这桩婚事，其中一个原因是女方小美是外地人，按父母的说法是不知根不知底，以后有什么事就麻烦了。但方先生坚持，父母也就随了他。结婚后刚开始的那几年，小两口过得还不错，一年后就有了女儿，一家三口过得其乐融融。其间，方先生父亲承租的公房拆迁，分了两套房子。家里协商后，一套购买方为父母，另一套的购买方为方先生一家三口。因为安置房两套加起来面积超过了应安置面积，这个差价款是用方先生自己一套婚前的房子出售后所得的部分售房款支付的。这两套安置房都是期房，要几年后才能拿到房子。而在这期间，妻子小美和方先生闹起了离婚，她口中的离婚原因就一个"性格不合"。方先生当然不同意，但不论他怎么挽回，小美坚持要离。为此，小美还将方先生告上了法庭，要求离婚。最终法院判决双方离婚，女儿由小美抚养，但那套安置房因为涉及案外人（女儿）的利益，法院没有处理。之后，方先生的父母起诉要求分割动迁利益。法院判决确认了方先生的父母、方先生、小美和女儿应得的动迁安置款。之后，小美带着女儿将方先生告上法院，要求确认小美、女儿和方先生为那套安置房的共有产权人，法院支持了这个诉讼请求。前段时间，小美携女儿又将方先生告上法庭，要求依法分割三人共同共有的这套安置房，产权判归小美和女儿所有，小美和女儿给付方先生三分之一房屋折价款。而这套房屋自取得后，就由父母和方先生居住使用。

评析

共同共有人在共有的基础丧失或者有重大理由需要分割不动产或动产时可以请求分割。因分割对其他共有人造成损害的，应当给予赔偿。这套房屋经法院生效判决确认属于方先生、小美和女儿共同共有，现在方先生和小美的婚姻关系已解除，可以请求分割。虽然女儿随小美生活，但方先生和女儿的父女关系并不随婚姻关系的解除而改变，所以女儿要求分割房屋，缺乏相应的事实和法律依据，不应得到法院的支持。

至于房屋的分割方案，法院应综合房屋来源、当事人在房屋中的份额，双方实际居住状况等因素来判决。这套房屋中小美名下的产权份额应归方先生所有，由方先生给付小美折价款更为妥当。这套房屋来源于动迁安置，方先生在用动迁利益订购安置房屋还支付了差价款，该部分差价款是方先生婚前所购房屋的出售款，应视为其个人出资。据此，在共同共有关系终止时，法院应根据共有人对房屋的贡献大小、房屋价值等因素依法酌情确定房屋折价款的金额。

> ✓ 结案
>
> 最终法院采纳了我方的观点，判决房屋归方先生和女儿共同共有，由方先生给付小美一定金额的房屋折价款。

16 夫妻离婚时私下对房产份额达成协议，现女方反悔，该如何处理

严先生

　　我和我老婆是老乡，我们是在读大学的时候认识的，大一的时候，有同乡会，我们都会去参加，一来二去，两人就谈起了恋爱。从大一到大四，感情一直都不错。大学毕业后，我们都留在了上海，也找到了自己心仪的工作。看我们租房子苦，我家条件还可以，父母就出首付款让我们在上海买房、结婚。大家知道的，在外地条件好，也很难全额买得起上海的房子，所以剩下的房款，我们都是贷款的。我老婆家里条件不好，她还有一个弟弟，买房子她一分钱也没有出。但是我那个时候根本没有考虑其他的，就想的是我们能够长长久久地在一起，生个宝宝，在上海成家立业，所以房产证上就写了我们两个人的名字。我老婆的收入高一点，公积金也高，所以我老婆是主贷人。我们结婚后，刚开始还可以，后来我老婆换了一份工作，接触的人多了，很多都是比我有钱的，所谓青年才俊。没有比较的时候，我老婆当然觉得我最好，有了比较，我就被比下去了。我老婆常常会和我抱怨我赚得少，同事都有名牌包包、常去吃米其林餐厅等等，只有她还得和我在为还贷款省吃俭用。因为这样的事，我们经常会吵架。有一次吵架后，我老婆竟然大半夜跑了出去。我打电话，她电话关机。因为平时和她的朋友、同事联系少，我一晚上都没有找到她。直到第二天傍晚才收到她的信息，让我不要找她了，她要和我离婚。之后，她就再也没有回来过。我们在外面约了见面，谈了离婚的事，房子归我，我给她 20 万。因为考虑到房子的名字要改成我一个人，

贷款也变成我一个人，我当时怕银行审核时，通不过，所以我们就在离婚协议上写了，我只要给她10万元，房子归我。当天在民政局离好婚，我们签的离婚协议留底在民政局外，我们还写了一张私底下的补充协议，约定我先给她10万元，等房子名字变过来之后，我再给她10万元，离婚协议中的10万元是虚假的，具体以补充协议的内容为准。前段时间，上海的房价大涨，我老婆，就是我前妻竟然跑来和我说，要我再给她100万元，还说我们后来写了补充协议，上面说到我给她10万元是虚假的，我实际应该给她20万元，这就证明我们离婚协议中于房子的约定是虚假的，是她受我的胁迫、欺诈的情况下签订的，对她不公平。而且房子的贷款一直是从她公积金账上扣的，她对房子有贡献。如果我不给她100万，她就打官司。请问律师，我已经按约定给了我前妻20万了，还要给她100万吗？我前妻说的从法律来讲有道理吗？

律师解答

你所提到的离婚协议是你们双方在离婚时自愿达成的，并在婚姻登记部门留存备案。如果你们两人对相关的财产、小孩抚养等等有争议，婚姻登记部门不会给你们办理离婚手续，更不可能给你们核发离婚证。协议离婚是以双方自愿为前提的，否则一方提出离婚，另一方不同意，那么双方无法办理协议离婚手续，只能诉讼离婚。现在你与前妻已经办理了离婚登记手续，离婚协议已经成立并生效，对于双方均具有约束力，双方均应按照协议书内容履行。

而且从这个房屋的来源来看，首付都是你的父母出资的，即使由于你前妻收入比较高，是主贷人，但你们婚后还贷的工资收入均属于夫妻共同财产。就你们双方对该房屋的贡献大小来看，你这一方的贡献肯定是大于你前妻的。在这个前提下，才有了你们协议一致，这套房屋归你，由你给付前妻20万元折价款一事。

双方于协议离婚当日签订的补充协议，仅是对离婚协议中"10万元补偿款"作出的补充约定，你也已按该补充协议支付了相应款项，补充协议并不影响离婚协议中离婚后房屋归你，这一条款的效力。你前妻称她在你的欺诈、胁迫下签署离婚协议，但离婚协议签署场所在婚姻登记部门，如果她未能提供证据证明其受到欺诈、胁迫的事实，那么她主张该离婚协议显失公平，而要求你再给她100万元，一般不会得到法院的支持。

17 签好离婚协议但未办离婚证时儿子又购置房产，如今儿子过世，该房产前儿媳是否有份

徐女士

　　我真是不知道怎么办才好，这个曾经的儿媳，我儿子给了她那么多东西，把房子也给了她，没想到，我儿子死了，她也不放过。这个前儿媳，是我儿子自己认识的，我和老伴当时都不同意。她父母在她很小的时候就离婚了，她一直和她妈一起生活，家里条件不好，到我们家里来也很没有礼貌，就像只认识我儿子一个人，和我们都不大说话，叫都不叫一声。可儿子就是喜欢她，我们怎么说都不听，就这样两人结婚了。我们出了点钱，加上儿子的积蓄，前儿媳家也出了几万块钱，买了一套婚房，产权证上写了他们两个人的名字。结婚后没多久，两人就开始吵，过了几年，我儿子都没有和我们说，就和老婆离婚了，房子归了女方，家里的存款和其他的一些东西归了我儿子。这是后来，我儿子给我们看了他们的离婚协议书，我们才知道。我儿子去年出了交通事故，没抢救过来，人走了，我们是白发人送黑发人。前段时间，前儿媳找到我们，说是她发现我儿子在他们离婚前，偷偷买了一套房

子,产权证上就写了我儿子一个人的名字,离婚的时候她不知道有这个房子,离婚协议书里也没有提到。现在她知道有这个房子了,就要分一半,就是说房子的一半产权归她。说起这个房子,当初儿子瞒着我们离的婚,离婚时说好房子归女方,儿子的户口要迁出去的,这样儿子就用分给他的存款付首付买了一套郊区的小房子。这些金额都是对得上的,都弄好以后,两个人才去离的婚。而且两个人本来一个户口簿,我儿子买房子和迁户口的事,我前儿媳都知道的,特别是迁户口要用到户口簿,我前儿媳不可能不知道。而且从我儿子和她离婚、迁户口开始算,他们已经离了近十年了。我们觉得这个前儿媳就是因为儿子走了,我们老两口没有了依靠,所以才来抢房子的,如果我儿子在,她根本不敢来,她以为我们什么都不知道。请问律师,我前儿媳来要房子,她能如愿吗?

律师解答

《婚姻法》规定,离婚时,一方隐藏、转移、变卖、毁损夫妻共同财产,或伪造债务企图侵占另一方财产的,分割夫妻共同财产时,对隐藏、转移、变卖、毁损夫妻共同财产或伪造债务的一方,可以少分或不分。离婚后,另一方发现有上述行为的,可以向人民法院提起诉讼,请求再次分割夫妻共同财产。《最高人民法院关于适用〈中华人民共和国婚姻法〉若干问题的解释(一)》规定,按《婚姻法》的上述规定向人民法院提起诉讼,请求再次分割夫妻共同财产的诉讼时效为两年,从当事人发现之次日起计算。

这里我们先来假设一下。如果原来在他们夫妻关系存续期间,你儿子隐瞒妻子,用夫妻共同财产偷偷买了一套房屋。他们离婚时也未处理这套房屋。之后,你前儿媳知晓你儿子转移夫妻共同财产的,她应当在发现之次日起两年内提起诉讼,如果她在两年后提起诉讼的，可以超过诉讼时效来抗辩。

  当然，从你所述的情况来看，你儿子并未转移夫妻共同财产，也未隐瞒你前儿媳。离婚时，他们夫妻只有一套房屋，双方协商确定这套房屋归你前儿媳所有，其他存款等夫妻共同财产归你儿子所有。你儿子用归他所有的存款支付了首付款，剩余房款通过银行贷款的方式支付，另行购买了一套房屋。

  更重要的是，你儿子与前妻协议离婚后，他户口迁入新买的房屋，而根据上海市有关户籍政策，户籍迁移一般是迁至直系亲属或本人所有、所承租的房屋处，他前妻应当在他迁户口时就知道了这套房屋的存在。依据上述诉讼时效的规定，你前儿媳如果起诉，她的诉讼显然超过诉讼时效。

  因此，有关你儿子为了迁户口，而用所分得的存款付房款一事，如果这套房屋首付款的支付时间、支付金额、贷款金额及双方协议离婚的时间、内容等可以与你的说法相印证，应该会得到法院的采信。而你前儿媳要求分割房屋的请求，于法无据，不应得到法院的支持。

18 协议离婚后的承诺，黑心前夫不认账

徐女士

  我和我前夫是协议离婚的，我是一天也不想和他过下去了，闹了好多次，最后总算是谈好了。我们除了房子没什么其他大的财产，也就这一套房子，除了这套房子也没有其他住的地方。我们说好，离婚后，儿子和前夫住在这套房子里，我自己搬出去住。我们这套房子一直说要拆迁的，但一直也没拆。我们都觉得迟早有一天会拆迁，所以就说好以后拆迁了，三分之一产权归我。当

时我问过别人,房子是我们婚后买成产权的,算是我们夫妻两个人的,我有一半的份额。之所以我只要三分之一是有原因的。我不贪心,这个房子是我公公单位分的,本来是分给公公和婆婆的,我们结婚的时候,他们两个老人让给了我们作婚房。结婚七八年后,我们出钱把这套房子买成了产权房,产权证上写了我老公一个人的名字。我们去离婚的时候,去的是民政局。那个办事的工作人员说我们约定以后拆迁房子的三分之一产权归我,会产生争议,要求我们在离婚协议书中写好房子归属,如果有其他约定的,可以私下里再写协议。所以离婚的时候,我们签的自愿离婚协议书中,分居住房安排中写了男方居住房子产权人就是男方,女方自行落实解决。之后,我不放心,还让我前夫给我写了一份承诺,写明房子拆迁时三分之一产权归我。因为有了这个承诺书,我就离开了住了这么多年的家。如今,这套房子拆迁了,我前夫一个人去和征收单位签订了补偿安置协议。我知道后,就去找他,问他要属于我的钱。可他说,房子是结婚前就有的,在结婚前房子的承租人就变成了他,后来房子由公房买成产权房,也是他父母出的钱,所以产权证上写了他一个人的名字。他还说,签字的那个承诺,是我提前弄好的,逼他写的,不写我就不搬出去,他没办法,才写的。而且离婚财产的分割应该以民政局备案的为准,不是以他签字的承诺为准。我前夫现在什么都不承认,买产权时,明明是用我们的积蓄,可他却胡说他父母出的。请问律师,我前夫说的有道理吗?我能拿到多少动迁款?

律师解答

《最高人民法院关于适用〈中华人民共和国婚姻法〉若干问题的解释(二)》中规定,离婚协议中关于财产分割的条款或者当事人因离婚就财产分割达成的协议,对男女双方具有法律约束力。这套房屋虽然是你前夫的父亲所在单位分配给他们老夫妻的公房,但这套房屋在你们婚姻期间被购买为产权房，且登记在你前夫名下，应属于双方的夫妻共同财产。但如果你前夫有明确的证据证明购房的资金来源于父母，为其父母全额出资的，那么这套房屋就不属于夫妻共同财产，而为其个人财产。

对于这份承诺的效力，除非你前夫有证据证明这个承诺是因被欺诈或胁迫而签署的，一般情况下应认定该承诺是你们对房屋权利约定的真实意思表示，双方应当遵守。根据承诺的内容，可以确定这是对将来房屋拆迁时你们之间拆迁权利分配的约定。而自愿离婚协议书约定与承诺约定内容并不冲突，且该自愿离婚协议书订立时间早于承诺的签署日期，所以自愿离婚协议书是不能取代承诺的。但征收补偿利益中有一部分是针对居住在这套房屋内的被征收人而给予的补偿费用，你已在离婚时放弃房屋居住权，所以对于这部分补偿款，你很难主张权利。因房屋拆迁而产生的补偿费用，你是有权要求按承诺书约定进行主张的。

19 离婚后房子归了他，还要我还贷款

吕女士

我没想到婚离了都三年多了，我前夫竟然说要和我打官司。我们两人是别人介绍的，那时我爸妈催得紧，而且觉得我前夫有上进心，工作稳定，这样我们恋爱一年不到就结婚了，婚后第二年就有了女儿。刚开始，我们感情还可以，后来女儿出生后，他爸妈重男轻女，我坐月子期间就只来了一次，全部都是我爸妈在照顾我。他爸妈不看我女儿也就算了，我前夫有个姐姐，生了个儿子，他们两个老人自己孙女不带，去带外孙，我当然有意见。我前夫也根本不管女儿，全部丢给我。后来，他从单位出来，和

朋友一起合开了公司，钱是赚了一些，但天天不回家，老说是工作忙。这样慢慢地，我也懒得和他吵。再后来就协议离婚了。离婚的时候，我们家一共有两套房子和一些存款，我们在离婚协议里写好了，一套市区有贷款的房子归了我前夫和我女儿，一套郊区的没贷款的房子归我，存款归我和女儿，女儿由我抚养，我前夫每月付抚养费；没有其他债权债务。因为我女儿在市区读书，我就陪她住在市区的那套房子里，说好住到女儿读大学，但这个没有写到离婚协议里。前段时间，我前夫找了一个女朋友，那个女的来家里，看到我在，扭头就走了。我老公埋怨我不该在这套房子里住，几次让我搬出去，我说房子有女儿的名字，女儿还是未成年，由我抚养，女儿住在哪我就住在哪。我老公看赶不走我，就想出来一招。他说离婚的时候其他的都分好了，但对于市区房子的贷款由谁还，没有约定，离婚后到现在所有的贷款都是他还的，他要让我还一半，让我把应该由我还的钱给他，不想还就搬出去。我没有理他，过了几天，他就给我下最后通牒，如果不好好谈，他就打官司，我肯定要给他钱的。我都无语了，当初说好了，市区房子的主贷人是他，贷款由他还的，要不我不会把市区的房子让出来的。我们离婚后，那时我和女儿住在市区，我老公有段时间在外地工作，我们联系时，我和他提出来现在上海市区的房子涨得厉害，离婚协议把市区的房子给他和女儿，我吃亏了。他就给我发了很长的短信，意思是说离婚分家产，我根本没有吃亏，郊区的房子也涨了，加上家里的存款，市区的房子扣除贷款，我、我女儿还有他三个人，平均下来差不多的，离婚协议是公平的。这个短信我还留着呢。当时说好贷款由他还，房子归他和女儿，他现在是出尔反尔，目的是想让我搬出去住。请问律师，我前夫说的有道理吗？如果打官司，我要还一半的贷款吗？

律师解答

男方让你承担一半的房贷，我认为如果诉讼，他这个请求一般不会得到法院支持的。虽然《最高人民法院关于适用〈中华人民共和国婚姻法〉若干问题的解释（三）》规定，离婚后，一方以尚有夫妻共同财产未处理为由向人民法院起诉请求分割的，经审查该财产确属离婚时未涉及的夫妻共同财产，人民法院应当依法予以分割。但在你们离婚时，双方对于市区房屋尚有贷款一事是明知的，而且这套房屋贷款的主贷人是你前夫，在离婚协议中仍约定双方无共同债权债务，并约定有贷款的市区房屋归属于你前夫及女儿。因女儿未成年，可以理解为市区房屋贷款由主贷人，即你前夫归还。所以，基于这套房屋发生的银行贷款不属于离婚时未涉及的夫妻共同债务，不存在法院再行依法分割的前提条件。

另外，结合在离婚后，你前夫发给你的短信，按其所述，扣除市区房屋的贷款后，你们原来的一家三口所得财产数额相当。同时，你前夫认可该协议内容是公平的，当时离婚协议中并没有约定市区房屋由你和前夫共同还贷，未将市区房贷款计算至你名下。因此，你前夫要求你共同归还这套市区房屋贷款是没有依据的。

20 夫妻两方共同购买期房，现男方造假将房产据为己有，女方如何应对

庄女士

我现在想来真是后悔，当初就不应该和我前夫结婚。我们俩是在一次朋友聚会上认识的，当天他就留了我的联系方式。之后，就展开了疯狂的追求模式，天天打电话、发短信就不说了，只要

他有时间，就一定会送我上班，接我下班，还经常买一些小礼物给我，制造一些小浪漫。他不光对我好，而且对我周围的朋友和同事都不错，这样我们恋爱和结婚就成了必然。其实，他们家里条件并不好，父母是普通的工人，连给他买婚房的钱都没有。那时我父母也被我前夫的表象给迷惑了，觉得他有礼貌，人好，有上进心。因为他们家里没钱给我们买婚房，我爸妈就提出来我们出首付，给我们买个大一点的婚房。看我爸妈这样，他爸妈也提出来，他们会把他们家的老房子卖了，卖的钱给我们，让我们买房子用。那时两家人关系不错，在我们看好房子，我付了定金后，我爸妈还有我，他爸妈还有他一起去开发商那里签了预售合同，等于我们六个人一起签的合同。签好合同后，由我们家里先付了第一笔钱，之后他们家再把老房子卖了付了第二笔款，剩余的房款我们就公积金贷款，因为我的公积金高，所以我是主贷人。在这期间，我们结了婚，婚后新房子还没有下来，我们两人就先住到我爸妈这里。结了婚后，我前夫对我还和以前一样。但是婚后半年多，我无意间发现他和别的女人发暧昧的短信，我当时就质问他，他说是原来的同学，闹着玩的。我其实已经不开心，但因为和父母住在一起，我没有和他吵，可心里已经觉得要发生什么了。果然，我一个闺蜜也碰到他和别的女人在一起逛街，关系看起来不一般。后来，我打听才知道，在我们结婚不久，我前夫老板的女儿从国外回来，被安排在我前夫那个部门上班，我前夫很会花的，一来二去，两个人就好上了。我前夫在那个女孩面前说我们婚姻是不幸福的，什么我爸妈和我都看不起他，他生活得很压抑什么的。知道这些后，我当然是要和他离婚了。在我们谈离婚时，刚好新房子下来了。我的意思房子不分好，就不要去收房，省得麻烦，但我没有想到他爸妈竟然拿了造假的身份证去开发商那里办理了收房的事。而且居然还瞒着我，把房子装修了一下，住了进去。我们刚开始说离婚，我前夫就从我家搬了出去。到实际真的离婚，中间隔了有一年多。最后是在法院的调解下，离了婚的。因为这套房子不光有我们俩的份，还有我们两人父母的份，所以法院说在离婚的案子里面没有办法处理，要我们再打官司。其实在离婚的时候，我和我前夫也谈到房子的事。结果，他很无耻，竟然说当初买房子，是他们家在买，只不过那时他们家没有那么多钱，就向我们家借的钱，还给我们家里写了个借条，只不过借条在我们手里，他们没有留底。他们还说房贷也都是我前夫还的，我一分钱也没有还过，这部分还贷的也是算他们家的。还强调说，他们为了买这个房子，把自己家的老房子卖了，现在除了新房子外，没有其他地方住，所以房子归他们家，最多把借我们家的钱还给我们家。这条件，我们家肯定不会答应，我们当时本来就是买婚房，为了结婚，签预售合同都是两家人签的，怎么就变成他们家买的了。请问律师，如果打官司的话，他们家的这种说法，法院会支持吗？要分这套房子，法院会怎么分呢？还有就是他们家为了进户，伪造了我们家人的身份证去办理的收房手续，我们可以因为这个让他们家赔偿吗？还有他有外遇的事，我都是听别人给我说的，手里也没有什么证据，他也从来没有承认过，这种情况下，我还能以他有过错导致离婚，要求多分房子的份额吗？

律师解答

依据《物权法》的有关规定，你和前夫已离婚，即对这套房屋共有的基础已丧失，属于有重大理由可以要求分割的情形，你们可以提出对这套房屋进行析产分割。因为这套房屋在签订预售合同时确定的购房人有你们双方的父母及你们两人，即这套房屋不仅有你们两人的产权份额，你们双方的父母对这套房屋也是享有权利的。

对于这套房屋的分割及相关出资的认定问题，如果诉讼，法院要审查你们双方提供的证据。当事人对自己提出的诉讼请求所依据的事实或者反驳对方诉讼请求所依据的事实,应当提供证据加以证明,但法律另有规定的除外。在作出判决前,当事人未能提供证据或者证据不足以证明其事实主张的,由负有举证证明责任的当事人承担不利的后果。你前夫认为购房是由他们家庭向你们家庭借款出资的,需提供相应的证据证明。若他们没有提供充分的证据证明,除非你们承认,否则是不可能得到法院的采信的。对于你们婚后还贷的部分,由于当时是在你们婚姻关系存续期间,所以这部分还贷的钱款也属于你们俩的共同财产,不是你前夫说由其一人偿还,就变成其个人财产了。

但是对于你所谓的伪造身份证要求赔偿损失一事,并没有相应的法律依据,很难让你前夫家庭赔偿。

对于你前夫外遇的事,由于你没有证据证明,且他是予以否认的,你很难以此来主张多分房屋产权份额。

对于这套房屋如何分割,一般会根据等分原则处理,具体还会考虑共有人对共有财产的贡献大小,适当照顾共有人生产、生活的实际需要等情况。

21 已出国的前妻回国竟然为分我的房子

贾先生

我这个老婆,除了给我生了个儿子以外,其他什么都没有做。我和她结婚的时候,就有朋友说,这个女的不是过日子的人,让我考虑考虑。我那个时候正在热恋中,脑子热,根本没把朋友说的话当回事,后来等我老婆出了国,不想回来的时候,我才知道自己错了。我们结婚后的前几年说实话是蛮好的,那个时候我在单位算个红人，领导赏识我，周围同事对我评价也不错。我在结婚前单位就给我分了一套使用权的房子。我们结婚有了儿子后就和我爸妈一起住，为的是爸妈可以帮我们带孩子，我把自己分的房子借了出去。我老婆一开始工作一般性，后来我鼓励她去上了夜大，然后就换了一个好点的工作，再后来单位就派她出国。本来说是一两年就回来了，结果她一走，就是十多年，其间还说国外教育好，把儿子也带了出去，我一个人在上海。在她出国后，本来我是不想让儿子跟着她去的，就把原来单位给我分的房子和别人换了一下，换到一个离一所好的小学近的地方，主要想让我儿子能读一所好的学校。结果我儿子只读了一年就出国了。之后，我就一个人住在这套房子里。几年前，她回国了，我们之前就谈好了离婚的事，于是直接去民政局办了离婚手续。我换的房子也是公房，承租人是我，另外我们还有一套房子是产权房，产权人是她名字。在离婚前，我们说好，我分的使用权的房子归我，另一套产权房归她，因为不用办什么变更手续，我们就没有写到离婚协议里。离婚协议中只写了，我补她一笔钱，各自的债务和个人物品归各自所有，我要承担儿子在国外的学费直到儿子有独自生活的经济能力。之后，我除了按时给儿子学费，把该给她的钱给她之外，我们就没有什么联系。结果，前段时间，她竟然从国外回来找到我，说要分我的房子，就是那套我婚前单位就分给我的，后来我和别人换了，承租人是我的那套使用权房子。请问律师，我前妻能分到我的房子吗？

律师解答

《最高人民法院关于适用〈中华人民共和国婚姻法〉若干问题的解释（三）》规定，离婚后，一方以尚有夫妻共同财产未处理为由向人民法院起诉请求分割的，经审查该财产确属离婚时未涉及的夫妻共同财产，人民法院应当依法予以分割。因此，除非你有证据证明，你们离婚时已对这套公房的居住使用权作出了处理，否则你前妻有权要求依法予以分割这套公房。当然，如果诉讼时，你可以提出你们之间的这个口头约定，而且她名下的产权房也未在离婚协议中提及，另外，你还补偿她一笔费用，由此可以确认你们之间是存在着关于夫妻共同财产约定的口头协议的。除了上述证据外，你还可以通过其他方式收集证据，已证明离婚时对这套公房已处理完毕，当然具体以法院的审理为准。

《最高人民法院关于审理离婚案件中公房使用、承租若干问题的解答》中规定了夫妻共同居住的公房，在什么情况下，离婚后双方均可承租的情形。若婚前由一方承租的公房，婚姻关系存续5年以上的，离婚后双方均可承租。对夫妻双方均可承租的公房而由一方承租的，承租方对另一方可给予适当的经济补偿。

因为公房使用权具有财产属性，公房的承租人可以通过购买、差价换房、转让等方式，来确定实现公房使用权的价值。你所提到的公房承租人虽然是你，但如果你们婚姻关系存续5年以上的，一般情况下，你前妻对这套房屋享有相同的居住和使用的权利。即使法院认定这套公房在离婚时未处理的，判决房屋由你继续承租的可能性比较大，你应向你前妻支付相应的折价款。如果对使用权价值你们协商不一致的，可以进行评估，法院会以评估的价格为基础，结合房屋来源、居住使用情况等来确定折价款的数额。

22 夫妻本不易，丈夫要离婚还想分我的房子

蔡女士

我真没想到我丈夫是这样的人。本来我想着大家夫妻一场也不容易，而且我们还有个儿子，就算离婚，也不应该变成仇人。

但以他现在的所作所为，我真是以后再也不想和他有任何来往。我和丈夫是我们家的远房亲戚介绍认识的，本来我是没有看上他，但是主要是父母觉得我年纪不小了，之前谈的男朋友都不靠谱，而且他们也不太熟悉，我丈夫是亲戚介绍的，算是知根知底，就一个劲地撮合我们。我们就开始了联系。要说恋爱的时候，我丈夫对我还不错。现在想起来是他伪装得好。我们恋爱了半年多一点就结婚了。婚后的第一年，要说也还可以。有矛盾就从我丈夫换了工作，从单位辞职后，和他的一个朋友一起创业开始。他想创业有上进心，我当然是支持的。但是没想到他却经常以工作为借口，晚回家或不回家；而且回家就和我吵，看儿子也不顺眼。我听别人说，他外面有人了，但他不承认。吵得多了当然对孩子不好，我就想着离婚。本来想两个人去协议离婚的，但他不同意。其实他也想离婚，就是因为房子的事谈不拢，所以不同意去协议离婚。有争议的房子是我们结婚后，我爸妈出钱给我买的，说是算他们两个老人留给我的，钱放在银行也不值钱，还不如买成房子。这套房子的产权证上就写了我和儿子两个人的名字。我丈夫现在提出来这套房子是婚后买的，产权登记在我和儿子名下，就算钱是我爸妈出的，等于是我爸妈送给我们一家三口的，所以这套房子一半是儿子的，另一半是我们俩的。如果我要房子就按市场价的四分之一给他钱；如果我不要房子，就是他给我钱，房子归他和儿子，他给我四分之一。我老公还说，法律有规定，夫妻两个人结婚后得到的所有的财产，包括房子，都算是两人的，大家都有份。请问律师，这套房子所有的钱都是我爸妈出的，他们还有银行转账的凭证，就因为是我们结婚后买的，我老公就有份了吗？

律师解答

《最高人民法院关于适用〈中华人民共和国婚姻法〉若干问题

的解释（三）》规定，婚后由一方父母出资为子女购买的不动产，产权登记在出资人子女名下的，可按照《婚姻法》第十八条第（三）项的规定，视为只对自己子女一方的赠与，该不动产应认定为夫妻一方的个人财产。由双方父母出资购买的不动产，产权登记在一方子女名下的，该不动产可认定为双方按照各自父母的出资份额按份共有，但当事人另有约定的除外。

若你有证据证明这套房屋是由你父母全额出资购买，且产权登记在你和你儿子名下，对于你的份额，应当可以认定是你父母对你一人的赠与，至于你儿子的份额，与你丈夫无关。这套房屋中并没有属于夫妻共同财产的份额，不应作为夫妻共同财产分割。

23 叔叔过世后他前妻和女儿上门来主张我承租房屋的居住权

祁先生

我小叔其实蛮可怜的，他从小脾气性格好，不爱说话，说他什么，他都笑呵呵的。他还没有结婚时，对我特别好，经常带我出去玩，给我买好吃的。后来，他经别人介绍，结了婚，和我爸妈来往就少了。我是爷爷奶奶带大的，那时小叔、小婶和爷爷奶奶一起住，我和他们也一起生活。奶奶出了意外过世后，爷爷、我还有小叔、小婶一起生活。小婶不大喜欢我，看到我小叔对我好，她就不高兴。但小叔还是会偷偷给我点零花钱。他们结婚两年后，我小婶生了女儿，我小叔高兴坏了，说他就喜欢女儿。但是几年后，也不知道是什么原因，我小叔和我小婶离婚了，女儿归了我小婶。离婚后，我小婶和女儿就回到了娘家住。我小叔就仍和爷爷一起住。在他们结婚后，家里的老房子拆迁，老房子是私房，登记在爷爷名下，那时小叔还没有女儿，这样我爷爷加我小叔、小婶和我，一共四个人分了一套公房。小叔和小婶离婚后，我就再也没有见到过小婶，他们的女儿我也很少见。小叔之后也没有再婚，一直一个人。两年前我小叔突发心脏病过世了，很快人就不行了，连一句话都没有留下。爷爷知道后，天天都偷偷哭，一年后，也跟着小叔走了。当时我们分的房子是公房，承租人是爷爷，一直没有变过。小叔和爷爷走后，这套房子里就我一个人的户口，分房子时我又是配房人，所以承租人就改成了我的名字。但前段时间，我小叔的前妻——我的前小婶和她女儿一起上门找到我，她们说她们两人他处无房，而且拆迁分房子时，前小婶是安置对象，当时她已怀上了孩子，所以她们是有权住在这套房子里的，让我把钥匙给她们，如果我不给，她们就去打官司。她们这一闹，我就回家找了找我小叔和她离婚的材料，结果真让我找到了。我小叔有一个盒子都放的他觉得特别重要的东西，我没有烧掉。里面有一张自愿离婚协议书，上面写着：女儿由母亲抚养；因公房是小叔的父亲所分，由小叔居住；离婚后小叔住到这套公房，小婶住到娘家。而且，我们家有一个远房亲戚和前小婶是同事，她告诉我说，前小婶住回娘家后，娘家房子拆迁，她和女儿也分了一套房子。请问律师，我前小婶和她女儿有权住到我承租的这套房子里吗？

律师解答

表面上看，这是你与你叔叔的前妻及女儿之间的纠纷，而实际上，是你叔叔离婚留下来的问题。被拆迁的老房子是你爷爷的自住私房，你小叔的前妻基于与你小叔的婚姻关系得以在该房室处居住。后来，老房子拆迁，你小叔的前妻因动迁安置取得了新配房的居住权。这套房屋虽然是你叔叔及其前妻在婚姻存续期间拆迁安置所得，两人均为安置对象，但在他们两人离婚时，已对这套房屋的居住使用权问题作出了分配。你叔叔的前妻在离婚时签署了自愿离婚协议书，在该协议中已载明她离婚后住到娘家，拆迁安置房由你小叔居住，可认定她已放弃了对拆迁安置房享有的居住权。而且，在你小叔和前妻离婚后，他们的女儿随前妻共同生活，也并未在这套拆迁安置房内居住生活。再加上，她们两人作为安置对象，曾在他处取得过安置房屋。所以在这种情况下，她们主张要住到你承租的公房处，是没有法律和事实依据的。

24 离婚后主张公婆的房子是夫妻共同财产，公婆如何应对

左先生

我前妻简直是疯了，我都不知道当初是怎么看上她的，真是瞎了眼。说句实话，我们恋爱的时候，她还是蛮正常的，对我、对我的父母都不错，这样我们才结婚的。谁知道，结婚后，她像变了一个人，天天疑神疑鬼，老是怀疑我外面有人，天天查我的手机，查我的行程。我周围的朋友，她都留了联系方式，只要我不接她的电话，就一个个打，直到我接电话为止。我实在受不了了，趁着我们还没有孩子，我就提出了离婚。刚开始，她是坚决不同意，说不会再管我了。可过了一段时间，她就又和以前一样了。而且，有一次，我本来公司出差，可她非说我和外面的女的一起出去玩，不让我去，和我闹，搞得我工作都没有办法完成。没办法，我就起诉离婚了。第一次开庭，她不同意。法院判不离。我第二次起诉，她同意离婚。法院就分了一下我们的共同财产，判决离婚了。可就是在这次离婚时，她提出来，说我爸妈名下的房子，不是我爸妈买的，是我们小夫妻买的，只是因为限购，登记在了我爸妈名下。法院判离婚时，说这个涉及我爸妈的财产，

所以不作处理。前几天,我收到了我前妻的起诉材料,我爸妈也收到了,她把我们一家都列成了被告。她在诉状上写的,就和开庭时说的一样。其他都没什么,我没想到我前妻竟然提供了一份她自己取钱的银行流水,上面写到这个可以证明房款是她付的。我看了一下,这个是她自己取钱的记录,我根本不知道她有这笔钱,而且房子的钱都是我爸妈付的,只不过有时候贷款我帮着还过几次。请问律师,我前妻的这个起诉算是有正当理由吗?她除了自己取钱的记录外,也没有其他的材料,这个官司她赢的可能性大吗?我和我爸妈该怎么做呢?

律师解答

根据《物权法》规定的物权公示原则,不动产物权的设立、变更、转让和消灭,应当依照法律规定登记。因此,一般情况下,房屋权属是以公示公信的产权登记为准。从你提到的房屋的产权登记上来看,产权人为你父母。

《最高人民法院关于适用〈中华人民共和国物权法〉若干问题的解释(一)》规定,当事人有证据证明不动产登记簿的记载与真实权利状态不符、其为该不动产物权的真实权利人,请求确认其享有物权的,应予支持。如你前妻所述属实,你们夫妻俩是实际购房人,只是因为限购,房屋产权才登记在你父母名下的,也就是俗称的"借名买房"。那么对此你前妻是要提供证据证明的,如书面协议、购房的出资转账的银行流水明细等。

当事人对自己提出的诉讼请求所依据的事实或者反驳对方诉讼请求所依据的事实,应当提供证据加以证明,但法律另有规定的除外。在作出判决前,当事人未能提供证据或者证据不足以证明其事实主张的,由负有举证证明责任的当事人承担不利的后果。

你前妻认为房屋购买时,因你们夫妻属于房屋限购对象,故由你的父母出面购房,可如果你前妻手中只有你所说的证据,我认为很难证明有该事实的存在。

现在你前妻如果只有提取钱款记录,并不能证明她所取钱款是用于购房的,那么她主张产权归属于你们两人的诉请,一般很难得到法院的支持。针对现在的诉讼,你父母可以提供购房款由他们支付的证据,同时还需提供购房时的相关票据、买卖合同、缴税凭证等,以证明这套房屋属于你父母所有。

25 离婚后出售共有房,前夫反悔不签字

李女士

事情是这样的:我和我的前夫在十多年前结婚,婚后我们共同购置了一套房屋,房款总共100万。买这套房子前,我把我婚前的房屋卖掉,拿出来50万,然后我前夫出资30万,还有20万是我们共同跟银行贷款的。然后这套房屋登记产权证写的是按份共有,我拥有五分之三的份额,我前夫有五分之二的份额。从五年前开始,我们感情出现了问题,一直争吵,然后我们两个都同意离婚,好聚好散。我们就签订了离婚协议,领取了离婚证,并同意把房子卖了。然后我就开始找下家了。前段时间,有一位姓万的先生,有意向跟我买房,我也跟他签订了居间协议,里面内容不多,当时说是以后会签详细的正式的买卖合同,在居间协议里约定了以300万的价格出售给万先生,并在当天,万先生跟我支付了意向金,另约定:待产权人都在协议上签字后,意向金转为定金;七日后双方签订正式房屋买卖合同,万先生支付首付款150万元(包括定金),剩余房款通过银行贷款方式支付,尾款在我交房时支付。但现在有一个问题,就是那天签居间协议的时候,只有我一个人在现场,我前夫不在,我当时跟他说得很清楚的,让他第二

天过来签一下，但是他突然反悔了，觉得房价会上涨，就不出售了。我想问几个问题：房屋居间协议上只有我一个人签字，我是否可以不再出售房屋？若不出售房屋，我是否要给下家万先生赔钱？我们夫妻两人一直没有约定财产 AA 制，这套房屋产权登记为我们按份共有，那我们离婚后，卖房子的钱在法律上该如何分割呢？

律师解答

《中华人民共和国物权法》规定，处分共有的不动产或者动产以及对共有的不动产或者动产作重大修缮的，应当经占份额三分之二以上的按份共有人或者全体共同共有人同意，但共有人之间另有约定的除外。由于这套房屋登记为按份共有，根据法律规定，处分按份共有的房产，必须经三分之二以上共有人同意。而你在房屋内只享有五分之三产权份额，你的产权份额未超过三分之二，因此，你一人签订居间协议的行为并不能产生将房屋出售给万先生的法律效力。

如果你和万先生只签订了居间协议，根据你所述，这份居间协议的内容较为简单，应该与正式的房屋买卖合同还是存在区别。若签订了正式房屋买卖合同后，不履行出售房屋的义务，你应当承担违约责任。但是根据你在房屋内的产权份额，你签订居间协议的行为不能完全产生出售房屋的意思表示，同时居间协议也约定全部产权人也就是包括你前夫也要签字后，意向金才转为定金，那么目前万先生只是支付了意向金，该款项并未变为定金，你不需要向万先生承担定金双倍返还的责任。你只需要返还万先生意向金便可。

这里还要说一下，如果你们签订的居间合同中内容，已具备了房屋买卖合同的主要内容，应视为买卖合同成立，并认定合同有效。双方约定再签订上海市房地产买卖合同，只是以格式合同的形式对买卖关系予以确认。当事人未签订上海市房地产买卖合同的,不影响原已成立的合同关系。而且若你们对违约责任等有约定,你是代你前夫签字,买受人万先生并不知道你们离婚的事,那么他有理由相信你有代理权的,该代理行为有效,即居间合同对你发生效力。你要承担相应的违约责任。

对于售房款的分割问题。根据《婚姻法》规定,夫妻可以约定婚后财产的归属及份额,这些约定一般应当采用书面形式。你们虽然对该房产没有书面约定,但根据产权证上登记的产权份额并综合考虑你们购买房屋时的出资情况,可以视为你们对婚后该房产的产权份额已达成一致意见。你们出售房屋后的房款你可以取得五分之三,你前夫可以取得五分之二。

26 出尔反尔的老父亲

包女士

我和我前夫是经别人介绍认识的,恋爱时我们俩年纪都不小了,谈了没有多长时间就结婚了。刚开始那几年,我们的关系还不错,很珍惜这段婚姻。结婚的时候,我们住的房子是我前夫的父亲单位分的公房,后来他父亲把这个房子买成产权房,产权证上写了他父亲的名字。我们结婚的时候,我前夫的母亲已经过世了,他父亲一个人住也不现实,因此我们就和他父亲一起住。这样,之前的那套房子就太小了。于是,我们商量了一下,打算换一套大一点的房子。我结婚前曾去亲戚在国外开的餐馆里打了几年工,挣了些钱,有些积蓄。因为要买房子,把之前的房子卖了钱还不够,所以我就拿出了自己的存款,后来还差一点钱,我从娘家又拿了一点。这样我们就买了一套新房子。当时,我和前夫工作忙,没时间,除了看房子和筹钱外,其他事都是我前夫的父亲也就是我公公去办的。那时候房子没现在这么贵，法律节目也没有如今这么多，我也没什么法律意识，所以对于产权证上写谁的名字，也没有特别的想法。总想着都是一家人，只要上面有我老公的名字就可以了。而且原来的房子是我公公的，产权证上没他的名字，肯定不可能的。产权证办下来就只写了他们父子俩的名字，我也就认了。之后，我们三口人就住到了新房中。时间长了，矛盾就出来了。主要原因就是我和前夫没有孩子，医院我们也去过，各种办法也试了，可就是怀不上。刚开始，我公公让我前夫和我说，后来他就指桑骂槐地讲我。再后来，我前夫就和我提出离婚，还让我净身出户。这我当然不同意，如果要我同意离婚，该给我的要给我，房子四分之一的钱给我。这个条件，我前夫家里不答应。离婚的事就一天天拖下来了。我前夫起诉过两次离婚，法院都没有判离。去年，我前夫第三次起诉离婚，法院判决离婚了。当时我就提出房子的事，这时我才知道，原来早在我前夫第一次起诉离婚前，他就和他父亲两个人签订了房地产买卖合同，把房子里属于他的份额转让给了他父亲，房子产权证上两个人的名字变成了我公公一个人的。离婚的时候，我说要分这个房子，法院说这个房子现在名字是我前夫父亲的，在离婚的官司里没法处理。所以离婚后，我就去找了我前夫，我前夫不理我，我没办法，就去找他父亲。他父亲一见我，就和我嚷嚷，说这套房子的钱全部都是他一个人出的，除了卖原来房子的钱外，剩下的钱是他们在国外的亲戚寄的，没用过我一分钱，当时写我前夫的名字，是怕以后交遗产税，现在我前夫把名字去掉，也只是把本来就是他的份额还出来，这个房子不光和我前夫没有关系，和我更没有关系。请问律师，我前夫的父亲说的有道理吗？我该怎么做，才能拿回属于我的份额？

律师解答

如果诉讼,关键要看双方的举证情况,你、你前夫和他父亲是否有证明自己出资购买该房屋的直接证据。如果你有证据证明购买这套房屋时你不仅拿出了自己的存款,而且你父母还有过出资,那么可以认定你对这套房屋是有出资的。这些证据则可以推翻你前夫的父亲所谓购房款均来于他一人的陈述。

退一步,就算你们双方均没有直接证据证明房款来源于自己的。在此情况下,因你前夫已登记为产权人之一,且购房行为发生在你们夫妻婚姻关系存续期间,故应当认定你前夫在这套房屋内的权利为其婚后取得的财产,该财产应当属于夫妻共同财产。

你前夫和他父亲在未经你同意的前提下通过买卖的形式将该房屋权利人变更为你前夫的父亲一人,损害了你的利益,你可以起诉要求确认该房地产买卖合同为无效合同,该房屋恢复至你前夫和其父亲两人名下。之后,你再另行提起诉讼,要求依法分割属于夫妻共同财产的部分。

27 离婚前就卖了的房子,离婚后丈夫来主张

祝女士

我前夫真是没救了,我们离婚都离好了,他又来和我搞。结婚前,我根本不知道他在外面赌博的事,他们家里人都瞒着我。结婚后,他好了几年。有了孩子后,我顾不上他,他又开始赌了。这样的日子没法过了,我提出离婚,他不同意。我就向法院起诉了。我起诉了两次,第二次法院才调解离婚的。离婚的时候,说好家里的房子归我,我给他折价款,其他各自名下的财产归各自所有。之后,我也按调解书的内容,把该给他的钱给他了。前段

时间，我前夫找到我，说要分我们结婚后共同买的一套房子的售房款。说起这套房子，其实钱大部分都是我付的。当时，刚好有个机会，我认识的一个朋友家里有急事，低价出手一套房子。我知道后，就和家里人商量把这套房子卖下来，我家出了大部分的钱，有些钱是我爸妈问亲戚朋友借的，我前夫也出了一部分，把这套房子买下来了，产权证上写了我们两个人的名字。一年后，房价涨了，因为要给亲戚还钱，我们就把房子卖了，卖的时候，他也都签字了。卖房的钱，我们两个就分了，一部分按他出资的给了他，一部分我拿了，还有一部分给宝宝买了保险什么的。而且在我们第一次离婚的时候，他在法庭上就提出来要分这套房子卖房子的钱。我当时就说，已经全部分完了。后来他也就再不提了，等于是同意我的意见了。我们离婚后，前段时间这套房子的下家把我们告上了法庭，因为我们这套房子里有户口没有迁出，让我们赔钱。其实，这个户口不是我们的，是我朋友的。当时卖房子时，我们就和这个下家说明情况的，谁知道他还来起诉。最后，法院做了下家的工作，下家撤诉了。就是因为这件事，我前夫才来和我搞。他说就是这个官司，他才知道这个房子被卖的事，才知道房子卖了多少钱，所以要让我分一半的钱给他。请问律师，这套房子卖了到离婚都有六年了，卖房子的钱到底属不属于离婚时未处理的财产呢？我前夫如果打官司问我要售房款，赢的可能性大吗？我该怎么办呢？

律师解答

《最高人民法院关于适用〈中华人民共和国婚姻法〉若干问题的解释（三）》规定，离婚后，一方以尚有夫妻共同财产未处理为由向人民法院起诉请求分割的，经审查该财产确属离婚时未涉及的夫妻共同财产，人民法院应当依法予以分割。所以问题的关键在于你前夫主张的这套房屋是否属于离婚时未处理的财产。

从这套房屋的买入及卖出过程来看，你前夫作为房屋原权利人，在房屋的买卖过程中均有其个人签字确认，且这套房屋出售发生在你们婚姻关系存续期间，在你们离婚诉讼中你前夫也提出主张对该房屋售房款予以分割，由此可以证明你前夫声称对该房屋出售情况是离婚后通过下家的诉讼才获知，与事实不符。

关于这套房屋的售房款是否属于离婚诉讼中未处理的夫妻共同财产，我认为，夫妻双方解除婚姻关系时需分割的共同财产应当是双方离婚时尚存的财产。这套房屋出售至你们调解离婚，已有六年时间，目前这笔售房款已被花销，用于你们双方共同生活开销及子女抚养。而且，离婚诉讼时，你前夫也未提供相关的证据证明在你这里还有这笔售房款。再考虑到离婚诉讼中你前夫虽提出分割该房屋的售房款，但在调解协议中，双方协商约定你们名下各自的财产归各自所有，因此即便这套房屋的售房款还有结余，但也已在离婚诉讼中处理完毕，并不存在对这笔售房款遗漏处理的情况。

28 遇上"妈宝男"的婚姻之后

卜女士

我和我前夫谈恋爱谈了好多年后才结婚的，说实话，我本来是不想和他结婚的，要不是有了孩子，我应该是不会迈出那一步的。他这个人大毛病没有，小毛病不断，很多习惯是我不能忍受的，尤其是他特听他妈的话，是个"妈宝"，对什么都不在乎这点最让我受不了，在这里我就不多说了。有了孩子，我以为会好一点，但他还是那副腔势。在我们两人结婚前，就一起买了套房子，那时候房子没有这么贵，我们是一起投资买的，产权证上写了我们两个人的名字,还有银行贷款,结婚后我们也还了一部分贷款。孩子大约五岁的时候,有一天因为他妈骂了我,我当时一句话也没有说,晚上我和他抱怨,没想到他不安慰我就算了,反而说我不好,还和我吵了一架,说我不应该惹他妈生气。这样的事不止一次了,那天我觉得特别委屈,就带着孩子回了娘家。其实我也不是真的想怎么样,就是想着如果他去接我回来,那这事就算了。可他一直没有来,连个电话也没打过,连过年、小孩生日都没一个电话。我实在是心寒了。几个月后,我起诉离婚了,法院没有判离。半年后我又起诉了,法院判了离婚。有关财产的事,我们没有处理。我有一个公司,因为我前夫是做财务这方面工作的,所以我的公司,包括我个人的一些钱都是由我前夫在帮我处理。在我们分居不久,我还等着他接我回去,他竟然瞒着我把我的近一百万元的存款转到他的账户里。我问了他这件事,他竟然说这个钱是我让他取的,而且还说他是按我要求的,又把这些钱取出来,放在家里,后来花销了一部分,还了朋友和父母的借款,已经没有一分钱了。现在我就问问大律师,我们一起买的房子法院会怎么分?还有我前夫转走我的钱,我可以拿回来一半吗?

律师解答

你提到的房子是你们婚前购买的,房屋权利人登记在你们两人名下,应当认定为双方的一般共同投资行为,婚后双方共同归还了房屋的银行贷款,双方对房屋均有贡献,故在房屋产权比例的分配上,法院一般会酌情考虑双方出资情况、对房屋的贡献大小等因素作出决定。如果你在他处无房居住的,可以主张房屋归你所有,由你给付前夫一定的房屋折价款。

对你前夫在你不知情的情况下,擅自将你名下钱款转入你前夫名下并取出现金一事,从客观事实分析,在未通知你且你不在场的情况下,你前夫将大额现金存放在家中,而你又否认该款在你处，因此肯定无法得出款项在你处的结论。除非你前夫有证据证明，否则法院应认定该笔钱款在你前夫处。

而且退一步，按你前夫所述，这些钱有一部分还了朋友和他父母的借款。那么我们追根溯源，看看这些他所谓的债务是否属于夫妻共同债务。如果借条是你们共同签字，或者在之后追认的，这些债务可以被认定为夫妻共同债务。又或者你前夫是在你们婚姻关系存续期间以他个人名义借的钱，但这个钱用于家庭日常生活，这个债务也可以被认定为夫妻共同债务。但如果你前夫是以他个人名义借的钱，而且用途超出家庭日常生活需要，那么这个债务就很难被认定为夫妻共同债务。对于非夫妻共同债务，你前夫用你们夫妻共同财产来偿还，也是对你财产权利的侵害。你仍可以主张分割这笔钱款。

你提到的存款系夫妻共同财产，这事发生在你们夫妻分居期间，你前夫还涉嫌转移夫妻共同财产。如果不考虑这一情节，法院应该会根据财产具体情况，照顾子女和女方权益的原则，酌情予以分割。

29 婆媳矛盾引发的离婚　离婚之后仍旧纠缠不清

冯女士

我和我前夫是参加朋友的生日宴时认识的。那天，寿星组织大家一起玩了一些小游戏，而有一次刚好是我和前夫配对，我们在一起配合得很默契，赢了其他人。当然，我们互留了联系方式。之后，顺理成章地恋爱、结婚。要说，我们是有感情基础的，但是婚后，一连串的问题就出现了。其实主要原因就是我和婆婆处不到一起，再有一个就是我不想这么早要孩子。结婚前，说好是和我公公婆婆住在一起的,他们家里有套大房子,住四个人完全没问题。但住了两个月不到,我婆婆就和我嚷嚷了十多次,她不是嫌弃我不做事、太懒,就是觉得我不按时下班,在外面瞎搞八搞,反正经常要讲我。我受不了,就和前夫抱怨,他拿自己的妈也没有办法。这样,才有了我们买房子的事。我前夫想着分开过,总不会有问题,距离产生美。我们那时候感情好,我当然不想离婚,搬出去应该是最好的解决办法。说到买房子,他妈一开始坚决不同意。后来说好,产权证上只写我前夫和他妈两个人的名字,她老人家才同意。我前夫爸妈单位曾经给他们分过一套房子的,要再买房子,家里的钱不够,就要把这套房子卖了。本来想不用贷款的,把家里的积蓄拿出来。后来看中的房子比预想的要贵,这样就要贷款了。而我前夫的公积金有一段时间是断过的,而他妈又觉得商贷利息太高,要用到我的公积金,这样产权证上才把我的名字加了上去。其实这个房子是我看中的,而且我也出了一小部分的首付,一开始付的意向金和定金就是我的卡上转过去的,贷款也是以我的名字贷的公积金。所有的居间合同、买卖合同我都签了字。产权证上写了我们三个人的名字,是共同共有。装修的钱也都是我们家来的,这下我前夫的妈没话讲了。之后,有一段时间算是相安无事,我和前夫的两人世界过得很滋润。但几年过去了,我婆婆见我一直没有动静,没有怀孕,就又来找我的事了。我和前夫结婚的时候,我才25岁。结婚前,我们就说好,先玩几年,等30岁后再考虑生孩子的事。我前夫玩心也很重的,也不想这么早被孩子套牢,所以他的想法和我一样。可我婆婆不这样想,老催我们生孩子。她经常不打招呼就到了我们的房子,美其名曰是帮我们打扫,其实我觉得就是监视。一次看到我吃避孕药,她当即就大骂了我一顿。刚开始,我老公还帮我,后来不知道他妈怎么教育他的,他和他妈一起来讲我。有一次,他们讲我,我受不了,也争了几句,我前夫就打了我一巴掌。我跑回娘家后,我前夫一个电话都没有。没多久，我就收到了法院的传票，以及我前夫要和我离婚的起诉材料。他要离，我也不想拖，去了一次法院，我们就离婚了。当时我就提出来要分房子，法院说这个房子还有我前夫的妈的名字，所以要另外再打官司。本来我是不想再打官司的，想着他们给我差不多的钱，我就算了。谁想到，我前夫说房子的钱除了贷款还的钱和我付的定金以外，其他钱都是他们家出的，最多把这两笔钱还给我。请问律师，买房子，他们家里是出了大头，但产权证上我也有名字，我就只能拿回我出的钱吗？房子涨价了，我就一点也没有份吗？

律师解答

《物权法》规定，共有人约定不得分割共有的不动产或者动产，以维持共有关系的，应当按照约定，但共有人有重大理由需要分割的，可以请求分割；没有约定或者约定不明确的，按份共有人可以随时请求分割，共同共有人在共有的基础丧失或者有重大理由需要分割时可以请求分割。因分割对其他共有人造成损害的，应当给予赔偿。

你、你前夫和他母亲均为该房屋的房地产权利人，现在你和前夫已离婚，即对该房屋共有基础已丧失，所以你可以要求分割这套房屋。至于你们三人在这套房屋内应占有的产权份额，虽然房屋的首付款的大部分是你前夫和其母亲用之前房屋的出售款，即自有资金支付。但从你们签订的居间合同，以及买卖合同的时间和内容可以看出，这套房屋是以你们三人名义共同购买，购房发生在婚姻关系存续期间，且你们在购买时对该房屋各自应占有的份额并没有明确约定。在分割时，法院会考虑你们各方对该房屋作出的贡献大小之事实，从公平原则出发，按市场价值予以分割，而非你只能取得购房时的出资和还贷的金额。

30 公司倒闭后我的婚姻也走向尽头

戚先生

我和我老婆结婚三十多年,分居却有十多年了。我们是高中同学,上学时我就对她有好感。但那个年代,我连表示都不敢。后来工作了,我们偶然间又相遇了,我当然不能放过这个机会,在我的不懈努力下,终于抱得美人归。我们结婚后,有了孩子,赶上了下海大潮,我从单位辞职,开了自己的公司。一开始当然是难的,后来慢慢就好了。我们买了自己的房子,产权登记在女儿和她名下。反正以后都是女儿的,我们就把产权证上女儿的份额登记了99%,我老婆登记了1%。后来我们又买了一套,产权登记在我一个人名下。我们结婚后,我老婆单位还给我们分了一套房子,我也是配房人员。十多年前,我被合作伙伴骗了,公司欠了一屁股的债,倒闭了。为了还债,我把自己名下的那套房子卖了。我没有了工作后,我老婆对我的态度慢慢开始变了,她嫌弃我,经常对我鼻子不是鼻子,脸不是脸。只要我做的事稍不如她的意,她就骂我,还和我分房睡。发展到最后,她就离开家,和我分居,把孩子也带走了。她已经向法院起诉,要和我离婚,但法院没有判离。前几天,我又收到了她要求离婚的起诉状。我们其实也谈过,她非要离婚,我也没办法。因为孩子已经成年了,所以不存在抚养的事。现在主要是两套房子的事。登记在她和女儿名下的房子,我想把我老婆的名字换成我的,我给她钱;另外一套我老婆承租的公房,我认为应该是我们俩的,我能分到一半。但我老婆都不同意。她说两套房子都是她的,那套产权房,她最多按市场价她名下1%的份额的一半给我钱。另一套公房,她说是她单位分给她的，而且我的户口也不在里面，房子里就她和孩子两个人的户口，所以这套房子和我没有关系。请问大律师，那套产权房，我不想要钱，我没有其他房子住，就想住在这套房子里，可以吗？那套公房，和我有关系吗？我一分钱也分不到吗？

律师解答

离婚时，夫妻的共同财产由双方协议处理，协议不成的，由人民法院根据财产的具体情况，按照顾子女和女方权益的原则判决。对于这套产权房，由于涉及夫妻共同财产的产权份额只有1%，法院判决时很可能会考虑到该部分份额与案外人也就是你们的孩子共有的实际情况，并维护共有关系的稳定性，判决份额归你妻子所有，由你妻子给付你相应的折价款。

对于那套公房，《最高人民法院关于审理离婚案件中公房使用、承租若干问题的解答》规定，夫妻共同居住的公房，具有下列情形之一的，离婚后，双方均可承租：（一）婚前由一方承租的公房，婚姻关系存续5年以上的；（二）婚前一方承租的本单位的房屋，离婚时，双方均为本单位职工的；（三）一方婚前借款投资建房取得的公房承租权，婚后夫妻共同偿还借款的；（四）婚后一方或双方申请取得公房承租权的；（五）婚前一方承租的公房，婚后因该承租房屋拆迁而取得房屋承租权的；（六）夫妻双方单位投资联建或联合购置的共有房屋的；（七）一方将其承租的本单位的房屋，交回本单位或交给另一方单位后，另一方单位另给调换房屋的；（八）婚前双方均租有公房，婚后合并调换房屋的；（九）其他应当认定为夫妻双方均可承租的情形。对夫妻双方均可承租的公房，应依照下列原则予以处理：（一）照顾抚养子女的一方；（二）男女双方在同等条件下，照顾女方；（三）照顾残疾或生活困难的一方；（四）照顾无过错一方。对夫妻双方均可承租的公房而由一方承租的，承租方对另一方可给予适当的经济补偿。

这套房屋虽然是你妻子单位在双方婚后分配给你妻子的，但你作为家庭成员也是调配对象，所以这套房屋承租权益仍为夫妻在婚姻关系存续期间所得的财产权益，应作为夫妻共同财产予以分割。考虑到该房屋内户籍人员组成情况，通常会判决房屋由你妻子承租，由她按该房屋承租权益的市场价格的一半，给付你所享有的承租权益的经济补偿款。

31 离婚后房子怎么才能卖了

吕女士

　　我和我前夫是他的阿姨介绍我们认识，刚开始我是很抵触相亲的，但我爸妈逼我去，没办法，我只好去了。看我前夫的第一面，我根本没有看上他。后来我们聊起来后，我就和他直说不喜欢相亲什么的，没想到他和我的想法一样，而且他也是被逼着来的。就此打开了话题，我们俩居然越聊越开心，互留了联系方式。之后，算是如我爸妈的愿，我们谈起了恋爱，半年后，我们就结婚了。婚后第二年，我们有了自己的孩子。没孩子的时候，我觉得我们的婚姻是幸福的。但有了孩子后，他就不怎么管孩子，都是我在弄，我一个人忙不过来，我婆婆来帮我。结果，我和我婆婆实在处不来，我婆婆总是找我茬，还和她儿子说我的坏话，搞得我们夫妻感情不好。我前夫从来不帮我，就会说我不对，还让我给他妈赔礼道歉。后来有一次，我婆婆当着我前夫的面数落我，刚开始我就想不理她算了，可她一直说，一直说，我实在听不下去，就和她争了两句，这可不得了。我婆婆直接就自己坐到地上开始哭了，我前夫看他妈那样，上来就给了我一巴掌。你们说这样的日子，我能过得下去吗？离婚是我提出来的，我前夫也同意。

本来说好房子卖了，一人一半的钱。这样，我们就先去了民政局离婚。可那段时间卖房子的人不多，卖便宜了，我们又不愿意。后来我们谈好，卖房子的事由我来负责，我拿到售房款后，给我前夫一笔钱：先付一部分，他搬出这套房子，等他户口迁走，我再付另外一部分。这样，我们就签订了一份协议书，内容和之前谈好的一样。前段时间，有个下家看中了我们的房子，我让我前夫来配合签合同。可他却说，原来签协议只是因为我欠他的钱，是为了方便卖房子，让他搬走和迁户口的钱，是因为这两件事补偿给他的，不是为了分房子。现在要他配合签买卖合同可以的，但在扣除贷款后，我还要给他一半的钱。请问律师，我前夫说的有道理吗？离婚的时候，我们没有处理这个房子，现在离了婚，还能打官司吗？现在他不配合签订合同，产权证上还有我们两个人的名字，我怎么能把房子卖了呢？

律师解答

《最高人民法院关于适用〈中华人民共和国婚姻法〉若干问题的解释（三）》规定，离婚后，一方以尚有夫妻共同财产未处理为由向人民法院起诉请求分割的，经审查该财产确属离婚时未涉及的夫妻共同财产，人民法院应当依法予以分割。

你们两人签订的协议书是双方当事人的真实意思表示，未违反法律规定，应为合法有效。你可以提起诉讼，要求分割该房屋，确认归你所有，由你给付前夫协议约定的钱款。

协议书内容明确，从整体上看就是一份房屋分割协议，双方已对房屋作出分割，房屋归属被告，由你支付前夫一笔钱款。如果诉讼，你前夫仅是口头一味否认协议书的内容，但并不能提供任何证据来推翻协议书的约定，通常不会得到法院的认可。况且，你前夫在你要求其签订买卖合同之前从未提出过任何异议，不符合常理。你前夫所谓的这笔钱款系补偿性质，没有依据，不应得法院的采信。

关于你出售房屋一事，之前说过，你可以起诉至法院要求法院确认房屋归你所有，由你给付前夫房屋折价款。在你取得房屋所有权后，即可以自主决定房屋的出售与否。

32 没拿产权证的动迁房，离婚后怎么分

杜女士

我和我老公离婚了，但他还住在我们家不肯走。房子当初是拆迁安置房，按照人数分配的份额，当时一人45平方，其中他的安置房45平是我妈出钱买的。也就是说整套房子都是我妈出钱买的，这房子到现在也没产权证。如今离婚了他要分我们的房子，我们同意给他45平方的钱，但他还是不肯！请问我现在该怎么办？

律师解答

根据《婚姻法》的相关规定，一般情况下，夫妻关系存续期间取得的财产，为夫妻共同所有。所以你们婚后取得的动迁安置房，通常也应认定为夫妻共同财产。当然具体还要看被拆迁房屋的性质、权利人以及相应的动迁安置情况等。具体在分割这套房屋时，还会考虑来源，双方的贡献大小等。

《最高人民法院关于适用〈中华人民共和国婚姻法〉若干问题的解释（二）》中规定，离婚时双方对尚未取得所有权或者尚未取得完全所有权的房屋有争议且协商不成的，人民法院不宜判决房屋所有权的归属，应当根据实际情况判决由当事人使用。当事人就前款规定的房屋取得完全所有权后，有争议的，可以另行向人民法院提起诉讼。由于你提到的房屋尚未取得产权，所以你前

夫要取得产权，法院一般不予处理的，但是法院可以判决房屋归谁使用。一旦这套房屋可以办理产权证，则你前夫可以另依法提起诉讼。

33 前夫知道我有男友后，竟然要分我的独资公司

宋女士

我前夫和我是在民政局离的婚，当时是当着工作人员的面签订的离婚协议，把家里的房子和车子都分好了。我想好聚好散，过不到一起也不要成了仇人。但没想到，我前夫在我们离婚后，又来找我的麻烦。我听别人说，他现在后悔和我离婚了，他知道我有了男朋友，过得比之前好，不甘心。他和别人说他不好过，也见不得我好过。他现在提出来我们离婚时，我故意隐瞒夫妻共同财产，就是我开的培训公司，注册资金是100万元，还有离婚前的公司利润。他说他在我们结婚后常年在外地，我开公司是瞒着他的，所以离婚的时候没有分割。说起这个公司，那时候我们感情还好，他怎么可能不知情呢？何况他经常去公司的，我们公司好多老师都认识他。而且现在的公司都是认缴出资的，不是一次性全部付清的，我们公司章程里写明，只要到后年出资到位就可以了。这个公司的确是股东就我一个人，是一人公司，但这些手续的办理，我前夫全部都知道，根本不存在我隐瞒他的事。只不过是我们离婚的时候，公司经营不怎么好，还欠了租金。公司就是办培训的，收了学生的钱都用来付房租，还有员工工资什么的，根本不赚钱。我认识现在的男朋友后，和男朋友做了别的生意，这个公司就关门了，只是工商登记的手续还没有去办。我前夫现在问我要80万，否则他就要和我打官司。请问律师，我们

已经离婚一年多了,我前夫还能和我来打官司吗?我该怎么办呢?

律师解答

  《最高人民法院关于适用〈中华人民共和国婚姻法〉若干问题的解释(三)》规定,离婚后,一方以尚有夫妻共同财产未处理为由向人民法院起诉请求分割的,经审查该财产确属离婚时未涉及的夫妻共同财产,人民法院应当依法予以分割。如你在婚姻关系存续期间注册了这家一人公司,一般情况下应为夫妻共同财产。该财产是你们双方登记离婚时签订的离婚协议中未明确约定归属的夫妻共同财产,为双方协议离婚时遗漏而未分割的夫妻共同财产,那么你前夫当然有权请求分割。对此《最高人民法院关于适用〈中华人民共和国婚姻法〉若干问题的解释(二)》有明确的规定,夫妻以一方名义投资设立独资企业的,人民法院分割夫妻在该独资企业中的共同财产时,应当按照以下情形分别处理:(一)一方主张经营该企业的,对企业资产进行评估后,由取得企业一方给予另一方相应的补偿;(二)双方均主张经营该企业的,在双方竞价基础上,由取得企业的一方给予另一方相应的补偿;(三)双方均不愿意经营该企业的,按照《中华人民共和国个人独资企业法》等有关规定办理。你前夫可以要求依据上述规定中的方式分割他在这家一人公司中的财产。对于这家公司如何分割的问题,如果你前夫不愿意经营该公司,而你愿意经营该公司的,可以由你前夫在诉讼中申请法院委托有资质的资产评估机构以评估的方式确定资产的价值,并由你给付前夫折价补偿,而不是对公司注册资金或利润进行直接分割。

  除非你前夫能提供充足证据证明公司现在存在可以分割的净资产数额的,否则法院不太会支持你前夫要求分割公司注册资金和利润的诉求。

34 挂名股东和借出的股票账户，前妻能分吗

安先生

　　我的这个前妻啊，我真的也是无语了，按理说我们两人离婚就离婚，不要牵涉别人的事。离婚的时候，她就提出来了，说先离婚，离好婚再说。结果这边婚刚离好，那边就马上来和我谈判了。我有一个发小，是从小玩到大的，我们的父母也都是一个单位的，我们两人比亲兄弟还亲。我这里就叫他老王吧。老王比我有出息，钱也赚得比我多。不像有些人有钱了就不认识老朋友了，老王对我一直不错，还让我在他开的公司上班，收入也可以。十多年前，老王要另外成立一个公司，按老王的说法，那个时候不能登记注册一人有限责任公司，所以就让我也成了股东。当然我这个股东只是挂名的，实际上我一分钱也没有出。这个公司也是老王自己经营的，我是不参与的，其实我就是个挂名的股东，不是真股东。还有就是老王钱赚了多了，就开始搞股票，他觉得来钱更快。当时一个人只能开一个股票账户，这样他就借了自己信任的十多个人的账户做股票。股票这个东西，我不懂也不碰的，所以老王要借我的账户，我肯定是没问题的。我就是借个账户，股票赚钱和亏钱都和我没有关系的。在我前妻和我闹离婚时，我和老王说了这个事，老王有先见之明，把借我账户炒的股票都抛了。我前妻现在就是来和我谈这个公司和股票的事。她认为这个公司和股票都是我们的夫妻共同财产，她有一半的份额，要么我给她钱，要么她去打官司，如果打官司股票抛出去的钱是可以查得到的，公司的股权她也有一半，她以后就有权利分红。我不想因为我自己离婚的事，把老王搅进来，而且我和老王因为关系好，

从来也没有写过什么协议之类，都是口头的。请问律师，公司和股票算我们的夫妻共同财产吗？我前妻有权分割吗？我该怎么做呢？

律师解答

根据我国《婚姻法》相关规定，夫妻在婚姻关系存续期间所得的财产除了特殊情况外，一般归夫妻共同所有。如果你前妻提到的股票和公司股权都是在你们婚后取得的，且为你们的收入和积蓄投资所致，那么应该为夫妻共同财产。你与前妻离婚时如果没有分割的，你前妻当然有权要求依法分割。

按你所述，这些股票和公司股权虽然是婚后取得的，但你只是名义上的代持人和股东，所有权不属于你。就股票来讲，你要证明你所述的为事实，那么应该提供你名下股票账户，对应的第三方存管银行账户中的资金是你朋友王先生转入的。除非你前妻有证据证明转入你名下账户内的资金系你朋友王先生赠与给你的，否则我个人认为在你提供了充足的证据证明的情况下，法院应该会认定你所称的你朋友王先生借你的股票账户炒股的事实。在这种情况下，由于股票账户内的资金不属于你与前妻所有，因此你前妻要求分割你账户内股票抛售钱款的主张一般很难得到法院的支持。如果你前妻起诉要求分割股票抛售款的，你的朋友王先生可以申请作为第三人参加诉讼。

就公司股权来说，当事人之间对股权归属发生争议，应以是否实际向公司出资及依法承担股东义务、享受股东权利作为判断股权归属的基本依据。你和朋友王先生因为是多年好友，虽然你们之间未签订过书面协议，但如果你们有证据证明你在公司所占股权对应的出资款，是王先生出资的，你并未实际出资；而且你前妻也没有证据证明在公司多年的经营过程中，你曾以股东身份参与实际经营，主张或行使过股东权利。在这种情况下，你前妻对公司股权为夫妻财产的主张也很难得到法院的支持。这里我建议你的朋友王先生可以依法将你列为被告提起诉讼，确认你名下的公司股权归他所有。

受伤后的损害赔偿之法律保障

01 遇到现代版的陈世美

邹女士

我是来咨询有关婚姻和房产的问题的。我现在心情很低落,我被我丈夫伤得太深了,我一心一意地为他,却没想到他会如此狠心背叛抛弃我。

我和他是高中同学,当时读书时他就成绩很好,是我们学校重点培养的高才生,有希望考上名牌大学,而我就是一般学生。读书时我就很喜欢他。高考结束后他如愿考上了理想的大学,而我读的是一所一般的大学。但是因为我性格很外向,总找他出去吃饭啊,玩啊什么的,久而久之他就接受了我,我们谈起了恋爱。他家里条件不是很好,我家里还可以,而且家里拆迁分到一些房子。我和家人都把希望寄托在他身上,认为他只要好好读书,将来找个好的工作就可以了。我们恋爱时,我已经开始工作了,他还在读硕士,而且他为人老实,对我也很好,所以他读书可以说都是我拿的钱,其间所有开销都是我来的。这些我都是心甘情愿的。后来他硕士一毕业,我们顺理成章地结婚了,当时家里也很看好我们俩未来的婚姻生活。但是没过多久,他对自己的工作和收入就觉得不是很满意,提出要去留学。刚开始我不支持,一想到他去国外,离得那么远,我舍不得。但是家人和他都劝我,说他出去深造是为了以后更好的生活,让我眼界放远点。我后来想想也是,所以就答应了。我甚至卖了自己家里分到的拆迁房,供他留学。当时他也答应,等绿卡搞定之后我们全家移民。要说他也很争气,申请到了美国的高校。就这样他如愿地出国深造,我就自己在国内工作,虽然辛苦,但我却觉得这样值得。可谁知道这一切都是我一厢情愿。他出国没多久就出轨了,他在美国找的女朋友和他一样也是出国深造的。他和我说,觉得和她有共同语言和爱好,对我其实已经没有感情了,他坚持要离婚。我听了如同五雷轰顶,这么多年我都是白付出了!尤其是还卖掉了自己婚前分到的拆迁房来供他读书。我觉得很对不起我父母。既然他这么绝情要求离婚,那我也不能再傻傻地付出。我就去找他理论,让他把我供他读书的钱都还给我,这么多年他的学费都是我给他的,还有房子卖掉的钱我都给了他。但是他却说这些钱是我自愿赠送给他的,他不可能还给我。我当时气得都快晕过去了。所以我今天想来咨询律师,我能不能把这些年给他的钱给要回来呢?而且我把我青春什么的都搭进去了,到头来他却这么对我,我能不能问他索要精神损失费?

律师解答

其实,夫妻关系存续期间,一方读书、一方工作这种情况并不少见,大家这样做的目的不外乎是为了两人能白头到老。所以,你当初在给付你丈夫这些钱款时,一般不会多想,相应的证据留存等估计都存在缺失等。

《合同法》规定,赠与合同是赠与人将自己的财产无偿给予受赠人,受赠人表示接受赠与的合同。赠与人在赠与财产的权利转移之前可以撤销赠与。具有救灾、扶贫等社会公益、道德义务性质的赠与合同或者经过公证的赠与合同,不适用前款规定。结合你所述的情况,你已将钱款给付了你丈夫,因此并不适用权利转移之前可以撤销的情形。《合同法》还规定,受赠人有下列情形之一的,赠与人可以撤销赠与:(一)严重侵害赠与人或者赠与人的近亲属；（二）对赠与人有扶养义务而不履行；（三）不履行赠与合同约定的义务。如果你有证据证明你将婚前个人财产给付丈夫用于求学等，这个赠与是附有义务的，即保持你们婚姻的长久等；目前，你丈夫与他人发生婚外情，并提出离婚，即不履行约定的义务，在此情况下，你可以提出要求撤销赠与。要注意的是赠与人的撤销权，自知道或者应当知道撤销原因之日起一年内行使。

对于你要求的精神损失费的问题，我认为也是很难主张的。《婚姻法》中关于损害赔偿的主张是有明确规定的，有下列情形之一，导致离婚的，无过错方有权请求损害赔偿：（一）重婚的；（二）有配偶者与他人同居的；（三）实施家庭暴力的；（四）虐待、遗弃家庭成员的。这个"损害赔偿"，包括物质损害赔偿和精神损害赔偿。同样，你要有证据证明你丈夫与他人同居，导致离婚的，才有可能得到损害赔偿。如果你仅是有证据证明你丈夫提出离婚，并没有确实的证据证明你丈夫与他人同居的，法院通常不会判决你丈夫赔偿你精神损失费。

另外还要多说一句，人民法院判决不准离婚的案件，对于当事人基于《婚姻法》的规定提出的损害赔偿请求，是不予支持的。在婚姻关系存续期间，你不起诉离婚而单独依据《婚姻法》的规定提起损害赔偿的请求，人民法院是不予受理的。

02 准女婿竟然是自己的私生子

李先生

我是替我舅舅来问的。可以说他们家发生的事情就跟电视剧似的，实在是让人难以想象。事情是这样的，我舅舅、舅妈的女儿也就是我表姐,她之前认识了一个男孩,很快两人就谈起了朋友,感情很好,准备结婚。我舅舅和舅妈看着女儿准备结婚,所以就安排双方父母见个面商量一下结婚的细节。但没想到,这次双方父母见面使得两家发生了翻天覆地的变化。在准女婿小王把自己的爸爸妈妈介绍给我舅舅舅妈的时候。我舅舅惊呆了!尽管二十多年过去了,我舅舅还是一眼就认出来,准女婿小王的妈妈,竟然是当年那个差点跟自己结婚的女人!当时两人都很尴尬,没想到分手这么多年后的第一次见面居然是在这种场合下。而更加令我舅舅不安的是,准女婿小王怎么看,都跟自己年轻时长得很像。其实之前也有这种感觉,但大家都没当回事。现在我舅舅看到小王妈妈时,再看的感觉就不一样了。当时我舅舅和小王妈妈的反应让其他人看出来了,所以那天见面其实是非常尴尬的。事后双方回到各自家中才知道原来我舅舅和对方妈妈之前是男女朋友。但是最不想发生的事情还是发生了。对方妈妈说小王其实是我舅舅的儿子。听到这个消息时我舅妈和我表姐差点昏过去。我舅舅的心情十分沉重,闺女竟然和自己亲生儿子订了婚!我表姐不信,后来还让小王和我舅舅去做了亲子鉴定,鉴定的结果证实了小王的妈妈所说的话,小王的确是我舅舅的亲生儿子。对于这件事,最不能接受的是我舅妈,还有小王的"父亲"。我舅妈责怪我舅舅对她不忠,隐瞒这么大的一件事情。但是我舅舅感到很冤:当年分手时他的确不知道对方怀孕了,更是不知道她居然还把孩子生了下来。现在小王的"父亲"在得知养了这么多年的儿子竟然不是自己亲生的也是差点昏过去。现在可以说我舅舅是里外不是人。因为现在舅妈准备和他离婚,小王的"父亲"也准备和小王的母亲离婚。现在他们双方矛头都指向我舅舅:我舅妈说离婚后要求我舅舅支付她精神损失费,还有每个月须支付给她抚养费;另外那边就是小王的"父亲"也要求我舅舅支付给他这么多年来养育小王的费用,他说他白白替别人养了二十多年的儿子。我舅舅现在整个人几乎是崩溃的，也不知道该怎么办。所以我今天替他来咨询一下，这种情况，我舅舅到底该怎么办？他们双方索要的费用我舅舅是不是要承担？

律师解答

关于你舅妈说离婚后要求你舅舅支付她精神损失费，还有每个月需支付给她抚养费一事，我认为是没有法律依据。

《婚姻法》规定，有下列情形之一，导致离婚的，无过错方有权请求损害赔偿：（一）重婚的；（二）有配偶者与他人同居的；（三）实施家庭暴力的；（四）虐待、遗弃家庭成员的。你舅舅并不是与你舅妈在婚姻关系存续期间与他人同居，生育了子女。你舅舅与女朋友所育子女系婚前的行为，且你舅舅本人对此也是不知情的，故不存在上述规定的损害赔偿的情形。

《婚姻法》规定，离婚时，如一方生活困难，另一方应从其住房等个人财产中给予适当帮助。具体办法由双方协议；协议不成时，由人民法院判决。这个规定中适当帮助的前提是一方生活困难，你舅妈以你舅舅婚前生育子女一事要求抚养费，并不符合上述规定中的情形。

另外，对于小王的"父亲"要求你舅舅支付给他这二十多年来养育小王的费用一事，《婚姻法》明确规定，非婚生子女享有与婚生子女同等的权利，任何人不得加以危害和歧视。不直接抚养非婚生子女的生父或生母，应当负担子女的生活费和教育费，直至子女能独立生活为止。也就是说你舅舅作为小王的亲生父亲有义务负担其生活费和教育费，而作为小王的母亲也有抚养他的义务。故相关抚养费的给付，应结合多种情况来确定，并不只限于全部由你舅舅来承担。

03 妻子打掉孩子，身患重症的丈夫可以要求赔偿吗

王先生

我同学是家中独子，但是最近不幸查出得了癌症。没想到，他的妻子在得知这个消息后，执意要将腹中五个月大的孩子打掉。现在我同学住院接受治疗，他的妻子从来没有去看望过他。我同学父母苦苦哀求媳妇不要打掉孩子，老两口愿意抚养孩子，并同意将名下房产赠与给儿媳，但是儿媳还是偷偷打掉了孩子，并提出离婚。但是我同学现在不想离婚。我想请问律师，他老婆将要承担怎样的法律责任？我同学可以要求赔偿吗？

律师解答

《妇女权益保障法》规定，妇女有按照国家有关规定生育子女的权利，也有不生育的自由。也就是说是否生育的主动权在女方，而非男方。在现实生活中，夫妻间常常会因为生育问题而产生纠纷。《最高人民法院关于适用〈中华人民共和国婚姻法〉若干问题的解释（三）》对此有明确的规定，夫以妻擅自中止妊娠侵犯其生育权为由请求损害赔偿的，人民法院不予支持；夫妻双方因是否生育发生纠纷，致使感情确已破裂，一方请求离婚的，人民法院经调解无效，应依照《婚姻法》第三十二条第三款第（五）项的规定处理。

从上述规定，可以看出就你朋友的情况，虽然他妻子的行为有可能会受到道德层面的谴责，但从法律上来说，如果妻子擅自中止妊娠，你朋友以侵犯他的生育权为由，请求损害赔偿，法院是不予支持的。

但是如果双方因为生不生孩子这件事发生纠纷的,可以作为认定夫妻感情破裂的一个情形。

但要注意的是,女方在怀孕期间、分娩后一年内或中止妊娠后六个月内,男方不得提出离婚。女方提出离婚的,或人民法院认为确有必要受理男方离婚请求的,不在此限。

针对你朋友的情况,我还要提醒一下。《婚姻法》规定,离婚时,如一方生活困难,另一方应从其住房等个人财产中给予适当帮助。具体办法由双方协议;协议不成时,由人民法院判决。如果你朋友因生患重病,导致生活困难的,两人离婚时,他可以要求妻子从其住房等个人财产中给予适当帮助。

另外,《婚姻法》还规定,夫妻有互相扶养的义务。一方不履行扶养义务时,需要扶养的一方,有要求对方付给扶养费的权利。如果你朋友与妻子未离婚,而你朋友又患病在身,需要人扶养的,作为配偶,他的妻子应当履行扶养义务。

04 女儿隐瞒婚史,女婿知晓后的大战

董女士

律师您好,我是来替我女儿咨询的,因为我女儿现在身体不好在家休养,所以我就替她来了。事情是这样的,我的女儿离过婚,还有一个五岁的女儿,我女儿和前女婿两人因为性格原因,最终决定分手,好聚好散,孩子给了条件更好的一方,也就是前女婿,我女儿会定期去看孩子。后来,我女儿在一次旅行过程中认识了现在的女婿,两人很投缘,认识了一年多后开始同居。但是我女儿为了和这个男朋友结婚,她隐瞒了她曾结过婚还有了孩子的事实。到了今年5月份的时候,这个新女婿给我们家送来了

18万彩礼和6万元的首饰，然后他们按习俗举办了婚礼，但是两人一直没有去领证。后来有一天，我和女儿说：纸是包不住火的，希望女儿在领证前主动和女婿坦白，越早坦白越好。但是我们万万没想到，女儿在坦白后却遭到女婿的辱骂和殴打，女儿腹中的胎儿不幸流产，而她之前已经为他流产了两次，医生和我们说，女儿可能以后很难怀孕。而女婿非但不道歉，还要我们归还彩礼和首饰，还说我们全家在欺骗他，要求精神赔偿费，我女儿现在躺在家里整天哭。我也知道女儿之前对女婿的隐瞒是有错，但是他把我女儿打伤导致流产就不用负责吗？所以我想来问问律师几个问题：

1. 女婿要求返还彩礼和首饰，我们需要全部返还吗？他提出的精神损失费是否有法律依据？

2. 女儿前前后后，为他流产三次，他需要负什么责任？

律师解答

《最高人民法院关于适用〈中华人民共和国婚姻法〉若干问题的解释（二）》规定，当事人请求返还按照习俗给付的彩礼的，如果查明属于以下情形，人民法院应当予以支持：（一）双方未办理结婚登记手续的；（二）双方办理结婚登记手续但确未共同生活的；（三）婚前给付并导致给付人生活困难的。适用前款第（二）、（三）项的规定，应当以双方离婚为条件。

我个人认为你们需要全部返还彩礼和首饰。男方之所以给付女方彩礼和首饰，是基于双方会建立婚姻关系。而由于女方的欺瞒，造成双方未领取结婚证，符合上述规定中返还的条件。

当然，有关男方打伤你女儿的事，可以另行解决，你女儿可以提起相应的诉讼，并要求男方赔偿医疗费、护理费、交通费等为治疗和康复支出的合理费用，以及因误工减少的收入。

对于女方以同居期间多次怀孕人流等原因影响身体为理由要

求男方赔偿一事，由于以上情形属于同居造成后果，无合法婚姻为前提，因此，你女儿若以此要求赔偿无法律依据，通常法院不会支持。

05　婚外情　毁终身

蒋先生

　　我是帮我表姐来咨询的，因为这件事我表姐已经精神崩溃了，她现在天天把自己锁在家里面，不肯见人，整天精神恍惚，我们家里人都很担心。我表姐原是一家大公司的高级白领，年薪五一万，她很早就结婚了，还有个儿子。我表姐夫也是企业高管，两人自身条件是很配的。但是我表姐夫工作特别忙，几乎没有什么时间陪我表姐，而且他们已经结婚挺久了，也过了那种热恋期。我表姐长得很漂亮，虽说三十多岁但是看起来也就二十多岁，所以追她的人很多。也是因为种种原因，一年多前，我表姐偶然认识了一位帅哥小赵，他比我表姐小，我表姐也是一时冲动，就和小赵展开了一段婚外姐弟恋情。但是不久后，我表姐很后悔，觉得这么做太对不起丈夫和孩子了，决定回归家庭。于是她就向小赵提出了分手，并开始对小赵避而不见，任凭小赵苦求复合也没答应。这让小赵感到特别不甘心，之后表姐的噩梦就开始了。这个小赵简直就是个变态，从去年开始，小赵多次跑到我表姐和表姐夫的公司去闹，在这之前他已经敲诈了我表姐 8 万元的所谓封口费，后来他还要敲诈，我表姐不给，他居然在他们两人的公司的公告栏内张贴两人以前的亲密床照，在公司门口散布我表姐跟他之间的亲密床事。这给表姐的家庭和生活造成了巨大的影响，特别是表姐和表姐夫的工作也受到了影响。我表姐因为受不了被公司同事指指点点，自己的精神状况也变差了，整夜都失眠，睡不着觉，得了轻度抑郁。然后我表姐夫也因为这事大受打击，他实在受不了外人的闲言闲语，所以向表姐提出了离婚。你们不知道，我表姐现在这个样子我简直都快认不出来了，以前她很漂亮的，现在看起来精神都不太正常了。表姐夫对她也不理睬，还说孩子他肯定会带走的，不会让表姐抚养。可以说我表姐接下来的生活都被这个姓赵的给毁了。所以我今天想替表姐来问下，现在这种情况，表姐该怎么办？这个姓赵的我们是不是可以告他？让他赔偿我表姐的精神损失！

律师解答

我认为这位赵姓男子涉嫌的罪名有两个：一个是侮辱罪；一个是敲诈勒索罪。侮辱罪，《刑法》规定，以暴力或者其他方法公然侮辱他人，情节严重的，处三年以下有期徒刑、拘役、管制或者剥夺政治权利。这类案件一般是告诉才处理，被害人自愿不告诉的，《刑法》不予处理；但被害人因受强制、威吓无法告诉的，人民检察院和被害人的近亲属也可以告诉。另外这位赵姓男子还以此来敲诈你表姐，索要8万元的封口费，这一行为我个人认为构成敲诈勒索罪，你表姐可以就此报案。

以上是从刑事的角度来说。如果从民事诉讼来说，我认为这位赵姓男子未经你表姐同意，擅自公布你表姐的隐私材料，还以书面、口头形式宣扬你表姐隐私，致你表姐名誉受到损害，严重侵害了你表姐的隐私权和名誉权。依据相关法律规定，你表姐可以提出让这位赵姓男子赔礼道歉，如果造成严重后果的，你表姐还可以要求他赔偿一定金额的精神损害抚慰金。

06 为妻子付出一切　妻子用出轨来回报

闻先生

　　我真的是忍受不下去了。我现在一见到我那妻子我就恶心。我和妻子是经人介绍认识的，而后很快成婚。结婚后不久，妻子提出想去读研，并考上了外地一所高校。她在外地读书，没有收入，只有靠我负担她的开销。我一个月给妻子的生活费约五千元，当时我自己一个月收入也就六七千，大部分的钱都打给了妻子。钱不够用，就用以前的存款。她没有收入，家里的房贷也是由我来支付。之后我们有了儿子，我本来想，她读了研究生也差不多了，可以回来工作、生活，一起养孩子了。但我没想到，回来工作两年后，妻子又提出想读博，我为了帮妻子实现求学梦想，就同意妻子继续深造，妻子的生活费、孩子的奶粉钱、房子贷款全都落在我一个人身上。一直到前年，我才供完妻子的学习生涯，让妻子如愿以偿拿到了博士文凭。但谁知道，我这么对她，她却对我做出了那么多恶心的事情。我也是渐渐发现她越来越不对的。在她读博期间，她跟以前读研一样，只有寒暑假才回来。读博后，我开始隐隐发现她很不对劲。有次放假回到家中，我发现她行李里还有很多以前从没见过的情趣内衣，直觉告诉我，妻子可能出轨了。但我还是安慰自己，她是博士，一定会有自己的原则和底线，我劝自己不要多想。但是妻子对我变得爱理不理，很冷淡，而且她情绪很不稳定，经常说不到几句话她就破口大骂，很多次还当着孩子的面，我儿子每次都被吓得躲到角落里，还总问我是不是我们不要他了。我真的是很心酸。虽然我也怀疑妻子出轨，但我总是自欺欺人，觉得我没有证据，不该怀疑妻子。突然有一天，她说要和我离婚，我不同意，她这才告诉我，自己在读博期间就已经出轨，而且出轨对象不止一人。当时我听了气疯了。我真的想不通啊，她一边用我的钱，一边和别的男人出轨，她怎么想的！怎么可以这样对我！现在我是肯定要离婚的，但是离婚有几个问题想要咨询，首先就是孩子抚养权的事情。她这种道德败坏的人不该抚养孩子，我肯定要争取孩子的抚养权。另外我们的那套房子，产权证上写的是两人的名字，虽然中间一直是我在还房贷，妻子读书六年也是我供养，但妻子仍然坚持要房子一半的房款。房价涨后，这套房子现在四百多万，我哪里有两百多万来给她。我曾提过给妻子50万，然后房子和孩子归我，但妻子不肯。我觉得我已经做到仁至义尽了，这么多年她从来没为家里赚过一分钱，都是我在养她、养房，她有什么资格来抢房产？而且我现在觉得自己很抑郁，如果向她主张精神赔偿可以吗？

律师解答

　　对于孩子的抚养权问题，要看孩子的年龄，随哪一方生活时间更长，法院通常会从有利于子女身心健康、保障子女的合法权益出发，结合父母双方的抚养能力和抚养条件等具体情况妥善作出判决。如果孩子一直随你共同生活，且改变生活环境对子女健康成长明显不利的，法院判决孩子由你抚养的可能性更大。

　　由于这套房屋产权登记在你们夫妻两人名下，通常认为是夫妻共同财产。离婚的话，对于这套房屋原则上是均分。当然如果你有证据证明，这套房屋购买时，你投入的个人财产更多，对这套房屋的贡献更大，如用婚前个人财产出资等的，那么在离婚分割时可以主张多分。

　　对于你妻子的出轨问题，《婚姻法》规定，有配偶者与他人同居导致离婚的，无过错方有权请求损害赔偿。如果你有证据证明你妻子与他人同居的，你有权主张损害赔偿。这里的"损害赔偿"，包括物质损害赔偿和精神损害赔偿。你除了要求她赔偿精神损害抚慰金，还可以要求离婚分割时，你妻子少分。但如果你没有证据证明，你妻子又否认的，那么你很难主张损害赔偿，也就是说这种情况下，你要求精神损害抚慰金的主张一般不会得到法院的支持。

07 分手后男方不断骚扰女方，女方能否要求男方赔偿精神损失费和医疗费

柳女士

我和前夫因为感情问题在现实生活中发生争执，在离婚后长达一个月的时间里，他多次在各个公众平台上侮辱辱骂我，甚至造谣，给我的生活和工作造成了极大的困扰。我现在真的很无助，经医生诊断，我的精神状况已经出现了问题，每天要服药。我能否要求前夫赔偿精神损失费，以及我的医疗费？

律师解答

因侵权致人精神损害，但未造成严重后果，受害人请求赔偿精神损害的，一般不予支持，人民法院可以根据情形判令侵权人停止侵害、恢复名誉、消除影响、赔礼道歉。因侵权致人精神损害，造成严重后果的，人民法院除判令侵权人承担停止侵害、恢复名誉、消除影响、赔礼道歉等民事责任外，可以根据受害人一方的请求判令其赔偿相应的精神损害抚慰金。

如果要诉讼，首先你要举证他的侵权行为，即你前夫在各个公众平台上对你的侮辱、辱骂、造谣等；其次要证明对你有造成严重的后果，如你精神状况出现问题，患有精神疾病等；最后要

证明你现有的问题是你前夫的不当行为造成的。要明确的是，只有在你前夫的行为对你造成严重损害的情况下，你才可以要求赔偿精神损害抚慰金。对于精神损害的赔偿数额，法院通常会考虑侵权人的过错程度，侵害的手段、场合、行为方式等具体情节，侵权行为所造成的后果，侵权人承担责任的经济能力，受诉法院所在地平均生活水平等。

08 妻子怀孕才知晓　我被戴了绿帽子

宋先生

说这个我都有点不好意思，实在觉得丢人，我老婆给我戴了一顶不要太大的绿帽子。我和我老婆按说感情是很好的，我们是大学同学，大一军训的时候认识了，下半学期我们就谈起了恋爱，等于是四年本科，我们谈了三年半的恋爱。本科毕业后，我老婆考上了外地一个大学的研究生。在她研二的时候，我们领了结婚证。她研究生毕业后，说好是回上海的。但是忽然碰到一个很好的工作机会，我老婆说是千载难逢的，如果表现好，一年后就会调回上海。我爸妈当然是不同意，而我老婆觉得他们是老思想，不为她的前途考虑。我呢，恋爱后就一直宠着我老婆，所以当然她说什么就是什么。想着只要坚持一年，应该没什么问题。结果这一年，变成了两年，两年变成了三年，如今五年过去了，她不但没有回上海，反而送我一顶绿帽子。前面有半年，我们因为她回上海的事吵得一塌糊涂，没有在一起过。那时我对她还有感情，吵了半年时间，我想给她一个惊喜，没有事先和她说，就去看她了。当我见到她后，发现她不但人胖了，而且有了肚子。她觉得瞒不住了，就向我坦白了，说是在我们吵得最厉害的那天，她心情不好，去了酒吧喝酒，结果和别人有了一夜情。因为工作忙，她这个人又马大哈，到了快四个月的时候，她才发现自己怀孕了。本来她想不要这个孩子的，趁我不知道，把孩子做掉，结果去了医院，医生说她身体有问题，如果这个孩子没有了，她以后很难再怀孕，而且就她的身体状况，有这个孩子也算是个小奇迹。在这种情况下，她当然是选择把孩子生下来。她本来早就想和我说的，但是一直都不敢面对我，就这样拖着。她求我原谅她。对我来说，什么都可以依她，可这件事，我没有办法忍，更不可能原谅。于是我就提出离婚，她最后也同意离婚，但有要求，就是婚房归她，她回上海养小孩，要有地方住，她按市场价一半折价给我。这套房子是我们领证后，我爸妈首付了大部分房款，剩下的我们贷款买的，产权证上写了我们两个的名字。但她只是节假日过来住过几天，我们结婚五年，她在这个房子里住的时候不超过一个月。请问律师，我们现在这种情况，如果打官司离婚，我可以要求她赔偿精神损失吗？这套房子会怎么分呢？

律师解答

《婚姻法》规定的无过错方有权请求损害赔偿。这种"过错"是特定的：1. 重婚的；2. 有配偶者与他人同居的；3. 实施家庭暴力的；4. 虐待、遗弃家庭成员的。其中"有配偶者与他人同居"是指有配偶者与婚外异性，不以夫妻名义，持续、稳定地共同居住，而非"一夜情""嫖娼"或"婚外恋"。你妻子如果仅与他人一夜情导致其怀孕的，其行为不属于《婚姻法》规定的无过错方有权请求损害赔偿的情形，故你很难以此主张精神损失赔偿。

婚姻关系存续期间所得的财产一般情况下属于夫妻共同财产，离婚时夫妻共同财产的分割，应坚持照顾子女和女方权益、照顾无过错方的原则，并结合夫妻双方对家庭的贡献、财产的实际使用情况进行综合考量。你们夫妻之间本属于家庭婚姻中的正常分歧，通过你妻子与他人发生不正当关系，并在婚姻关系存续期间与他人生子这种错误方式激化，导致你们夫妻关系彻底破裂，你妻子存在明显过错。而且你所提到的房屋是由你父母支付大部分房款作为首付款购买，且你妻子亦长期不在该房屋内居住，故在分割时，法院通常会综合考虑房屋购买时的出资、房屋实际使用状况，以及相关的事实等，作出判决的。我个人认为一般会判决房屋归你所有，由你给妻子进行折价补偿。

09 离婚后发现女儿非亲生，前妻死不承认

曹先生

我和我前妻是相亲认识的。见了一次面后，我们双方本来也没有打算再见第二次。反正我去相亲，完全是我爸妈逼的。后来，我们再一次相遇了，这次是她所在公司和我们公司一起合作一个大项目，刚巧我们都是服务于这个项目。因为毕竟见过一次面，所以相对于其他人更熟悉一些。那时候经常一起加班，待的时间比较长，慢慢接触下来，就自然而然地谈起了恋爱。之后，我们结婚、生子一切都是水到渠成。我自认为对她算是不错的，她一开始还可以，否则我也不会和她结婚了。有了孩子后，我妈来帮我们带孩子，结果我前妻和我妈搞不到一起，两个人只要吵架，最后倒霉的肯定是我。两边不讨好，我就不怎么愿意回家，我前妻就怀疑我外面有人，经常和我吵闹。次数多了，我们俩都觉得没意思，都想离婚，但都不愿意捅破这张纸。后来，还是她提出离婚的，我就顺水推舟同意了。因为是女儿，肯定是和妈妈生活在一起更好，孩子就由我前妻抚养，我每个月给生活费。另

外，我们俩还有一套房子，她说她带孩子没地方住，我就把房子让给了她，她给了我一些补偿款。其实本来我可以要更多的补偿款，因为房子的首付是我爸妈出的，产权证写了我们两个人的名字，我们家对房子的付出更多，我应该可以多拿的，但我看在孩子的份上，只要了一点点钱，房子归了她。按这个谈好的内容，我们去民政局协议离的婚，自愿离婚协议上写好了她给我补偿款，我们没有其他债权债务。后来的事情是和我女儿有关的。小的时候，女儿长得就一点也不像我。我们家亲戚来看的时候也说，女儿应该像爸爸什么的，但我女儿比我长得好看多了。我想着孩子小，等长大了，应该会看出来总是有像我的地方。可女儿现在都八岁了，我是怎么看怎么不像。朋友就提醒我，可以去做个亲子鉴定。这样，我就带着女儿去做了鉴定。虽然我有猜疑，但真的看到结果，显示我不是女儿的生物学父亲，实在是很难以接受，当然也有伤心，真是又气又难过。我拿着鉴定的结果去找我前妻，结果她死不承认，还说谁知道我是和谁做的鉴定，孩子肯定是我的。我和她说，结果是死的，之前我抚养女儿的钱加上我这么多年给的抚养费，她必须还给我。但我前妻说，让我想也不要想。我现在就想问问律师，如果打官司，我前妻不承认孩子不是我的，我手里的鉴定报告有用吗？孩子不是我的，我可以要回所有我抚养女儿的费用吗？还有我们原来签订自愿离婚协议书时，我是为了孩子作了让步，我现在可以提出来这个协议中关于钱的部分作废吗？我可以要求重新分财产吗？我前妻骗我这么多年，我戴了这么多年的绿帽子，现在在认识的人跟前都抬不起头，我可以要求我前妻赔偿我精神损失吗？

律师解答

《最高人民法院关于适用〈中华人民共和国婚姻法〉若干问题的解释（三）》规定，夫妻一方向人民法院起诉请求确认亲子关系不存在，并已提供必要证据予以证明，另一方没有相反证据又拒绝做亲子鉴定的，人民法院可以推定请求确认亲子关系不存在一方的主张成立。鉴于你前妻对你提供的鉴定报告不予认可，我认为根据上述规定，这份鉴定报告应当认定为你为了确认你女儿非你亲生而提供的必要证据即鉴定报告载明的，你不是女儿的生物学父亲。若你前妻没有相反证据证明，如果又拒绝做亲子鉴定，法院应该会依法推定你非女儿亲生父亲的主张成立。

你在不知情的情况下抚养了你前妻的非婚生女，因此你们签订的自愿离婚协议书关于抚养费的相关内容应予以调整，你有权要求返还已支付的抚养费，以及婚姻存续期间抚养你前妻的非婚生女所产生的相关费用，具体金额由法院酌定。

你主张撤销双方离婚协议书中有关财产的约定条款，并重新分割财产的要求，我认为要区别对待。如果你有证据证明是基于孩子是你亲生，且为了以后把这套房屋给孩子，所以才做此约定的，那么因为孩子并非你亲生，你可以要求对此部分内容作调整。但如果没有证据证明，且实际上分割财产时，并没有涉及孩子，仅仅约定房屋归你前妻，由你前妻给付你一定的补偿款，且在你们签订的协议中还约定双方无债权债务，在这个前提下，你要求对自愿离婚协议书中有关财产的约定作变动，重新分割的，一般很难得到法院的支持。

因为女儿并非你的亲生子女，你前妻的行为违反了夫妻间的忠实义务，你在不知情的情况下将女儿当作亲生子女对待和抚养，致你精神上遭受损害，侵犯了你的人身权益，你可以要求前妻赔偿精神损害抚慰金。对于具体数额，法院会综合你前妻的过错程度、你的受害程度，以及相关的法律规定，酌情予以确定。

10 争执中碰到头，这算是家庭暴力吗

余先生

  我和我老婆都是再婚的，要说我们结婚也有二十年了，但真正在一起好的日子不超过五年。我是带着个孩子的，就是因为有孩子，所以一直也没有找到合适的。后来是同事介绍，我才和我老婆认识的，那时候我离婚快十年了，儿子也上高中住校了，我就想着找一个伴。刚好有人介绍，也就见面了。第一次见面感觉也谈不上有多好，其实就想找个伴，而且我老婆年纪还比我小不少，我当时想着有人能和我结婚就不错了，也没有考虑太多。结婚后，我才发现彼此间并不适合，但想着已经离过一次婚了，就不要再离了，和谁结婚都差不多，就凑合着过呗。这样也过了有十年左右。可实在最后吵得没有办法，我老婆就搬回娘家了。我去找过一回，她不回家，我就再也没去找过。这样一晃就到了现在。其间，我提过离婚，但她不同意，就没有离成。我也不想上法院，就这样拖着。前段时间，我老婆主动找我，想要离婚。我们就谈了一次，我们没什么财产，只有我住的这套房子。这套房子虽说是我老婆单位分的，但其实是她单位把我结婚前就有的房子收掉了，然后又给我们分的这套房子，只比原来的房子大几个平方，要我说还没有原来的房子地段好，我是为了迁就我老婆才同意置换的。分的是公房，后来我们出钱把这个房子买成了产权房，本来产权写我一个人的名字，后来她吵得不行，又加了她的名字。我当时加名字，纯粹是想着她能和我好好过，不要一天到晚地无理取闹。我老婆现在提出这套房子是两个人的名字，要分两个人都有份，而且房子是她单位分的，所以房子应该归她，她

给我钱。她还说当时她之所以和我分居，搬出去住，是因为我打她，她有证据的，我算是家庭暴力，我应该少分财产，她就算给我钱，也不是按一半来，而是四六开。我真是无语了，就她说的这个家庭暴力，根本不存在。我比她年纪大，身体后来也不是很好，哪里有力气打她，她搬出去那次是因为她要冲过来打我，我让了一下，她自己摔了，头碰到了桌子上，就说是我打的，我知道那次她报了警，还去验伤了，后来就不了了之了，其他再也没有什么她受伤的事了。请问律师，难道那一次她受伤了，就能按她说的，我有家庭暴力吗？如果算，我会因此少分财产吗？还要赔偿吗？如果去法院离婚，这套房子会怎么分呢？

律师解答

《最高人民法院关于适用〈中华人民共和国婚姻法〉若干问题的解释（一）》规定，《婚姻法》第三条、第三十二条、第四十三条、第四十五条、第四十六条所称的"家庭暴力"，是指行为人以殴打、捆绑、残害、强行限制人身自由或者其他手段，给其家庭成员的身体、精神等方面造成一定伤害后果的行为。持续性、经常性的家庭暴力，构成虐待。若你和你妻子就你所述的发生过一次冲突导致其受伤，且没有证据表明她受伤是你实施了暴力行为所致的，那么应该并不构成家庭暴力。因此不存在损害赔偿的问题。

就你提到的房屋，由于该房屋原来是公有住房，你们双方在婚后购买为产权房，产权登记在两人名下，应为夫妻共同财产。但鉴于这套房屋是你用你婚前承租的公房置换取得，你的贡献较大，因此在分割时你可以要求多分。具体份额和房屋的归属，法院会综合考虑双方贡献的大小，居住情况、支付能力等综合认定。

11 网友成为妻子，婚后出轨不知去向，我该怎么办

谢先生

我和我妻子慧慧是在网上认识的，她比我小了八岁，我们俩是在网上聊天慢慢聊出了感情，后来约见面，见了几次我们感觉情投意合就谈起了朋友。谈了一年不到我们就结婚了。结婚前可以说她玩心还是挺重的，我觉得她毕竟比我小那么多，玩心重也很正常，等结婚有了孩子我相信她也会收心的。可是事与愿违，我们婚后她还是很爱玩，而且很喜欢上网聊天和玩网络游戏，对于家庭生活她一点都不上心，大大小小的事全是我做。后来我们两人有了儿子，但即使这样她还是要玩，孩子也不管，经常孩子在哭，但她就跟听不见似的在那上网。我真的是火很大，可她却不以为然。前段时间，我开始发现她有点异常，她的QQ、微信经常半夜还会响，我问她是谁，她当时说是什么群里的消息，可是之后她聊天就不怎么用电脑了，经常拿着手机在那偷偷摸摸地发信息。后来，我发现她与一个男的聊天时语气暧昧，当时我就质问她，她承认说因为无聊，所以和对方聊天蛮频繁，还说今后不会再这样，并且写了保证书。我当时原谅了她，可是她是本性难改，这不，我又发现她仍与这个暧昧对象联系，且聊天时常常使用"我也想你""看到你我心情就好"这样的暧昧语句。我当时气得差点昏过去，因为这件事我父母差点气到住院。这样一来，她反而就破罐子破摔了，说要离婚，还到处说"我就是出轨了，我就是给你戴绿帽子了怎么样"。这种家丑我是不想被别人知道的。但是她这么一说，亲戚朋友同事全都知道了，我现在真的是头都抬不起来，太丢人了，我情绪一直很低落。现在她索性搬出去和

那男的同居了，孩子也不管。我是要离婚的，她人也找不到，我该怎么提出离婚？另外就是离婚后，我能不能要求她赔偿我的精神损失？我现在家门都不太出，总觉得别人在背后指指点点的。想问下律师，我该怎么办？

律师解答

你遇到的这个情况，因为你目前与妻子没有联系，所以你们不可能协商一致去婚姻登记机关办理离婚。你可以直接向法院提起离婚诉讼。

如果你的妻子离开她的户籍地超过一年，你起诉离婚的，可以向你户籍所在地人民法院起诉。诉讼时，你可以向法院提供你妻子的户籍地及相关的联系方式。如果她收到法院送达的相关起诉材料，并经传票传唤，无正当理由拒不到庭的，法院可以缺席判决。如果法院无法送达的，将会公告送达。自发出公告之日起，经过六十日，即视为送达。

关于你提到的赔偿精神损失一事，这个要看你是否有证据证明你妻子和婚外异性，不以夫妻名义，持续、稳定地共同居住。如果有证据证明，则你妻子的行为构成《婚姻法》规定的"有配偶者与他人同居"。你可以据此起诉要求与妻子离婚，同时还可以请求损害赔偿。精神损害的赔偿数额法院通常会根据你妻子的过错行为和程度，以及给你造成的后果等酌情作出认定。

12 丈夫在外与他人生子，该如何主张损害赔偿

聂女士

我和现在这个老公已经两次因为离婚的事情闹上法庭了，我

无论如何都要和这个男人离婚。因为他长期在外和一个女人同住，还有了孩子，明明是他不忠在先，现在他反过来污蔑我说我在外面有人，不仅言语上羞辱我，甚至还拉着我们的儿子去做了亲子鉴定。做亲子鉴定之前，我们说好，如果孩子是他亲生的，他就要给我 10 万元当作精神赔偿，他同意了，还签订了协议。后来鉴定结果证明他就是孩子的父亲，他却反悔不给我那 10 万元了，说这份协议是他一气之下签的，不算数。后来我再次向法院起诉要求离婚，我想让他赔给我之前说好的 10 万元，再加上他长期在外有情人这个事实，我想再问他要 8 万元的精神赔偿，总计一共 18 万。但是他跟法院说他在外面没有女人，这一切都是我乱编的。法院这次还是没有判决我们离婚。我忍无可忍，就向妇联求助，在他们的帮助下，找到了一份他和外面那个情人做的一份亲子鉴定，上面显示他的私生子就是他的孩子。现在铁证如山，我想再次请求法院判决我和这个无耻的男人离婚，并要求 18 万的精神赔偿，我想问问律师，我的请求能得到法院支持吗？我能告他重婚罪吗？

律师解答

就你遇到的情况，我觉得如果起诉至法院离婚应该会得到法院的支持。《婚姻法》规定，人民法院审理离婚案件，应当进行调解；如感情确已破裂，调解无效，应准予离婚。有下列情形之一，调解无效的，应准予离婚：（一）重婚或有配偶者与他人同居的；（二）实施家庭暴力或虐待、遗弃家庭成员的；（三）有赌博、吸毒等恶习屡教不改的；（四）因感情不和分居满二年的；（五）其他导致夫妻感情破裂的情形。你丈夫与他人有婚外情，并生育子女，可见你们的感情确已破裂，达到法院判决离婚的标准。

对于你们签订的亲子鉴定协议，我认为是双方当事人的真实意思表示，协议的内容没有违反法律禁止性规定，亦无违背公序良俗，因此，你可以要求丈夫按协议约定支付 10 万元精神损害赔偿。

对于另外 8 万元的精神赔偿，我认为的确你丈夫与他人的婚外性行为及他对你的不信任，违背了夫妻应当互相忠诚、互相尊重的原则，直接导致了你们夫妻感情破裂，给你造成了严重的心理创伤和精神损害，你丈夫应对双方最终离婚应承担过错责任。当然具体精神损害抚慰金的金额，由法院根据过错程度，所造成的后果等情况进行酌定。

我国《婚姻法》明确规定，实行婚姻自由、一夫一妻、男女平等的婚姻制度。重婚罪是对一夫一妻婚姻制度的严重破坏。根据《刑法》规定，重婚罪是指有配偶而重婚，或者明知他人有配偶而与之结婚的行为。若你丈夫在你们婚姻关系存续期间，与你提到的女性登记结婚，或者虽未登记结婚，但以夫妻名义共同生活，应该是构成重婚罪的。如果你有证据，可以直接向人民法院起诉。

夫妻有约定　纠纷有法律

01 离婚协议有约定　擅自售房属违约

📝 案 情

韩先生和刘女士是通过相亲认识的，经过一段时间的交往后，在家人的催促下，两人步入了婚礼的殿堂。婚后不久，刘女士就怀孕了，之后生育了一个健康的儿子。儿子的到来让刘女士把生活的重心都放在了儿子身上，对韩先生的关心少了，争吵却多了。这样两人在争吵中过了三年，在儿子三岁的时候，两人因性格不合去民政局协议离婚。在离婚协议中两人约定，两人名下的两套房屋（其中一套登记在韩先生名下，另一套登记在刘女士名下）均归儿子所有，在儿子满十八周岁当日将两套房屋均过户至儿子名下，其间两套房屋产权均不得作任何变动，不得增加共有人，不得出售，若任何一方违约的，则重新分割夫妻共同财产。去年，韩先生未经刘女士同意，擅自将其名下的房屋出售给他人，并用售房款重新购得一套新的商品房。刘女士知道此事后，起诉至法院，要求重新分割夫妻共同财产，由韩先生支付给刘女士房屋出售款的一半。庭审中，韩先生辩称，自己虽然出售了其名下的房屋，但又用这售房款购买了另一套房屋，只是房屋的置换，不影响儿子对房屋的实际权利，所以不同意刘女士的诉讼请求。

评析

《最高人民法院关于适用〈中华人民共和国婚姻法〉若干问题的解释（二）》第八条规定，离婚协议中关于财产分割的条款或者当事人因离婚就财产分割达成的协议，对男女双方具有法律约束力。当事人因履行上述财产分割协议发生纠纷提起诉讼的，人民法院应当受理。本案中，韩先生与刘女士签订的离婚协议是双方真实意思表示，合法有效，双方均应恪守履行。双方在离婚协议中约定了两人名下的房屋产权归儿子所有，两人不得出售房屋或增加共有人，若任何一方违约的，则重新分割夫妻共同财产。现在韩先生未经刘女士同意，擅自将其名下的房屋出售，不论韩先生之后的行为如何，都不能改变韩先生已违反离婚协议约定的事实。所以依据离婚协议的约定，在韩先生违约的情况下，作为原告的刘女士有权要求重新分割夫妻共同财产。目前，由于房屋已通过合法途径过户至第三人名下，第三人属善意取得，无法恢复原状重新分割房屋本身，所以刘女士要求重新分割被告韩先生出售房屋所得的售房款的诉讼请求与法不悖，理应得到法院的支持。

结案

法院支持了我方的观点，判决被告韩先生在判决生效后十日内向刘女士支付一半的售房款。

02 以哪份离婚协议为准

案情

洪先生和前妻在十多年前离了婚,之后两人并没有什么来往,但前段时间,前妻却将洪先生告上法庭,为的是洪先生家老宅的征收补偿利益。说起洪先生和前妻,曾经也是恩爱夫妻,就是因为一日夫妻百日恩,所以在离婚这件事上洪先生也作了不少让步。婚后,前妻的户口迁到了老宅处,并和洪先生一起在老宅居住。几年后,前妻所在工作单位以居住困难为由,给洪先生一家三口新配了一套新公房,承租人是前妻。因为房子位置较偏,上下班不方便,他们仍住在老宅处。其间,洪先生的父母相继因病过世,老宅的承租人就变更为洪先生。洪先生和前妻就离婚的事,谈了一些日子,刚开始双方自己拟了一份离婚协议,约定离婚后对各自承租的老宅和新公房,双方共有处置的使用权和收益权,一经法定程序认定,双方无条件遵守。然而前妻觉得这样不行,等于没分清楚。前妻提出老宅归洪先生,她承租的那套公房购买为产权房,产权归她一人。洪先生本来是想老宅是自己家的,而分配那套新公房时,他也是配房人口之一,是有权利的。然而考虑到这么多年的夫妻情,洪先生还是同意了前妻的意见。于是后来真正去离婚时,在婚姻登记机关双方又签订了一份新的经备案的离婚协议,约定双方财产经协商后自行分割,离婚后自行解决住房问题。离婚后,前妻就搬出了老宅,并将属于她的那套房屋出售给他人。因为多年没联系,所以洪先生根本没有想到前妻和他还会有交集。前段时间,老宅被纳入征收范围,洪先生作为承租人与征收单位签订了征收补偿协议，取得了一定金额的征收补偿。这时，前妻认为她户籍在老宅处，且在离婚前长期居住在老宅处，为老宅的同住人，最初的离婚协议中约定她对老宅享有同等的收益权，因此她起诉至法院，要求取得一定金额的征收补偿款。

评析

关于离婚协议，虽然最初的离婚协议约定了双方对老宅的征收利益拥有平等的收益权，但该协议同时约定协议需经法定程序认定，而之后两人在离婚时重新签订了协议，并向婚姻登记机关备案，协议中对双方的财产及住房重新作了约定。另外，经备案的离婚协议中约定财产经协商后自行分割，及事实上，住房自行解决后，洪先生的前妻搬出老宅，并将她名下的房屋出售。根据前后两份离婚协议约定的内容，以及实际履行情况分析，双方实际履行了经备案的离婚协议，因此应当依据经备案的离婚协议处理双方的财产。同时，前妻在离婚后便搬出老宅居住，也不符合共同居住人的条件。

> **结案**
>
> 法院采纳了我方的观点，判决对洪先生前妻的诉讼请求不予支持。

03 这个离婚协议有用吗

案 情

谢先生本以为自己和邹女士能好聚好散,没想到离婚后没多久,前妻邹女士将他告上了法庭。理由很简单,邹女士认为,他们俩婚后购买的房屋产权登记在谢先生的父母及谢先生和她名下,是属于家庭共有财产,因为这套房屋涉及案外人,所以在离婚时,并没有分割,而现在她和谢先生已解除了婚姻关系,共同共有的基础已丧失,要求分割这套房屋,取得四分之一折价款。实际上,这套房屋并不是四人一起出资购买的,而是拆迁分的。早在多年前,谢先生父亲承租的老的使用权房屋拆迁,分了这套公房,承租人仍是谢先生的父亲。谢先生和邹女士结婚后,由谢先生的父母出资将这套公房购买为产权房。那时邹女士和谢先生的感情很好,刚怀上宝宝,于是这套房屋的产权证上就写了谢先生父母及谢先生和邹女士四个人的名字。谢先生和邹女士离婚并没有去法院,而是去民政部门协议离婚。去民政部门的前一天,两人就离婚的事商量好后,在家里写了一份离婚协议,约定:1. 双方自愿离婚;2. 孩子由邹女士抚养;3. 离婚后,邹女士对那套登记在四人名下的售后公房不享有使用权和所有权;4. 双方没有任何财产纠纷。办理离婚手续时,民政部门有格式文本,这样他们就在民政部门提供的自愿离婚协议书上约定无财产分割,其他都和之前的离婚协议内容差不多。谢先生认为,双方已经对这套房屋作出了约定,就应该按约定的来,邹女士打官司就是因为看着房价上涨,反悔了。

🔍 评析

　　《最高人民法院关于适用〈中华人民共和国婚姻法〉若干问题的解释（二）》规定，离婚协议中关于财产分割的条款或者当事人因离婚就财产分割达成的协议，对男女双方具有法律约束力。男女双方协议离婚后一年内就财产分割问题反悔，请求变更或者撤销财产分割协议的，人民法院应当受理。人民法院审理后，未发现订立财产分割协议时存在欺诈、胁迫等情形的，应当依法驳回当事人的诉讼请求。

　　本案的主要争议点在于邹女士是否已经放弃了这套房屋的权益。依据上述规定，谢先生与邹女士共同签署了离婚协议，这份协议是双方真实意思表示，并不违反法律、行政法规的强制性规定，应属合法有效，双方均应恪守履行。这份协议中明确约定邹女士在离婚后不再享有这套房屋的所有权和使用权，双方无任何财产纠纷。之后，双方在民政部门办理离婚手续时，又签订了自愿离婚协议书，再次明确双方无财产分割。而且两份协议内容基本相同，对房屋的处理上相互印证，反映出邹女士已放弃了这套房屋的相关权益。在邹女士没有证据证明订立离婚协议时存在欺诈、胁迫等情形的情况下，她的诉讼请求是没有法律依据的。

✓ 结案

　　法院采纳了我方的观点，驳回了邹女士的诉讼请求。

04 丈夫隐瞒不育真相,签订协议后又反悔不离婚

钱女士

我是一直想要离婚的,但是我的丈夫却不同意。事情是这样的。我的丈夫以前离过婚,当初通过朋友介绍的时候,我看到他相貌堂堂,又事业有成,为人谈吐都很绅士,后来深入了解之后,我问他:你为什么会离婚?他跟我说是因为做生意太忙了,和前妻聚少离多,感情淡了,也就离婚了。我还特意问他,你有没有孩子,他跟我说没有。相恋一年后,我们结婚了。我一直想要一个孩子,他的态度却是有点抵触的,说要好好享受二人世界,还说孩子出生后会很麻烦。然后我就一直怀不上。后来经过医院的检查诊断,我发现我的丈夫是不具有生育能力的。原来他一直在故意欺骗我隐瞒我,我很伤心,考虑再三,我还是决定离婚吧。他一开始也同意的,我们约定婚后购买的市价120万的房屋归我所有,但我要支付给他100万的房款;另外,他要补偿给我20万的精神损失费。这些都写在我们自愿达成的离婚协议上,并签字了。然后我就支付给了他80万,因为我把那20万元的精神损失费给扣掉了,结果他现在就不同意离婚了,说我少给他20万,也不同意给我精神损失费,而且说我们的感情没有破裂他不同意离婚,所以我就想来问问律师,我该怎么办?

律师解答

《最高人民法院关于适用〈中华人民共和国婚姻法〉若干问题的解释(三)》中规定,当事人达成的以登记离婚或者到人民法院协议离婚为条件的财产分割协议,如果双方协议离婚未成,一

方在离婚诉讼中反悔的,人民法院应当认定该财产分割协议没有生效,并根据实际情况依法对夫妻共同财产进行分割。

依据上述规定,若你们夫妻双方曾对离婚当中财产分配达成过协议,而且这个协议是以双方离婚为条件的,但签订协议后,你们并没有办理协议离婚的手续,如果之后,你提起离婚诉讼,而你丈夫反悔的,法院通常认定该财产分割协议并没有生效。

若你们夫妻达成的是财产分割协议,并不是以离婚为目的的,且你丈夫无证据证明其具有无效或可撤销、可变更的法定情形,或协议已经履行完毕的,应认定协议对双方有拘束力。

如果你坚持离婚的,可以通过诉讼来解决。据你所述,在你的这段婚姻中,男方承认与你结婚时隐瞒真相,未告知你,他不能生育的事实,导致你在不知情的情况下,与他结婚,显然他在这段婚姻中扮演了不光彩的角色。鉴于这一事实,法院判决你们离婚的可能性很大。

《最高人民法院关于人民法院审理离婚案件如何认定夫妻感情确已破裂的若干具体意见》中规定,一方患有法定禁止结婚疾病的,或一方有生理缺陷,或其他原因不能发生性行为,且难以治愈的,视为夫妻感情确已破裂。一方坚决要求离婚,经调解无效,可依法判决准予离婚。如果你丈夫有上述情形的,法院通常会判决你们离婚。

另外,《婚姻法》规定,有下列情形之一,导致离婚的,无过错方有权请求损害赔偿:(一)重婚的;(二)有配偶者与他人同居的;(三)实施家庭暴力的;(四)虐待、遗弃家庭成员的。由于你丈夫隐瞒不育的情况不属于上述规定的有权请求损害赔偿的情形,法院一般不会支持你提出的由你丈夫赔偿精神损失的主张。

05 父母出资购房有协议　女方认为无效起争执

袁先生

　　我和我老婆原来是同事，在同一个公司的时候，我们并没有在一起。后来，她去了别的公司，偶然的一次机会我们又碰到了，相处不错，就开始谈恋爱。结婚的事是我老婆年纪大了，催我的。我觉得两人在一起还可以，当时也没什么大问题，就确定了这个事。我们结婚后，一开始是和我爸妈住在一起的。我们家有两套房子，本来说一套是给我们结婚用的，因为房子在郊区，位置偏一点，离我们上班的地方都太远，而另一套房子在市中心，有三室二厅，我们夫妻俩再加爸妈住得下，我们就和爸妈住到了一起。刚开始还好，后来我老婆就和我说要搬出去住，我起初不同意，觉得和爸妈住一起蛮好的。但经不住她天天和我说，烦得很，我也就和爸妈说了要再买房子的打算，还说准备要个孩子，要买个学区房。我爸妈一听要孩子的事，想都没想就同意了。我们家两套房子上都有我爸妈的名字，因为限购，他们不能再在新买的房子上上名字。后来，看好的房子又超了一点预算，我老婆就提出来，她的公积金没有用过，可以贷款的。这样，我们新买的房子上就写了我和我老婆两个人的名字。但钱都是我爸妈出的。特别是签居间协议时，都是我和我妈去签的，定金也是我妈直接转给上家的。后来定下来这套房子，也说好产权写我和我老婆这件事后，我妈把除了贷款以外的房款转给我，我又转给了上家。因为房子是我们家里出钱买的，而且贷款也都是我爸妈在还，我爸妈担心，以后我们离婚了，我老婆来抢房子。于是我们四个人一起签了一份协议书，我爸妈表示如果不签这个协议，他们不同意出钱,这样我老婆才在协议上签的字。这个协议的内容很简单,就是写了上面我说的事实:这套房屋由我爸妈出资购买,产权证上写我和我老婆的名字,贷款由我爸妈还,这套房子归我爸妈所有,如果以后我和我老婆离婚了,我们两人都要从产权证上把名字去掉,而且不能问任何人要一分钱。后来房子买好后,因为装修和怀孕的事,我老婆天天和我搞,这个不满意,那个不满意。我说爸妈让我们早点怀个孩子,可她说,要孩子可以,把原来写的那份协议撕掉,而且她不止一次这样说。时间长了,我吃不消了,她也明摆着不想和我过,一回娘家就几个月,我不去两三次接她,她肯定不回来。我爸妈又天天催我们要孩子……我烦死了,就和她提出离婚。我还没怎么样,她就说要分我们家的房子,她说她有名字的,要离婚可以,去掉贷款,要按市场价给她一半的钱。我说已经签了协议,如果离婚,房子是我爸妈的,和我们两个没有关系,她也不能问我要钱。她一听就炸了,说这个协议是我骗她写的,没用的,签字的那天她去医院看过病,脑子不清楚;而且这套房子的产权证上写了我们两个人的名字,说房子归我爸妈所有,等于是我们赠与给我爸妈,房子在没有过户之前,她就有权撤销赠与。她还说,协议上写了如果我们两人离婚,我们两人都要从产权证上把名字去掉,而且不能问任何人要一分钱,这个内容是侵害了她的婚姻自由,是无效的。请问律师,我老婆说的有道理吗?

律师解答

你们夫妻两人与父母签订的协议是否有效,关键取决于是否是你们四人的真实意思表示,有没有违反法律、行政法规的强制性规定等等。这份协议约定了这套房屋由你父母出资购买,产权虽然登记在你们夫妻两人名下,但如果你们小两口离婚,这套房屋归你父母所有。显然,从内容看来,这是你们自主处分这套房屋产权归属的合意，不存在无效的约定。

　　对于你妻子提出的签协议是受你欺骗，且当天她脑子不清楚一事，要提供相应的证据证明。当事人对自己提出的诉讼请求所依据的事实或者反驳对方诉讼请求所依据的事实有责任提供证据加以证明。没有证据或者证据不足以证明当事人的事实主张的，由负有举证责任的当事人承担不利后果。在她只是说一说，但没有证据证明的情况下，法院不可能支持她的这个观点。

　　对于你妻子提出这套房屋归你父母的约定，是作为赠与可以撤销的事，我认为综观协议内容，以及购房的相关情况，可以认定协议是对房屋出资来源及相关权益的确认，并没有赠与的内容及意思表示，所以她的这个讲法是不成立的。

　　还有就是，你妻子认为这份协议部分内容无效，而事实上，这份协议中并没有她提到的对婚姻自由的侵害问题，只是列明如果你们离婚，你们两人要把名字从产权证上去掉，即房屋返还给你父母，并没有限制你们两人的离婚自由。

06 不孝女儿

樊先生

　　我们老两口真没想到，女儿竟然帮着女婿来问我们要房子。早在十多年前，我们夫妻俩用一辈子的积蓄买了一套商品房，产权登记在我和老伴名下。因为积蓄也不多，不可能在市中心买房子，房子位置在当时来说算不好的地段，所以价格我们也能接受。现在这个地段由于通了地铁，因此价格涨了不少。女儿女婿一直在国外生活，后来回上海后，知道这个房子现在的市场价就开始眼红了。有一句说一句，买房子的时候，女儿女婿没有出钱，且我们装修的时候，他们送了我们 5 000 元，说是就不买什么东西了。为了抢这个房子，我女儿女婿算是费尽了心机，竟然已经假离婚了，事实上他们还住在一起，孩子也是在离婚后养出来的。这次女儿不出面，说是在带孩子，都是女婿出来搞的，女儿估计在幕后操纵。前几天，他拿了一份女儿在国内的公证处做的声明书，内容是说在买房时，她看见女婿亲手把相当于 15 万元人民币的外币当场一次性交到我手里，当时说好房子是帮女婿买的，产权证上写女婿一个人的名字；但房子买好后，女婿发现产权证上没有他的名字，就问我们，我们说算是女婿借钱给我们，我们会还的；因为这件事，双方有了矛盾，我们就不承认事实了。女婿这次很有底气的，说这个声明书是女儿在国内的公证处做的，是有效力的。如果我们同意在这套房子的产权证上加上他的名字，这件事就算了，如果不同意，他就要打官司要回房子。请问律师，就凭女儿在公证处写弄的这个声明书，女婿就可以抢我们的房子吗？

律师解答

证人应当出庭作证，接受当事人的质询。证人在人民法院组织双方当事人交换证据时出席陈述证言的，可视为出庭作证。"证人确有困难不能出庭"，是指有下列情形：（一）年迈体弱或者行动不便无法出庭的；（二）特殊岗位确实无法离开的；（三）路途特别遥远，交通不便难以出庭的；（四）因自然灾害等不可抗力的原因无法出庭的；（五）其他无法出庭的特殊情况。前款情形，经人民法院许可，证人可以提交书面证言或者视听资料或者通过双向视听传输技术手段作证。与一方当事人或者其代理人有利害关系的证人出具的证言，不能单独作为认定案件事实的依据。

不动产登记簿上记载的权利人，就是法律上承认的权利人。但在当事人有相反的证据时，是可以推翻这种法律上推定的权利人,从而维护事实上真正的权利人。你所提到的房屋多年前就由你和老伴购买,且产权登记在你们两人名下,你们夫妻俩就成为法律上承认的权利人。现在你女婿认为是他出资购买的,主张他是事实上真正的权利人,应当提供充足的证据予以证明。他持有的经公证的你女儿的声明书是你女儿的个人表述,如果诉讼,你女儿的表述应该是属于证人证言。如果诉讼时,你女儿未当庭作证的,未接受当事人的质询,那么仅凭这份声明书是不能作为认定案件事件的依据。更何况,你女儿与女婿在离婚后,还生育子女,可以证明他们两人存在利害关系,退一步,就算你女儿出庭作证,她的证人证言也不能单独作为认定案件事实的依据。

07 前夫不付离婚协议约定的抚养费,竟称协议无效

贺女士

我是三年前和前夫签订了离婚协议书,办了离婚手续。在离婚协议书中我们对夫妻共同财产做了分割和约定,写明,男方再另行一次性支付女方补偿款350万元,并写清楚了付款时间。此外还约定,从两年前开始,男方每年支付8万元生活费给女方,直至女方终老,但如女方再婚,男方只支付女方十年生活费共80万元。但是从去年年底开始,我前夫就再没有给我钱了,他认为给我的钱已经足够多了,我现在生活富裕,他没有义务再给我生活费了。其实,我们离婚是因为我前夫出轨,还不止一次,最后一次竟然和我的闺蜜。而且离婚的时候,我们一起创业的公司全部股权归他了,他着急离婚,想另外组建家庭,所以才肯签这样的协议。现在我前夫的意思是我们签订的离婚协议是无效的,我们离婚了,他没有义务抚养我,没有义务再给我生活费。我现在就

想问问律师，我们签的离婚协议书到底有没有法律效力？

律师解答

你提到的你与前夫签订的离婚协议书应该是双方经过深思熟虑后达成的协议。你前夫作为有完全民事行为能力的成年人，应当知晓该协议书所约定的内容及相应的法律后果。你前夫当时之所以愿意签订该协议书，应该考虑到夫妻共同财产的状况以及夫妻关系的现状、他本人要另行组建家庭及支付能力等。尤其是主要考虑到他取得了公司的股权，而你放弃了公司股权，日后经济收入必然不能保持原有水平，在这种情况下，你们双方才对协议的内容达成了一致意见。这份协议的内容是双方真实意思表示，是在平等自愿的基础上签订的，不存在任何欺诈、受胁迫的情况，也不存在显失公平问题，我认为是合法有效的。

《合同法》第五十二条规定："有下列情形之一的，合同无效：（一）一方以欺诈、胁迫的手段订立合同，损害国家利益；（二）恶意串通，损害国家、集体或者第三人利益；（三）以合法形式掩盖非法目的；（四）损害社会公共利益；（五）违反法律、行政法规的强制性规定。"对照上述导致合同无效的五项情形中，你们两人签订的离婚协议书，没有违反上述的任何一项规定。既然双方签订的离婚协议书没有出现任何导致条款无效的情形，当然就是有效的。

08 男女双方离婚时达成协议将房产卖掉的钱留给孩子，现在男方反悔该如何处理

闵女士

我和我前夫离婚有些年了。要说，我们有孩子，两人工作也

都不错，家里有房子、车子，应该过得不错。可后来，他怎么看我也不顺眼，一开始是明着和我吵，后来是冷暴力，回来也不怎么和我说话，再后来，就是不怎么回家了。我觉得他外面肯定有人了，但他一直不承认。因为有孩子，我本来不想离婚，也和他谈过，可他还是坚持要离婚。见我不同意，他就直接到法院起诉了。法院就说要调解，问我什么意见。其他的事都谈妥了，女儿跟我，就剩下房子的事。我们两人都有住的地方，就说好这个房子归女儿。刚开始他还不同意，后来我就说，他不同意房子给女儿，我就不同意离婚。他是着急离婚，就同意了。离好婚后，我们本来打算去交易中心把房子过户给女儿的，后来听说如果房子过户给女儿，再卖掉的话，要交税的。我们就谈了一下，说好房子卖掉，钱给女儿留着。他怕钱都放在我那里，不安全，就说要拿出20万放到他那里，等女儿需要的时候再给我。我当时想着，他总不会连女儿的钱都吞吧，就同意了。这样我们俩一起把房子卖了，其中20万是在我前夫那里。现在女儿上了高中，要补课什么的都需要钱，还想着送她出国读书，要学英语什么的，都是用钱的地方。我就和前夫商量想把那20万拿回来。但我前夫先是拖着不见面，后来电话也不接。没办法，我就去他们单位找他，我前夫看躲不过，就出来和我见了一次面。结果，他真是不要脸，说什么离婚的时候，孩子一直是他抚养的，读书什么的钱都是他出的，我是一分钱不出的；所以当时说好，给他的20万，算是给他用在女儿身上的，用来抚养女儿、支付女儿的开销花费，已经全部抵扣了。现在他没钱了，钱都花完了，一分钱也拿不出了。请问律师，我怎么才能从我前夫那里把这20万元帮女儿要回来呢？

律师解答

　　夫妻在离婚时对夫妻共同财产，是可以作出约定给一方或者依法分割归各自所有，当然也可以约定双方都放弃财产的所有权，将财产赠与给子女。通常这个约定只要不违反法律、行政法规强制性规定，不存在欺诈、胁迫等的，应为合法有效，对双方均发生法律效力。

你和你前夫经法院调解离婚，就你所说的房子，你们双方一致同意赠与女儿所有，这是你们双方对婚姻关系存续期间夫妻共同财产的处分约定，在法律规定的期限内双方并未提出异议。之后，你们将这套房屋出售，其中20万元售房款交给你前夫保管，可以确定这笔钱归你女儿所有。至于你前夫称是你把这笔款给他，作为抵扣其抚养女儿的抚养费，如果诉讼，你前夫要提供相应的证据证明。

而且，他的这种说法显然是对你女儿财产权利的侵犯。另外，退一步，就算你前夫对你女儿尽了抚养义务，这也是他作为父亲的职责与义务，如果你前夫认为需要你来承担部分抚养费，也是他与你之间另行协商解决的范畴，不存在所谓的抵扣问题。你作为你女儿的法定代理人，可以依法将你前夫诉至法院，维护你女儿的合法权益。

09 前妻竟然谎称我以报警相威胁逼她签离婚协议，协议有效吗

罗先生

我和前妻是朋友聚会上认识的，我对她绝对是一见钟情，之后我就开始了疯狂的追求。本来我前妻是看不上我的，她那时还有男朋友。后来不知道怎么的，他们分手了，我这才有了机会。结婚时，我前妻给我提了一个要求，就是要把名字加到我们家的房产证上。我是百分之百同意，但我爸妈不同意。因为这套房子

上写的是我妈和我两个人的名字,所以我一个人没法去办。为了加她的名字,我在爸妈跟前是下足了工夫,我提出我妈的名字不变,就是把我的名字换成我前妻的。我爸妈最后扭不过我,就同意了。就这样,我前妻成了房子的产权人之一。婚后,我把她捧成了公主,我前妻的朋友都很羡慕她,说她嫁得好。一年后,我们有了自己的孩子,本来感情应该更好的。可因为孩子的事,我前妻和我妈矛盾越来越多,还牵连到我。我前妻觉得我妈不好,我应该和她站在一起,说我妈的不是。但我就一个妈,而且我妈是帮我们带孩子的,我怎么可能怪我妈呢。为此,我和我前妻没少吵架。有一次,我前妻当着我的面和我妈吵,骂了很难听的话,我打了她一耳光。我前妻就带着孩子跑回了娘家,再也没有回来。我也去过丈母娘家求她回来,但她就是不肯,坚持要和我离婚。刚开始,我不同意,后来我听别人说,她和一个同事走得很近,是铁了心要和我离婚,我也就同意了。我们是协议离的婚,在自愿离婚协议书上我们约定好,离婚后房产归男方,也就是我,女方放弃该房屋产权,其他权利人份额不变,离婚后男方给女方房屋补偿款 90 万元。因为民政局的离婚协议书写不了那么多内容,当天,我们又写了一份协议,写清楚我给她钱的时间。两天后,我就给了我前妻第一笔钱。后来的钱我按时间凑齐后,让她和我一起去过户,一手交钱一手过户。但我前妻反悔了,她现在倒打一耙,说是我出轨了,所以才把产权证上的名字写成她的,而且之所以她和我签那个离婚协议书,是因为她和我吵架,把我打伤了,如果她不签字,我就去报警告她。我前妻又说我没有按离婚协议约定的日期把钱给她,现在房价涨了那么多,要处理房子,也要按市场价给她钱。我前妻打我的事是真的,就是离婚前,我知道她和同事走得近,和她吵,她不承认,还拿东西打我,我没有躲开,当场脑袋被砸流血了。但我们离婚是两个月后的事了,和这个事没什么关系。请问律师,我们签订的离婚协议有效吗?

我没按时给我前妻钱，是她不同意过户，我早就把钱准备好了，现在我还能要求我前妻把房子过户给我吗？我要按市场价给我前妻补偿款吗？

律师解答

先来谈一下，如果撇开你们之间签订的协议，就这套房屋的分割问题。对于夫妻共同财产的分割，一般情况下以均分为原则。对于你提到的房屋来说，原本为你与母亲名下的财产，且属于你的产权份额为你婚前个人财产，只是之后将你前妻变更为产权人之一。如果你对此有证据证明的，则可以认定男方对这套房屋的贡献更大，在离婚时，应该可以适当多分。

由于你母亲为这套房屋的产权人之一，因此，离婚案件当中法院通常以这套房屋涉及案外人的利益而不作处理。如果要分割这套房屋，通常需要离婚之后，另案提起诉讼。

你现在提出的是协议效力的问题。依法成立的合同，对当事人具有法律约束力，当事人应当按照约定履行自己的义务。你们签订的自愿离婚协议书系真实意思表示，合法有效，你和你前妻理应按照协议约定履行自己的义务。你前妻系这套房屋的产权人之一，但在签订自愿离婚协议书时，她明确表示放弃房屋产权，将其所有的产权份额归你所有，这是她对自身权利的处分，且不违反法律规定。如果诉讼，一般除你需要提供你已有相应钱款的证据外，你还应将钱款缴纳至法院。在你已经按照离婚协议书的约定履行了相应的付款义务的前提下，你可以提出要求确认房屋中属于你前妻的产权份额归你所有。

你前妻称签订离婚协议书是受你胁迫，并非其真实意思表示，应由其提供相应证据证明，如果未能提供证据予以证明，通常法院不会采纳。

10 宝贝女儿的烦心婚事

林女士

　　我女儿出生的时候是好好的，我和我老公也没有重男轻女的思想，很宝贝这个女儿。女儿取了我和老公两个人的优点，长得很漂亮，小的时候像个洋娃娃，人见人夸。而且女儿很乖，懂事听话。可就这么个好女儿，却在上学的路上遇上了车祸。那天本应该我去接女儿的，可刚好有事，就没去。我家离女儿的学校不远，一般如果没人接她，她就会自己走回家。我的一次疏忽，却给女儿造成一辈子的伤害。她身体上的创伤不说，车祸中把头也给撞伤了，脑子不如以前灵活，日常生活没有大问题，但和以前没法比了。那段时间，我和我老公也不知道怎么熬过来的。我是眼泪水也哭干了。后来，我们也想通了，至少，女儿还活着，我们天天还能看着她，不管她怎么样，我们保养好身体，养她一辈子。六年多前，我们家里的老房子说要拆迁，因为是农村的房子拆迁，是按人头算平方的。如果没有那场车祸，按我女儿的年纪，应该都已经结婚有小孩了，这样我们会分得更多。拆迁前，就有认识的朋友给我们出主意，说让我女儿找个人结婚，到时候可以多分点。我们一开始不打算这么做，如果随便找个男的，别到时候钱和房子没有多分到，反而有麻烦。朋友也是热心，说让我们不要想着是假结婚，先了解一下，如果可以真的相处也不错。我朋友的意思是他认识一个外地的男的，年纪比我女儿大一点，人特别老实，是个孤儿，他知道我女儿的事，不嫌弃我女儿，说是只要可以过日子就行。我和我老公也想着我们老了，有个人能照顾女儿总是好的，经不住我朋友的劝说，就见了这个男的，觉得是真老实。我们也让我女儿见了这个男的,我女儿也不反感,还会和他说话。这样,我们就谈好,让我女儿和这个男的先结婚,不办婚礼,也不住在一起,处处看,三年后,如果这个男的还坚持和我女儿在一起,而且对我女儿好,就正式地在一起,可以住到我们家里。考虑到如果我女儿和这个男的结婚了,就很有可能后面拆迁了,有分房子的问题,我们就希望和这个男的签个协议。这样,我女儿和这个男的结婚当天,签了一份夫妻财产协议书,内容是:结婚后,两人在经济上相互独立,各自取得的收入归各自所有;男方因女方家中房屋动迁而获得的全部利益,包括安置房和补偿款都归女方所有,男方不得以任何理由要求,不管以后双方离婚与否,或者怎么离婚,双方都遵守这个协议内容,不得反悔。后来,我们家里老房子真的拆迁了,分了三套房子和一些钱。其中一套房子预售权利人写的是我女儿和这个男的名字。刚开始,这个男的还不错,后来,还是我朋友告诉我们,这个男的在外面找了一个女朋友。我们知道后,就和这个男的说,要离婚。这个男的同意离婚,但说拆迁的时候,房子他有份,让我们给他50万,否则不同意离婚。他说,他问了别人,如果他不同意离婚,就离不了婚,而且拆迁时算了他的份,所以如果打官司,房子他能分到一半,比50万多。请问律师,这种情况,我女儿怎么样能和这个男的离婚?如果离婚,这个房子怎么分呢?这个男的有份吗?

律师解答

先来说说你女儿和男方离婚的事。男方称如果他不同意离婚,这个婚是离不了的。我认为他这个说法是没有法律依据的。《婚姻法》中明确规定了离婚诉讼中法院判决离婚的情形,只要符合规定中确认感情确已破裂的情形,法院通常会判决离婚。对于你女儿的这个情况,因为她与男方结婚后并未共同生活,结婚的目的是为了动迁多分利益,尚未建立真正的夫妻感情,再加上男方与其他女性交往，你女儿当然可以依法提起离婚诉讼。

　　对于男方索要的这 50 万元，我认为如果诉讼，法院应该不会判决你女儿向他支付这笔钱款。如你所述，在你女儿与男方结婚当天，双方签订了一份夫妻财产协议书，其中明确约定如果男方因女方家中房屋动迁而获得的全部利益，包括安置房和补偿款都归女方所有。基于这份夫妻财产协议书，离婚时，男方主张的 50 万元，应该不会得到法院的支持。

11 男方哄骗女方签下放弃产权协议书，事后女方能否要求拿回属于自己的动迁份额

胡女士

　　我前夫为了和我离婚，都已经上了三回法院了，前段时间，法院只是判决我们离婚，其他的事没有处理。我现在就想问问律师，我可不可以打官司。事情是这样的。我们结婚后，我就把户口迁到了前夫家里的老房子里。前几年，他们家里的老房子拆迁了，我前夫说动迁办说如果办产权证，要让我写个放弃产权的承诺书。我们当时感情还可以，我也知道被拆迁的老房是售后公房，产权证不是我前夫的名字，而是他妈妈的。而且我前夫说这次拆迁不是按人头，而是按面积，所以动迁安置的房子和我没什么关系。因为他有其他兄弟姐妹，为了把两套房子都做到他名下，就要写那个放弃产权的承诺书，不光我签字，他妈妈也要签字的。这样，我就在他的忽悠下，在这个承诺书上签了名字，上面写了我放弃产权。我签了字后，和我小姐妹说起这件事。她们中有一个因为动迁的事打过官司，她和我说，肯定是两套房子有我的份额的，否则不需要我写放弃产权的承诺书。听了她的话，我回去

就问我前夫,还吵了一架,因为吵得很厉害,还报了110。后来,我前夫看我真的是生气了,还要离婚,就承诺其中一套安置的房子我享有永久居住权。我前夫当时劝我说,因为我们是夫妻,现在产权写在他名下是因为他妈妈,而且他兄弟姐妹对这两套房子也是虎视眈眈的,如果我不这样做,他妈妈肯定不同意两套房子都写他的名字。我本来想让他在产权证上写我名字的,是他这样说,我才提出要永久居住权的。他也同意了,我们两个人就写了一份协议,内容主要是说:我婚后户口迁入他妈妈的售后公房,这套房子拆迁分了两套房子,因为我们是夫妻,所以我对其中一套房屋有永久居住权;在我居住期间,这套房子不能转让、出租。那个时候,房子还没有拿到。我们在外面租房子住。过了一段时间,他竟然去法院起诉离婚,我肯定是不同意的。他就一而再,再而三地起诉。打官司的时候,我还不知道,现在我知道了,他在起诉我的时候,拿到了我有居住权的房子,房子可以卖了,他一转手就把房子卖给了别人。这个下家还是他的朋友,我觉得他是为了不让我住,故意这样做的。我去找过我前夫,他说老房动迁,没有因为我们结婚或者是我户口在而多分,所以我是没份的。我前夫还说,那个协议是我拿了写好的一份,让他抄了一遍,他是为了家庭,被逼无奈才签字的,现在房子已经卖了,我是没法住的。请问律师,我和我前夫签订的协议有效吗?我现在还可以打官司要求对这套房子享有永久居住权吗?我该怎么办?

律师解答

你们双方签订的协议,发生在老房动迁期间,紧接在你出具放弃动迁安置房屋产权的承诺书之后,可视为你前夫自愿对你放弃可能享有的动迁利益所作出的补偿,而且补偿的内容为你前夫保证你在其个人名下的动迁安置房内享有居住权。该约定不违反法律规定,亦不违反公序良俗,应当认定有效。如果诉讼,你前夫称他受到你胁迫，在他没有证据证明的情况下，一般不会得到法院的采纳。

按你所述，为阻止你居住，你前夫将房屋出售给他朋友。但如果诉讼，你要提供相应的证据证明他们之间的买卖是恶意的，买受人非善意购房人。如果没有证据证明的，那么在该房屋已被出售的情况，你要主张居住权是无法得到法院支持的。

但你前夫在双方离婚诉讼期间擅自将这套房屋出售给朋友，理应对你因此产生的合理损失承担赔偿责任。因此，你可以向你前夫主张相应居住权益的赔偿。

12 离婚协议约定公房承租人改为女方，事后男方反悔，女方该如何维权

司女士

我和前夫结婚时，他一穷二白什么也没有，我们还是在外面租房住的。我们恋爱时，我爸妈就不同意，除了他们觉得我前夫家里条件不好以外，还觉得我前夫太活络了，怕我以后吃亏。我当时哪里会听爸妈的，被我前夫的甜言蜜语花得眼里就他一个人，非他不嫁，还威胁我爸妈，如果不同意我们结婚，就和他私奔。从小我脾气就犟，我爸妈拗不过我，最后同意了我们的婚事。结婚前一晚，我爸妈还和我长谈了一次，意思是结婚以后要夫妻恩爱，脾气要改一下，否则以后要吃苦头。我是一个耳朵进，一个耳朵出，连脑子都没有过一下。结果，后来应了我爸妈说的话。我脾气不好，在恋爱时，我前夫觉得是可爱，等结婚后，我再和以前一样发脾气，他就觉得是作，受不了。他后来说是这个原因，才被外面的女人吸引的。我发现他外面有女人后，一开始是原谅

他的，我不想因为这个和他离婚，爸妈知道后肯定要讲当初不听他们的。但是没想到，我前夫和那个女的就没有断过，后来还有了孩子。这样，我们最终离了婚。离婚时，我前夫还算可以，家里那时条件好，我们有两套住宅、一套商铺，还有公司。说好一套商铺归我，一套使用权的、地段很好的房子归我，存款都归我，还有一套我们住的房子卖了，我拿大头，他拿小头。我们没有去法院，直接在民政局协议离婚的。在自愿离婚协议书中我们写好，那套公房所有权归我，我前夫放弃一切权利，如果以后遇到动迁，需要我前夫配合的，他必须无条件配合，动迁得到的所有动迁款、安置房都全部归我，我前夫放弃一切权利。后来，其他的财产我们都分好了，就是这套公房，有了问题。分其他财产时，我让我前夫配合我，把这套公房的承租人变成我的名字。他说等另一套住宅卖了以后再说，这个公房变承租人手续有点麻烦的。我没想那么多，就同意了。因为卖房子不是一天两天就能卖掉，等房子卖了，拿到钱都过了大半年了。再说这套公房的事，结果这套公房涨价涨得不得了，我前夫就变脸了。他说离婚协议中对这套公房的承租权并没有约定，只写了我有所有权，但根据法律规定，公房的所有权并非归承租人，而是归国家的，所以我们的约定无效，他现在不同意把承租人改成我的名字。请问律师，我前夫说的有道理吗？我可以打官司，让他把这套公房的承租人变更成我吗？

律师解答

所有权人对自己的不动产或者动产，依法享有占有、使用、收益和处分的权利。虽然公房承租人与相关单位就使用的房屋建立租赁关系，但房屋承租人可以按规定将其承租的房屋进行承租权转让，即承租人对其所租赁的房屋享有处分的权利。因此，你们双方约定的房屋所有权归属包含了对使用权房屋的承租权。而且，你们离婚协议中约定的这套房屋虽系承租公房，承租人不享有所有权，但承租权也是财产权，该承租权归你享有，符合双方对各自所得财产的既定安排。

从该约定内容来看，该约定明确了所有权归你，你前夫放弃一切权利。即使双方对所有权的约定超出了双方可处分范围，但你前夫所承诺的放弃一切权利，对双方仍具有拘束力，其中当然包含放弃承租权。你前夫从双方是无权处分的角度，提出该约定无效，缺乏事实和法律依据。

因此你可以起诉至法院，要求这套公房由你承租，你前夫协助你办理这套公房承租权变更手续。

再婚之法律提示

01 丈夫过世后,他的子女上门来"洗劫"

尹女士

我和老高是朋友介绍的,我之前一直没有结婚,他则是老婆得病走了,他一个人过,有三个子女,都大了。介绍人一开始没想着我和老高能成,之前他也给我介绍了几个对象,因为各种各样的原因都没在一起。反而他最不看好的老高,和我谈成了。那个时候,结婚也简单,没有现在这么麻烦。我和老高的工作都不错,老高家里有房子,我们结婚后,我的单位又给我分了一套房。老高家的房子是他们单位分的,我们结婚前就有了,是使用权的房子。结婚后一年多,那个时候可以把公房买成产权房,于是主要是用我们结婚的礼钱,和婚后存的一些钱,我也拿出了自己的一些积蓄,把这套房子买成了产权房。因为承租人是老高,又只能写一个人的名字,所以产权人就写了老高一个人的名字。当时,房子没现在这么贵,我也没有多想,反正房子就我们俩住。而我单位分的那套房子,我和老高一起出钱,后来也买成了产权房,那时产权证上可以写两个人的名字,这样产权人就是我和老高两个人。老高在的时候,他比较厉害,他的儿子、女儿都怕他的,没怎么来和我们搞。去年,老高突发心脏病走了,这事情就来了。他儿子、女儿跑到家里好多次,名义上是收拾他爸的东西,实际上来了就是大扫荡,把能拿的都拿走了。昨天,他们正式来和我谈了。他们的意思是,我们住的这套房子写了他爸一个人的名字,而且是分给他们一家的，和我没有关系；我单位分的房子是分给老高和我两个人，有一半是老高的。他们还提出，说老高在生前说过所有的遗产他们三个兄妹分，和我没有关系。我就想不通，那套产权证上写了老高名字的房子，虽然不是分给我们两个人的，但买成产权房时，用的是我们俩的积蓄，我还拿出了我自己的钱，由于只能写一个人的名字，才写了老高的，怎么现在就没我的份了呢？我单位分的那套房子，五年前，老高身体还好的时候就卖了，现在房子也不是我们的，他们还能分吗？还有他们说的老高生前说遗产归他们几个子女的事，我根本不知道，又该怎么算？

律师解答

我们先来确认一下高先生的遗产有哪些。《最高人民法院关于适用〈中华人民共和国婚姻法〉若干问题的解释（二）》规定，由一方婚前承租、婚后用共同财产购买的房屋，房屋权属证书登记在一方名下的，应当认定为夫妻共同财产。因此，你说的那套产权登记在你丈夫高先生名下的房屋，虽然产权登记人为被继承人高先生，但该房屋系你与高先生登记结婚后由你们两人出资购买，应属于夫妻共同财产，即该房屋应由你享有一半的产权，另外一半的产权应作为被继承人高先生的遗产予以分割。

对于高先生的子女提出那套已出售的房屋也属于高先生遗产的主张，遗产是公民死亡时遗留的个人合法财产，而这套房屋在高先生死亡时产权早已经过户给他人，因此不属于遗产的范围。

下面来谈高先生遗产的继承问题。《继承法》规定，继承开始后，按照法定继承办理；有遗嘱的，按照遗嘱继承或者遗赠办理；有遗赠扶养协议的，按照协议办理。被继承人死亡后未留下遗嘱或是遗赠扶养协议的，其遗产应由法定继承人继承。如果高先生生前留有遗嘱或有遗赠抚养协议，你可以要求高先生的子女出示，并仔细查阅所立遗嘱是否符合《继承法》规定的形式要件等。

如果按高先生的子女所述，高先生生前立有口头遗嘱的，那么这个口头遗嘱也要符合法律规定的形式要件。《继承法》规定，遗嘱人在危急情况下，可以立口头遗嘱。口头遗嘱应当有两个以上见证人在场见证。危急情况解除后，遗嘱人能够用书面或者录音形式立遗嘱的，所立的口头遗嘱无效。如果高先生的子女所称的口头遗嘱不成立的，那么对于高先生的遗产，按法定继承，你和他的子女均为高先生的法定继承人。当然这个是建立在高先生的父母早于他过世的前提下。

02 再婚妻子私自花了的钱，可以要回来吗

廖女士

我早年大学毕业后，被分配到外地工作，前几年，我自己生了场大病，有一阵没来上海照看我爸，结果这期间发生的事让我非常气愤。我妈走了好多年了，后来经我爸的老同事介绍，我爸和张阿姨结了婚。我爸再婚，我是非常赞成的，我爸年纪一天天上去，我又在外地生活，他一个人在上海我也不放心，我爸又不愿意和我一起去外地，再婚了，有个老伴和他一起，我就放心了。有句讲句，刚开始时这个张阿姨还是不错的，把我爸照顾得很好。我爸是离休干部，每个月的工资不少的，因为信任，他每个月的钱一分不少都交给了张阿姨。我爸平时大大咧咧，我呢，只要张阿姨对我爸好，一点意见也没有。我爸身体好的时候，老两口过得蛮好的。但后来我爸生病住院了，张阿姨就开始不对了。这些都是我到上海后才发现的。先是张阿姨给我爸找的说是帮着康复的医生，我一看就觉得不对，后来查下来，这个人连个医师执业证都没有。然后是我爸的医生，见我来了就和我说，我爸早可以

出院了，但张阿姨总找各种理由，就是不让我爸出院。我听护工说，张阿姨一开始来得还蛮勤快的，后来就少了，而且来了就走，很少和我爸说话。老邻居也和我说，我爸生病住院的日子里，这个张阿姨家里人都来我们家里住，她儿子还在我们家的房子里结婚。怪不得这个张阿姨不让我爸出院回家呢。我算了一下，因为我爸是离休干部可以一直住院的，现在已经住院有四年多了。这四年多我爸收入加起来可不少呢。我问过张阿姨，她说都用掉了，一分钱也没有了。我爸也知道不对劲，他很可怜的，见到我来看他，就和我说，要离婚。请问律师，我爸和张阿姨的这个情况，我爸怎么才能把婚离了？另外，我爸住院这四年多来的收入，不是一笔小数目，我爸住院又不怎么用钱的，这些钱肯定花不完，但我和我爸都不知道张阿姨把这些钱存到哪里了，如果离婚，我爸可以问张阿姨要回这笔钱吗？还有就是张阿姨和我说，这些钱里有一些钱是去投资了，我爸知道的，现在投资失败，拿不回来了；有一笔钱给她儿子买车了，我爸也同意的。这个张阿姨还说她妈九十多岁了，她每个月还要给她妈生活费和医疗费，也是从我爸的工资里出的，还有一些送礼送掉了。事实上，我问过我爸，投资的事和给张阿姨儿子买车的事，他根本不知道。我爸还说张阿姨有好多兄弟姐妹，而且她妈是有退休金的。请问律师，这三笔钱从法律上都要从我爸的工资里出吗？

律师解答

对于离婚这件事，听了你所述的情况，估计你父亲与这位张阿姨协议离婚的可能性较小，你父亲可以进行诉讼离婚，即将这位张阿姨诉至法院，要求与她离婚，并依法分割夫妻共同财产。你父亲实际住院四年多，在这四年多内，即使你父亲符合出院条件，这位张阿姨也以各种理由为借口不让你父亲出院。从某种意义上来说，他们之间处于一个分居的状态。我认为你父亲与这位张阿姨符合感情确已破裂的情形，法院判决离婚的可能性比较大。

对于财产的问题，在你父亲与张阿姨婚姻关系存续期间，你父亲的工资收入当然也属于夫妻共同财产。夫或妻对夫妻共同所有的财产，有平等的处理权。即夫或妻在处理夫妻共同财产上的权利是平等的。因日常生活需要而处理夫妻共同财产的，任何一方均有权决定。夫或妻非因日常生活需要对夫妻共同财产做重要处理决定，夫妻双方应当平等协商，取得一致意见。

在离婚诉讼中，你父亲虽然无法提供证据证明双方在离婚时相关银行账户内所剩钱款数额，但我个人认为这其中存在特殊情况，即你父亲在住院期间，张阿姨掌管了两人的工资，所以应当由张阿姨提供证据证明相关的银行账户明细单和合理的开支去向。

不可否认，双方当事人在生活中，必然会有开销，但这些开销应当在合理范围之内，相关的人情往来亦应量力而行，法院通常会结合证据以及实际情况作出认定。

关于家庭投资理财支出，要看张阿姨是否能提供相应的证据证明。如果没有证据，或内容已明显超出合理范围，一般法院确认的可能性不高。

对于张阿姨所述为其儿子购车的费用，我认为，首先，该费用的支出并未得到你父亲的认可。其次，购车并非属于生活必需开支，且开支亦属高额，而且如果该购车行为发生在你父亲生病住院期间，张阿姨作为妻子应用心配合治疗，而不应花共同财产为其子添置高消费物品。

对于张阿姨所述的她母亲的生活费和医疗费，因为张阿姨还有其他兄弟姐妹，所以就算要赡养她母亲，也不是她一个人的义务和责任，更何况她母亲还有退休工资。

在这种情况下，你父亲可以要求依法分割这四年内的夫妻共同收入，在扣除合理支出后，你父亲这四年多工资收入的一半金额的钱款应归你父亲所有。

03 再婚老公名下的房产,我就没有份吗

宣女士

　　我和我老伴结婚时,我是初婚,他是再婚。他之前和前妻有一个儿子,离婚的时候,儿子由女方抚养。后来他前妻出国,把儿子一起带出国了。说起来,这个儿子之前和我们老两口的关系还可以,我老伴一直觉得对不起这个儿子,所以对他特别好,有点钱也会寄给这个儿子。后来儿子结婚了,生了一个孙子,我老伴别提有多高兴了。孙子小的时候,儿子和儿媳在国外上班忙,没有时间带孩子,还让我们帮着带了几年。但后来,他儿子回过上海几次,非要让我老伴留个遗嘱,我老伴最不愿意提这些事,他觉得不吉利,父子俩因为这事吵了好多次。因为我老伴不愿意立遗嘱,他们父子俩之间的感情就疏远了,没有之前那么好。再到后来,我老伴生病的时候,我给他儿子打电话,他说工作忙,竟然都没有回来。老伴走了以后,我又和他联系,让他来参加葬礼。谁知道他说人都走了,来了也没有意思,这样我老伴的儿子连他父亲的葬礼都没参加,更不要说后面做七了。我老伴所有的后事都是我和老伴的兄弟姐妹一起办的。我老伴一共留了两套房子,一套就是我们住的房子,是我们两个人结婚后买的。由于我和他都有房子,我们把各自名下的房子卖了,一起出钱买的商品房,产权证上写了我老伴一个人的名字。还有一套房子,是老宅拆迁分的,老宅是公房,我户口在里面,我也是安置对象,只是我们分的房子订房单确定的产权人一栏写的是我老伴一个人的名字。因为我老伴走的时候,这个安置房还不能办产权证,所以一直没有去弄。前段时间,我老伴的儿子回国了,他说要来继承他父亲的遗产。对了,我还忘记说,我和老伴结婚后,我生了一

个女儿。老伴的儿子现在提出来,家里的房子就他和我女儿有继承权,这两套房子都写的是我老伴的名字,所以是我老伴的,和我没有关系。我老伴走的时候,他爸早就走了,他妈还在,也就是我的婆婆。我婆婆是去年才走的。我老伴兄弟姐妹一共五个人,我老伴是老二,他上面还有一个哥哥。老大在我婆婆走了以后过世了,他有个老婆,还有一个女儿。请问律师,我们家的两套房子我有份吗?还是都是我老伴一个人的?我老伴的遗产到底应该怎么继承?他的兄弟姐妹也有份吗?我老伴生病时,都是我和女儿在照顾,我们可以多分一点吗?我和女儿可以拿房子,给其他人钱吗?

律师解答

法律规定,继承开始后,按照法定继承办理;有遗嘱的,按照遗嘱继承或者遗赠办理。关于被继承人你丈夫的遗产继承方式,因你丈夫生前未立遗嘱,故其遗产按法定继承。这两套房屋均系你们夫妻婚姻存续期间取得,虽然其中一套房屋产证还未办理,但你们夫妻两人为原先被拆迁的老宅的安置对象,故两套房屋属于你们的夫妻共同财产。除非有证据证明你们两人对两套房屋享有的产权份额有特别的约定,否则一般推定两人对两套房屋各享有50%的产权份额,由此可以确认,两套房屋的50%的产权份额应属于你丈夫的遗产。

对于两套房屋继承的方式,考虑到你丈夫与前妻所育之子一直在国外居住,且你对两套房屋拥有份额较多,则你和女儿要求两套房屋产权归你们所有,由你们给付其他继承人折价款的方式,法院支持的可能性比较大。

如果按法定继承,因你丈夫的母亲去世在你丈夫之后,则你丈夫的母亲继承你丈夫的遗产份额在其死亡后再发生继承,应由你丈夫的其他兄弟姐妹及你丈夫的子女继承。你丈夫的子女,也就是你丈夫与前夫所育的儿子,与你所育的女儿,均可以代位继承相应的份额。其中你丈夫的大哥的继承份额因为你丈夫大哥的去世而发生转继承，由其配偶、子女继承。

对于遗产的继承比例，你可以提出你丈夫与前妻所育之子并未参加其父亲的葬礼，也未出资参与后事料理，且自出国后一直生活在国外，而你对你丈夫尽到了主要的照顾义务，要求多分遗产。我个人觉得法院判决你多分的可能性较大，一般多分比例由法院酌定。

04 再婚后购房，产权却登记在继女名下

邓女士

我和老公是二十年前结婚的，我们是再婚，他与前妻有一个女儿，我们结婚后生了一个儿子。八年前我们买了房子，是一次性付的款，当时我不知道产权证写的是谁的名字。直到现在我才知道，产权证只有他女儿一个人的名字。请问：如离婚，该房我有份吗？

律师解答

如你所述，你们婚后购买的房屋，产权登记在继女名下，那么这套房屋从产权登记上看，这套房屋归你继女所有。而夫妻离婚时，分割的是夫妻共同财产，这套房屋产权登记在你继女名下，你们离婚时，你是无权分割的。

这还引发了一个问题，这套房屋购买为产权房时，你是否知情，购房所用的钱款是否属于你们夫妻共同财产。如果这套房屋是你与丈夫婚姻关系存续期间用夫妻共同财产购买的，而你丈夫恶意隐瞒这套房屋的产权登记情况，将产权登记在他女儿一人名下，涉嫌转移夫妻共同财产。

《婚姻法》及司法解释规定，夫或妻对夫妻共同所有的财产，有平等的处理权。夫或妻在处理夫妻共同财产上的权利是平等的。因日常生活需要而处理夫妻共同财产的，任何一方均有权决定。夫或妻非因日常生活需要对夫妻共同财产做重要处理决定，夫妻双方应当平等协商，取得一致意见。他人有理由相信其为夫妻双方共同意思表示的，另一方不得以不同意或不知道为由对抗善意第三人。可见，你丈夫的行为侵犯了你的夫妻共有财产权，所以你可以就此提出相应的主张。

05 老夫妻为了房屋上法院，法院判决定权属

案 情

沈老伯和奚阿婆是再婚夫妻，两人早在20世纪70年代就结婚了，一起携手度过风风雨雨的这些年，转眼已年逾古稀。虽然两位老人现在为了房子对簿公堂，但沈老伯还是不愿意和奚阿婆离婚。两位老人住的房子原来是奚阿婆单位分的公房，配房人口为夫妻两人再加上沈老伯的儿子，承租人是奚阿婆。1994年，由两人出资将这套公房购买成了产权房，产权登记在奚阿婆名下。这套房子由两位老人和沈老伯的儿子共同居住。几年后，沈老伯的儿子结婚，儿媳住进来后和奚阿婆的关系搞得很不好，还多次因为居住问题吵架。后来在居委会的调解下，大家签了协议书，约定老夫妻给儿子儿媳6万元，由他们在外购房，同时户口迁出。之后，老两口给了儿子4万元，儿子儿媳在他处买了房子搬了出去，由于儿子儿媳户口没有迁走，因此剩余的2万元一直没有付，房屋就由老两口居住。几年后，沈老伯儿子在儿媳的挑唆下，将

奚阿婆和沈老伯一同告上法庭，认为房屋是按九四方案购买的，当时他是具有购房资格的同住人，因此确认其享有房屋三分之一产权份额。法院以之前签订过协议书为由，驳回了沈老伯儿子的诉讼请求。而这件事让奚阿婆觉得不安，在法院判决后奚阿婆瞒着沈老伯将房屋卖给了她与前夫所生的儿子小钟。后来通过儿子知道此事后，沈老伯将奚阿婆和小钟告上法庭，要求法院判决他们签订的上海市房地产买卖合同无效，并将该房屋恢复登记在奚阿婆名下。庭审中，奚阿婆称房屋出售给儿子小钟是为了以房养老，小钟也付给她80万元，而且虽然房子卖给了小钟，但老两口是可以在房屋里居住的，并未损害沈老伯的居住权。为此奚阿婆还提供了一份她和小钟在签订房地产买卖合同之前写的"协议书"，约定：沈老伯儿子抢房子的官司输了以后，沈老伯为了在房产证上加名字与奚阿婆闹离婚，为了避免以后的纠纷，奚阿婆决定以房养老，将房子卖给儿子小钟，房款80万元，小钟保证让两位老人永久居住，直至过世。

评析

《合同法》规定，有下列情形之一的，合同无效：（一）一方以欺诈、胁迫的手段订立合同，损害国家利益；（二）恶意串通，损害国家、集体或者第三人利益；（三）以合法形式掩盖非法目的；（四）损害社会公共利益；（五）违反法律、行政法规的强制性规定。本案中，争议的房屋虽然登记在奚阿婆名下，但该房屋是在夫妻关系存续期间，以夫妻共同财产所购买的，因此是奚阿婆和沈老伯的夫妻共同财产，沈老伯作为权利人之一对该房屋也享有占有、使用、收益、处分的权益。从奚阿婆和小钟私下签订的"协议书"可以看出，作为房屋买售人的小钟在与奚阿婆签订房地产买卖合同前就知晓两位老人因为房屋权属一事发生纠纷，甚至到了要离婚的地步，在这种情况下，奚阿婆和小钟母子俩未征得沈老伯的同意，私自签订了房地产买卖合同，显然存在上述法律规定的恶意串通，损害沈老伯权益的行为，故他们签订的房地产买卖合同应为无效合同。沈老伯的诉讼请求于法有据，应得到法院的支持。

> ✓ 结 案
>
> 法院采纳了我方的观点，判决奚阿婆与小钟签订的上海市房地产买卖合同无效，小钟协助奚阿婆将房屋产权恢复至奚阿婆名下。

06 再婚妻子是看上我的人，还是看上我的钱

赵先生

　　我现在是很后悔的，当初我要和小高结婚的时候，子女和周围朋友都和我说过，小高比我小十多岁，很有可能除了看上我人以外，还看上了我的钱。说出来不怕被笑话，我那时候正和小高在热恋中，觉得自己人生的第二春到来了，感觉别提多好了，怎么可能听得进去。要说我和小高走到一起，也是她主动一点。我本人在退休前是高级工程师，在退休后还发挥余热给几个公司做顾问，指导他们的工作，除了有不菲的退休工资外，我这些额外的收入也不少。我和小高其实认识很久了，她原来和我是一个单位的，只不过不在同一个部门，而且她那个时候有老公，我呢也有老伴，所以没有什么交集。有一次，原来的单位给我们退休老员工搞活动，在活动结束后，我遇到了小高，她主动来和我打招呼，还留了我的电话。我也没有当回事，以为她有事情找我帮忙。没几天，她就和我联系了，说想约我吃饭。我那时没多想，真的

以为她找我有什么事，就爽快地答应了。结果吃完饭，她也没有说找我什么事，就是聊了聊我退休后的一些经历。我最后憋不住了，就问她有什么事找我，她反而问我："没事就不可以请你吃饭了？"我觉得不好意思，当天的饭钱就主动付了。谁知她提出下次要回请我，这就有了我们之后的联系。后来，我知道她老公几年前因交通事故过世了，她现在一个人。当然，我也说到老伴因病过世的事。之后，小高就经常找机会和我一起吃饭什么的，还来我家给我做过饭。时间长了，我也看出她对我有意思，可又觉得自己比她大那么多，不太可能，就一直装傻。后来，还是小高主动，说她想以后能正当地照顾我的后半生，这句话是什么意思，我也知道。我们就这样确立了关系，半年多后我们就领了结婚证。刚结婚的时候，我一点也没有防着她，觉得她是真心爱我。那几年，我们其实过得很好，她不仅会照顾我，而且也很讲情调，总之我觉得那段时间的生活是美好的。生活上有了小高的照顾，我就有了更多的时间挣钱。我一直对数字很敏感，有了些钱后我就开始炒股，别的炒股的人能不赔就不错了，我却是一直挣钱。有了多的钱，我先是把自己婚前的一套房子卖了算大头，又添了些钱算小头，买了一套大一点的房子，还在郊区买了一套别墅。其间，我大儿子做生意，我也给了他一笔钱，我小儿子买房子我也出了点钱，外孙女买车我也出了点钱。后来，大儿子开了个公司，启动资金也是我出的。刚开始，小高没说什么，但后来看到我把大部分钱都给了子女，她就开始不高兴了。特别是我买的那套别墅，写的是我和四个子女一共五个人的名字，没有小高的名字，她就特别生气，还要求以后由她来帮我管账。这我当然不同意，为此我们还第一次吵架。有了第一次就有第二次。吵得多了，当然就提到了离婚，可小高反应很大，和我大闹，说不要想着随便就把她甩了，要离婚可以，但要把该给她的钱给她。她说，我结婚后所有买的房子她都有份，虽然两套房子的产权证上都没有她的名字,但只要有我的名字,她就有份;而且那套别墅,虽说所有的钱都是我出的,也算我们俩的房子,离婚的话她都要一半。请问律师,小高说的有道理吗?这两套房子小高都有一半份额吗?

律师解答

《婚姻法》规定,夫妻在婚姻关系存续期间所得的工资、奖金,生产、经营的收益,知识产权的收益等归夫妻共同所有。一方的婚前财产,为夫妻一方的财产。从你提到的两套房屋的购房资金来源看,大部分是你将婚前所有的房屋出售后所得的房款,一小部分为积蓄。

你提到的两套房屋,是你在与高女士结婚后,将婚前所有的房屋出售,所得售房款加积蓄置换的房屋。具体两套房屋属于夫妻共同财产还是你的个人财产,要看房屋的出资情况。如果房款全部是由你婚前所购房屋出售的房款购买的,即为你的个人财产。如果房款中有夫妻共同财产的成分,那么你的妻子高女士就有权分割。具体在离婚诉讼中,法院通常会考虑双方的出资比例、贡献大小、结婚年限、离婚原因等等综合来酌情处理。

这里要说明的是,你所购买的房屋中的那套别墅,因为产权不仅登记在你一个名下,还有你的四个子女,也就是说这套房屋涉及你的子女的权利,所以该套别墅一般不会在离婚诉讼中处理,而需要另案处理。

07 再婚老伴的儿子赖着不走,闹离婚分房难

葛先生

我和我现在的老伴都是再婚的。我和前妻感情很好,因为她身

体不好，所以我们结婚后就没有要孩子。十年前，她过世了，留下我一个人生活。亲戚朋友看我一直一个人生活，就张罗着给我找个伴。前妻也走了十年了，我自己也想找个伴，可以搭伴一起过日子，让自己的晚年生活不至于那么凄凉和孤单吧。亲朋好友给我介绍的，我去见过几次，都觉得不是很合适。后来我通过一个婚姻介绍所，认识了现在的老伴。我们是一见如故，没到半年就结婚了。其实一开始，我们俩相处还是不错的，她这个人有点文化，打扮蛮时髦的，我们俩经常一起出去唱歌、散步什么的。要说有什么不满意，就是我这个老伴太护着她儿子，太娇惯溺爱儿子，她这个儿子也是一塌糊涂。一开始，我老伴说她儿子和老婆吵了架，没有地方住，想过来住几天，回头不吵架了，儿媳气消了就再住回去。这样她儿子就住了进来。我以为最多住一个星期就差不多了，谁知道一住就是小半年。而且她这个儿子好吃懒做，什么都是老伴来做，上班也是三天打鱼两天晒网，天天在家就是打游戏，其他什么也不做，反正我是看不顺眼。这也就罢了，他来了我的家后，就把我家当他家，有什么还指挥我，让我也帮他做事情。这我是肯定不干的，就说了他几次，有一次他还不高兴，我们争了几句，到最后他还要和我动手。我老伴站在她儿子那一边，几次下来，我们的关系就开始恶化了。然后，她儿子就说要保护她妈，赖在我家里不走了。我们吵了不知道多少次，还报了110。后来，老伴就提出离婚，还和她儿子逼我在他们事先写好的离婚协议书上签字。我现在觉得，我老伴和我结婚就是为了房子。我这个房子是我们结婚前就有的，是我们家里老房子拆迁分的，那时候产权证上就写了我一个人的名字。我老伴年纪比我小一些，她那时和我说一定会好好照顾我的，让我感到家的温暖什么的，就提出在产权证上加名字。我呢，想着她也不错，是真心对我好，为了两个人好好地过，也是为了这个婚姻，我就把她的名字加到了产权证上。现在她提出要离婚，要一半房子归她，说这个房子是夫妻共同财产。我肯定不同意，我们又闹了几次，她和她儿子有动手，我也有还手。现在她和她儿子搬了出去，她和儿子原来就有房子的，他们搬走之前把房子弄得一团糟。我现在也就想离了算了，可和她谈了几次也没有谈拢。我就想问问，老伴说的有没有道理？这个房子该怎么分？

律师解答

你说到的这套房屋，从来源看，是你的婚前个人财产，如果婚后产权状况不作变动的，那么这套房屋不会因婚姻关系的延续而转化为夫妻共同财产。但当事人另有约定的除外。之所以现在出现问题，是因为在婚后，女方对你照顾有加，你为了这段婚姻，就将女方增加为产权共有人，这样一来，这套房屋的权属就发生了变化，变为夫妻共同财产。如果你们双方未约定房屋按份共有，通常法院会认定共同共有，但在离婚分割该房产时，法院会考虑这套房屋原来的产权登记情况，以及后续的变更，以及你对这套房屋的贡献等，具体分割时，你可以要求适当多分。

08 再婚之后的拆迁利益分割

案情

汪女士和徐先生再婚时，以为是找到了真爱。婚后的前几年，的确让她感受到了从未有过的幸福。让汪女士更为感动的是，丈夫徐先生还同意她将女儿从前夫那里接过来随他们一起生活，而且女儿和她的户籍也一同迁入到徐先生家的老公房处。但之后发生了一系列的事情，让汪女士和徐先生之间有了间隙。几次吵架后，徐先生竟然对汪女士动起了手，一气之下，她便带着女儿离开了他们的家。说起这个家,其实是租的房子。徐先生和汪女士结婚时,说自家的房子马上要拆迁了,以后分了房子,再住到新房去,现在先暂时租房过渡下。按汪女士的说法,她看上的是徐先生这个人,又不是房子,因此即使租房住,她也愿意。但徐先生后来对她的所作所为,让她伤透了心。这房子一租就是十年,老房子拆迁的事只是听说,未见有动静。几年前,无意间汪女士得知,徐先生家里的老房子拆迁了。经过调查后,汪女士得知,这次拆迁徐先生家里协议早就已经签好了,他们这一户符合居住困难条件,她和女儿也是居住困难保障对象,其中有两套安置房是由徐先生认购的。但汪女士几次去找徐先生谈动迁分房的事,都被徐先生赶了出来。徐先生认为那两套房子是自家的房子拆迁安置的,和汪女士及其女儿没有任何关系。而且徐先生还提出要与汪女士离婚。没办法,在查实两套安置房均登记在徐先生一人名下后,汪女士和女儿就将徐先生、被拆迁的老公房的承租人和所有在册户籍人员告上法庭,要求依法分割被拆迁房屋的拆迁补偿利益,汪女士和女儿要求分得一定金额份额,确认两套安置房中的一套女儿占一定产权份额,同一套房屋其余产权份额由汪女士和徐先生各享有二分之一。在庭审中,汪女士的女儿表示愿意在取得房屋产权份额的前提下,补足差价。

评析

民事主体的人身权利、财产权利以及其他合法权益受法律保护,任何组织或个人不得侵犯。本案中,被拆迁的房屋为公房,所得的拆迁利益归承租人及同住人共有。而且被拆迁房屋在拆迁时符合居住困难保障条件,汪女士和女儿作为居住困难保障对象,有权分得一定的拆迁利益。至于她们两人可分得的产权份额,从拆迁补偿款的组成、安置房屋的具体情况等,可以确定汪女士和女儿可分得的一定金额的拆迁补偿份额。而且她们也并没有主张在两套安置房屋中均占有份额，只是提出对其中一套房屋享有一定的产权份额。另外，汪女士的女儿表示愿意在取得房屋产权份额的前提下，补足差价。加之，目前，汪女士和徐先生仍在婚姻关系存续期间，因此，她们母女俩的主张尚属合理。

> ✓ 结案
>
> 法院采纳了我方的观点，判决支持了汪女士和女儿的诉讼请求。

复婚之法律提示

01 复婚后再离婚,第一次的离婚协议有效吗

盛女士

我跟我丈夫第一次离婚是因为他外面有女人,协议离婚的,所以上海的房子和存款都归我,给他留了老家的房子,两个儿子也跟我,他另外给每个月5 000元的抚养费。但今年过年回来,家里人都说他了,所以我们就复婚了。现在他还是跟外面女人搞在一起,要是再一次离婚,之前的那份协议是否还有效?

律师解答

复婚是指已离婚的男女双方自愿恢复夫妻关系,到婚姻登记机关办理登记手续,重新确立婚姻关系的行为。《婚姻法》规定,离婚后,男女双方自愿恢复夫妻关系的,必须到婚姻登记机关进行复婚登记。《婚姻登记条例》规定,离婚的男女双方自愿恢复夫妻关系的,应当到婚姻登记机关办理复婚登记。复婚登记适用本条例结婚登记的规定。依照上述规定可以看出,复婚在实质要件和形式要件上均与结婚相同,复婚实际上是第一次婚姻之后的又一次婚姻。和结婚一样,复婚也是不限次数的,前一次的婚姻与复婚是两个独立的民事行为。

你们原来离婚时是协议离婚,对财产归属都作了约定,即使之后你们又复婚了,也不影响之前的离婚协议发生法律效力。依据第一次离婚协议约定的内容,上海的房子和存款都归你所有,

老家的房子归男方所有。在你们之后的婚姻关系中，上海的房子和存款属于你的婚前个人财产，同样老家的房子属于男方的婚前个人财产。这些财产的归属不会因为你们再婚而发生变化。

但对于子女的抚养问题和抚养费的承担，由于复婚的人身的特殊性，婚生子女又一次和亲生父母结合在一起，在法律上，父母对婚生子女的义务没有改变。因此如果再次离婚，对于抚养问题及抚养费的承担，则应根据实际情况重新协商，协商不一致的，则由法院依法判决。

02 复婚后，之前离婚协议中确认的房子和车算是婚前财产吗

胡女士

我和前夫是协议离婚的，离婚协议中写清楚婚内房子和车归我所有，孩子由我抚养，男方每个月还要还房贷。过了一年多，男方苦苦哀求我，我看在孩子的面上心软了，我们又复婚了。请问离婚后再复婚，前面离婚协议中分好的房子和车还算是我的婚前财产吗？

律师解答

你与男方自愿离婚，且前往婚姻登记机关申请离婚，婚姻登记机关查明你们双方确实是自愿，并对子女和财产问题已有适当处理时，发给离婚证。你们离婚时所签订的离婚协议对你们双方发生法律效力，双方应恪守履行。在这份离婚协议中明确婚后取得的房屋和车辆归你所有，即使你们复婚，也不能改变这些财产归你个人所有的属性。当然，如果你们另行签订协议，对这部分财产权属作出约定的除外。

03 离婚、复婚、再离婚之后

金先生和妻子原来是同事，因为公司不允许办公室恋情，于是在和妻子确立关系后，金先生就跳槽去了别的公司，而且工资也比之前高了。之后，在亲朋好友的祝福声中，两人走进了婚礼的殿堂。婚后一年多，妻子给金先生生了一个千金。而金先生家里是三代单传，父母又很守旧，希望妻子能再生一个儿子。但妻子有自己的种种考虑，不同意再生二胎。两人因此产生矛盾，多次争吵后，两人都觉得厌倦了，离婚就提上了议事日程。两人商量好后，去民政局办理了离婚手续。在自愿离婚协议书中，双方约定，女儿由妻子抚养，金先生每月支付一定金额的抚养费，婚后共同购买的 A 处房屋归妻子所有，妻子给金先生 70 万元。离婚后，金先生每周都会去看女儿。经过一段时间的冷静后，两人的争吵少了，又有了当初恋爱时的甜蜜，于是两人又复婚了，并办理了复婚登记手续。可是真正在一起后，两人却又有了矛盾，最后妻子向法院提出诉讼，要求离婚。后来在法院的主持下，双方达成了调解意见，两人自愿离婚，女儿由金先生抚养，妻子每月给付抚养费。而之前离婚时，自愿离婚协议书中约定的妻子要给金先生的 70 万元，妻子只给了 5 万元。当金先生问妻子要剩余的 65 万元时，妻子说，之前虽离婚但后来复婚，又经法院调解离婚，所以原先的自愿离婚协议书内容已被覆盖，已经失效，不同意给金先生钱。

在金先生委托我们后，我们根据事实及相关证据撰写了起诉状，将金先生的前妻告上法庭，要求她向金先生支付剩余的 65 万元。

庭审中，我们提出，离婚协议中关于财产分割的条款或者当事人因离婚就财产分割达成的协议，对男女双方具有法律约束力。当事人因履行上述财产分割协议发生纠纷提起诉讼的，人民法院应当受理。本案中的金先生和前妻都是具有完全民事行为能力的成年人，所签署的自愿离婚协议书是双方真实意思表示，应属合法有效，双方均应予以恪守。现在前妻提出在协议离婚后又复婚、离婚，等于是将之前的自愿离婚协议书中相关内容覆盖是没有任何依据的，不应得到法院的认可。

最终在法院的主持下，金先生与前妻达成调解协议，前妻自愿在期限内给付金先生剩余的65万元。

04 复婚后老婆要产证加名字，让我烦心不已

滕先生

我真是烦得不得了，两个人怎么就不能好好过日子，我老婆非要搞点事情。前段时间，我老婆非要在我的房子产证上加名字，我不同意，她就说要去打官司。我今天来就是问问这个房子的事。这套房子是我用我爸的老房子换的。老房子是公房，承租人是我爸。我爸走了以后承租人就变更成了我。在和我老婆谈朋友的时候，我就想着要把房子换了，因为老房子虽然地段好，但面积小，应该可以换稍远一点的大点的新公房。看房子看了一段时间，后来找到了，我们就签订了房屋使用交换合同，换了一套蛮好的房子，承租人当然还是我。房子换好后，我就结婚了。过了几年，公房可以买成产权房了，第一批在1994年，我就把这套公房买成了产权房，用了我的工龄，钱也是我一个人出的，我把结婚前的一笔银行定期取了出来买的房子，我老婆一分钱也没出，产权证

上就写了我一个人的名字。我老婆其他都好，但就是有点作。时间长了，我实在受不了她，加上年轻气盛，几句不对就离婚了。当时是去民政局协议离婚的，自愿离婚协议上写好共同财产分割完毕，归各自所有。关于居住问题也写上去了：离婚后我住在我自己名下的这套产权房里，我老婆搬到她拆迁分的房子里。这样，我们就平静地离了婚。后来别人也给我介绍了几个女的，但处下来都不行，我还是觉得和我老婆一起更舒服，只要她不作。偶然一次机会，我们又见面了，她也没有找别人，没多久，我们就复婚了。一开始我们也蛮好的。但前段时间，她不知道哪里发神经，天天嚷着要在我的房子上加名字。本来我也觉得没什么，反正等我走了以后，不都是她的。但我无意间听见她和她姐打电话，说到我们离婚后，她谈过一个男朋友，现在那人从国外回来了，要和她见面。目前，我没有发现我老婆有什么不对的地方，但防人之心不可无，万一她加了名字后，再和我离婚，我不就亏大了嘛。我又不是傻子。但我老婆现在说，这个房子是婚后买成产权的，她也有一半，我们原来是假离婚，所以之前签的离婚协议只是说了居住，没有分房子，我名下的这套房子是夫妻共同财产，她有一半份额，如果我不同意加她名字，她打官司肯定赢的。请问律师，我老婆说的有道理吗？她可以打官司加名字吗？

律师解答

《最高人民法院关于适用〈中华人民共和国婚姻法〉若干问题的解释（二）》规定，离婚协议中关于财产分割的条款或者当事人因离婚就财产分割达成的协议，对男女双方具有法律约束力。当事人因履行上述财产分割协议发生纠纷提起诉讼的，人民法院应当受理。男女双方协议离婚后一年内就财产分割问题反悔，请求变更或者撤销财产分割协议的，人民法院应当受理。人民法院审理后，未发现订立财产分割协议时存在欺诈、胁迫等情形的，应当依法驳回当事人的诉讼请求。

虽然你提到的这套房屋是你与妻子在登记结婚后购买的公有住房，但购房的钱款均来自你的婚前个人财产，且你们两人在离婚时签订的自愿离婚协议书中明确约定，共同财产分割完毕，归各自所有；并在住房安排上亦约定这套房屋由你居住，你妻子搬离这套房屋。该协议书系双方真实意思的表示，故可以认定这套房屋在双方协议离婚时已约定归你所有，你妻子已放弃了其对这套房屋享有的权利，在你和妻子复婚后，这套房屋应作为你的婚前个人财产。

若你妻子并没有证据证明签署这份自愿离婚协议书时存在欺诈、胁迫等情形，则可以认定该协议书对双方均具有法律约束力。

如果诉讼，你妻子要求确认她与你共同共有这套房屋，并要求其登记为产权共有人的，一般不会得到法院的支持。

第三篇

婚姻相关的赠与、债务及其他财产纠纷

与婚姻有关的赠与纠纷之法律释义

01 婚后赠房要撤销 现已过户被驳回

案情

曹女士和贺先生原来都有自己的家庭,过着平淡的生活。贺先生是做销售的,曹女士所在公司是贺先生的客户,由于工作关系,一来二去两人便认识了,之后两人的关系迅速升温,并相约都与配偶离了婚,很快就步入婚姻的殿堂。在没有结婚前,两人在恋爱时是甜蜜和幸福的,每天都沉浸在所谓的"从来没有遇到的爱情"中,心中所想的都是为了爱情的忘乎所以。真正在结婚后,面对现实生活中柴米油盐的生活琐事,两人才发现感情基础的薄弱,彼此都不够了解对方,看到的也都是双方的缺点。在一天天的争吵中,两人都筋疲力尽,决定离婚。在讨论财产分割时,两人又出现了争执。因为没有办法解决这个问题,贺先生就将曹女士告上了法庭。

贺先生提出:自己在与前妻离婚后分得了一套产权房,这是自己的婚前个人财产;在其与曹女士结婚不久就将该产权房过户给曹女士,过户是为了两人以后能好好地生活下去,以不离婚共同生活为前提的,现在要离婚,曹女士得把这套房子还给自己。贺先生要求法院判决其与曹女士离婚,并要求法院确认该房屋归其所有。

庭审中,曹女士拿出了双方在该房屋过户前写的协议,该协议明确,贺先生将其所有的该房屋无偿过户到曹女士名下,是送给曹女士的,该房屋属曹女士个人所有。贺先生对此协议不认可,要求撤销，因为该协议的签订是有前提的，是以两人不离婚为条件的，现在双方都同意离婚，该协议成立的前提不存在，所以该房屋仍归其所有。而且退一步，就算法院认为该协议有效，这个赠与成立，该房屋也应是在婚后婚姻关系存续期间取得的赠与，属夫妻共同财产，自己享有一半的权利。

评析

本案中争议的房屋原本是贺先生的婚前个人财产，而在贺先生与曹女士结婚后，贺先生与曹女士签订了协议，将该婚前个人所有的房屋以赠与的形式过户给了曹女士，这一系列的行为不违反法律、法规的禁止性规定，应属合法有效。特别是双方签订的协议，是双方真实意思表示，双方当事人应恪守履行。

《最高人民法院关于适用〈中华人民共和国婚姻法〉若干问题的解释（三）》第六条规定，婚前或者婚姻关系存续期间，当事人约定将一方所有的房产赠与另一方，赠与方在赠与房产变更登记之前撤销赠与，另一方请求判令继续履行的，人民法院可以按照《合同法》第一百八十六条的规定处理。《合同法》第一百八十六条是赠与合同的任意撤销与限制的规定，即赠与人在赠与财产的权利转移之前可以撤销赠与。具有救灾、扶贫等社会公益、道德义务性质的赠与合同或者经过公证的赠与合同，不适用前款规定。

本案中，贺先生提出要撤销该协议是没有法律依据的。上述法律和司法解释明确规定，一般撤销赠与的前提是在赠与财产的权利转移之前。而具有救灾、扶贫等社会公益、道德义务性质的赠与合同或者经过公证的赠与合同，赠与人不交付赠与的财产的，受赠人可以要求交付。本案中，贺先生已将赠与的该房屋过户至曹女士名下，是不能依据上述规定而要求撤销的。

《合同法》还规定，受赠人有下列情形之一的，赠与人可以撤销赠与：（一）严重侵害赠与人或者赠与人的近亲属；（二）对赠与人有扶养义务而不履行；（三）不履行赠与合同约定的义务。按贺先生所称其赠与是附有义务的，即夫妻双方不离婚，但贺先生并未提交任何证据证明本案中的房屋赠与是附有义务的，因此应承担对其不利的举证责任；由于作为受赠人的曹女士也不具有上述规定中法定的可撤销情形，所以贺先生要求撤销该协议是没有法律和事实依据的，其要求确认该房屋归其所有也是没有依据的。

对于贺先生提出的赠与财产属夫妻共同财产一说，这一点在双方签订的协议中有明确的约定，即该房屋属曹女士个人所有。对此《婚姻法》有明确的规定，遗嘱或赠与合同中确定只归夫或妻一方的财产，为夫妻一方的财产。故该房屋在赠与成立的前提下，也不存在属于夫妻共同财产的法律依据，应为曹女士的个人财产。

> ✓ 结案
>
> 最终法院支持了我方的观点，判决双方离婚，并驳回了贺先生的其余诉讼请求。

02 父母购房出资 赠与？借贷？引纠纷

找到我们代理案件的是吴女士。吴女士和张先生是通过网络认识的。之前吴女士在外地，与张先生确定了恋爱关系后，吴女士辞去原来的工作，来到了上海，重新找了工作。之后两人领取了结婚证，办了结婚仪式。婚后，两人和张先生的父母住在一起，可毕竟是两代人，生活习惯等各方面都不同，于是两人决定买套房子。在购房时，吴女士拿出了自己的积蓄，张先生也拿出了其婚前的积蓄，但首付还差15万元，这部分就由张先生父母出资，剩余的房款由吴女士和张先生从银行贷款，产权证上写了吴女士和张先生两个人的名字。虽然恋爱是甜蜜的，但进入婚姻生活后，吴女士和张先生因南北差异及性格不合引起的矛盾就显露出来了。毕竟都是年轻人，两人决定离婚，好聚好散，其他的事双方都没什么争议，就是房子的事两人谈不拢。吴女士认为房子是婚后夫妻共同财产，除去贷款双方一人一半。而张先生提出当初父母出资的15万元是借款，要还给父母的。

于是我们作为原告吴女士的代理人提起离婚诉讼，并要求依法分割夫妻共同财产。庭审中，张先生拿出了由其签字的借条，写明其和吴女士一起向父母借款15万元，用于购房。但这张借条上并没有吴女士的签名，而且日期也是在购房付款之后的。我们认为这张借条只有张先生一人的签名，而且张先生除了这张字条外，没有其他的证据证明这15万元是借款而不是赠与。同时依据《婚姻法》相关司法解释，当事人结婚前，父母为双方购置房屋出资的，该出资应当认定为对自己子女的个人赠与，但父母明确表示赠与双方的除外。当事人结婚后，父母为双方购置房屋出资的，该出资应当认定为对夫妻双方的赠与，但父母明确表示赠与一方的除外。所以本案中这15万元只能认定为张先生父母对双方的赠与，而不是借款。

最终法院采纳了我方的观点，后来在此基础上，法院主持调解，吴女士取得了应得的房屋折价款。

03 孙女非亲生，赠与儿媳的房产可否要回

顾女士

我真的是做梦都没想到会遭遇这种事情，我真的是气死了，

另外也是替我儿子感到委屈。事情是这样的。我儿子和儿媳婚后生了一双儿女，我别提有多高兴了。儿子孝顺，有孙子，有孙女，我是很满足的。儿媳嘛，当时感觉很乖巧，对我们老两口也很客气恭敬，可以说，对她我们还是很满意的。所以我和老伴都拿她当自己的亲女儿对待。有时候我们老两口省下来的钱，我都不给儿子，都是直接给儿媳的。我想作为婆婆，我对儿媳可以说是问心无愧了。在我儿媳生好我孙子后，我想她也不容易，为我们家生儿育女的，我其实是很感谢她的。所以为了奖励儿媳，我与儿媳签订了一份房屋赠与合同，将自己房屋的二分之一产权份额无偿赠与给儿媳，并到公证处办理了公证。我相信并不是所有的婆婆都可以做到我这样的。我赠与她房产，一来是感谢她为我们家的付出，另外也是希望她开心，可以和儿子幸福开心过一辈子。但谁知道，好日子不长，之后的事我真的是气死了。

有次我孙女生病到医院看病，在验血后竟发现孙女的血型和我儿子和儿媳的都不一样。我心里就有了想法，让我儿子带着孙女偷偷去做了亲子鉴定。最让人担心的事还是发生了：经过亲子鉴定，排除了孙女与我儿子存在亲生血缘关系。我儿子当场差点没昏过去。后来我儿子回去质问儿媳，才知道原来女儿是儿媳结婚前与她前男友的。我儿子莫名其妙替别人养女儿养了这么多年，不止儿子伤心，我们老两口也是倍受打击。所以我想来问下律师，我之前赠与给她的房产是不是能要回？我之前问她要，她说已经赠与给她了就不能反悔了，而且我们还办理了公证。她说的有道理吗？另外还有，我儿子这么多年供养她女儿的钱是不是可以要回来？

律师解答

对于你说的赠与房产一事，《合同法》规定，赠与人在赠与财产的权利转移之前可以撤销赠与。具有救灾、扶贫等社会公益、道德义务性质的赠与合同或者经过公证的赠与合同，不适用前款规定。根据你所述的情况，你们仅仅是办理了一个公证，将该房屋的二分之一产权给儿媳，你不能依据上述规定，要求撤销赠与。

《合同法》还规定，下列合同，当事人一方有权请求人民法院或者仲裁机构变更或者撤销：（一）因重大误解订立的；（二）在订立合同时显失公平的。一方以欺诈、胁迫的手段或者乘人之危，使对方在违背真实意思的情况下订立的合同，受损害方有权请求人民法院或者仲裁机构变更或者撤销。受赠人有下列情形之一的，赠与人可以撤销赠与：（一）严重侵害赠与人或者赠与人的近亲属；（二）对赠与人有扶养义务而不履行；（三）不履行赠与合同约定的义务。赠与人的撤销权，自知道或者应当知道撤销原因之日起一年内行使。我认为如果要撤销这个赠与起码有两个前提条件：一是本身房屋产权没有过户，你可以撤销这个公证的赠与合同；二是你儿媳在婚前已经跟前男友发生了不正当关系导致怀孕，她恶意隐瞒这一事实，使得你儿子误以为这个小孩是他亲生的，所以整个家庭在被她欺骗的情况下，你才将该房屋赠与给她一半。在你得知真相后，可以依法要求撤销赠与合同。

关于追讨抚养费一事，依据《最高人民法院关于夫妻关系存续期间男方受欺骗抚养非亲生子女离婚后可否向女方追索抚养费的复函》，你儿媳与他人生育了子女，她隐瞒这一事实，导致你儿子误以为孩子是他亲生而进行抚养的，你儿子作为受欺骗一方，在离婚时，可以要求追讨，通常法院会酌情判决返还一定金额的抚养费。

04 叔叔赠与我的房产，丈夫有份吗

霍女士

我长期照顾一位我父亲的朋友，他是一位孤老。在我父亲去

世后，我就担负起了照顾这位年迈叔叔生活起居的责任。在这位叔叔去世前，他将他名下的唯一房产赠与给了我，还写了一份赠与书，然后我也以自己的名义办理了产权过户手续。现在问题就是，我和我的丈夫要离婚了，他要跟我分这套房产，但这明明是我叔叔赠与给我一人的，我想咨询一下，我丈夫有权分这套房产吗？

律师解答

《合同法》规定，赠与合同是赠与人将自己的财产无偿给予受赠人，受赠人表示接受赠与的合同。赠与的财产依法需要办理登记等手续的，应当办理有关手续。你因为无偿去照顾一位孤老，老人在生前将其所有的房屋赠与给你，并办理了产权登记，你已成为该房屋的产权人，赠与已完成。

《婚姻法》规定，有下列情形之一的，为夫妻一方的财产：（一）一方的婚前财产；（二）一方因身体受到伤害获得的医疗费、残疾人生活补助费等费用；（三）遗嘱或赠与合同中确定只归夫或妻一方的财产；（四）一方专用的生活用品；（五）其他应当归一方的财产。你提到的孤老确定将房屋赠与给你，并写了赠与书，如果该赠与书中确定该房屋中归你一人所有，则该房屋为你的个人财产，而非夫妻共同财产。所以离婚时，你丈夫要求分割该房屋，是没有法律依据的。

05 夫妻协议离婚，前夫承诺将房产赠与女儿，事后前夫反悔怎么办

高女士

古话说得好，"虎毒不食子"，但我这个前夫，真的是不知道

怎么想的，现在说是要告我和女儿，拿回房子。这话要从头说起，我和我前夫是在老家相亲认识的，结婚后我们俩一起到了上海打工。刚开始的工作是老乡介绍的，后来打了几年工，我们积攒了些钱，就自己做起了小生意。我们俩全身心都在生意上，每天早出晚归，终于生意有了起色。有了一些钱后，我们先是在老家盖了新房，接着又买了商品房和商铺。因为我们还是在上海住的多，也想着女儿以后工作了留在上海，就在上海买了套房子。这几套房子一买，我们家里全掏空了，没什么钱了，就指望我们做的生意。可这时候，我觉得我前夫有点不对劲，经常以在外面应酬为名，晚回家，有的时候还在外过夜。因为这件事，我们俩经常吵。后来听别人说他在外面有了女人，他还在外面吹嘘，说这个女的要给他生个儿子。他们家里重男轻女这我早知道的，我生的是个女儿，而且我因为身体的原因，医生说不能再生了，所以我前夫家里对这件事很介意。我前夫刚开始也没有说什么，我觉得时间长了，而且现在有了这么多房子，他爸妈肯定给他吹风，说一定要有个儿子，否则这些我们辛苦挣来的家产，以后都给了外姓人。这话是我偷偷听他爸妈说过的。等我确定他在外面有人以后，我就直接和他提出离婚。他想着要儿子，离婚肯定同意的。我们商量好了后，去民政局离婚。在离婚协议书中我们约定好：老家的商铺和老房子归他，商品房归我，上海的房子归女儿，剩余的房贷由他还；最后他再一次性补偿给我100万元；女儿由我抚养，他每月付2 000元抚养费。其实，就他在外面有女人的事，我可以要得更多，但我想反正我有女儿，他同意把上海的房子给女儿，其他的我让一点就算了。离好婚后，我们回了老家，把老家商品房的名字改成我一个人的名字，商铺改成他的名字。他陆陆续续也给了我100万。就是上海的房子，因为贷款还没有还清，还不好改名字，因为房子我们住着，也就等房贷还完再说了，反正也没有几年了。一年多前，我知道最后一笔还贷款的日子也过了，估计他把贷款也都还完了，就去找他，让他把产权证上的名字改成女儿，但他总是推脱。我找了他很多次，可他一直不睬我，我就和他说，如果他不过户，我就去打官司。本来我是想着吓唬他的，可谁知道他却说，离婚后，生意不好做，他还被人骗了不少钱，加上要给我100万，他现在经济已经很不好了。而且这套上海的房子，是我们两个人的夫妻共同财产，离婚协议中他是要给我100万的，现在他已经给了我100万元，这套房子就归他一个人了。他可以给女儿，也可以不把房子给女儿。现在他自己也没有钱了，房子还登记在他名下，他不打算再给女儿了，从法律上说这叫撤销赠与。请问律师，我前夫现在这样耍无赖可以吗？法律上有没有撤销赠与的说法呢？我们写的离婚协议就没有用了吗？

律师解答

对于你前夫撤销赠与一事，要看你前夫把这套上海的房屋赠与给你女儿是属于他个人的单方面赠与，还是你们双方在离婚时，对共同财产进行协商后的意见。

虽然《合同法》规定，赠与合同是赠与人将自己的财产无偿给予受赠人，受赠人表示接受赠与的合同。赠与人在赠与财产的权利转移之前可以撤销赠与。具有救灾、扶贫等社会公益、道德义务性质的赠与合同或者经过公证的赠与合同，不适用前款规定。但这套上海的房屋，你与前夫均确认为夫妻共同财产。由你们双方签订的离婚协议书的内容可以确定，对于这套房屋的处置是你们合议的结果，在你对这套房屋归你女儿不持异议的情况下，你前夫无权单方面对这套房屋产权的共同处分行为提出撤销。

而且你们达成的离婚协议是双方真实意思表示，内容并无可撤销或无效之处，因此该协议为合法有效，对双方均有约束力。目前，在你们已离婚，且大部分条款已履行完毕的情况下，你前夫要求撤销此条款，实质上等同于拒绝履行协议约定的义务，显然有悖于公平诚信原则。

你女儿可以这份离婚协议为依据,要求你前夫将这套房屋过户至她名下。

06 为了让儿子儿媳复婚转账的钱,还可以要回来吗

蒋女士

要说也是我有一个不省心的儿子,其实对于小梅,我的前儿媳,我还是蛮喜欢的,何况她还给我们家生了个孙子。当初,我是真不希望儿子和她离婚,但没办法,儿子不争气,在外面瞎搞八搞,还非要离婚,他们是在民政局离的婚。那时老伴的身体不大好,我要照顾老伴,所以孙子就由小梅带,每个月我儿子给抚养费。他们离婚后两年左右,我儿子开始有点后悔了,他外面转了一圈,觉得还是小梅好。但小梅呢,怕我儿子又是三分钟热度,过段时间又和之前一样了,就说要考验一下他,为此两人还写了一个协议,写明如果因我儿子的原因,导致家庭破裂的,他需要支付小梅精神赔偿金5万元。这次,我儿子是想和好的,两个人一直在谈复婚的事。我当然同意他们复婚。当时小梅离婚后,和我孙子住在她的一套小房子里,现在说想换一套大点的房子,可钱不够。我知道他们已经说好要复婚了,就和小梅说,他们复婚,我就帮他们凑钱买房子。没多久,小梅和我说要付钱了,让我先把钱拿给她,她肯定会和我儿子复婚的。我就相信了她的话,东拼西凑了80万转账给她。但没想到,她房子买好后,仍没有和我儿子复婚。我去找她,明确和她说,要么她和我儿子复婚,要么就把那80万还给我。可小梅说,她从来没有说过要和我儿子复婚,我那80万是送给她的,是因为孙子现在大了,我来看了以后觉得

孙子要有自己独立的房间,才换房子的。小梅还说,现在我儿子又和别的女的勾搭在一起,被她发现了,她不可能和他复婚的,钱也不会给我的。请问律师,我可以要回我出的这 80 万元吗?

律师解答

如果诉讼,问题的关键还是要看你们双方的举证情况。这就要看你的举证情况。最高人民法院关于适用《中华人民共和国民事诉讼法》的解释规定,人民法院应当依照下列原则确定举证证明责任的承担,但法律另有规定的除外:(一)主张法律关系存在的当事人,应当对产生该法律关系的基本事实承担举证证明责任;(二)主张法律关系变更、消灭或者权利受到妨害的当事人,应当对该法律关系变更、消灭或者权利受到妨害的基本事实承担举证证明责任。因此,你如果作为原告,应当提供证据证明你这 80 万元赠与给小梅所附的义务是小梅和你儿子复婚。从双方当事人间的身份关系来看,你儿子与小梅曾系夫妻关系,且育有一子。虽双方已登记离婚,但从他们两人签订的协议内容看,两人有重归于好的可能性。这样,如果你能提供证据证明,你之所以将 80 万元转至小梅账户内,是以两人复婚为前提的,那么你撤销这个赠与,要求小梅返还 80 万元的主张得到法院支持的可能性比较大。

07 男方父母转账还款,算赠与给儿子的吗

贺女士

我是男方的妈妈,男方婚前买房,有公积金贷款和商业贷款两部分,是组合贷,产权证写男方一个人名字,用男方的公积金还款,不足部分用现金还,每个月还款的钱是我或者我老公转账

到儿子银行卡上，再由儿子去还款。请问律师，如果离婚了，女方可以分到婚后还款部分的钱吗？男方妈妈转账给儿子的钱，如果没有借条，是否可以视为是赠与儿子的呢？

律师解答

《最高人民法院关于适用〈中华人民共和国婚姻法〉若干问题的解释（二）》规定，当事人结婚前，父母为双方购置房屋出资的，该出资应当认定为对自己子女的个人赠与，但父母明确表示赠与双方的除外。

当事人结婚后，父母为双方购置房屋出资的，该出资应当认定为对夫妻双方的赠与，但父母明确表示赠与一方的除外。

因此，如果男方父母在婚后出资为子女偿还购房贷款的，且没有借条等借贷凭证的，通常很难被认定为是借钱给子女还贷。依据上述规定，家长如果只是单纯为子女偿还贷款的，一般是被认定为赠与。由于你提到的房屋是男方婚前购买的，产权又登记在男方一人名下，应视为对男方个人的赠与。

但要注意的是，你提到还用男方的公积金偿还过贷款，如果这部分公积金是婚后取得的，而婚后取得的公积金又为夫妻共同财产，用夫妻共同所有的公积金还贷支付的款项及其相应房产增值部分是归夫妻双方所有的，在离婚时，由男方对女方进行补偿。

08 老公主动给小三的钱能拿回来吗

杜女士

我和我老公是大学同学，我们上大学的那个时候，我们的感情还是比较纯洁的。毕业后两年，我们就结婚了。婚后一年，我怀孕了，自从儿子出生后，我的心思就都放在儿子身上。人家都说我旺夫，自从我们结婚后，我老公的职位是一直往上升。而且，我老公有一个好，就是听我的话，在外面工作上是他说了算，在家里是我说了算，大小事都是我做主。我经常和他说，他找了我是他的福气。我老公这个人呢，有点闷，平时和不熟悉的人，不大爱说话。之前有朋友和我说，让我看牢一点，说我老公长得又帅，职位又高，收入也不错，现在的小姑娘很厉害的。但我没当回事，心里想谁会有问题，我老公也不会，我是特别相信我老公的。现在想来，就是太自信了，才给了别人可乘之机。人家都说女人有第六感的，对这种事情特别敏感，我却是个特例。我前面说了，有了儿子，我就忘记其他事了，特别是去年一年，我儿子准备升学考试，我每天都是围着儿子转，把老公忽略了，也就是那个时候，我老公在外面有了花头。这件事还是我表姐有一次遇到我老公和别的女的一起，她告诉我后，我才知道。我这个人很直接的，就和老公摊牌：到底是要家还是要那个女的。要家，我可以原谅他一次；要那个女的，他就净身出户。我老公当场就和我说，和那个女的是玩玩的，不当真，是那个女的主动的，他以后再也不会了。其实我觉得只要我老公回到这个家，毕竟还有孩子，我们还有感情，我是不想离婚的。在我老公回归家庭的时候又发生了一件事，我老公家里在两年前拆迁，我老公和我的户口在老房子里，是安置对象，我们不要分房子，我公公就给了我们60万。我老公说他认识人在银行做理财，于是这笔钱就给了我老公，以他个人名义买了理财产品。后来，我老公和我说了实话，这笔钱被那个女的用了，到现在都没有还给他。我一听就气了，把人搭上还不算，这还把钱也搭上了，这又不是我老公一个人的钱，就这样没了？于是我就找到了这个女的，结果这个女的比我还理直气壮。她说钱是我老公转账给她的，那个时候他们俩在谈恋爱，这算我老公送给她的,而且当时她是单身,是我老公主动勾引她的,说会和老婆离婚、娶她……钱送都送给她了,现在想拿回去?没门,是我老公对不起她,又不是她对不起我老公。请问律师,遇上这种情况,我还拿得回来这60万元吗?这个女的说的有道理吗?当时我老公只是转账给她,也没有写其他的纸头,这算借钱还是算送给她?我要怎么样才能拿回来这笔钱呢?还有就是,我听别人说,这笔钱就算我要也只可能要回一半,因为全部钱是我和我老公两个人的,我只能要我的一半,也就是30万,这种说法有道理吗?

律师解答

我国实行的是夫妻共同财产制,在婚姻关系存续期间所得的财产除有法律规定外,一般均属于夫妻共同财产。你提到的这60万元,是你们婚姻关系存续期间,基于拆迁而取得的,你们两人同为安置对象,因此这笔钱款为你们夫妻共同财产。

由于你没有证据证明你丈夫与该女士间形成借贷关系,若该女士对借贷否认的话,你很难以借贷的名义来要求该女士返还这笔钱款。在婚姻关系存续期间,夫妻双方对共同财产具有平等的权利,因日常生活需要而处理共同财产的,任何一方均有权决定;非因日常生活需要对夫妻共同财产作重要处理决定,夫妻双方应当平等协商,取得一致意见。由于在你丈夫和该女士有不正当男女关系的背景下,你丈夫将60万元无偿赠与给该女士,这严重损害了你的财产权益,有违民法上的公序良俗原则,该赠与行为应属无效。赠与行为无效后,因该行为取得的财产,应当予以返还。

关于你能要回多少的问题,在夫妻双方未选择其他财产制的情况下,夫妻对共同财产形成共同共有,而非按份共有。根据共同共有的一般原理,在婚姻关系存续期间,夫妻共同财产应作为一个不可分割的整体,夫妻对全部共同财产不分份额地共同享有所有权,夫妻双方无法对共同财产划分个人份额,也无权在共有期间请求分割共同财产,所以你有权对60万元的全部主张权利。

09 说好赠与女儿的份额被前夫出售

吴女士

我和我老公是在上海打工的时候认识的,恋爱后,我们自己出来开了一个小店。刚开始不怎么样,后来慢慢回头客多了,生意也好起来了。没钱的时候,我和老公的感情还可以,等日子好过了,反而感情越来越不好。特别是我有了孩子后,只要他不回家,我就觉得他去外面找女人。而他嫌我只是顾女儿,对他不好,和他妈的关系处得那么僵。我们两个是三天一大吵,两天一小吵,这样的日子真是没法过。于是我提出离婚,他不同意,说他会改的。可他只是嘴上说说,照样和之前一样,动不动就和我吵架,有几次还动了手。我只好起诉法院离婚。在法院的调解下,他同意离婚了。我们婚后买的一套房子本来是登记在我们两人名下,女儿和我共同生活,所以我愿意将我在这套房屋中的一半产权份额赠与给我女儿。这个也写在调解书中了。可我老公,现在应该叫前夫了,没有经我同意,就把这套房子卖了,和下家、中介签订了居间协议。他签了以后才和我说,还说如果我不同意,不配合去签买卖合同,他要付一大笔的违约金。我看在多年的夫妻情分上,想着他也同意离婚了,而且他说卖房的钱一半是给女儿的,也就是由我拿着,花在女儿身上,就和他一起与下家签订了买卖合同。可谁想到房子卖了以后,他拿到钱,一分钱也不给我。我问他要,他说钱是女儿的,不是我的,所以不能把钱给我,他替女儿保管着,他要用这个钱再买房,会把女儿的名字加进去。他这样说，完全和之前卖房子时说的不一样。请问律师，我可以替女儿要回房款的一半吗？我前夫有权利替女儿拿钱，一分钱也不给我吗？

律师解答

所有权人对自己的不动产或者动产，依法享有占有、使用、收益、处分的权利。私人的合法财产受法律保护，禁止任何单位和个人侵占、哄抢、破坏。监护人应当履行监护职责，保护被监护人的人身、财产及其他合法权益，除为被监护人的利益外，不得处理被监护人的财产。

你和孩子的父亲在离婚时明确约定将房屋中你的份额赠与孩子，对于赠与的事实和赠与份额为房屋50%，你和孩子的父亲都是认可的。在房屋的50%份额你已经赠与给孩子的情况下，你前夫将房屋出售，你也同意出售，你们两人的做法本身已经不妥。现在孩子的父亲将售房款全部占为己有、拒绝给付的做法显然存有侵害女儿的合法财产权益的嫌疑。你当然可以以女儿的名义要求孩子父亲给付属于孩子份额的一半房款。

10 婆婆全额出资购买的房产赠送给孙子，反悔是否可行

金先生

我真是受不了我前夫一家人，他们太能算计了，我们还没离婚的时候，他们就处处算计，尤其是我前婆婆，她总是对我们的婚姻指手画脚，也正是因为这样才导致我和前夫离婚的。

我和丈夫结婚多年，一直是和婆婆住在一起的。我婆婆属于那种特别能算计的婆婆，我们每个月的钱花在哪她都要过问，基

本上生活的事情，她都要插手，为此我是真的很苦恼。我们有了孩子后，婆婆家太小住不下，就考虑买套房子搬出去。婆婆当时不同意。第一买房子需要钱，我们当时积蓄没多少；第二，婆婆也舍不得和孙子分开。但是住得实在太挤了，婆婆自己也觉得不便，才同意我们搬出去。我和丈夫当时看中了一套还在预售的商品房，虽说不到100万，按现在看不算贵了，但是我们那时也是买不起，可是又不想错过这套房子。经过家庭内部协商，婆婆同意帮我们一把，拿出自己的积蓄交了全款用来购房。但是婆婆担心，她出了钱，房子却登记在我们两人名下，她的权利如何保障，万一哪天我们两口子感情不和，闹离婚，她出钱买的房子岂不是要被"外姓人"分走。虽说当时她这么提出来，我心里是不舒服的，但是毕竟钱是婆婆出的，我也就没有计较。最后婆婆考虑再三，和我们夫妻俩共同签订了一份协议，约定购房全款由婆婆出资，婆婆可以终生居住，夫妻俩日后要共同偿还这笔钱，不论我们夫妻的婚姻发生任何变化，这套房都不许我俩分割及变卖，此房的所有权归我们夫妻俩的儿子，也就是我儿子所有。这样一来，婆婆觉得她的钱不会打水漂，房子也可确保不被分割。当时我没有多想，更没有想到离婚什么的，房子在谁名下对我来说也不重要。可是好景不长，之后我发现丈夫有了外遇，这个我肯定是不能忍的，所以我提出了离婚。但是离婚后，前夫说要起诉我和儿子，他认为家庭关系发生重大变故，儿子尚且年幼，房屋产权手续也没有办理完毕，房子也没有交付使用，对儿子的赠与合同实际未能生效，起诉要求撤销赠与。那我肯定是不同意的，之前一家人说得好好的，不论婚姻如何变化，房子都归儿子，他现在说变就变。后来婆婆找到我说，当时离婚法院判儿子归我抚养，她认为房子名义上是赠与了我儿子，但实际却将由我掌控，也就是说，他们家买的房子，却给了我，跟他们就没关系了，所以他们要起诉我。

今天我想来问下大律师，当年的协议是三方在综合考虑了婚姻可能发生变化的情况下制定的房屋处理方案，经过了三方的协商和妥协。协议中包括借款、还债、产权归属等多项内容，如果任何一项内容反悔，都将破坏协议的整体性。那么他们要是起诉我，会得到法院的支持吗？

律师解答

从房屋的资金来源看，由你婆婆全额出资购买，产权登记在你们夫妻两人名下。婚后由一方父母出资为子女购买的不动产，产权登记在出资人子女名下的，可按照《婚姻法》第十八条第（三）项的规定，视为只对自己子女一方的赠与，该不动产应认定为夫妻一方的个人财产。

你婆婆出资后，产权登记在你们夫妻两人名下，应视为对你们夫妻两人的赠与。但关于这套房屋的权属，你们与婆婆三人又另行订立协议，明确这套房屋归你儿子所有，也就是你婆婆的孙子。

《合同法》规定，依法成立的合同，对当事人具有法律约束力。当事人应当按照约定履行自己的义务，不得擅自变更或者解除合同。

你们三人订立的协议是考虑各种因素后协商一致的结果，是真实意思表示，不违反法律、法规的强制性规定，任何一方当事人不能任意撤销。在签订协议时，各方就已经考虑到了可能发生的婚姻变化，将房子赠与儿子是夫妻俩共同作出的决定，在你不同意撤销的情况下，你前夫无权撤销赠与。

与婚姻有关的债务纠纷之法律释义

01 小姐妹过世后的债务偿还

顾女士有个小姐妹钟女士,两人从小一起长大,不仅在同一个学校读书,而且毕业后又分在同一个单位上班,关系那是没得说。顾女士结婚时,钟女士是她的伴娘。钟女士之后在顾女士的牵线下与丈夫相识、相恋,步入了婚姻的殿堂。可婚后的生活,两个小姐妹却截然不同。顾女士和她丈夫一起拼事业,有了自己家的公司,很早就实现了财务自由。而钟女士一直在原来的单位上班,直到下岗,丈夫的工作也不是很好,收入自然不乐观。钟女士对自己的现状不满意,想让丈夫有一番作为,可丈夫却安于现状,不愿按钟女士说的来,两人经常发生争执。钟女士只有向顾女士抱怨,恨铁不成钢。不久,钟女士来找顾女士,说在她的"敲打"下,她的丈夫终于开窍了,和朋友一起合伙做生意,要启动资金,而家里的积蓄拿出来还差一些,希望顾女士借给她15万。要说15万对于顾女士来说,不算多,也不算少,借是肯定借得出的。顾女士觉得问题不大,但顾女士的丈夫知道后,坚决不同意,他认为这笔钱如果借出去,就等于是肉包子打狗,肯定一分钱也拿不回,他不相信钟女士和她丈夫有这个赚钱的能力。顾女士听到丈夫所说的,心里也犯嘀咕,可一想到和钟女士这么多年的姐妹情,也就同意了。

顾女士借给钟女士的钱,是通过银行转账的,两人那天一起去了银行,收到钱后,钟女士当场给顾女士出具了收条,写好二年内还清。但天有不测风云，还没到还款期，钟女士就突发心脏病过世了。知道这个消息的顾女士，悲伤是肯定的，但伤心之余，丈夫还提醒她钟女士借钱的事。于是，等钟女士落葬后，又过了半年左右，顾女士找到了钟女士的丈夫，和他说了钟女士向她借钱的事，还拿出了钟女士出具的收条。谁知道，钟女士的丈夫说，这笔钱他不知道，也没有花过，而且家里也没钱，不可能还钱给顾女士。

看到钟女士的丈夫这个态度，顾女士就找到我们，打算通过法律途径来解决这个事。我们收集了相关的证据材料，并撰写了起诉状，我们不仅将钟女士的丈夫列为被告，还将钟女士已成年的儿子列为被告，要求他们给付顾女士15万元。庭审中，我们提出，公民的合法权益受法律保护。钟女士在婚姻关系存续期间向顾女士借款，该借款作为夫妻共同债务，钟女士的丈夫理应偿还。另外，钟女士的儿子作为钟女士的法定继承人，也应该在其继承钟女士的遗产范围内承担还款义务。

最终，本案在法院的调解下结案，双方达成了协议，钟女士的丈夫和儿子在一定期限内归还顾女士借款。

02 自家生意亏本，前妻只离婚不还债，我该怎么办

金先生

我和前妻是原来打工的时候认识的，本来不怎么熟，后来无意间聊天时才知道是老乡。这样我们的共同语言就多起来了，之后就谈起了恋爱，结了婚。后来在上海待的时候长了，也有工作经验了，我就不想给老板打工，打算出来单干。我前妻和我想的一样，帮老板挣钱，还不如自己给自己挣钱。刚开始，我们是小

本经营，生意一般性，后来一天天做下来，两个人起早贪黑，慢慢店里有人气，生意开始好了。我们那时候真是省吃俭用，不舍得吃，不舍得穿，因为之前的苦日子，才有了我们之后的好日子。有了点钱，我们就存起来，这样我们在上海慢慢有了自己的房子，当然也有了孩子。老家的人都羡慕我们，说我们能干，但他们不知道我们吃了多少苦。几年前，我们的生意开始不好做了，感觉再做下去，也是亏钱，就把店关了。但我是个闲不住的人，就想着再做点别的。可我们两个不是年轻人了，年纪一大把，又没什么文化。后来有朋友就提议说，我们可以开个饭店。本来对这行我不太熟悉，但我前妻很起劲，她觉得开饭店好，找个好的厨师，只要味道好，不可能没生意，而且"民以食为天"，现在其他生意都没什么人上门，就是饭店，做出名了还有人排队。我被前妻说动了，就合计着开个饭店。因为儿子、女儿结婚，家里的老人的丧事，我们的积蓄也用得差不多了。开饭店的前期投入还是要一笔钱的，我前妻说让我不用愁，她已经都想好从哪里借钱了。我前妻的意思是让我问女婿借钱，女婿的收入不错，家里条件还可以，只要我张口，女婿肯定会借的。这样，我就从女婿那里借了个30万，女婿的钱是陆陆续续转账给我的，借条也是我打的。准备了一段时间，我们的饭店开张了。没做的时候，想得特别好，做了这一行才知道，真是难。竞争大，客户要求高。做了半年，亏了半年。后来实在做不下去，只有关门了。因为开店的事，我和我前妻几乎是天天吵。本来一起开店，想着赚点钱养老，谁知道钱没有赚到，反而本钱都亏进去了，夫妻感情也差到底了。早知如此，我是根本不会去开饭店的。当时，说要开饭店的是我前妻，现在看生意不好，她就东怪西怪。我的意思是饭店不好，早点关，重新开始，她不同意，非要做，结果赔得更多。饭店关门后，一堆人上门要账，我前妻招呼也不打，就跑回老家了。所有的事都是我来弄的。我只有又去打工，慢慢把其他账都还了。我们虽然一起经历了那么多，但我前妻那个样子，让我心寒。可还没等我怎么样，我前妻就起诉法院，要求离婚。我同意了。离婚的时候，我们都同意不处理财产和债务。本来我想着，这些事两人商量一下就行了，因为我们的外债多，还有房子，要法院处理还要交诉讼费，还不如私下里谈一下。离婚后，原来饭店的大厨起诉要求付清之前的工资，是法院调解的，我去签的字，按调解书的内容，我一个人给了大厨一笔钱。现在我们其他都谈妥了，就是向女婿借的那笔钱和赔给大厨的钱没谈好。离婚后，女婿问我要过几回，我实在不好意思，也怕影响我女儿和女婿的感情，就从儿子那里拿了钱还上了。我的意思是这30万和赔给大厨的钱，我前妻应该也还一半。但我前妻不同意，她先是不承认，后来又说30万块钱是我借的，和她没有关系，赔给大厨的钱，是我自己的事，也和她没有关系。我前妻还说，这些都是我离婚后还的，是用我们的夫妻共同财产还的，已经还了，她就不用再给我了。请问律师，这两笔钱我可以要求我前妻承担一半吗？

律师解答

《最高人民法院关于审理涉及夫妻债务纠纷案件适用法律有关问题的解释》规定，夫妻一方在婚姻关系存续期间以个人名义超出家庭日常生活需要所负的债务，债权人以属于夫妻共同债务为由主张权利的，人民法院不予支持，但债权人能够证明该债务用于夫妻共同生活、共同生产经营或者基于夫妻双方共同意思表示的除外。《最高人民法院关于适用〈中华人民共和国婚姻法〉若干问题的解释（二）》规定，债权人就婚姻关系存续期间夫妻一方以个人名义所负债务主张权利的，应当按夫妻共同债务处理。但夫妻一方能够证明债权人与债务人明确约定为个人债务，或者能够证明属于《婚姻法》第十九条第三款规定情形的除外。《婚姻法》第十九条第三款规定为，夫妻对婚姻关系存续期间所得的财产约定归各自所有的，夫或妻一方对外所负的债务，第三人知道该约定的，以夫或妻一方所有的财产清偿。

对于你提到的为了经营饭店，你与妻子向女婿借了 30 万，显然是你们夫妻两人向女婿借款，因此你只要有证据证明这 30 万元是用于开饭店之用，且这个饭店是你与妻子共同经营，属于夫妻共同财产，在这种情况下，当然这笔债务应由你与妻子共同偿还。目前，你如果有证据证明在离婚后，该笔债务已由你独自一人归还给债权人你女婿，且你们双方离婚时你的账户内并没有资金可用以偿还债务，这样法院就应认定这笔钱不是用夫妻共同财产清偿的，你前妻作为共同债务方应承担其中一半的债务份额。

对于饭店拖欠员工工资所产生的债务，由于饭店是在你们夫妻关系存续期间开业经营，故该期间的债务应为夫妻共同债务。即使你们已离婚，但你前妻对此应承担一半的份额。同时，虽然员工与你达成的调解书，载明由你支付钱款，但这并非是你的个人债务，你前妻理应共同承担。

03 再婚危机中的借条

奚先生

我和现在的妻子是在老年大学认识。我前妻在五年前因病过世了，之后我就一个人。因为前妻在的时候，都是前妻照顾我的日常起居，所以我生活自理能力很差，前妻走了以后，主要是保姆在照顾我的生活。和现在的妻子相识以后，她经常会带一些小菜给我，慢慢地我们俩走到了一起。有时，她还会来我家，给我整理一下什么的。我觉得她很不错，完全可以照顾我的生活，这样大约过了半年，我就向她求婚了，希望能和她一起共度晚年生活。她当天就答应了。我知道她是离过婚的,和儿子住在一起,同儿媳的关系不是很好。之后我们就领了结婚证。我们结婚的时候,我的子女和她的子女都成年了,对我们的婚事也都不反对。因为我原来房子的房型、朝向都不好,于是在我们确定要结婚前,我就买了一套新点的房子,产权证上写了我自己的名字。结婚后,我们就住到了新买的房子里。当初买房子的时候,我的积蓄不够,我还问亲戚借了一些钱。这个我妻子都是知道的,结婚后是用我的工资在还。说实话,前几年我妻子对我真的蛮好,照顾我的生活起居,每天三顿饭都是不重样的,家里也收拾得井井有条。那时,她老是和我说,这个房子就我一个人的名字,以后如果我走在她后面,她是享福的,还有房子住。如果我走在她前面,我的儿子女儿肯定要把她赶出去的,她连住的地方都没有。我当然知道她的意思,这样在她过58岁生日的时候,我就提出去交易中心把她的名字加在房产证上。她别提多高兴了。加了名字后,她又提出来,怕我的子女知道产权证上加了她的名字,要来找她麻烦,如果她在买房子的时候,出过钱,就不会有麻烦了。而且她让我写个纸头。本来我想写个证明,说明她出钱买房就可以了,但她说不行,让我写借条给她。因为房子是我结婚前就买了的,如果我的子女提出来房子不让她住,她有个借条,也说得过去。这样我就听了她的,稀里糊涂地写了个借条,写明由于购买新房,向她借了10万元,利息不用给,还款时只要还本金。日期她还让我写成在买房之前。我当时觉得她对我很好,也没有想太多就写了。去年上半年我参加了一个合唱团,经常会有团员和我联系,谈排练和演出的事,结果我妻子就因为有女的给我打电话,对我不依不饶。后来还变本加厉,不仅查我的手机,还跟踪我,说我和别的女的有不正当关系,有一次还上别人家里去闹。本来我想忍一下就算了,但是后来她实在太过分了,我就和她提出来离婚。离婚别的事都好说,就是房子的事。她拿出那张我之前写的借条,说是买房子时我问她借的钱,但结婚后我也没有还,而且我和她说房产证上加上她的名字,就不再还钱了,这10万元算她的出资,因此产权证上才写了两个人的名字,所以房子我们应该一人一半。她还说她没地方住,她要房子,给我钱。这我当然不同意。房子当时买的时候也就20万,我问亲戚借了5万,剩下都是用我的积蓄付的,都有银行存款的单子。以我的收入根本不会问她借钱。而且她也没有钱,她和我结婚时就没有积蓄,退休工资也很低,平时在家都是我开销的,她怎么可能借钱给我呢?请问律师,如果去法院离婚,这个借条怎么算?房子会怎么判呢?

律师解答

对于你是否向你妻子借款,这笔钱是算借款还是算对房屋出资的问题,其实无非是这套房屋应该如何分。关于你书写的借条,是否实际发生,不单单就凭你书写的借条来进行认定。在诉讼中,认定时除了要有借条,另外还要有资金走向,如银行转账凭证、取款凭证等。我认为虽然你写了借条,但如果你妻子没有向你交付这10万元的证据,那么你关于借条形成过程的说明是有一定的合理性的,仅凭这一张借条,通常很难认定借款的成立。而且退一步,即使借款成立,若你妻子没有证据证明借款转化为她对房屋的出资,她依据一张借条就要求取得一半的产权份额是没有依据的。

但婚后,你同意增加你妻子为产权共有人,等于是将房屋产权赠与给妻子。另外,还有一笔房款是你向其他亲属的借款,这笔钱是用你婚后的工资来偿还的,你婚后的工资也属于夫妻共同财产,那么就等于说你们是婚后用夫妻共同财产来偿还借款。法院在处理该房屋时,通常会考虑到你们双方结婚时间的长短,你妻子婚后参与归还你向他人借款的情形、房屋的来源、贡献大小,以及你们双方实际居住状况等综合考虑。一般情况下,法院判决房屋归你所有可能性更大,在这一基础上,你要给付你妻子相应的折价款，具体数额法院会酌定。

04 与前夫离婚后，他外在的债务我有义务偿还吗

梅女士

我和前夫已离婚，他在外面借了钱，但是具体金额不肯说清楚，过一段时间就说一点债务，每次都说借款是婚姻存续期间的。现在知道的外债已还清了。我想请问下，如果他外面还有债务，我是否有义务帮他偿还？

律师解答

《婚姻法》规定，离婚时，原为夫妻共同生活所负的债务，应当共同偿还。共同财产不足清偿的，或财产归各自所有的，由双方协议清偿；协议不成时，由人民法院判决。

对于你说的债务，一要看是否是婚姻关系存续期间所负的债务，二要看你前夫以个人名义借款时，是否为家庭日常生活需要，是否用于夫妻共同生活、共同生产经营等。如果是你前夫在婚姻关系存续期间以个人名义超出家庭日常生活需要所负的债务，债权人以属于夫妻共同债务为由主张权利的，人民法院不予支持，也就是说你是没有义务帮他偿还的。但如果债权人能够证明该债务用于夫妻共同生活、共同生产经营或者基于夫妻双方共同意思表示的，那么你就有义务去偿还了。

另外，出借人向人民法院起诉时，应当提供借据、收据、欠条等债权凭证以及其他能够证明借贷法律关系存在的证据。即债权人要证明债务的存在，对于大额借款来说，除了有借条等外，还应有出借钱款的其他凭证，如银行转账记录等。

05 "天降"租客

谢女士

　　真的是气死我了,我和女儿出去旅游一趟回来,家里的房子就被别人占了。都是我前夫的事,我也是服了,他是成事不足,败事有余。我和我前夫是在民政局离的婚,当初离婚时,说好的,家里的房子归我。这个是有凭证的,我们签订了离婚协议,上面就是这样写。这个房子产权证上登记的是我们两个人的名字,因为房子有违章搭建,房产交易中心不办过户登记。我想反正协议都写好房子是我的,应该没有问题。结果,就是我前面说的,我和女儿回到家里,怎么也打不开门。我们本来要找个开锁的来开门,结果一个不认识的男的从里面出来了。他和我们说,房子是我前夫自愿租给他的,还是我前夫给他钥匙的。我和他说,我和我前夫离婚了,房子是归我的,我前夫没有权出租。这时一个女的出来,扔给我一张纸,让我好好看一下,然后就把门关上了。我再敲也不开门了。我看了那张纸,是一份租赁协议的复印件,上面有我前夫的签名,还写了:因为我前夫欠李明60万,将我的这套房子作为租赁抵押,抵押给李明,房屋租赁期限60年。我见敲不开门,就去问我前夫到底怎么回事。我前夫说钱不是他借的,是他爸借的,他是担保人,现在人家找他爸还钱,他爸没钱,那些人就找到了他。那个租赁协议是他签的,当时他是被逼的,那些人气势汹汹的,吓也吓死了。他实在是没有办法。我听他这样说,就直接到房子那里,说房子是我的,不是我借的钱,让他们去找借钱的人。见我闹得厉害,那个男的出来了,他说钱早就借了,我们离婚是假的,就是为了不想还钱,转移财产,而且我前夫也是产权人,他有权把房子借出去的,让我不要再搞了。请问律师,遇到这个事情,我该怎么办?还有那个男的,有了我前夫签字的租赁协议,就可以租房子60年吗?

律师解答

《物权法》规定,物权的种类和内容,由法律规定。为担保债务的履行,债务人或者第三人将其动产出质给债权人占有的,债务人不履行到期债务或者发生当事人约定的实现质权的情形,债权人有权就该动产优先受偿。前款规定的债务人或者第三人为出质人,债权人为质权人,交付的动产为质押财产。

根据物权法定原则,物权的种类及内容由法律规定,当事人超越《物权法》规定的物权种类以外自行设立物权的行为无效。你提到租赁协议中关于因为你前夫欠李明60万,将这套房子作为租赁抵押,抵押给李明的表述,可以理解为你前夫以签订租赁协议的形式将房屋出质给李明。根据《物权法》关于质押权的规定,质押权仅适用于动产,不动产不得作为质押财产。因此你前夫以租赁形式将房屋质押给李明的行为,显然违反了《物权法》关于物权法定原则的效力性强制性规定,双方签订的租赁协议应属无效。

你可以依法提起诉讼要求确认你前夫与李明签订的房屋租赁协议无效,并要求李明立即搬离属于你的房屋,将房屋返还给你,你还可以要求他支付占用期间的房屋使用费。

06 丈夫把房子抵押给小贷公司,协议离婚怎么处理

项女士

我们夫妻有两套房子,其中一套房产证只有男方名字,结果

他瞒着我，私自抵押给小贷公司，抵押了 80 万，每月要还很高的利息，他们还去房地产交易中心做了他项权利。现在我们想要协议离婚，两套房屋都归我所有，由我来还那 80 万的借款。但因为一套房屋产证被抵押了，所以不能办理离婚。有什么办法能在离婚后，先把抵押的房屋归我，我再还这 80 万？

律师解答

　　对你所提到的离婚的问题，其实男女双方离婚和房屋抵押是没有关系的。男、女双方如果就子女和财产的问题协商一致，可以去婚姻登记部门申请离婚，并办理相关手续，取得离婚证。如果双方协商不一致的，一方可以起诉至法院要求诉讼离婚。法院查实双方感情确已破裂，且符合法律规定的离婚的条件的，通常会判决离婚。

　　对于你提到的房屋先归你所有，然后再偿还 80 万借款一事，《担保法》规定，抵押期间，抵押人转让已办理登记的抵押物的，应当通知抵押权人并告知受让人转让物已经抵押的情况；抵押人未通知抵押权人或者未告知受让人的，转让行为无效。因为这套房屋已经被抵押，且办理了抵押登记手续，所以不可能先把这套房屋产权过户至你名下，再偿还债务。如果要将这套房屋过户至你名下，一定要先注销该房屋存在的抵押登记，然后才能将这套房屋产权变更至你名下。

07 有福可同享，有难能同当吗

季女士

　　我来咨询有关夫妻共同债务的事情。我和我老公真的是有福能同享，有难却不能同当。当初也怪自己没有擦亮眼睛看清他的为人就嫁给了他。我和老公结婚十多年了，有一个儿子一个女儿，一直感情很好。直到去年开始，我们的感情发生了变化。变化的原因是因为我的父亲。我父亲去年年中的时候查出患有癌症，当我和姐姐得知这个消息时感觉天都要塌下来了。我们和父亲感情很好，父亲身体好的时候，我的孩子基本上都是他在带的。母亲走得早，从小我父亲是又当妈又当爸的。好不容易拉扯大，我和姐姐各自结婚了，他还一直在照顾我们，起初是照顾我姐姐的孩子，现在是照顾我的两个孩子，包括接送孩子去幼儿园啊什么的，偶尔还帮我们做饭。我们工作都很忙，有父亲帮忙照料放心多了。没想到这时候突然父亲病倒了，并诊断出是癌症。我和姐姐不可能袖手旁观，姐姐的家庭条件没我们好，我现在只能承担起老人看病的大部分费用。但是在这个时候我丈夫没有一句安慰，反倒怪我照顾父亲的时间比照顾孩子和家的时间还多，你说他是人吗？父亲看病要用钱，我就先用家里的钱垫上给父亲看病。因为父亲看病的事情，我和他天天吵架，甚至他已经几次提出离婚，而且还当着孩子的面，孩子见到我们吵架就很怕。他说这种日子没法过了，还说什么人各有命，这种不是人的话。他还说我凭什么拿家里的积蓄去给我父亲看病。这个是和我生活了十多年的丈夫吗？他变得这么冷漠，真的是太让人心寒了。所以我们决定离婚。但是离婚有几个问题，就是之前给父亲看病，我先是把我结婚时候娘家陪嫁的一笔钱15万花了，后期我还陆陆续续借了近10万，现在丈夫要和我离婚，我想问一下，这笔借款怎么办？还有15万的陪嫁钱我要还给丈夫一半吗？

律师解答

夫妻为共同生活或为履行抚养、赡养义务等所负债务，应认定为夫妻共同债务，离婚时应当以夫妻共同财产清偿。父母对子女有抚养教育的义务；子女对父母有赡养扶助的义务。子女不履行赡养义务时，无劳动能力的或生活困难的父母，有要求子女付给赡养费的权利。

目前，你父亲身患重病，属于生活困难，当然也不可能有劳动能力，你对你父亲应该是负有法定赡养义务的。因为父亲患重大疾病需要医治，而支出的医疗费是你向他人借贷的，这个债务应为夫妻共同债务。在离婚时，原为夫妻共同生活所负的债务，应当共同偿还。共同财产不足清偿的，或财产归各自所有的，由双方协议清偿；协议不成时，由人民法院判决。

《婚姻法》规定，赠与合同中确定只归夫或妻一方的财产为夫妻一方的个人财产。对于你提到的陪嫁，如果是婚前你家人对你的赠与，那么应该算你的个人财产，而非夫妻共同财产，故不存在要还给你丈夫一半的说法。

08 借钱给侄子，侄子坐牢了，可以向他妻子讨债吗

柏先生

去年我的侄子向我借了10万元，写了借条，说是家里急用，并答应一个月之后就还给我。不料他因生意上的原因被抓了进去，判了15年徒刑。当时借款的时候，他还没离婚。现在听说他离婚了，房产都已归他老婆所有。请问我有没有权利向他老婆讨回这10万元钱？

律师解答

债权人就婚姻关系存续期间夫妻一方以个人名义所负债务主张权利的，应当按夫妻共同债务处理。但夫妻一方能够证明债权

人与债务人明确约定为个人债务，或者能够证明属于《婚姻法》第十九条第三款规定情形（夫妻对婚姻关系存续期间所得的财产约定归各自所有的，夫或妻一方对外所负的债务，第三人知道该约定的，以夫或妻一方所有的财产清偿）的除外。夫妻一方在婚姻关系存续期间以个人名义为家庭日常生活需要所负的债务，债权人以属于夫妻共同债务为由主张权利的，人民法院应予支持。

你出借钱款时，你侄子和其妻子是在婚姻关系存续期间，一般情况下，即使你侄子是以个人名义，但是为了家庭日常生活才借钱的，那么这个债务应该是夫妻共同债务。

从你所述情况来看，目前你侄子已将财产转移至其妻子名下。所以你应该将你侄子及其妻子共同诉至法院，要求他们共同偿还这笔10万元的夫妻共同债务。

09 离婚时隐瞒真相，无意间发现丈夫婚内还债，我该怎么办

常女士

我和前夫是在法院离的婚。离婚的原因，也没什么好说的，就一句话——结婚不仅仅是夫妻两个人的事，也是两个家庭的事。离婚的时候，法院处理了我们的婚房。说起这个婚房，是在婚前就买好的，我前夫说是他们家里出钱买的，只不过我和他结婚后，生了孩子，他爸妈同意，就把我的名字也加到了产权证上。我也想着有了孩子，我们两个人应该就可以长长久久了。但没想到，就是因为孩子，反而是加速了我们离婚。离婚的时候，法院就以房子是他们家里婚前买的，只不过后来加了我的名字，所以判决房子归他，我前夫给我按房子市场价30%的折价款。离婚后，我一次收拾东西时，无意间发现了我前夫的一张存折，里面显示我

们结婚后他分几次转出了40万块钱。我觉得这个钱应该是属于我们俩婚后的钱，我也可以分一半的。我就去和我前夫谈这个事。我前夫说，这些钱是还给他嬢嬢的，当初他买婚房的时候，家里钱不够就问他嬢嬢借了钱，就是有了这笔钱才买到房子，他才在产权证上加了我的名字。他还说这个债务算夫妻共同的债务，所以他还钱是天经地义的，我休想分到一半。可是在我们离婚案子里，我前夫根本不是这样说的，他说钱全部是他们家里出的，根本没有说借钱的事。如果他当初说这个房子的首付是问他嬢嬢借的，钱是我们婚后共同还的，法院肯定不会只判30%的折价款给我。我觉得既然法院离婚时判房子归他，钱是他们家里出的，那么这个债务就应该是他一个人的；他现在用我们夫妻共同财产还，就要给我一半。请问律师，什么是个人债务？什么是夫妻共同债务？我前夫说的这笔借他嬢嬢的40万，到底算我前夫的个人债务还是我们当时的夫妻共同债务？我如果打官司能要回来一半吗？我该怎么维护自己的合法权益？

律师解答

　　夫妻个人债务是相对于夫妻共同债务而言的，夫妻关系存续期间哪些债务属于夫妻个人债务，在司法实践中一直是一个争议较多的问题。离婚案件中，夫妻财产的分割，是当事人普遍极为关注的焦点之一，其中夫妻共同债务和夫妻个人债务的区分和认定，特别是夫妻个人债务范围的确定是诉讼的难点所在。

　　为正确审理涉及夫妻债务纠纷案件，平等保护各方当事人合法权益，最高人民法院出台了《关于审理涉及夫妻债务纠纷案件适用法律有关问题的解释》。个人债务和夫妻共同债务在区分时，是否用于家庭日常生活是考虑的一个重要因素。夫妻一方在婚姻关系存续期间以个人名义为家庭日常生活需要所负的债务，债权人以属于夫妻共同债务为由主张权利的，人民法院应予支持。

就你提到的这40万元债务的性质认定,最高人民法院《关于人民法院审理离婚案件处理财产分割问题的若干具体意见》规定,婚前一方借款购置的房屋等财物已经转化为夫妻共同财产的,为购置财物借款所负债务,视为夫妻共同债务。鉴于你提到的房屋已经由生效判决认定为夫妻共同财产,因此该笔借款债务性质应视为夫妻共同债务。

关于就双方房屋财产利益的衡量,一方面,在涉及婚房分割等事项的离婚诉讼期间,你前夫并未述及关于借款支付婚房首付款的事实。相反,你前夫在该案中主张房屋系其个人购买,属其个人财产,否认其婚前购房与你有关联。由此,离婚案在衡量双方对房屋贡献情况时,你前夫获得了房屋是其婚前购买所得的优势。另一方面,你前夫称他婚前借款40万元用于支付婚房首付款,他于婚姻关系存续期间对外转账,这笔钱款是用于归还之前的借款,该借款债务应该被认定为夫妻共同债务予以分担。由此可见,导致事情至此的原因为你前夫在离婚案中未将其借款购房,及婚后还款的事项一并向法院陈述。

我认为你在认可之前生效判决的情况下,可以向你前夫主张其还款金额的一半。

10 患有精神病的儿子借款给他人,在找不到借款人的情况下这笔钱能否向其家属要回

陈先生

我儿子有精神病,办残疾人证的时候,上面写的残疾类别是精神,残疾等级是二级。因为一直吃药的关系,所以他的病控制得还可以,但肯定是和我们正常人不一样的,他特别容易相信人,

别人说什么他都觉得是真的,好人坏人是不分的。去年,我们家里的一套房子要卖,很多中介带人来看房,我儿子就和其中一个中介认识了。通过这个中介介绍,我儿子认识了他的朋友,一个姓谢的搞装修的私人老板。认识了一段时间后,这个姓谢的说家里孩子生病,急需用钱,我儿子心很善,就从银行卡里取了5万块钱现金,借给了这个姓谢的。本来这个姓谢的说他有一笔钱三个月后可以收回来的,一拿到就还给我儿子,结果一年都过去了,钱也没还上。借钱的时候,那个姓谢的给我儿子写过一份借条,上面还写了利息。现在这个姓谢的,我们突然联系不上了。我就去找了介绍我儿子和这个姓谢的认识的中介,中介和我们说了这个姓谢的家里地址,结果发现姓谢的已经把自己家的房子卖掉了。中介又给了我们这个姓谢的老婆的电话,我就和她打了一个电话。他老婆在电话里说,他们一个月前离婚了,她前夫的事她不知道,然后就把电话挂了。没办法,我们按中介给的另一个地址找了过去,见到了姓谢的前妻,她知道我们来的目的后非常生气。她说她有了孩子后,一直住在娘家,她前夫和她不住在一起,前夫的事她什么都不知道,卖房子的事她也不知道,钱她一分钱也没见过。现在前夫在哪,她不知道,她也想找他,因为孩子的抚养费他也没有付过,至于我儿子借钱给她前夫的事,她根本不知道。而且,她还说,她前夫赌博,就算借钱是真的,因为没有用于家庭生活,所以和她没有关系。请问律师,这种情况下,我儿子借出去的钱,可以让他们夫妻俩还吗?姓谢的老婆说的有道理吗?

律师解答

《最高人民法院关于适用〈中华人民共和国婚姻法〉若干问题的解释(二)》规定,债权人就婚姻关系存续期间夫妻一方以个人名义所负债务主张权利的,应当按夫妻共同债务处理。但夫妻一方能够证明债权人与债务人明确约定为个人债务，或者能够证明属于《婚姻法》第十九条第三款规定情形的除外。这里有一个举证责任分担的问题。正常情况下，你提到的债务发生在谢姓男士与其妻子夫妻关系存续期间，属夫妻共同债务，你可以要求他们夫妻两人承担共同还款责任。

按谢姓男士的妻子称，该债务不属于夫妻共同债务，应由其提供相应证据予以证明，即由她来提供证据证明当时你儿子和她丈夫谢姓男士明确约定这个债务是谢姓男士的个人债务；或者她有证据证明他们夫妻之间约定财产归各自所有，即个人的财产归个人，而你儿子作为债权人对这个事情又是知道这个约定的，即你儿子借给谢姓男士的钱，由这位谢姓男士用个人财产偿还。如果她未能提供的，则由其承担举证不能的责任，也就是说她的讲法是不会得到法院采纳的。

11 婚前男方向女方的借款是否会因为两人婚姻的缔结而自动消失

白女士

我前夫在我们恋爱期间，因为父亲生病，向我借了五万块钱，他当时写了一张借条给我，内容很简单，就写了今天向我借了五万元钱。后来我们结婚了，我也没有提这件事。但是前不久，我们感情不和离婚，我向他提出让他归还这五万元和利息，但是我前夫不同意，说我们结婚了，这笔借款就不算数了，难道真的是这样吗？

律师解答

《婚姻法》及相关司法解释规定，一方的婚前财产为夫妻一方的财产。夫妻一方所有的财产，不因婚姻关系的延续而转化为夫妻共同财产。但当事人另有约定的除外。如你所述，你是在恋爱期间向男方出借钱款的，那么这个钱款应为你的婚前个人财产。因此，除非你与男方对该笔钱款的归属有其他约定，否则你们婚姻关系的缔结和延续是不影响这笔你出借给男方的钱款为婚前财产的属性。

退一步，就算这笔借款发生在婚姻关系存续期间，也不是像男方所述的那样借款就不算数了。《最高人民法院关于适用〈中华人民共和国婚姻法〉若干问题的解释（三）》规定，夫妻之间订立借款协议，以夫妻共同财产出借给一方从事个人经营活动或用于其他个人事务的，应视为双方约定处分夫妻共同财产的行为，离婚时可按照借款协议的约定处理。即在你们婚姻关系存续期间，如果你将你们两人的存款借给男方用于他个人事务，而不是你们夫妻共同的事项时，应该算是你们双方对夫妻共同财产的一个约定，离婚时是按借款协议的约定来处理的。

综上所述，你可以向男方主张这笔借款。但对于利息，如果男方写给你的借条对支付利息没有约定或者约定不明确的，视为不支付利息。所以你要让他支付这几年的利息是没有依据的。

12 前夫与前妻之前的债务纠葛

陶女士

这是我和我前夫之间的事。我一直有这样一个想法：虽然离了婚，但好聚好散，还有一个共同的孩子，不要彼此间过不去，所以我和前夫之前相处得还不错。我们前些年一起在国外打拼，有了点钱以后，他变了，我也变了，离婚就成了必然。大约六年前，那时我们已经离婚有几年了，我前夫说他生意出了点问题，需要资金周转，要问我借点钱。我当时真的是看着孩子的面子，才借给他这笔钱。结果，他就再也不提还钱的事了。我去要了不知道多少回，他就一句话：没钱。两年前，我和他商量，他名下有一套房子的，把我的名字加上去，这笔钱就不用他还了。他想都没有想就答应了。这样我们先写了一个抵销债务的协议，协议签好后，我们又去房产交易中心，在产权证上加了我的名字。我们之前是在国外结的婚，我手里有一个婚姻公证书，为了方便一点，我们去加名字时，我就用了这个婚姻公证书，不过那个时候，我们已经离婚了。现在他在外面又欠了不少钱，我怕这个房子也保不住，就提出来把房子过户到我的名下，我再给他一些钱，省得这个房子被他拿去抵债，我给他的钱他可以还债。没想到，他不但不同意，还说我趁他经济困难，逼着他签了抵销债务协议，这个协议对他不公平，是无效的；在去交易中心过户时，我用了失效的婚姻公证书，所以产权登记是错的，他同意把他欠我的钱给我，但不同意房子归我，也不同意把房子分了。请问律师，我前夫说的有道理吗？如果打官司，我可以要求分这个房子吗？

律师解答

《合同法》规定，有下列情形之一的，合同无效：（一）一方以欺诈、胁迫的手段订立合同，损害国家利益；（二）恶意串通，损害国家、集体或者第三人利益；（三）以合法形式掩盖非法目的；（四）损害社会公共利益；（五）违反法律、行政法规的强制性规定。因你前夫向你借款，双方签订抵销债务协议，你前夫自愿将房屋一半产权给你，用于抵销债务，并办理了产权变更手续，该行为不违反法律、行政法规强制性规定，不存在上述规定中无效的情形，应属合法有效。

至于你前夫所称协议显失公平、受你胁迫、办理产权变更时使用失效的婚姻公证书等，我认为是你前夫自愿签订抵销债务协议，并办理产权变更手续，属于其自行处分财产的行为，该意思表示真实，不存在显失公平。如果你前夫认为受你胁迫签订协议的，应由其提供相应的证据，不能提供的，由其承担举证不能的责任。至于办理产权变更手续时所使用的材料，并不影响双方自愿办理变更手续的行为。

鉴于你们双方的实际情况，无法共同使用这套房屋，你应该可以要求分割房屋。如果你有能力支付折价款，而你前夫无能力支付折价款的，很有可能法院判该房屋归你所有，由你支付相应折价款给你前夫。

与婚姻有关的其他财产纠纷之法律释义

01 前妻购房来帮忙　追回房款靠起诉

做律师多年,代理的当事人也是各有各的情况。这次遇到的这个程先生,让我们觉得真是一个好心人,但是可惜的是,程先生的身体却不尽如人意,不仅患有重度尿毒症,每周要做三次血透,而且现在因为肾衰竭的恶化而造成双眼几近失明,为此我们免费代理了程先生的案子。

事情是这样的,程先生早在2000年查出来是尿毒症,苦于妻子父母的压力,为了不耽误妻子,就和妻子杨女士和平分手了。离婚后,杨女士远赴日本工作生活,程先生继续在上海治病生活。虽然离婚了,但程先生和杨女士并不是因感情不和或者其他矛盾而离婚的,所以两人一直有电话或者网上视频联系。就在去年,看着上海一天天只涨不跌的房价,杨女士想以后老了还是回上海居住生活,于是就有了在上海购房的想法。当杨女士把这个想法和程先生说了后,程先生也赞成。杨女士还对程先生说,自己长期在日本生活,现在对上海的房市也不太了解,一方面回来不方便,另一方面当时日元对人民币的汇率比较低,因此希望程先生帮她购房,并提出向程先生借款,请程先生先行垫付购房费用,等日元汇率上升后再把钱还给程先生。鉴于之前和杨女士的感情,及对杨女士的信任,程先生就不顾病体,帮杨女士选房、购房,支付了全部房款并付了税费,并最终取得产权人登记为杨女士的产权证。杨女士看到了有自己名字的产权证,非常感谢程先生。

到了今年，杨女士从日本回来了，可是她却绝口不提还程先生借款一事。而程先生病情在此时却有了恶化，医药费、生活费的开销越来越大。无奈之下，程先生多次向杨女士催讨这笔欠款，而杨女士在刚开始还接程先生的电话，打了几次后，杨女士的手机就再也不开机了。没办法，程先生只好到律师事务所寻求律师的帮助。

接到程先生的案件后，我们结合程先生的陈述及其手里所有的材料，进行了深入的梳理。我们将杨女士给程先生出具的委托办理支付房款等事宜的委托书，程先生为杨女士购房所支付钱款、税费、中介费相关凭证，以及程先生的病历等作为证据提供，用于证明在起诉状中所写的事实。而且我们提出，民事活动应当遵循自愿、公平、等价有偿、诚实信用的原则。公民、法人的合法的民事权益受法律保护，任何组织和个人不得侵犯。本案中，程先生接受杨女士的委托为其购房，且杨女士垫付了房款、税费等相关费用，且这些钱垫付的前提是杨女士会归还这笔钱款。现在是杨女士违反诚实信用原则，未归还程先生垫付的钱款，使程先生的合法权益受到了侵犯，故程先生要求杨女士返还为其垫付的购房款等全部款项是有法律依据的。

在程先生用其微弱视力读完了起诉状并签字后，我们准备好全部证据材料，并将立案材料送至法院立案。在收到了我们精心准备的起诉材料后，杨女士不仅看到我们提供的形成证据链的证据及起诉的法律和事实依据，还看到法律对程先生的保护，终于意识到自己的错误，在开庭前向程先生道了歉，并返还了程先生为其购房垫付的全部费用。

在程先生拿到钱后，本想来我们事务所里表示感谢的，但我们考虑到程先生的身体，婉拒了程先生来所里感谢的请求。我们告诉他只要他好好活着，就让大家觉得这个社会还是好人多，好人终是有好报的。

02 订立协议应履行 一家三口告女婿

📝 案 情

潘老伯和陈阿婆是夫妻，婚后生育了唯一的女儿小玲。在小玲大学毕业工作后，两位老人就张罗着给小玲介绍男朋友，最终小玲和远房亲戚介绍的罗先生在确定恋爱关系一年后领取了结婚证，办理了结婚仪式。在婚前罗先生自己付了首付贷款买了一套本市A处商品房，产权人登记为罗先生一人。为了照顾女儿，在小玲结婚后，潘老伯和陈阿婆将他们在外区的住房卖了，所得的房款给女婿罗先生还了A处房屋的贷款。由于产权还登记在女婿罗先生一人名下，两位老人不放心，于是与女婿罗先生一起写了一个三方协议，约定在潘老伯和陈阿婆给罗先生共计80万元偿还房贷后，这套A处房屋就归两位老人所有，两位老人对这套房屋享有全部的权利；由于现在过户相关税费过高，所以产权证就不写两位老人的名字，这套房屋的产权人就此不作更改。两位老人先支付了女婿罗先生60万元后，两位老人提出将女儿小玲添加为产权人之一，女婿罗先生也同意，并配合办理了登记手续，之后两位老人又向女婿罗先生支付了20万元用于还贷。去年年底，女婿罗先生提出来要与小玲离婚，并要求将A处房屋作为夫妻共同财产分割。无奈之下，两位老人及女儿才将女婿告上法院，提出两位老人已将80万元给了女婿罗先生，因此要求确认A处房屋归两位老人所有。女婿罗先生辩称，虽然自己与两位老人签订了三方协议，但这个协议对自己是显失公平的，而且在签订完三方协议后，这套房屋产证上又加了妻子小玲的名字，所以这个三方协议已实际变更，是没有法律效力的。庭审中，两位老人也主动提出基于婚前这套房屋由罗先生自行还贷的事实，所以同意支付罗先生一笔补偿款。

评析

《合同法》第八条规定，依法成立的合同，对当事人具有法律约束力。当事人应当按照约定履行自己的义务，不得擅自变更或者解除合同。依法成立的合同，受法律保护。本案中的三方协议是潘老伯、陈阿婆及女婿罗先生自愿签订的，客观地反映了两位老人为了解决小夫妻两人婚后归还银行贷款的问题，出售了两位老人的自有房屋，将售房款用于偿还 A 处房屋的绝大部分银行贷款，并以此取得 A 处房屋的所有权。该三方协议对两位老人的权利义务均作了明确的约定，女婿罗先生作为完全民事行为能力人，应对签约后所产生的法律后果具有清晰的认识，不能以后来房价的上涨或夫妻之间产生纠纷为由，而认为该三方协议显失公平。

《最高人民法院关于贯彻执行〈中华人民共和国民法通则〉若干问题的意见（试行）》规定，一方当事人利用优势或者利用对方没有经验，致使双方的权利义务明显违反公平、等价有偿原则的，可以认定为显失公平。而本案中的两原告根本不存在利用优势或者利用被告罗先生没有经验，致使三方协议约定的三方的权利义务违反公平、等价有偿原则，不存在被告罗先生所谓的三方协议显失公平的情况。

被告罗先生还提出因为后续在产权证上加了妻子小玲的名字，所以这个协议已变更，这也是没有事实依据的。之所以后来产权证上加了小玲的名字，完全是因为两位老人担心产权人若只登记在女婿罗先生一人名下，女婿罗先生就可以不经他人同意，私自处分该房屋。产权证上加小玲名字也并不代表三方协议的变更，而且女儿小玲在成为产权人之一后,两位老人仍按三方协议向女婿罗先生支付了 20 万元,女婿罗先生也接受了这 20 万元。可见即使在产权人增加了小玲一人的前提下,两位老人及女婿罗先生仍旧按三方协议的内容履行权利和义务,所以不存在所谓的三方协议的内容已变更,并失效的情况。

> ✓ 结案
>
> 最终法院支持了我方的观点,判决 A 处房屋归老夫妻所有,并判决老夫妻给付罗先生相应的房屋补偿款。

03 公公儿媳有矛盾　法院调解解烦忧

吴老伯和老伴只生育了一个儿子,早在 20 世纪 90 年代初儿子结婚时,由于儿子单位没有给儿子分房子,所以儿子和儿媳一直与吴老伯夫妇共同生活在吴老伯承租的公房处。住了几年后,区里统一对吴老伯承租的这套公房所在区域进行旧房改造,最终吴老伯家被安置到本市 A 处公房,进行改造安置时吴老伯、老伴、儿子和儿媳都是安置对象。2000 年,经过老伴、儿子和儿媳的签字同意,吴老伯将 A 处公房购买为产权房,产权人确定为吴老伯一人。本来吴老伯夫妇和儿媳的关系虽然不是最好,平时磕磕绊绊的事总是有的,但也勉强过得去,没有大的矛盾。可是在一次老伴和儿媳为小事争吵后,儿媳竟然动手打了老伴,后来还是邻居报警解决的,自此双方的关系就变得剑拔弩张。这之后,儿媳还多次与老伴争吵,动手也是常事,有一次吴老伯为了劝架竟然被儿媳打伤。后来，吴老伯老伴突发心脏病过世了，儿子也提出与儿媳离婚，由法院判决双方离婚。可是离婚后，儿媳仍然住在 A 处房屋。吴老伯知道儿媳在其父母家里居住时也分过房子，儿媳当时是分房对象，而且她在郊区还曾经买过一套商品房。因为实在无法和儿媳同在一个屋檐下生活，于是吴老伯找到我们，希望能通过诉讼，让儿媳搬出自己的房子。

接受吴老伯的委托后，我们查阅了相关的材料，提出由于儿媳毕竟是 A 处房屋的同住人，如果要她搬离，应该要给付她相应的补偿款，吴老伯也接受了我们的意见。

在庭审中，我们提供了吴老伯夫妇与儿媳发生争执的报警记录、验伤通知单及儿子与儿媳离婚的判决书、儿媳他处有房的材料等证据。我们认为公民的合法民事权益受法律保护。妨害物权或者可能妨害物权的，权利人可以请求排除妨害或者消除危险。现在儿子与儿媳已离婚，而且吴老伯和儿媳矛盾较深，根本不可能共同生活，在我们同意支付吴老伯儿媳补偿款的情况下，我们要求其迁出 A 处房屋的诉讼请求应得到法院的支持。

最终本案以调解结案，儿媳迁出 A 处房屋，并由吴老伯支付儿媳相应的补偿款。

04 离婚 分家 调解

找到我们的是一家三口：父母和女儿，他们主要是为了女儿小蕊离婚的事。因为就只有小蕊一个女儿，从小父母视她为掌上明珠，加上小蕊身体一直不大好，父母对她的关心和照顾更甚。就这样一个独生女到了要结婚的年龄，父母当然是到处张罗，托周围亲朋好友给她介绍男朋友。经过几次相亲后，小蕊和小倪确定了恋爱关系。小倪的母亲很早就过世了,父亲再婚后有了新的家庭,小倪从小和奶奶一起长大。这样的条件对于别家来说,通常不是一个好的结婚对象,但对小蕊的父母来说,他们不在乎这些,只希望找一个能对小蕊好的女婿。在小蕊父母的操办下,相处不到一年两人就结婚了。婚后,刚开始小两口和小蕊父母住在一起,两室户的房子就显得小了,于是小蕊父母就筹划起卖房买房的事。经过在中介公司挂牌售房,以及一番看房、选房后,小蕊父母将他们名下的一套房屋出售,然后又买了一套三室二厅的二手房。因为小倪的公积金比较高,所以就用小倪的公积金贷了些款,剩下的房款都是小蕊父母付的。一年多后,小蕊和小倪有了宝宝,这三代同堂的日子,让小蕊父母感到很知足。然后,他们没想到的是,这时的小倪心里却有了离婚的想法。小倪认为小蕊脾气不好,经常为一点小事就和他争吵,而且在这个家里,他没有地位,待着一点也不舒服,于是常常以加班为借口晚归。时间长了,小蕊就起了疑心,两人的争吵更多了。

但大家都没有想到,小倪竟然一声不响地向法院提起了离婚诉讼。看到庭审中小倪决绝的样子,小蕊也无意再继续这段婚姻,这样双方在法院主持下达成了调解协议。由于婚后买的房子登记在小蕊父母、小蕊及小倪四人名下,涉及案外人的利益,在离婚案件中无法处理,所以双方只是就离婚以及小孩的抚养权等达成了一致意见。

离婚后不久,我们代理了小蕊及其父母提起的共有物分割纠纷的诉讼,将小倪告上法庭。庭审中,我们提出基于小蕊和小倪已离婚,四人共有该房屋的基础已丧失,故该房屋应当可以分割,而且该房屋的房款大部分来源于小蕊父母的售房款,且相关税费、中介费等均由小蕊父母出资,小倪公积金贷款的金额不高,而且还贷时间并不长,因此分割时应考虑到小蕊父母对该房屋的贡献,以及该房屋是他们唯一住房的情况等,照顾小蕊及父母。

最终在法院的支持下，小蕊和父母与小倪达成了调解协议，该房屋归小蕊和父母，小蕊和父母支付给小倪一定金额的房屋折价款。

05 出钱买房为女作婚房　女儿离婚分割引诉讼

案情

吴阿姨的丈夫在女儿还上初中时，不幸遭遇交通事故过世了，留下吴阿姨母女俩相依为命，为了女儿，吴阿姨也一直没有再婚。转眼间，女儿有了男朋友，到了谈婚论嫁的阶段。当时，吴阿姨觉得这个女婿小卫其他什么都好，就是家里条件不大好，连买婚房付首付的钱都凑不够。而吴阿姨的工作单位效益好，她自己职位不低，平时还做兼职，加上会理财，家里有些积蓄，出钱付首付不成问题。于是吴阿姨出钱付了首付款，剩余的房款通过银行贷款支付，这样就给女儿女婿买了婚房，产权证上写了吴阿姨、女儿和女婿三个人的名字，是共同共有。房子买好后，女儿女婿领了结婚证。婚后，小夫妻俩的生活一开始总是甜甜蜜蜜，但过了几年，问题就出来了。在无休止的争吵过后，女婿小卫将女儿告上了法庭，最终在法院的调解下，两人离婚。而那套婚房因涉及吴阿姨的利益，在离婚案件中并没有处理。为了彻底地解决这件事，在收到离婚案件的民事调解书后，吴阿姨和女儿将小卫告上法院，要求依法分割当初小两口的婚房，并称之所以产权人加了女儿和小卫的名字，是赠与，前提是女儿和小卫是夫妻，现在两人离婚了，就要收回给小卫的赠与。庭审中，小卫也确认房款的一半由吴阿姨支付，剩余房款是银行贷款。

一审法院

法院认为吴阿姨的女儿与小卫原为夫妻，现已离婚，该房屋的三个产权人共同共有的基础丧失，无特别协议的不动产共有产权，应视为按份共有，因此吴阿姨、女儿及小卫应为该房屋的按份共有人，三人平等取得该房屋产权。对于吴阿姨说的附条件的赠与，吴阿姨和女儿在房屋产权登记之前，并没有向小卫说明任何附加条件，所以对吴阿姨这一观点不予支持。法院判决房屋归吴阿姨和女儿按份共有，吴阿姨占三分之二产权，女儿占三分之一产权，吴阿姨按房价的三分之一支付小卫房屋产权折价款。

评析

在共同共有关系终止时，对共有财产的分割，有协议的，按协议处理；没有协议的，应当根据等分原则处理，并且考虑共有人对共有财产的贡献大小，适当照顾共有人生产、生活的实际需要等情况。本案中虽然该房屋产权登记在三人名下，属于共同共有，但在分割该房屋时仍应从公平合理的角度出发，兼顾各方对该房屋的贡献大小等因素。通过首付款的支付等可以确定，吴阿姨对该房屋的贡献明显大于女儿和小卫，应予以酌情考虑。一审法院判决对该房屋产权份额在三人间均分处理，明显有失妥当。

> **结案**
>
> 二审法院采纳了我方的观点，判决撤销了一审法院的民事判决，吴阿姨支付给小卫的房屋产权折价款远低于一审法院判决的金额。

06 夫妻财产被转让　合同无效获支持

案情

　　杜先生的父母共育有三个子女，杜先生是大儿子。杜先生是在外地读的大学，那时候大学毕业后工作是国家包分配，这样杜先生就留在了外地工作。杜先生的小弟从小不学好，父母的精力都用在他身上，小弟的工作也是父母帮他找的。后来经人介绍，小弟谈了恋爱，结了婚，有了自己的家庭。他们夫妻俩虽然有单位分的房子，但仍和父母住在一起，一分钱不出不说，吃父母的，用父母的，还让父母帮着带孩子，自己分的房子则出租出去，收房租。而在外地的杜先生，每个季度都会给父母生活费，有时候是寄钱来，有时候到上海出差时，就直接把钱给父母。几年前父亲身体有恙，经住院治疗后，仍不见好转，于是杜先生和小妹出钱请了保姆照顾父母。小弟这才从父母家里搬到自己单位分的房子。后来父亲的身体每况愈下，最终离开了人世。前不久，杜先生无意间得知，在父亲最后一次入院治疗期间，小弟竟然和母亲签订了一份上海市房地产买卖合同，双亲的房屋被过户至小弟名下。这份合同中并未约定付款方式、违约责任等条款。父母原是一个单位的同事，婚后，单位给他们分了一套公房，父母出资将该公房购买为产权房，产权登记在了母亲一人名下。知晓此事后，杜先生就同小妹一起去找了母亲和小弟，结果就像是教好的一样，他们承认签了买卖合同，没有付款，房子也没有交付，但依法办理了登记，签约时父母都是同意的，所以这个合同没什么问题，双方是买卖关系。而事实上，在签订合同当天，父亲在住院，出院小结上写着入院、出院时神志均不清楚，呼之无反应。于是，杜先生和小妹作为原告将父亲和小弟告上了法庭，要求法院确认他们签订的上海市房地产买卖合同无效，房屋产权恢复至母亲名下。庭审中，弟弟申请证人出庭，有的证人说父母曾表示要把房子给小弟，有的证人说父亲生前说过在其过世后把房子给小弟。

评析

公民、法人的合法的民事权益受法律保护，任何组织和个人不得侵犯。实施民事法律行为，行为人应当具有相应的民事行为能力，意思表示真实，不违反法律或社会公共利益等。杜先生的母亲和小弟认为双方为买卖关系，但他们签订的买卖合同中仅约定了房屋转让价款，未约定付款方式、违约责任等条款，有违交易常理。而且小弟承认未支付房款，房屋也未实际交付。另外，按母亲和小弟提供的证人证言，有的证人说父母曾表示要把房子给小弟，有的证人说父亲生前说过在其过世后把房子给小弟。由此可以确认母亲和小弟间并没有房屋买卖的意思表示。这套房屋虽然登记在母亲一人名下，但属于夫妻共同财产。即使母亲是通过房屋买卖的形式将房屋赠与给小弟，但他们提供的证据不足以证明父亲曾对此表示同意，故母亲对这套属于夫妻共同财产的房屋无权单独处理。杜先生和小妹要求确认合同无效的诉讼请求于法有据。

> ### ✓ 结案
> 最终法院采纳了我方的观点，判决支持了杜先生和小妹的诉讼请求。

07 房屋买卖需要前妻同意吗

📝 案情

林女士在六年前，买了一套动迁安置房。那时候，之所以买这套房子，是因为朋友介绍，说上家家里分了好几套房子，现在急用钱，所以拿出一套在卖。刚好林女士想改善一下家里的居住环境，就出钱买了这套房子，和上家签订了房屋买卖合同。当然，购房的价格肯定比周围的二手房要便宜，但和二手房可以马上过户不同，这套房子还要等几年才能过户——因为上家小产证还没有办出来。不过好在林女士把房款给了上家后，上家就把房子交给了林女士。经过一番装修后，林女士和家人住了进去。而房产证的事，这一等，六年就过去了。现在林女士打听到这套房子可以办产证了，上家也拿到了产权证，就去找上家，希望他能配合办理产权过户手续。可上家却说当初是借钱给林女士的，只是把房子抵押给了林女士，双方不存在买卖合同关系。另外，当初分这套房子时，上家和前妻还没有离婚，前妻对这套房子享有十个平方米的面积，离婚时他给前妻写过承诺，说好要给前妻相应面积的折价款。上家还说，他和林女士签订房屋买卖合同时，前妻不知情，现在知道了，不同意卖，所以不愿意配合林女士办理过户手续。于是，林女士将上家告上法庭，要求上家协助办理产权转移登记手续，将房屋产权转移登记至林女士名下。法院追加了上家的前妻作为第三人参加诉讼。前妻在法庭中称述，她后来才知道房屋出售的事，所以在离婚时，是要求主张面积折价款。

评析

依法成立的合同，对当事人具有法律约束力。林女士与上家签订房屋买卖合同应为合法有效。上家辩称双方不存在买卖合同关系，但并未提供相应的反驳证据，不应得到法院的支持。

《物权法》规定，处分共有的不动产或者动产以及对共有的不动产或者动产作重大修缮的，应当经占份额三分之二以上的按份共有人或者全体共同共有人同意，但共有人之间另有约定的除外。本案所涉的房屋，上家与其前妻均确认前妻享有十个平方米的面积，由此可以认定上家对这套房屋所占的权利份额超过三分之二，故即使上家前妻不同意出售这套房屋，上家亦有权对这套房屋作出处分。

此外，根据作为第三人的上家前妻自述，她后来知道房屋出售的事，在与上家离婚时，仅主张分得相应的价款。而且上家前妻也并无证据证明其在本次诉讼发生前，曾向林女士就这套房屋买卖提出异议。现在，这套房屋产权已登记在上家一人名下，且产权过户已不受限制，故林女士的诉讼请求于法有据，应当得到法院的支持。

> ✓ **结案**
>
> 最终法院采纳了我方的观点，判决支持了林女士的诉讼请求。

08 父母出资购房，产权登记在我和儿子名下，丈夫有份吗

李女士

我没想到我丈夫是这样的人，本来我想着大家夫妻一场也不

容易，而且我们还有个儿子，就算要离婚，也不应该变成仇人。但以他现在的所作所为，我真是以后再也不想和他有任何来往。我和丈夫是我们家远房亲戚介绍认识的，本来我是没有看上他，但是主要是父母觉得我年纪不小了，之前谈的男朋友都不靠谱，而且他们也不太熟悉，这次是亲戚介绍的，算是知根知底，就一个劲地撮合我们。我们就开始了联系。要说恋爱的时候，我丈夫对我还不错。现在想起来是他伪装的好。我们恋爱了半年多一点就结婚了。婚后的前几年，也还可以。有矛盾就从我丈夫换了工作，从单位辞职后，和他的一个朋友一起创业开始。他想创业有上进心，我当然是支持的。但是没想到他却经常以工作的借口，晚回家或不回家。而且回家就和我吵，看儿子也不顺眼。我听别人说，他外面有人了，但他不承认。吵得多了当然对孩子不好，我就想着离婚。本来想两个人去协议离婚，但他不同意。其实他也是想离婚的，就是因为房子的事谈不拢，所以不同意去协议离婚。有争议的房子是我们结婚后，我爸妈出钱给我买的，说是算他们两个老人留给我的，钱放在银行也不值钱，还不如买成房子。这套房子的产权证上就写了我和儿子两个人的名字。我丈夫现在提出来，这套房子是婚后买的，产权登记在我和儿子名下，就算钱是我爸妈出的，等于是我爸妈送给我们一家三口，所以这套房子一半是儿子的，另一半是我们俩的。如果我要房子就按市场价的四分之一给他钱；如果我不要房子，就是他给我钱，房子归他和儿子，他给我四分之一的钱。我老公还说，法律有规定，两个人结婚后得到的所有的财产，包括房子，都算是两人的，大家都有份。请问律师，这套房子所有的钱都是我爸妈出的，他们还有银行转账的凭证，就因为是我们结婚后买的，我老公就有份了吗？

律师解答

根据《婚姻法》的规定，一般情况下，夫妻关系存续期间取得的财产，都属于夫妻共同财产，比如说：工资、奖金；生产、经营的收益；知识产权的收益等收入，原则上应为夫妻共同财产。但《最高人民法院关于适用〈中华人民共和国婚姻法〉若干问题的解释（三）》第七条规定，婚后由一方父母出资为子女购买的不动产，产权登记在出资人子女名下的，可按照《婚姻法》第十八条第（三）项的规定，视为只对自己子女一方的赠与，该不动产应认定为夫妻一方的个人财产。从上述规定可以看出，如果一方父母出资为自己的子女买房，产权登记在自己子女名下的，那么尽管是婚后买的，也是视为对自己子女的赠与，不属于夫妻共同财产。所以根据上述规定，我认为你提到的房屋不是你们的夫妻共同财产，你老公所说的这个观点是不成立的，这套房屋应为你和你儿子两个人共有。当然，假如说，你父母出资购买房屋，产权登记在你老公和你两人名下，尽管是你父母出资的，但是也视为对你们夫妻双方的赠与，是对两个人的赠与。

09 委托儿媳理财，儿子儿媳离婚后怎么把钱要回

夏阿婆

要是知道儿子会和儿媳离婚，我绝对不会把钱给她。这个儿媳本来我和老伴是不同意的，儿子之前有个女朋友，各方面条件都不错，而且这个女孩的爸爸和我老伴是同事，两家人也都认识。可后来，我儿子认识了现在的儿媳，就和那个女孩分手了，我觉得这个儿媳很有心机。但儿子喜欢得不得了，非她不娶。我们不同意他结婚，他就不回家住，后来我们实在拗不过他，就同意了。小两口结婚后，这个儿媳表现得不错，家里收拾得井井有条，也能管住我儿子，在我儿子的工作上帮忙不少，而且两个人过得还

不错。看到儿媳这样，我和老伴悬着的心也落了下来。在长时间的接触中，我们觉得这个儿媳可以，对我们也算孝顺，逢年过节还会给我们买东西，这样对她的戒心也慢慢放了下来。有一次闲谈中，儿媳提到她有同学在银行工作，卖的理财产品收益不错。我刚好手里有一笔30万元的存款到期了，银行利息也不高，就想着也买个理财产品，收益能高一点。之后，我就把这30万元通过银行汇给了儿媳妇。一年后，儿媳按约定给了我一年的收益。因为我和老伴换了房子，住的地方离他们小夫妻比较远，之后就有一段时间没有见面了，儿媳也一直没有上门看我们。一开始，我问儿子时，他说儿媳出差了。再问时，他又说她工作忙。后来时间长了，我们起了疑心，儿子看瞒不住了，才和我们说了实情。原来，儿子在外面又和别的女人好上了，被儿媳发现，威胁要去儿子单位闹，还要把这件事告诉那个女人的老公，而那个女人的老公和我儿子是好朋友……在这种情况下，我儿子没办法，就什么都按儿媳说的办。两人去了民政局协议离婚，自愿离婚协议书都是儿媳之前打印好的，我儿子就是去签了个字。房子、车子都给了儿媳，儿媳就只给我儿子150万元。现在他们的那套房子都涨到四百多万了，即使一半也不止150万，还有上海牌照的车子也给了儿媳。这也就算了，那套房子没有我们的名字，车子本来就登记在儿媳名下，关键是转给她的30万，一点也没提。那30万是我和老伴的存款，不能就这样没有了呀。于是我们找到儿媳，问她要这30万元。儿媳现在变得我们都不认识了，她说那30万是我们送给他们的，已经用来买了家具、家电，还有外出旅游，这些钱都花完了，根本没买什么理财产品。我当时都快气晕过去了。可我现在手里只有当时银行转账的凭证，其他像儿媳买什么理财产品，哪个银行买的，我当时也没有问，等于一百样不知道。那时大家关系还好，我根本没想到会有这么一天。请问律师，这30万我拿得回来吗？

律师解答

没有合法根据，取得不当利益，造成他人损失的，应当将取得的不当利益返还受损失的人。你和老伴是否能拿回这笔钱，关键是在于你有没有证据证明你前儿媳取得这笔钱没有合法根据，以及你是否有证据证明你和老伴是委托前儿媳帮你们理财。按你的陈述，你转账给前儿媳钱款的理由是基于委托理财，可见她取得这笔钱并不是没有合法根据。

若按你前儿媳所述，这30万元是你们对他们夫妻俩的赠与。《合同法》规定，赠与合同是赠与人将自己的财产无偿给予受赠人，受赠人表示接受赠与的合同。赠与人在赠与财产的权利转移之前可以撤销赠与。具有救灾、扶贫等社会公益、道德义务性质的赠与合同或者经过公证的赠与合同，不适用前款规定。通常来说，赠与钱款的，只要钱款给付对方即完成赠与，若要撤销是要符合一定条件的。

就你现在所有的证据，只能证明你前儿媳收到过你转账的钱款，并不能证明你们之间有委托理财的合意，以及你前儿媳将这笔钱实际用于购买理财产品。在没有证据的情况下，你要求前儿媳返还这笔钱款是很困难的。建议你还是要多方收集证据，以证明委托理财的事实。

10 有心机的儿媳

柏先生

我和我老婆结婚结得晚，这样生孩子也晚，在我老婆生下儿子的时候，我同学的孩子好多都上小学了。所以我和我老婆对这个儿子特别地宝贝，他做什么我们都要管，生怕有什么对他不利。

亲戚朋友都觉得我们管儿子管得太多了。但好在我儿子听话，性格内向，平时我们说什么就是什么，不像别的孩子要和父母吵、闹什么的，我儿子从来没有。而且我儿子学习还好，大学的时候学的是理科，毕业后从事计算机软件行业的工作。上班后，我儿子就是家和公司，两点一线，当然工作忙也是原因之一，他从来没有带过一个女孩子回家让我们看看。我们只要和他提起找女朋友的事，他就不睬我们。实在没有办法，眼看着儿子一天天年纪也大了，不谈恋爱也不是个事，我们还等着抱孙子呢。这样，我和我老婆就开始到处求人，给我儿子介绍女朋友。我儿子在我们的威逼下，一直在不停地相亲。相了快半年了，在我们都要失去信心的时候，终于有一个女孩，我儿子看她顺眼，她觉得我儿子也挺好的。两人恋爱不到一年，我们就催着儿子结婚了。在我儿子结婚前，我们家里的老房子动迁，是开发商动迁，我们家里是私房，最后分给我们一套二室二厅的房子，然后我们因为超面积，还要补动迁组一些钱。拆迁后，我们先是在外面过渡了一段时间，后来开发商把房子给了我们，我们就搬进去住了。那时儿媳妇已经生好了孙子，我们一家人别提多开心了，都是我和老伴在帮他们带孩子。因为我儿子工作忙，而我这个儿媳妇看起来比较能干，我和老伴又在带孙子，所以去开发商那里交钱、办房子材料的事，都是儿媳妇弄的。我们当时想的是孙子都生了，平时看起来她也没有什么坏心眼，应该就定定心心一家人过日子了，也就没有防着她，都是把钱给了她，让她去交的。我和老伴还有儿子这方面也比较马大哈，想着拆迁是安置我和老伴的，也签订了协议，剩下的就是交交钱什么的，应该不会再有其他的了。而且那个时候，还不能办产权证，应该没有什么问题。现在想一想，这个儿媳应该是有心计的，而且有些事是她算好的。大约两三年前，我们发现儿子和儿媳的关系开始不大好了。他们吵是不怎么吵的，因为和我们住在一起，我儿子又不爱说话，就是儿媳妇开始回家晚了，有的时候还说在娘家或朋友家，晚上就不回来了。我问儿子怎么回事，儿子要么是说她工作忙，要么就是说有事。这样不是一天两天，后来，儿媳就完全是不回来了。再问儿子，儿子才告诉我们说，他们两个人已经偷偷地把婚离了，孩子归他。而且，他们竟然是在法院离的婚，我们一点也不知道。是儿媳告儿子要离婚的，儿子本来是不想离的，但是到了法院，儿子看儿媳很坚决的样子，就同意了。儿子有什么事也不说，我们估计是儿媳妇外面有人了。本来我们还想做点什么，但是想想离都离了，我们还能怎么样，也就没有再管了。可是没想到，前段时间，这个前儿媳竟然找到了我和老伴，说她和我儿子离婚的时候，只是离婚，钱没有分，存款什么的也就算了，我们拆迁分的房子她是有份的。她拿着当时付款的单子说，钱是她付的，而且有一张调配单上写了她的名字，所以房子是她的。她还说这个房子不算是拆迁安置房，是通过和开发商签订买卖合同得来的，钱是她出的，而且她生了孙子，我们是把房子送给她的，所以调配单上才写了她的名字。现在让我们要不给她钱，要不就是她要房子给我们钱，给我们两个星期的时间答复；如果不同意的话，她就去打官司。但其实房子产权证已经办好了，在他们瞒着我们离婚的时候，儿媳也不怎么在家里住的，这个房子那时就可以办产权证了，我就去办了，产权证上写了我和老伴两个人的名字。请问律师，现在这种情况，房子到底算谁的？前儿媳当初是去交了钱，但那是我们的钱，手续是她办的，房子就归她了吗？

律师解答

不动产权属证书是权利人享有该不动产物权的证明。一般情况下，房屋所有权的归属是以产权登记为准的。你提到的这套房屋产权登记在你们夫妻俩名下，那么通常这套房屋即归你们两人所有。

这套房屋取得应为拆迁安置，虽然是通过与开发商签订买卖合同的形式取得所有权，但只是一种形式，不能改变拆迁安置的属性。而且该房屋的拆迁安置是在你儿子与儿媳结婚前，除非儿媳有证据证明其为该次拆迁的被安置对象，对该房屋享有权利，否则她对这套房屋是不享有权利的。

虽然你儿媳提到住房调配单中写有其名字，但并不表示你儿媳即为该房屋的产权人，而且之后的产权登记在你与老伴名下，因此你儿媳并未以此取得这套房屋产权。

对于你儿媳支付相关费用的问题，如果这些钱款按你所述是来源于你们，即你们给她的，你儿媳只是代你们支付而已，她当然不能基于此来主张权利。退一步，即使她确实支付了费用，也不表示她就可以成为该房屋的权利人。在日常生活中，家庭成员之间互相支付款项的情形极为普遍，应认定为赠与。赠与钱款已完成给付，且不符合撤销的条件，你儿媳不能以此来主张其应取得房屋物权。如果她要基于此取得房屋物权，则需要各方有明确约定。在你们之间并未如此行事的情形下，你儿媳的主张是没有法律依据的。

11 夫妻离婚后债主上门，女方欲卖房但遭产权人之一的公公反对，该如何处理

邓女士

我名下有一套房产，我在还贷款。我和前夫离婚时，离婚协议中写好房子归我。但是前夫在还没离婚前有一笔债务，是我不知情的。现在有人天天上门讨债，我想把房子卖了，但是这套房子的产权证上面还有公公的名字，他不同意卖。请问我该怎么办？

律师解答

《物权法》规定，共有人约定不得分割共有的不动产或者动产，以维持共有关系的，应当按照约定，但共有人有重大理由需要分割的，可以请求分割；没有约定或者约定不明确的，按份共有人可以随时请求分割，共同共有人在共有的基础丧失或者有重大理由需要分割时可以请求分割。因分割对其他共有人造成损害的，应当给予赔偿。如果你和你公公按份共有这套房屋，你当然随时可以请求分割这套房屋。如果你和你公公共同共有这套房屋，在你前夫与你离婚的情况下，共有的基础丧失，你也可以要求依法分割该房屋。在共同共有关系终止时，对共有财产的分割，有协议的，按协议处理；没有协议的，应当根据等分原则处理，并且考虑共有人对共有财产的贡献大小，适当照顾共有人生产、生活的实际需要等情况。

你可以主张房屋归你所有，你给付你公公相应的房屋折价款，或者房屋归你公公所有，由你公公给付你相应的房屋折价款。

12 上家妻子售房十年后　丈夫称买卖合同无效

舍先生

我们是给儿子买婚房，没想到买出了问题。儿子儿媳都住进去这么多年，小孙子都生出来了，现在上家竟然说要打官司告我们，真是把我和老伴急死了。我们买房子是朋友介绍的，说是上家家里拆迁，分了很多套房子，他们外面还有自己买的房子，所以就要卖房子。话说那是十多年前，刚好儿子谈好女朋友，我们觉得不错，就想着买了给儿子结婚用。这样我们就通过中间人，其实就是中介，签订了一份房屋买卖合同，约定由上家将房子出售给我，房屋总价80万，我一次性付清全部房款，一手交钱一手交房交钥匙，待我支付了全部房款后，房屋就归我所有，与上家无关。双方承诺不管今后房价有任何变动，都不能毁约；待该房屋可以办理产权证时，上家无条件配合办理产权过户手续，费用由我来承担。签约当天，我就一次性通过银行转账把这 80 万元付了，上家收到钱后就把钥匙给我了。和我签约和办这些的上家是一个女的，当时她是拿着分房通知单等原件和我签约的，又有房子的钥匙。签订合同时，她写的是她和她老公两个人的名字，还给我们看了结婚证，说是她老公有事，就她签字就可以了。我当时想钥匙都有，还有分房单，上面就是她一个人签字的，应该没有问题。其实之前也没有事，就像我开头说的那样，我儿子就在这个房子里结婚生子。前段时间，我听邻居说这个房子可以办产权证了，如今的房价和当初我买的时候，可不是一回事了，涨了好多倍。上家当时卖了不止我这一套房子，还有一套，她就召集我们两家，说现在房价涨了这么多，要办产权证可以，加钱。那时不巧我们家里出了点事，实在拿不出来上家说的数，就没有答应；另一家同意了，补了钱，他就拿到了产权证。我本来还想和上家好好谈一下，少让我出一点钱，我还可以借一下，可上家说一分钱不能少，否则房子她可以拿回来。过了几天，就有一个男的上门了，他说他才是房东，还给我看了他和前妻，也就是和我们签约的那个女的离婚协议。他们离婚没多长时间，上面写到说我们小区的一套房子归他，另一套其他地方的房子归女方，写的我们小区的房子地址和我们的室号不一样。我当时就指出来了，那个男的说是笔误，他一直在外地，前妻说这个房子出租了，他不知道这套房子是卖给我们的；而且这套房子是他的，我和他前妻签订的房屋买卖合同是无效的，让我们搬走，他会从他前妻那里把房款要回来给我们。请问律师，这个男的说的有道理吗？如果打官司的话，他可以把房子要回去吗？

律师解答

　　当事人行使权利、履行义务，应当遵循诚实信用原则。行为人没有代理权、超越代理权或者代理权终止后以被代理人名义订立合同，相对人有理由相信行为人有代理权的，该代理行为有效。

你所提到的上家那位男士虽然未在房屋买卖合同上签名，但是你们签订合同时，他们两人尚未离婚，仍共同居住生活，房屋买卖作为家庭重大财产交易，丈夫对此应当知情。这套房屋是动迁安置房屋，签约时尚未办理小产证，上家那位女士出示了分房通知单等材料，在房屋买卖合同中的签字确认写了夫妻两人的名字，并且将这套房屋交付给你，因此你当然有理由相信丈夫对此是知晓且同意的，妻子有代理权，可以处分这套房屋。

而且两人的离婚协议中对财产进行了分割，其中涉及你购买房屋的处置，那位男士认为其中的同小区的一套房屋系笔误，实为你买的房屋。然而他们作为被拆迁人，对自己所有的房屋室号应当十分熟悉，不可能在离婚协议如此重要的协议中将房号写错且协议签订双方均未发现。

最后，这套房屋由你支付了全部房款并居住使用至今已逾十年，那位男士之前未提出过异议，他称房屋是由女方出租的，而他在长达十年时间里对房屋不闻不问，不符合常理。所以就你所述的情况，他要求确定房屋买卖合同无效，很难得到法院的支持。

相反，你可以诉至法院，要求这对夫妻履行你们签订的房屋买卖合同，将这套房屋过户至你名下。

13 多年前出让房屋，今朝为了少分财产，丈夫竟然让哥哥主张产权共有

夏女士

这事真是气死我了，我没想到我老公为了离婚少给我分财产，

竟然和他哥想出这么一招来。我和我老公结婚后，本来住在我老公他们家的房子里，这套房子是公房，承租人是我老公的爸爸，这里暂时叫 A 处房屋。我老公的爸妈和他哥住在另一套房子里。因为我老公比他哥先结婚，所以 A 处房屋给了我们住。后来，他哥找到一个女朋友也打算结婚，因为他哥调动了工作，单位离 A 处房屋近，他哥就想结婚后住到 A 处房屋，让我们搬出去住。可我们搬到哪里呢？又不可能搬去和他爸妈一起住。本来我是不愿意搬的，凭什么搬呀，都是儿子，为什么待遇不一样？后来大家商量下来，由他哥和他爸妈一起出钱再给我们买一套房子，选在离我工作单位近的地方。其实这么做，我们是吃亏的，A 处房屋的地段好，房型也好，周边什么都有，很方便。但是我老公什么事都听家里人的，没什么主见，后来我就和我老公去看房，看中了现在的 B 处房屋。买房子时，首付是我老公爸妈和大哥出了一半的钱，我们自己出了另一半，买了一套稍微大一点的房子，但地段和 A 处房屋是没法比的，那时候，小区周围都像农田一样的，荒得很，什么配套都没有，坐公交车也要走很远，但好在房价便宜。剩余的房款我们是公积金贷款，当时是由我和我老公还有他哥一起还的。后来家里有了积蓄，再加上他哥和爸妈也凑了些钱，我们就把贷款还清了。这套房子的产权证上写了我老公一个人的名字。在我们搬出 A 处房屋前后，因为我老公还有他哥、他爸妈的户口都在 A 处房屋，他们出了首付的钱，我老公就同意他哥把 A 处房屋买成产权房，产权证上只写他哥一个人的名字。当时都是口头说好的，他们家里两个儿子一人一套房子，B 处房子归我们，A 处房屋归他哥，其实我们当时是吃亏的，算了不说这个了。B 处房屋装修好后，我和我老公就住了进去。他哥也在 A 处房屋结了婚。之后，两家人各过各的，也没什么矛盾。事情的起因是我和我老公离婚的事。我老公本来挺好的，也老实。可是几年前，他的一个做生意的朋友让他去公司帮忙，而且给的工资挺高的，于是我老公就去他那里帮忙。刚开始一两年收入是不错，我老公挣了钱都拿回家里。但也就是这个朋友让我老公看到了外面的花花世界，跟着他，我老公经常去应酬，花天酒地，竟然染上了病，还传染给了我。我知道是我老公传给我的后，快气晕了。我让他辞职，他不听，还要那样鬼混下去。没办法，我只有离婚。在我和我老公谈离婚如何分房子时，我老公却说这个房子他哥也有份，那时说好是他和他哥一起买的房子，只是他哥当时怕这个房子给他女朋友知道后会来抢房子，家里会有矛盾，才只写我老公的名字。我老公还说，要离婚可以，房子一半是他哥的，剩下的才是我们俩的，我只有四分之一的份，如果我不同意这样分，就法院见。请问律师，当初买房子的时候的确我老公的哥哥出过钱，还贷也出过钱，那么是不是说这个房子他哥就有份了呢？

律师解答

　　你和你丈夫有争议的地方是他大哥在这套房屋中的出资是出于与你丈夫共同购买，还是因为你们让出了 A 处房屋，由你丈夫的大哥和父母补贴你们购房。我个人认为除非有其他证据，否则房屋的产权归属以产权登记为准，即这套房屋为你丈夫所有，为你们夫妻共同财产。

　　你丈夫的大哥称其未登记为产权人，是怕女朋友知道来抢房子，并不符合常理。若你丈夫的大哥在未结婚前，所得的财产为其个人婚前财产，即使女朋友知晓，也没有分割的法律依据。若你丈夫与他大哥系共同购房，那么即不存在你们搬出已居住多年的 A 处房屋一事。与你丈夫所述相比，你对事件的讲述更为合理，且具有可信性。因为你和丈夫出让 A 处房屋给大哥，所以你丈夫的大哥和父母才会在你们购房时出资补贴，以此解决两兄弟的住房之争，这符合社会的通常做法和当时的客观情况。

　　因此，如果你丈夫的大哥仅以其对这套房屋有出资为由，而主张产权共有，通常很难得到法院的支持。而这套房屋购买在婚后，你们夫妻也曾共同出资，虽然产权登记在你丈夫一人名下，也属于你们夫妻的共同财产，在离婚时，可依法分割。

14 我们出首付，产权下写儿子还是儿媳有区别吗

朱女士

我儿子和儿媳已领过结婚证，儿子名下没有房产，儿媳娘家的一套房子有她的名字。现在他们小两口想自己买房，我们男方家打算出一笔钱，其他由他们两人自己贷款。儿媳说用她的名字买，可以公积金贷款。我想问问，产权证上写我儿媳的名字，和写我儿子的名字有什么不同吗？

律师解答

《最高人民法院关于适用〈中华人民共和国婚姻法〉若干问题的解释（二）》规定，当事人结婚前，父母为双方购置房屋出资的，该出资应当认定为对自己子女的个人赠与，但父母明确表示赠与双方的除外。当事人结婚后，父母为双方购置房屋出资的，该出资应当认定为对夫妻双方的赠与，但父母明确表示赠与一方的除外。

原则上夫妻在婚姻关系存续期间用夫妻共同财产购买房屋的，无论是产权登记在配偶的一方或者写双方名下，都属于夫妻共同财产。依据上述规定，你们在儿子结婚后为儿子、儿媳出资购房的，除非你们明确是对一方的赠与，否则应认定为对夫妻双方的赠与。因此，如果你们为儿子、儿媳购置房屋出资的，建议产权最好不要登记在儿媳一人名下。如果你们要求确认这笔出资系对

儿子个人的赠与，那么建议你们夫妇与儿子、儿媳四人共同订立书面协议以明确这笔钱款是赠与给你儿子个人的，与儿媳无关。

  这里还要说明一下，如果产权登记在你儿媳一人名下，那么她有可能单方处分这套房屋。若以后夫妻感情有变故导致离婚，女方隐瞒男方，擅自将这套房屋出售，而第三人善意购买、支付合理对价并办理产权登记手续，男方主张追回这套房屋的，人民法院不予支持。如此给男方造成的损失，离婚时男方只能请求赔偿损失。

15 多疑的妻子遇上姐姐出资购房

牛先生

  我和我老婆结婚都十多年了，这个婚我是不想离的，可后来实在受不了。我们是大学同学，按说是有感情基础的，在学校时，同学们就说我们郎才女貌，是天造地设的一对。毕业后没多久，我们就顺理成章地结婚了。刚开始的那几年是我们婚姻生活最幸福的时光，没有争吵，没有猜忌。结婚之后，父母开始催我们要孩子。我们也想要，但一直也没有什么动静。为此我们还去医院检查，结果是我们两个人都没有问题。我现在想想，我老婆两次宫外孕的事是整个事情的起因。原来她对我不是这样的，之前我回来得再晚，她也只是会嘱咐我，注意身体，还会给我泡蜂蜜水。后来我老婆两次宫外孕后，医生说她不能再生了，再也怀不上了。之后，她就像变了个人，只要我没有按时下班，她就不停地给我打电话、发信息，直到我回家。如果发现我手机里有女生的电话和微信，她就让我全部拉黑，不允许我和别的女生联系。单位新来的实习生，有时下班后因工作的事和我汇报了几次，她就不依不饶，还跑到我单位去闹，搞得我很没有面子。而且，她在家里还把我的衣服都剪了，说是这样我就不能去外面瞎搞。事实上，因为她不能再生了，心情不好，我已经很让着她了。为了不加班、出差，我把升职的机会让给了同事，每天只要一下班，我第一个回家，到家后，买汰烧都是我。可即使这样，我老婆还是不满意，天天找事情。我实在受不了，就和她提出离婚。没想到她也同意离婚，说和我过下去，一天提心吊胆的，没有安全感。就是房子怎么分的事，没谈拢。说起这个房子，是我们领证前就买了的，因为说要结婚，就先把婚房准备好。那时候我姐刚和我姐夫离婚，我姐除了拿到一套房子外，还分到一些存款。所以我姐就提出，我们的婚房，她出首付，剩下的钱由我公积金贷款，只有一个要求：产权证上加她的名字。我和我老婆同意了，这样就我们三个一起去和开发商签的合同，产权证上写了我们三个人的名字。本来拿到房子我们就要结婚的，可我妈说找人算了当年结婚不吉利，所以过了一年，我们才领的结婚证。几年前，贷款就全部还清了。现在离婚，我老婆提出来，这个房子是我爸妈给我们买的，办产权证时之所以加我姐的名字，是因为那个年代可以退税，所以我姐的名字才上了产权证。另外，她现在已经没有生育能力了，最终将是孤老，所以她认为40%的产权应该归她，房子她不要了，让我按市场价给她40%。按我家里人的说法，首付是我姐出的，贷款也是我的公积金在还，给我老婆四分之一就不错了。我呢，是觉得就按三个人均分，给她三分之一就算了。请问律师，在法律上这个房子会怎么分呢？因为我老婆现在不能生育了，可以要求多分吗？

律师解答

  如果你和妻子离婚，由于这套房子登记在你妻子、你和你姐姐名下，涉及离婚案件外的当事人即你姐姐的利益，通常法院会以这套房屋涉及你姐姐的利益为由,而在离婚案件中不做处理。如果要分割这套房屋,你和妻子需要先离婚,之后再对这套房屋另案提起诉讼,要求进行分割。

不动产物权的设立、变更、转让和消灭,经依法登记,发生效力。共有人对共有的不动产或者动产没有约定为按份共有或者共同共有,或者约定不明确的,除共有人具有家庭关系等外,视为按份共有。你提到的房屋虽于你们婚前登记在你们夫妻两人及你姐姐三人名下,但综合该房屋的购买时间、居住情况、还贷情况,一般会认定该房屋是你们夫妻为结婚所购置,你们三人符合法律规定的具有家庭关系,因此该房屋为你们三人共同共有,原则上应当根据等分原则处理,由你们各享有三分之一产权。因为你和姐姐对这套房屋享有的产权份额大于你妻子,所以法院判决房屋归你和姐姐,由你们给付妻子折价款的可能性更大。具体在分割时法院还会结合房屋价值,综合考虑房屋的来源、你妻子在房屋中的出资情况、你们夫妻参与还贷的情况,以及三方对该房屋所作贡献大小等实际因素,酌情确定你妻子所得的房屋折价款的金额。

对于你妻子所述的丧失生育能力一事,从法律上讲,此情节并不构成多分割夫妻共同财产的条件。

16 女儿过世后,亲家竟提出合同无效

杨先生

我女儿从小到大都很优秀,不光是学习,上班后工作上也是年年评先进。但我对我的那个女婿就不看好了,他们恋爱时,我就不同意,那时候那么多条件好的男孩子追我女儿,可我女儿不

知道中了什么邪，偏偏看中了他。他们家里本来条件不好，住的房子很小，我女儿嫁到他们家以后，后来生了孩子，还是我女儿的单位考虑到住房拥挤，收回了原来的小房子，重新分了一套两室的房屋。因为是我女儿的单位分的房子，所以承租人就是我女儿，受配人是她公公婆婆，还有丈夫和孩子。2002年的时候，他们家里人商量后，决定把这套公房买成产权房，我女儿的收入一直比女婿高，所有的钱都是她出的，所以当时说好产权证上就写我女儿一个人的名字。因为当时，我女儿婆婆的工龄长，所以购房时就用了她婆婆的工龄。前些年，我女婿工作上有些问题，就天天找事和我女儿吵，那时还说起了房子的事，他就提出来房子就我女儿一个人的名字，他不开心，都是夫妻，他也要加名字，我女儿为了这个家就同意了。当时吵得很凶，她公公婆婆都知道的。六年前，她公公因病去世了。去年，我女儿突发意外，走了。我和老伴是白发人送黑发人，老伴天天以泪洗面，我不能当着她的面掉眼泪，但心里那个难受，哎，没法说。伤心也就算了，让我们生气的是，我女婿这一家人，真是为了钱，为了房子什么都能做得出。我女儿落葬后，她婆婆找到我，说我女儿走后，他们收拾东西看到房产证，才知道产权人是我女儿和他们儿子的名字，而且查了才知道，原来一开始公房买产权时，就写了我女儿一个人；而当时买的时候，用了她的工龄，钱她也出了，说好是写五个人的名字，小孩子、小夫妻俩加他们老两口的，但是我女儿瞒着他们就写了她一个人的名字，他们儿子的名字也是后来加的，但一直没有和他们说过。现在，如果我们同意放弃这个房子，他们给我们10万元，就不打官司了，否则他们要打官司，到时候我们什么也拿不到。他们打官司就是打公房买产权的公房出售合同无效，房子就变成公房了，就没有我女儿的份了。她还给我看了一张"职工家庭购买公有住房协议书"，她说这个上面没有他们的签字，只有我女儿的签字，上面他们印章都不是他们盖的，是我女儿自己偷偷拿去盖的,打官司有这张纸,他们肯定能赢。请问律师,我女儿婆婆说的有道理吗?如果他们打官司会怎么样呢?

律师解答

你提到的公房出售合同是否有效,要看是否征得了购房时的同住成年人的同意,也就是在于你女儿将原来的公有住房购买产权房时,是否侵犯了其他同住人的权益。

根据相关规定,当事人对自己的主张有责任提供证据加以证明。你女儿的婆婆认为你女儿签订合同时,未经过她同意,擅自在协议书上加盖私章,但除非他们有证据证明,否则很难得到法院的采纳。而且"职工家庭购买公有住房协议书"中虽没有她的签名,但加盖的私章是真实的,可视为是她的真实意思表示。而且,自从2002年你女儿购买公房至今,已经历时多年,且按她婆婆的说法,购房时使用了她的工龄,她也曾有出资,因此不可能一直不清楚房产证登记情况,她所述的情况并不符合常理。所以如果你女儿的婆婆以此提起诉讼,要求确认公房出售合同无效,很难得到法院的支持。

17 为儿购房确定份额,小夫妻离婚后房产的分割

郑女士

我老伴在十多年前因病过世了,我之前一直和我儿子一起生活。后来,儿子要结婚了,再和我一起住也不方便,为了小两口好好过,我就把我自己一套小的公房卖了,所得的售房款用来作首付给他们买了一套婚房,余下的房款是我儿子作为主贷人,从

银行贷款。那时产权证上要确定写谁的名字时,儿媳说已经怀孕了,又因为公房买卖的相关规定,若要用出售公房取得的售房款购买新的房子,原来的承租人要写进产权证。当时是诚心要给他们两个小夫妻买房子,就是希望他们能好好过日子,所以产权证上我就是象征性地写了1%,我儿子写了59%,儿媳写了40%。本来他们关系还是蛮好的,小孩子生好后,问题就出来了。这些我本来都不知道,后来是他们两人去法院离好婚后,儿子才和我说的。我问为什么离婚,儿子老是支支吾吾。孩子是给了女方的,离婚的时候这套房子上有我的名字,就没有处理。前段时间,前儿媳找到我,说是她和我儿子婚也离了,就剩下这套房子没处理,她也不多要,按说她可以要最起码40%,但她现在就只要三分之一的钱,如果我同意她就不再去法院解决,要是我们不同意,就还是法院见。我想不通,当初产权证上写她名字时,她口口声声说我对她好,她是记在心里的,一定不会和我儿子离婚的;如果我儿子有问题,她会先原谅三次,实在不行再离婚。没想到什么事也没有,她就提出离婚。后来,我儿子说,他没有问题,是他发现她和一个男同事关系不正常,才要离婚的。但前儿媳不承认,说我儿子不信任她,有疑心病。说到房子,我觉得当时首付款是总房价的一半,都是我卖房子的钱付的,剩下的房款是银行贷款,这是儿子还的,就算是两个人一起还,已经还了的部分扣掉没有还的,我们最多给她十万块钱了不起了。我出的钱多,是不是我可以打官司说按出资来算,这个房子一半是我的?还有他们已经离好婚了,还可以再来分这个房子吗?

律师解答

因为你儿子和前儿媳在离婚时,并未对这套房屋进行分割,所以在离婚后,可以对这套房屋进行分割。

这套房屋是你儿子和儿媳婚后购买的,虽然首付款来源于你所承租公房的承租权转让款，但在这套房屋产权登记时，你们三方协商一致确认，你所享有的产权份额为1%，儿子所享有的产权份额为59%，儿媳所享有的产权份额为40%。《最高人民法院关于适用〈中华人民共和国婚姻法〉若干问题的解释（二）》规定，当事人结婚后，父母为双方购置房屋出资的，该出资应当认定为对夫妻双方的赠与，但父母明确表示赠与一方的除外。因此，你虽然出资，但这视为对儿子、前儿媳的赠与。你要求按照实际出资重新确定所有份额的要求没有法律和事实依据，很难得到法律的支持。

《物权法》规定，按份共有人对共有的不动产或者动产按照其份额享有所有权。所以，如果分割这套房屋，一般会按三方所享有的份额进行处理。

18 一边是友情 一边是亲情

丁先生

我哥有个女儿小梅，从小不仅学习成绩好，而且接人待物像个小大人样，很招人喜欢。工作后，她也谈了几个男朋友，但都不大合适，后来还是我嫂子托我给她介绍男朋友，我就把一个朋友的儿子小刚介绍给了侄女小梅。小梅性格开朗，小刚相对比较内向，两个人性格倒也是互补，见了一面后双方就看上眼了，恋爱一年后，领了结婚证。当时我哥嫂都对这个女婿比较满意，小梅当然也高兴，我作为介绍人也很为他们开心，希望两人能早生贵子。但是谈恋爱是谈恋爱，结婚是结婚，在两人结婚后五六年的样子，闹起了离婚。小梅说小刚原来恋爱的时候，还经常陪她，结婚后换了工作，就理都不理她，经常还以加班为由在外过夜，她查到小刚在网上认识了一个女的,认为两人关系不正常。而小刚家里则说,结婚这么多年了,一直希望小梅能生个孩子,但是小梅总是以各种理由来推托,不愿意生,到现在也没怀上,他们家里还等着抱孙子呢。我也问过小梅生孩子的事,小梅说生孩子又不是她一个人的事,小刚不愿意生她也没办法。这样我也不知道到底是谁有问题,一个是朋友的儿子,一个是亲侄女,说谁的不是也不好。就在他们闹离婚的时候,小梅找到我,她说她和小刚结婚时,小刚家和她们家里一起出钱买了一个大房子,而她自己名下还有一套小房子,大房子写的是两个人的名字,这套小房子就写了她一个人的名字,可以由她做主,她怕小刚来分她的小房子,想把这套小房子暂时先过户给我。她说出这个想法后,我是不同意的。我知道那套大房子其实小梅家里根本就没怎么出钱,就是结婚的时候加了小梅的名字,而那套小房子买的时候小刚也出钱了,那时关系好,就写了小梅的名字,小房子一直是由小刚的爸妈在住的。见我不同意,小梅又和我说,离婚她是不想的,现在是小刚对不起她,不能让他和那个女的过得太开心,只要离婚时她拿到大房子,小房子就归小刚家里,她不会要的。我想着总归就这一个侄女,她也就我一个叔叔,就同意了。过了一段时间,小梅和小刚协议离婚了,小梅如愿拿到了那套大房子。但离婚后的小梅就不再同意那套小房子给小刚家里了,而是找人去赶小刚的父母搬走。于是小刚父亲,也是我的朋友就和我联系了,说是看着我的面子才把大房子给了小梅,而且也是我说小梅会把小房子给他们家的,现在等于是说话不算数。我打电话给小梅,她电话不接,去她家,她也不见我。那时,因为我不是真的要买那套小房子,所以产权证都在小梅那里,而且小梅说,就算是假的买卖也要做得真一点,就要借我的银行卡,说先从我卡里转点钱到她卡里,表现出我是真的买房子。都是一家人,我就把自己有存款的银行卡给了小梅让她去操作。现在她拿到了大房子却不同意把小房子还给小刚家，让我很生气，这让我在朋友，也就是小刚的父亲那里没法交代。后来我和小刚的父亲商量后决定，他给我一点钱，我直接把房子过户给他。这样，我就去房地产交易中心挂失了产权证，然后把房子过户给了小刚父亲。这事被小梅知道后可不得了，她跑到我家里来，竟然问我要钱。她说这房子当初是卖给我的，我已经给了一部分钱，还差一部分，要么我把房子还给她，要么给她钱。我是两个都不同意：房子我已经还给小刚父亲了，不可能再要回来；我根本没买这个房子，怎么可能给她钱呢？小梅说，如果我不给钱，也不还房子，就去法院告我，我和她签过房屋买卖合同，是算数的，我必须要给她钱的。请问律师，小梅说的有道理吗？我们签订房屋买卖合同就只写了金额，其他都是空白的，房子一直也是小刚父母住着，这个买卖合同算有效吗？现在产权人名字也变成了小刚父亲的，我要给小梅钱吗？

律师解答

《合同法》规定，有下列情形之一的，合同无效：（一）一方以欺诈、胁迫的手段订立合同，损害国家利益；（二）恶意串通，损害国家、集体或者第三人利益；（三）以合法形式掩盖非法目的；（四）损害社会公共利益；（五）违反法律、行政法规的强制性规定。

如果事实如你所述，小梅之所以将房屋以买卖的形式转让给你，并不是你们之间达成真实的买卖意向，而是小梅为了恶意转移夫妻共同财产所至。如果没有之后你将房屋产权过户至小刚父亲一事，房屋仍登记在你一人名下，那么小刚可以提出你与小梅之间并无买卖的合意，恶意串通，损害了他的合法权益，来要求确认你们之间签订的买卖合同无效。

然而，虽然你与小梅所签订的房屋买卖合同对房款交付、房屋交接、违约责任等均无明确约定,不同于房地产买卖的一般情况。但实际上,你在取得房屋产权后,又将该房屋产权转移给小刚父亲,无法将房屋返还,等于是以实际行动认可了之前与小梅签订的房屋买卖合同的有效性。

这里还要看小刚的一个态度,若他认为你与小梅之间签订的买卖合同无效,要求返还房屋,那就又另当别论了。相反,如果他认为反正房屋也登记在他父亲名下,也和小梅一样向你主张售房款的,那么你再以小梅恶意转移夫妻共同财产而抗辩房屋买卖合同无效,拒付剩余房款,一般很难得到法院的支持。在这种情况下,你未付的房款还是要依据你们双方已签订的买卖合同的约定支付给小梅。

19 产权登记在母子名下,婚后父母还贷算夫妻共同财产吗

罗先生

今天我来,是为了我前妻要分我们家房子的事。我和我前妻谈恋爱谈了两年后结的婚。要说,我爸妈算是有远见,一直都为我打算着。他们一知道我恋爱,就张罗着买房子。那个时候,我刚领女朋友上门,见了我爸妈。我爸妈觉得她也还可以,就想着我们以后结婚,要买婚房。其实那个时候,八字还没有一撇,但我爸妈就像算准了,我会结婚。他们选好房子后,还带着我和我前妻去看了。我们也觉得好后,我爸妈才签的合同。本来我想着既然是给我们买的婚房,产权证上写我们两个人的名字,那个时候我应该是被爱情冲昏了头。我爸妈就说,才恋爱没多久,看看再说,如果结婚后,有了孩子,我们感情还这么好,等于定下来了,就把我前妻的名字加到产权证上,现在产权证上暂时写我妈

和我的名字。现在想想，幸亏我爸妈的这个英明决定，否则产权证上写了我前妻的名字就麻烦了，她要分的估计就不光是现在要的金额了。买房时，首付是我爸妈付的，以我的名字贷的款。贷款的钱一部分是我用公积金冲的，一部分是我的工资还的。前几年，我爸妈把存款取出来，一笔就还了90万，现在贷款也还得差不多了。我前妻前段时间提出来要和我离婚，原因我在这里就不说了，也没什么意思。我不同意，她就向法院起诉了，最后法院调解，我们离了婚。当时没有处理这个房子的事，因为产权证上是我和我妈的名字。收到了法院的调解书，我前妻就给我打电话了，说是要分这套我们家的房子。我们谈了一下，我前妻很明确地和我说了，法律有规定，我是主贷人，婚后所有还贷的都是夫妻共同财产，这个部分的增值她有一半。她说的所有还贷，除了每个月还的钱外，还包括我爸妈一次性还的那笔90万。我前妻说这个90万是我爸妈的赠与，也算我们夫妻的共同财产。请问律师，关于我们这个事，有什么法律规定？我前妻说的有道理吗？

律师解答

《最高人民法院关于适用〈中华人民共和国婚姻法〉若干问题的解释（三）》规定，夫妻一方婚前签订不动产买卖合同，以个人财产支付首付款并在银行贷款，婚后用夫妻共同财产还贷，不动产登记于首付款支付方名下的，离婚时该不动产由双方协议处理。依前款规定不能达成协议的，人民法院可以判决该不动产归产权登记一方，尚未归还的贷款为产权登记一方的个人债务。双方婚后共同还贷支付的款项及其相对应财产增值部分，离婚时应根据《婚姻法》第三十九条第一款规定的原则，由产权登记一方对另一方进行补偿。

根据上述规定，这套房屋是你在婚前购买的，产权登记在你和母亲名下,即使你与前妻在婚后用夫妻共同财产偿还贷款,也不能改变这套房屋的产权归属。

关于其中来源你父母 90 万元一次性还贷钱款的部分是否应视为你父母的赠与,从而构成你们夫妻共同财产的问题,我认为,这套房屋产权登记在你和你母亲名下,如果你前妻没有证据证明你父母一次性还贷的钱款是赠与,那么这 90 万元就不应作为夫妻共同财产,这笔钱款应从婚后还钱贷的金额中予以扣除。

另外,要注意的是,如果你们还贷中有一部分钱款来源于婚前所得的公积金的,那么这部分钱款也应当从婚后还贷的金额中予以扣除。通常法院会根据双方一致确认的房屋价值,本着照顾女方权益的原则,酌情确定你前妻可以分得的婚后还贷及其增值部分的金额。

第四篇

关于孩子

抚养、探视权之法律注解

01 "恐婚症"者有了孩子后

季先生之前有过一段婚姻，最后是以离婚收场。有过一次离婚经历的他，得了"恐婚症"，虽说离婚后，也谈过几次恋爱，但都以失败告终。近日，季先生被前女友小菲告上法庭，小菲要求季先生抚养他们两人所生之女。这就要从头说起了。小菲和季先生恋爱期间，虽然没有共同生活在一起，但发生过关系。两人也谈过结婚，季先生那时对小菲还是有感情的，也想过再组建一个家庭，可是两人却因为婚礼的举办、婚房等一系列问题有了争执，还没等结婚就分手了。之后没多久，小菲就告诉季先生她怀孕了，因为不可能结婚，一开始季先生希望小菲不要把孩子生下来，给不了孩子一个完整、幸福的家庭，对他来说是不负责。但小菲不同意，坚持要把孩子生下来。

虽说，季先生嘴上说着不同意小菲把孩子生出来，但真的有了，面对自己的亲骨肉，他还是很高兴，经常来探望孩子。小菲常常以孩子之名，指使季先生做他不愿意做的事，只要季先生表现出来不满，她就拿孩子相威胁。季先生实在受不了，来看孩子的次数就少了。小菲见状就提出，要求季先生一次性给付她孩子的全部抚养费，这样以后不会再因为小孩子的事要钱，也不会要求季先生再做其他事了。

于是，季先生就通过银行转账汇了一笔钱给小菲。小菲收到钱后，给季先生写了一份收条，写明：收到季先生一定金额的钱款，其中10万元是生日礼物，以后小菲母女与季先生没有任何关系，但季先生对孩子有探视权。孩子自出生后，就和小菲共同生活，季先生只要有空就会去看孩子，经常给孩子买各种需要的东西。

　　去年年底，季先生结婚了。小菲知道后，就将季先生告上法庭，她认为季先生没有对孩子履行过抚养义务，而她因为工作、收入、生活状况发生严重困难，无力抚养女儿，所以要求季先生抚养女儿。对于季先生转账给她的钱，小菲认为这是季先生对她以前付出的补偿，并未包含抚养费。

　　根据季先生的讲述，以及他提供的收条和转账记录等，我们在庭审中提出，小菲出具给季先生的收条中列明，小菲已收到相应的钱款，其中一笔钱已明确用于生日礼物；剩余钱款的用途，根据收条后文中所写明的"小菲母女和季先生没有任何关系，但季先生对孩子有探视权"，可以认定这笔钱为季先生一次性支付孩子的抚养费。关于孩子的抚养问题，鉴于孩子长期随小菲共同生活，且季先生已一次性支付孩子成年前的抚养费，故孩子应随小菲共同生活为宜。

　　最终法院采纳了我方的观点，判决两人的女儿随小菲共同生活。

02 离婚和儿子的抚养都是问题

　　程女士和李先生是在一次朋友聚会时认识的。程女士看到李先生第一眼就被吸引住了，整个聚会，程女士的眼光几乎没有离开过李先生，当场，两人互留了联系方式。俗话说，女追男，隔层纱。没多久，他们就恋爱了。之后，顺理成章两人领了结婚证，婚后一年，便有了爱情的结晶。本来以为拥有爱情、拥有家庭的程女士，一次无意间发现李先生竟然吸毒，这是她怎么也想不到的。为此，她和李先生闹过、吵过，但没有用。有一次，她还报过警，但李先生被行政拘留后，仍不知悔改。她本来想带着孩子一起离开这个让她痛苦的家，可孩子一直由李先生的父母照看，由于李先生父母的强烈反对，程女士只得只身一人回到娘家。

原先程女士还想，或许李先生对自己还有感情，为了挽回婚姻，会戒毒，会来找她。可事实上，她回娘家后，李先生再也没和她联系过。面对这段名存实亡的婚姻，程女士想了很多，她也曾想过为了孩子，继续下去，但很快她就否定了这个想法，孩子有个吸毒的爸爸怎么可能茁壮成长呢。最终她决定选择离婚，决定通过法律途径要回孩子，给儿子一个干净、健康的生活环境。

如今，与丈夫李先生分居已有一年多的程女士找到我们。作为她的代理人，我们听取了她陈述的事情经过后，根据她的要求，调查和整理了相关的证据材料，并撰写了起诉状，要求法院判决其与李先生离婚，婚生子由程女士抚养，李先生每月支付一定金额的抚养费。审理中，我们除了提供离婚诉讼所必需的证据外，还提供了报警记录，以及李先生的行政处罚决定书。另外，我们提供了程女士的劳动合同和房产证，以证明程女士有正常的工作和稳定的收入来源，她名下还有住房，对儿子来说和她生活更为有利。

庭审中，我们提出，夫妻感情是婚姻关系赖以存在的基础。本案中，程女士和李先生婚后虽培育起了一定的夫妻感情，但后来因多次争吵，且分居已一年有余，可见双方感情确已破裂，法院应判决双方离婚。具体婚生子的抚养问题，程女士已提供了相应的劳动合同，以证明其的工作和收入情况，而李先生并未提供劳动合同，说明其无稳定的收入来源。另外，再从双方的身体健康状况，家庭住房的面积、地理位置，是否有过吸毒记录等方面综合考量，显然儿子随程女士生活较为妥当，对儿子的成长来说更为有利。

最终法院判决双方离婚，离婚后，儿子随程女士共同生活，李先生每月给付儿子一定金额的抚养费。

03 一次放纵后带来的孩子和官司

耿先生和刘女士的相识原本就是一个错误，可就是这一次的放纵，给耿先生带来了一个孩子和一场官司。那时，耿先生正在和前妻谈离婚的事，搞得他整个生活一团糟。一天下班后，耿先生和朋友相约一起去酒吧，朋友有事先走了，留下耿先生一个人喝闷酒。刘女士就在这时出现在耿先生身边。之后，两人发生了关系。但让耿先生没想到的是，刘女士竟然怀孕了。虽然耿先生也怀疑过孩子是不是自己的，但毕竟是一条生命，加上刘女士坚持，说她的信仰不允许她放弃这个孩子，十月怀胎后，刘女士生下了一个可爱的宝宝。看到孩子的那一刹那，耿先生释然了。耿先生的母亲看了孩子后，也觉得和耿先生小时候简直是一个模子里刻出来的。耿先生给孩子取了名字，在医院填写了孩子的出生医学证明申领登记表，并在父亲一栏签上了自己名字。此时，耿先生已离婚，虽然和前妻已有一个孩子，但对这个新生命，耿先生还是疼爱有加。

可之后的日子让耿先生觉得很头痛。刘女士知道他离婚后，天天逼着耿先生和她结婚，还以孩子相要挟。本来和刘女士的相识就是一场意外，不光耿先生不想结婚，他父母也不喜欢这个有心机的女孩。但孩子是无辜的，于是两人协商后，耿先生给了刘女士一笔钱作为孩子的抚养费，刘女士与耿先生写了一份协议，明确刘女士在收到耿先生支付的抚养费后，承诺她和孩子与耿先生没有关系，但耿先生有权探望孩子。

本来耿先生觉得这事应该过去了，可几年后，刘女士一纸诉状将耿先生告上法庭，要求双方所生的孩子随耿先生共同生活。刘女士的理由是：这些年来，耿先生支付的抚养费早已花费殆尽，目前她失业在家，无收入来源，而且她是从外地来上海的，在上海无亲无故，现在走投无路，只能回老家，可孩子从出生后就一直生活在上海，如果孩子由她抚养，就只能和她一起回老家，这样孩子的生活、教育等将发生巨大的变化，对孩子的成长不利，所以孩子应该由耿先生抚养。

耿先生拿着刘女士的起诉材料，找到我们。作为耿先生的代理人，我们在庭审中提出，不同意刘女士的诉讼请求，耿先生和刘女士已在之前就孩子的抚养问题达成了协议，即孩子由母亲刘女士抚养至成年，耿先生一次性给付抚养费。该协议系双方真实意思表示，与法不悖，应属有效，且耿先生已实际履行了该协议中给付抚养费的义务。现刘女士以抚养费已用尽且其欲返回老家为由要求推翻抚养协议，不应得到法院的采信。刘女士作为母亲亦有抚养孩子的义务，且她本人具有正常的劳动能力，完全能够依靠自己的劳动获得收入，不能以现在失业为由推卸自身的抚养义务。

最终法院采纳了我方的观点，判决孩子随刘女士共同生活。

04 18个月的孩子应由谁抚养？他名下的房产呢

单女士

我儿子结婚后和媳妇关系不是很好，孙子现在18个月。孙子出生以后我们买过一套产权房，产证上是我们老夫妻两个再加孙子的名字。现在儿子提出离婚，媳妇提出要孙子的抚养权，还要把孙子的那一份房子产权份额也拿走。但是孙子从出生到现在，都是我们抚养的,我们感情上实在割舍不了,我们也想要孙子的抚养权。请问律师我们该怎么办?是否孙子跟谁,孙子那一份产权就归谁?

律师解答

对于抚养的问题,《最高人民法院关于人民法院审理离婚案件处理子女抚养问题的若干具体意见》规定,两周岁以下的子女,一般随母方生活。母方有下列情形之一的,可随父方生活:(一)患有久治不愈的传染性疾病或其他严重疾病,子女不宜与其共同生活的;(二)有抚养条件不尽抚养义务,而父方要求子女随其生活的;(三)因其他原因,子女确无法随母方生活的。父母双方协议两周岁以下子女随父方生活,并对子女健康成长无不利影响的,可予准许。你孙子现在18个月,如果此时,你儿子和儿媳诉讼离婚的,法院通常判决孩子由你儿媳抚养,除非你儿媳有上述规定的情形。

对于登记在孙子名下的房产份额,我认为无论你孙子和谁一起共同生活,都不涉及你孙子名下的房产份额归谁的问题。你儿子和儿媳离婚时分割的是他们夫妻共同财产,不涉及其他第三人。对于登记在你孙子名下的房产份额,监护人的职责是代理被监护人实施民事法律行为,保护被监护人的人身权利、财产权利以及其他合法权益等。

监护人不履行监护职责或者侵害被监护人合法权益的,应当承担法律责任。

05 为了争孩子的抚养权,丈夫竟然去做了绝育手术

范女士

真没想到我丈夫居然这么自私、不要脸。事情是这样的,我

和我丈夫是在一次朋友聚会时认识的，聚会结束后他开始追我，一来二往，我们两人渐渐熟悉了，我当时也觉得他人不错，对我又细心，所以没多久我们俩就谈起恋爱了。谈了一年恋爱，在第二年结了婚。两年后，我就生下了我儿子。我怀孕时，我丈夫为了给我们小家一个更好的生活环境，就到上海工作，希望能多赚一点钱。儿子出生后，我一直和孩子住在娘家，丈夫就一直在上海居住，只有逢年过节的时候才回来看看我们母子。我一直觉得丈夫是为了我们的家所以才两地奔波，当时心里也是很感激他的，但是谁知道，这只是我自己一厢情愿的想法。去年，丈夫"十一"回家看儿子，我发现他常背着我打电话，电话那头听起来像是个女孩子的声音。为了孩子，我忍了下来，一直安慰自己说丈夫不可能做对不起我的事，是我多想了。可是事情远没有我想的简单，之后丈夫回家一直是电话微信不断的，直到有一天我趁他洗澡翻看了他的手机，才知道他在上海有一个情人，他们甚至已经同居了。我实在忍无可忍，就质问他，没想到他竟承认了，还说对我已经没有感情了。我心想都这样了，还不如离婚，所以上个月我向法院提出离婚，并要求儿子的抚养权归我所有。这时候他说："离婚可以，但儿子要归我养！"我说，这么多年你都没有带过几天儿子，一年见儿子的次数少得可怜，凭什么？他却说家里的钱都是他挣的，我一分钱没挣过，没有资格养儿子。另外，他还说他有一份医疗材料，证明已做了双侧输精管结扎术，已丧失了生育能力。他说他咨询了相关人士，知道如果夫妻一方丧失了生育能力，在离婚判决孩子的抚养权时会优先考虑，所以他才去做的。但是他做结扎手术我是完全不知情的，他从来没有和我说过。他现在好像是胜券在握一样，说打官司我肯定会输。我想来问问律师，儿子一直都是我和我父母在带，虽说我现在没有工作，但是我可以找工作，我只希望儿子判给我，不知道打官司会不会赢？

律师解答

对于夫妻离婚后孩子的抚养问题,《最高人民法院关于人民法院审理离婚案件处理子女抚养问题的若干具体意见》对此有详细的规定。如果离婚时,夫妻双方都要争夺子女的抚养权,人民法院审理离婚案件,对子女抚养问题,通常会从有利于子女身心健康,保障子女的合法权益出发,结合父母双方的抚养能力和抚养条件等具体情况妥善解决。对于哺乳期的小孩一般随母方生活,除非有特殊情况。对两周岁以上未成年的子女,父方和母方均要求随其生活,一方有下列情形之一的,可予优先考虑:(一)已做绝育手术或因其他原因丧失生育能力的;(二)子女随其生活时间较长,改变生活环境对子女健康成长明显不利的;(三)无其他子女,而另一方有其他子女的;(四)子女随其生活,对子女成长有利,而另一方患有久治不愈的传染性疾病或其他严重疾病,或者有其他不利于子女身心健康的情形,不宜与子女共同生活的。另外,如果父方与母方抚养子女的条件基本相同,双方均要求子女与其共同生活,但子女单独随祖父母或外祖父母共同生活多年,且祖父母或外祖父母要求并且有能力帮助子女照顾孙子女或外孙子女的,可作为子女随父或母生活的优先条件予以考虑。对十周岁以上的未成年子女随父或随母生活发生争执的,应考虑该子女的意见。

因此,一般情况下父方已做了结扎,即绝育手术的,法院通常会优先考虑把孩子判给父方。但针对你的情况,虽然你丈夫做了绝育手术,但若其明确表示是为了争取儿子的抚养权而做,该行为显然过激。而且,你儿子自从出生起一直随你生活,你作为母亲对孩子的性格特点、生活习惯较为了解,孩子对现在的生活环境已经适应,改变生活环境会对其成长造成影响。我认为如果诉讼,法院不一定会将孩子判决随父方生活。如果你在判决前,去找一份稳定的工作,这样对法院判决孩子随你生活的可能性更大。

06 丈夫出轨，我怀孕待产，孩子出生后的抚养问题

鲁女士

　　我丈夫出轨，据他说现在那个女的还怀孕了。而我，是结婚后就辞职在家，做家庭主妇，现在也怀孕了，还有一个月就要生了。现在我只想等孩子生下来后，就离婚。丈夫说孩子在哺乳期，归我抚养，每个月就给我 1 500 元抚养费。可是，我如果照顾孩子，就没办法出去找工作，而且我在上海也没有房子，1 500 元根本不够生活。请问律师，我可以放弃抚养权，或者多要抚养费吗？还有什么办法可以帮我吗？

律师解答

　　《婚姻法》规定，女方在怀孕期间、分娩后一年内或中止妊娠后六个月内，男方不得提出离婚。女方提出离婚的，或人民法院认为确有必要受理男方离婚请求的，不在此限。也就是说，在你怀孕期间，以及生育孩子后一年内，通常你丈夫不得提出离婚。但如果你主动提出离婚的，不在此限。若你的孩子出生后，在他两岁以下时，除非有特殊情况，一般随你生活的可能性比较大。如果你不愿意抚养孩子的，在与男方协商一致，并对孩子健康成长无不利影响的情况下，孩子可以随男方共同生活。如果你和男方均不愿意抚养孩子，法院会从有利于子女身心健康，保障子女的合法权益出发，结合父母双方的抚养能力和抚养条件等具体情况妥善作出判决。

　　对于孩子抚育费的数额，法院通常根据子女的实际需要、

父母双方的负担能力和当地的实际生活水平确定。有固定收入的，抚育费一般可按其每月总收入的百分之二十至三十的比例给付。

另外，如果你生活困难的，在离婚时，可以要求丈夫从其住房等个人财产中给予适当帮助。具体办法由双方协议；协议不成时，由人民法院判决。

07 放弃抚养费还能再主张吗？不能的话，可以给女儿改姓吗

廖女士

我与我前夫婚后生了一个女儿。之后，因为他和我争吵后离家出走，好长时间我都联系不上他，而且他对我和孩子不管不顾，所以我向法院提出离婚。可是在法院他说不想离婚。当时我是不想再和他在一起了，就想着赶快把婚离了。在这种情况下，法院调解时，我答应自己抚养孩子，抚养费也不用他付。现在女儿也大一点了，上学什么的都要钱，我一个人的工资根本不够，主要都是靠我现在的丈夫。请问律师，我想起诉我前夫，让他付女儿的抚养费，可以吗？如果不行，我可以把孩子的姓改成我现在丈夫的姓吗？

律师解答

《婚姻法》规定，父母与子女间的关系，不因父母离婚而消除。离婚后，子女无论由父或母直接抚养，仍是父母双方的子女。离婚后，父母对于子女仍有抚养和教育的权利和义务。离婚后，一方抚养的子女，另一方应负担必要的生活费和教育费的一部分或全部，负担费用的多少和期限的长短，由双方协议；协议不成

时，由人民法院判决。关于子女生活费和教育费的协议或判决，不妨碍子女在必要时向父母任何一方提出超过协议或判决原定数额的合理要求。

对于你提出的要求前夫负担女儿抚养费的问题，在你们法院诉讼离婚时，你提出孩子由你抚养，前夫不需支付抚养费。若干年以后由于情况发生了变化，你提出要求前夫支付抚养费，法院一般是要看双方经济情况有无变化，子女的生活费和教育费是否确有增加的必要，从而作出变更或维持原协议的判决。如果目前跟离婚时的情形没有任何变化，你以女儿的名义要求前夫支付抚养费，法院一般是不支持的。但如果说客观情况发生了变化，如女儿所需各项合理支出增加，前夫有一定的经济能力等，你可以女儿名义向前夫主张支付抚养费。

对于变更姓氏的问题，《最高人民法院关于人民法院审理离婚案件处理子女抚养问题的若干具体意见》中有明确的规定，父母不得因子女变更姓氏而拒付子女抚育费。父或母一方擅自将子女姓氏改为继母或继父姓氏而引起纠纷的，应责令恢复原姓氏。所以你不能以你前夫不支付抚养费，而擅自变更女儿的姓氏为继父的姓氏。

08 孩子一直由女方抚养，若夫妻离婚，孩子抚养权该如何判决

江女士

想咨询离婚时有关孩子抚养权的问题。我姐自从结婚后就一直住在娘家，没住在婆婆家，主要是因为和婆婆的关系非常不好。她的孩子出生后一直是外婆外公在带，现在快十周岁了。我姐怕

离婚影响孩子成长，又怕孩子被判给男方，所以才忍了这么多年。我姐和姐夫的感情并不好，见面说不上两句话就吵架，特别是最近两年，男方外出打工一分钱也没给家里，还不回家，什么都不管不问的。孩子长这么大，爷爷奶奶就没关心过。像这种情况，如果打官司的话，孩子判给我姐的概率大吗？

律师解答

《最高人民法院关于人民法院审理离婚案件处理子女抚养问题的若干具体意见》规定，对两周岁以上未成年的子女，父方和母方均要求随其生活，一方有下列情形之一的，可予优先考虑：（一）已做绝育手术或因其他原因丧失生育能力的；（二）子女随其生活时间较长，改变生活环境对子女健康成长明显不利的；（三）无其他子女，而另一方有其他子女的；（四）子女随其生活，对子女成长有利，而另一方患有久治不愈的传染性疾病或其他严重疾病，或者有其他不利于子女身心健康的情形，不宜与子女共同生活的。父方与母方抚养子女的条件基本相同，双方均要求子女与其共同生活，但子女单独随祖父母或外祖父母共同生活多年，且祖父母或外祖父母要求并且有能力帮助子女照顾孙子女或外孙子女的，可作为子女随父或母生活的优先条件予以考虑。父母双方对十周岁以上的未成年子女随父或随母生活发生争执的，应考虑该子女的意见。

对于你姐姐的这个情况，目前孩子已快十周岁了，如果在诉讼时，孩子不满十周岁的，考虑到孩子随你姐姐生活时间较长，且一直是由外公外婆协助你姐姐在照顾孩子，在同等条件下，那么法院判决孩子随你姐姐共同生活的可能性很大。如果诉讼时，孩子已满十周岁的，法院还会考虑孩子的意见，孩子可以自主向法官表达意愿。

09 分手后遭前男友家人诋毁,我想争回孩子的抚养权

齐女士

我和我前夫是高中同学,一次同学聚会时我们再见面后谈起了恋爱。在一起后,没多久就有了孩子,当时我们只是办了婚礼,但没有领结婚证。两年前我们两人因性格不合分开,也没什么其他瓜葛。但是他家人一直来骚扰我的日常生活,并对我儿子灌输对我的仇视心理,扬言如果我再结婚就不让我好过,到处败坏我的名声。我想咨询下,怎样用法律手段彻底解决和他们家的麻烦,在没有结婚证的前提下如果想争孩子的抚养权,应该怎么办?

律师解答

《最高人民法院关于适用〈中华人民共和国婚姻法〉若干问题的解释(二)》规定,当事人因同居期间财产分割或者子女抚养纠纷提起诉讼的,人民法院应当受理。虽然你们并没有办理结婚登记手续,但并不代表你不可以争取儿子的抚养权。因同居期间的子女抚养问题产生纠纷的,你有权提起诉讼,主张儿子随你共同生活,由男方给付孩子抚养费。

要注意的是,法院判决孩子的抚养问题是有规定的,通常会从有利于子女身心健康,保障子女的合法权益出发,结合父母双方的抚养能力和抚养条件等具体情况妥善解决。

10 开销大了,可以要求调高抚养费吗

施女士

我是帮我一个朋友问的,他们在离婚之后关于小孩抚养费的事有点纠纷。当初说好了孩子归女方,然后抚养费由男方付,谈好是按男方工资的20%付,她老公工资还挺高的,在外企工作。女方现在要求把抚养费调高一点,因为小孩上学后,各方面开销比较大,还有学校的学费什么的,价钱都上涨了,再加上小孩子还要参加一些培训班、辅导班,所以觉得以前约定抚养费是男方工资的20%,现在有点低了。女方去和男方谈,但是男方不同意,说已经说好是多少就多少,不会再增加。请问律师,从法律上说,女方可以要求调高这个抚养费吗?

律师解答

《婚姻法》规定,离婚后,一方抚养的子女,另一方应负担必要的生活费和教育费的一部分或全部,负担费用的多少和期限的长短,由双方协议;协议不成时,由人民法院判决。关于子女生活费和教育费的协议或判决,不妨碍子女在必要时向父母任何一方提出超过协议或判决原定数额的合理要求。《最高人民法院关于人民法院审理离婚案件处理子女抚养问题的若干具体意见》规定,子女要求增加抚育费有下列情形之一,父或母有给付能力的,应予支持:(一)原定抚育费数额不足以维持当地实际生活水平的;(二)因子女患病、上学,实际需要已超过原定数额的;(三)有其他正当理由应当增加的。

依据上述规定,男方虽然在离婚时通过离婚协议确定按月工

资的20%支付子女的抚养费，但不是说这个抚养费就是固定的、不能改变的。只要符合上述情形，女方就可以子女的名义，要求男方增加抚养费。但这里对女方有一个要求，就是女方要有证据证明有上述情形的一个存在，如因子女上学等情况造成实际的需要已超过原来约定的抚养费的金额。当然，这个费用的支出必须合理和正常，如果超出一般子女的成长需要，法院也是不会支持的。

11 女儿满月，丈夫离家，苦命的母女怎么办

尹女士

我女儿出生还不到三个月，因为嫌弃是女孩子，她爸爸就提出要离婚。在我女儿满月的时候，他就搬出去住了。我因为生孩子，没有经济来源，他一分钱的生活费也不给。现在我和女儿的所有费用都是娘家管。我想问一下，我可以向我老公要女儿的抚养费吗？我生孩子到现在的费用可以问我老公要吗？他如果坚持要离婚，我不想离，怎么办？

律师解答

《婚姻法》规定，夫妻有互相扶养的义务。一方不履行扶养义务时，需要扶养的一方，有要求对方付给扶养费的权利。父母对子女有抚养教育的义务。父母不履行抚养义务时，未成年的或不能独立生活的子女，有要求父母付给抚养费的权利。

按你所述，孩子从出生到现在还不满三个月，你尚在哺乳期，应该没有办法去工作，男方作为丈夫，对妻子要承担起扶养的义务；作为父亲，对女儿要有抚养教育的义务。目前，不论是对你，

还是对女儿,你丈夫都没有尽到应尽的义务。因此,你可以作为原告起诉,要求他尽夫妻间的扶养义务,给付扶养费。另外,你还可以女儿的名义提起诉讼,要求你丈夫作为父亲应给付抚养费。

  关于你丈夫提出的离婚事宜,不是他想离就能离的。《婚姻法》明确规定,女方在怀孕期间、分娩后一年内或中止妊娠后六个月内,男方不得提出离婚。女方提出离婚的,或人民法院认为确有必要受理男方离婚请求的,不在此限。也就是说你丈夫现在提出离婚,法院肯定不会支持的。而且就算在你生育女儿一年后,你丈夫起诉离婚,也要符合法律规定的认定感情破裂的情形,由法院来依法判决。

12 主张抚养费有诉讼时效吗

张女士

  四年前我们协议离婚了,小孩抚养权归我。离婚后男方只按协议付了六个月的抚养费,之后就拒绝出抚养费了。我一直在联系男方,男方的态度就是拒绝,后来连手机号码也都换了。前段时间,我终于找到了男方,可他和我说他已经结婚了,让我不要打扰他的生活。我问他要之前这么多年的抚养费。他说法律规定这是有诉讼时效的,他之前的就不给了,从现在开始他会照付的,让我不要再去烦他。请问什么是诉讼时效?这种情况我应该怎么处理?

律师解答

  《婚姻法》规定,离婚后,一方抚养的子女,另一方应负担必要的生活费和教育费的一部或全部,负担费用的多少和期限的长短,由双方协议;协议不成时,由人民法院判决。

对于你前夫这种拒付抚养费的情形,你可以以孩子的名义向前夫提起诉讼,要求他依约给付抚养费。

关于你前夫提到的诉讼时效的问题,诉讼时效是指民事权利受到侵害的权利人在法定的时效期间内不行使权利,当时效期间届满时,债务人获得诉讼时效抗辩权。在法律规定的诉讼时效期间内,权利人提出请求的,人民法院就强制义务人履行所承担的义务。而在法定的诉讼时效期间届满之后,权利人行使请求权的,人民法院就不再予以保护。《民法总则》有明确规定,请求支付抚养费、赡养费或者扶养费的请求权不适用诉讼时效的规定。所以向你前夫主张支付抚养费,不需要担心他所谓的诉讼时效问题。

13 女方因身体原因今后很难怀孕,在此种情况下孩子抚养权会作何判决

姚女士

我老公原来是我的上司,我进公司工作,还是他招的我。进公司后,他特别照顾我,我们俩自然而然就谈起了恋爱。当然是地下恋情,因为公司不允许同事间谈恋爱。后来是我老公被猎头挖到别的公司去了,我们才公开。恋爱两年后,我们领了结婚证。没生宝宝的那几年,我们俩过得非常惬意,感情也很好,平时有空,我们经常出去旅游,到处走走,什么也不买,两人就很开心。按说,有了孩子,我们应该更幸福。但恰恰相反,有了孩子,我们反而有了矛盾,其实不光是我和他有问题,我和他妈妈的纠纷更多。带孩子,我有我的方法,但我婆婆不听,自顾自地用老经验带孩子。为了孩子的事,我没少和他抱怨。我老公又是个孝子,

只要我说他妈妈不对,他不但不安慰我,反而说我的不是。我呢,一心扑在了孩子身上,对我老公就没有原来那么上心了。时间长了,我们在一起都没什么话说。一次,无意间,我发现他在外面有了别的女人,当然他是不承认的,说是客户,只是应酬而已。我本来是不想离婚的,不想让孩子没有爸爸,就想着只要他不再搞事情,回归家庭就算了。但前段时间,我发现他仍然和那个女的联系。所以现在我想离婚算了,这样的日子过下去,也没什么意思。我和我老公谈了,主要是孩子和房子的事没谈妥。离婚,他当然是巴不得的,但是孩子他要的,让我给抚养费,我不同意。房子呢,是我老公婚前就买好的,是他父母出的首付,产权证上原来写的是我老公一个人的名字;宝宝满月后,我和他一起去房地产交易中心,把我的名字加在了产权证上。我们俩结婚后,房子还有不少贷款,现在也还得差不多了。我老公现在的意思是,如果要离婚,房子归他,因为贷款都是他还的,最多给我50万,其他都免谈。另外,我那时产前大出血导致宝宝早产,生的时候又有"胎盘粘连"等危险情况,属难产单胎。经医生诊断,我如果再次妊娠,极有可能会危及我和孩子的生命安全,所以建议我不要再次妊娠。请问律师,我这种情况,如果起诉离婚,现在宝宝三岁多,法院会把宝宝判给我吗?还有房子,会怎么分呢?我老公外面有人,我可以多分财产吗?

律师解答

先说关于孩子抚养权的问题。《最高人民法院关于人民法院审理离婚案件处理子女抚养问题的若干具体意见》规定,对两周岁以上未成年的子女,父方和母方均要求随其生活,一方有下列情形之一的,可予优先考虑:(一)已做绝育手术或因其他原因丧失生育能力的;(二)子女随其生活时间较长,改变生活环境对子女健康成长明显不利的;(三)无其他子女,而另一方有其他子女的;(四)子女随其生活,对子女成长有利,而另一方患有久治不愈的传染性疾病或其他严重疾病,或者有其他不利于子女身心健康的情形,不宜与子女共同生活的。

因为你在生育孩子时有"胎盘粘连"等危险情况,且再次妊娠,会危及你的生命安全,即你再次怀孕生子的可能性很小,就算会再次生育,也需要冒着生命危险。而且孩子只有三周岁,长期与你共同生活。再加上,男方有过错,对婚姻不忠诚。因此,我觉得如果诉讼,法院判决孩子由你抚养的可能性更大。

对于房屋分割的问题,你所提到的房屋是你丈夫婚前购买的产权房,你老公在婚姻关系存续期间将房屋的权利人变更为他和你两个人,可以表明你老公将婚前财产转化为共同财产的意愿,这是你老公对自己权利的处分。综合考虑房屋的来源、双方对房屋的贡献大小、照顾女方的权益原则,法院会酌情确定双方在房屋中所占产权份额,一般情况下,会确认房屋归你老公所有,由你老公给付你房屋折价款。

对于你丈夫出轨的问题,如果你有证据证明你丈夫与他人同居,有出轨行为的,你可以提出主张,在分割夫妻共同财产,法院会酌情考虑这一情形。

14 离婚后孙子判给儿子,现儿子去世,前儿媳能否要求变更孙子抚养权

崔先生

我的儿子和儿媳离婚后,孙子判给我儿子抚养,儿媳一次性支付抚养费5万元。但是一直到去年我儿子因病去世,儿媳本该支付的抚养费一分钱都没有付。而现在,她竟然向法院提出要求

变更孙子的抚养权，说我们两个年纪太大了，照顾不好孙子。我和老伴坚决不同意，孙子一直都是我们在照顾，而且他也说过不想跟妈妈生活。我想问问律师，我和老伴能否继续抚养孙子？

律师解答

《婚姻法》规定，有负担能力的祖父母、外祖父母，对于父母已经死亡或父母无力抚养的未成年的孙子女、外孙子女，有抚养的义务。因此，一般只有在父母已经死亡或父母已无力抚养的情况下，祖父母对未成年的孙子女有抚养的义务。对于你的孙子来说，他的父亲虽然已死亡，但他的母亲还在世。除非祖父母有证据证明，孙子和母亲在一起生活明显不利于孙子的健康成长、确有不利影响，一般情况下，法院判决孩子随母亲生活的可能性更大。当然，如果孙子在十周岁以上，法院也会考虑孙子个人意见。

在法院判决随母亲生活的情况下，祖父母可以主张对孩子的探视权。关于祖父母、外祖父母是否享有探望权的问题，涉及当事人的情感、隐私、风俗习惯等很多伦理因素，法院通常会尽量避免法律的刚性对婚姻家庭和未成年人生活的伤害。通常法院在原则上会将探望权的主体限定为父或者母，但是对于祖父母代替已经死亡或者无抚养能力的子女尽抚养义务时，根据《婚姻法》相关规定，可以赋予祖父母探望权。

15 没有领证，关于孩子的抚养所订协议是否有效

邵先生

我姐和姐夫在一起时没有领证，只是按老家规矩办了酒席，现在有一个两岁的孩子。由于两人要分手，我姐想要孩子的抚养

权,我姐夫口头上也是同意孩子归我姐的,但是我姐又怕姐夫之后反悔。所以想请问律师,姐姐和姐夫如果私下拟定一份协议是否有效?另外孩子抚养费又该如何问姐夫索要?

律师解答

你姐姐和姐夫虽然在老家办了酒席,并以夫妻相称,但他们没有依据《婚姻法》的规定亲自到婚姻登记机关进行结婚登记,取得结婚证。因此,你姐姐和姐夫是同居关系,而非婚姻关系。

如果说他们仅仅是为解除同居关系向法院起诉,法院一般是不受理的。但是如果他们因同居期间财产分割或者子女抚养纠纷提起诉讼的,法院是应当受理的。

当然,如果你姐姐和姐夫就子女的抚养达成一致意见,可以订立书面协议,以确认约定的内容。如:他们在协议中可以约定孩子由你姐姐抚养,随你姐姐共同生活,由你姐夫即男方支付一定金额的抚养费,以及支付抚养费的期限等。

非婚生子女享有与婚生子女同等的权利,任何人不得加以危害和歧视。不直接抚养非婚生子女的生父或生母,应当负担子女的生活费和教育费,直至子女能独立生活为止。如果男方不支付抚养费的,你姐姐作为孩子的法定监护人,可以孩子的名义向男方主张支付抚养费。

16 遇到脾气暴躁的前妻,我可以要回女儿的抚养权吗

范先生

我和我老婆是相亲认识的,那个时候我们年纪都不小了,就是奔着结婚去恋爱的。觉得大家条件差不多,工作可以,也算谈

得来。半年后，我们就领证结婚了。现在想来，就是因为结婚前缺乏了解，双方都把不好的那一面隐藏起来了，婚后，特别是有了孩子后，问题全部都爆发出来了。我们两人在生活习惯、为人处世的态度，以及教育孩子的看法等都有很大的差异。吵架对我们两人来说是常态，一开始我们还背着孩子，孩子在的时候，不吵，孩子不在的时候，吵得一塌糊涂。比如说，我觉得孩子不用什么都要和别人学，她刚好相反：别人家的孩子读英文，她就一定要让女儿也读；别人家的孩子学画画，她也马上给女儿报了个班，反正把女儿弄得，连个休息日都没有，天天在上课。回到家，她也不放过女儿，逼着女儿读英文、弹琴什么的。我看女儿可怜，带女儿出去吃个饭都要被她讲，为这些事不知道吵了多少回了。她的做法我实在看不下去，说了多少回也不听。眼不见心静，我就提出了离婚。她同意了。我们在自愿离婚协议书中约定好，女儿随她共同生活，另外女儿每两周我可以接出来一天，我有探视女儿的权利。但是离婚后我只看过女儿三次，接下去我前妻就不让我再见了。她说我给女儿灌输了不好的思想，每次从我这里回来，女儿就不好好学习，成绩下降。我想见女儿了，只能去学校看看。女儿和我说，我前妻不让她见我，她和我见面的事不能让我前妻知道，要不然我前妻回去肯定要骂她。我女儿还埋怨我，为什么离婚的时候不要她，她不想和我前妻一起生活，想和我，还有我爸妈一起住。我当时眼泪就下来了。女儿觉得我前妻对她也很好，就是脾气不好，容易着急，经常讲她。请问律师，女儿今年已经12岁了，我和前妻经济条件差不多，我可以再要回女儿的抚养权吗？

律师解答

　　父母与子女间的关系，不因父母离婚而消除。离婚后，子女无论由父或母直接抚养，仍是父母双方的子女，不直接抚养子女的父或母，有探望子女的权利，另一方有协助的义务。

对于你提到的要回抚养权的问题，从法律上来说应是变更子女抚养关系的问题。《最高人民法院关于人民法院审理离婚案件处理子女抚养问题的若干具体意见》规定，一方要求变更子女抚养关系有下列情形之一的，应予支持。（一）与子女共同生活的一方因患严重疾病或因伤残无力继续抚养子女的；（二）与子女共同生活的一方不尽抚养义务或有虐待子女行为，或其与子女共同生活对子女身心健康确有不利影响的；（三）十周岁以上未成年子女，愿随另一方生活，该方又有抚养能力的；（四）有其他正当理由需要变更的。

依你所述，你与前妻经济条件相当，但她禁止你探望女儿，你前妻的这个行为不但违反法律规定，而且违背孩子意愿。最为重要的是，孩子现已超过十周岁，如果你提起相应的诉讼，法院征求你女儿意见时，你女儿明确称愿意跟随你共同生活，通常法院会尊重你女儿的选择，判决认定女儿原随你前妻共同生活，现变更为随你共同生活。

17 未婚妈妈的艰辛之路

姜女士

我现在只想把孩子要回来，其他什么要求都没有。我和小黄是在上海打工的时候认识的，因为在同一家单位上班，一来二去，我们就好上了。恋爱一年多后，他就向我求婚了。那时的我感到无比的幸福，以为自己拥有了一切。我们先是在他们老家办了订婚仪式。之后，他们家里在老家给我们买了一套婚房，那时我已经怀孕了，小黄的妈妈就和我们一起住，方便照顾我。本来我们想在老家做点小生意的,但搞了一段时间,觉得不行,还是上海发展机会多。于是,小黄就又来上海工作了,而我则在他们老家待产。几个月后,女儿如天使一般来到我们这个家里,我全身心地扑在了女儿身上。老家离上海并不远,小黄差不多两周回来一次。刚开始,我们的感情还好。女儿两岁的时候,我们在老家还办了婚礼,女儿担任花童,我们一家三口手拉手在台上向大家展示了我们幸福的婚姻生活。我现在想起来,那个婚礼像是个转折点,之后,小黄和我慢慢有点疏远了。原来两周回来一次,之后一个月一次,再后来,小黄常以工作忙为由,不怎么回来了。我心里就有了想法。一次,我没有和他说,带着女儿来上海找他,结果就像我想的那样,他外面有人了。我是哭着带女儿回家的。让我更伤心的是,回到那个我以为的家后,我发现小黄的母亲竟然将房子的钥匙换了。我只好先回娘家,后来带着女儿在外面租房住。其间,我一直在问小黄要抚养费,可他一分钱也不愿拿出来。他说他要女儿,我可以不用付抚养费。我现在就只有女儿了,怎么可能给他。没想到,前几天,小黄竟然和他家里人找到我住的地方,强行把女儿带走了。小黄电话里和我说,他现在已经结婚了,他老婆是愿意养我女儿的,而且他在上海有工作,收入稳定,他妈妈一直在照顾我女儿,如果打官司,法院也肯定是把女儿判给他的,让我不要再搞了。请问律师,我和小黄一直没领结婚证,现在我也有工作,如果我打官司,可以要回女儿吗?可以问小黄要抚养费吗?这个抚养费法院会怎么判呢?

律师解答

非婚生子女享有与婚生子女同等的权利。子女的抚养问题由父母双方协议,协议不成时,应按照有利于子女成长和身心健康发展的原则,保障子女的合法权益,兼顾父母双方的抚养能力和抚养条件等具体情况确定。你女儿虽然是你和小黄的非婚生子女,但其依法享有与婚生子女相同的权利义务。你女儿出生前，小黄就在上海工作，女儿主要由你及小黄母亲在帮助照顾，你和小黄分开后，女儿亦随你共同生活，已经适应现有生活和环境，你很好地承担起了抚养女儿的义务。小黄擅自强行带离孩子的行为亦属不当，可能对孩子造成无法弥补的伤害。而且你女儿现在的居住情况亦非确定抚养关系的唯一决定性因素。法院判决你女儿由谁抚养，会综合考察你们双方的抚养能力及抚养条件，从维持孩子稳定的生活环境与情感联系、有利于其成长的角度出发，我个人认为女儿继续随你共同生活更为适宜。根据法律规定，不直接抚养非婚生子女的生父或生母，应当负担子女的抚养费，直至子女能独立生活为止。在女儿由你抚养的情况下，小黄应支付抚养费。法院会根据你女儿的实际需要、小黄的负担能力及实际居住地的生活水平酌情确定具体的金额。

18 丈夫的初恋女友回国后，毁了我的家庭

柳女士

我和我老公是在朋友的生日聚会时认识的，恋爱一年后，我们结婚了。结婚后最初的那几年，我们感情还可以，否则我不会和他生孩子的。我们之间出现问题，是因为他所谓的初恋女友从国外回来。我一开始是不知道这个事的，他总是以加班、应酬为名晚回家，还变得和原来不一样，经常无缘无故和我发脾气，对孩子也不好。后来，我还是从他一个朋友那里得知他初恋女友回来的事。我趁他睡觉，看了他的手机聊天记录，才知道他和那个初恋女友又搞到了一起。他们两人发的微信内容很恶心，以老公、老婆相称，还说什么我爱你、你爱我的话。我当时留了个心眼，

把聊天记录用我自己的手机拍下来了。我有了证据后当然就硬气了，为了孩子，我给他一次机会，要么和那个女的断，要么离婚。他嘴上说着要这个家，但好了没多久，又和以前一样我行我素。一次我们大吵一架后，我就带着孩子回了娘家。我们分居了两年多，他一次也没有来看过孩子。前段时间，他提出来离婚，我也同意离婚，其他没什么，就是关于抚养费的事，我们没谈好。他说他现在失业了，最多给孩子每个月500元的抚养费。我向他要这两年多的抚养费，他提出要把他妈妈给的钱从里面扣了。我承认他妈妈给过钱，加起来有三万多，有两笔，一笔是买保险的，一笔是早教中心的学费，但这个钱和抚养费没什么关系。我觉得我们应该谈不好了，就想打官司。对了，我们分居期间，我老公还在微信朋友圈里发了和那个女的在一起的照片，我也有截屏的。现在就想问问律师，我手里有我老公的这些微信聊天记录和朋友圈截屏，能算他出轨吗？我可以要求他赔偿吗？还有孩子抚养费的事，他之前工作时，每个月有一万多的工资呢，就算他现在没有工作，难道就可以每个月只付500元吗？另外，他妈妈给的那些钱是不是应该从抚养费里抵扣呢？

律师解答

如果你丈夫对你手中的这些微信聊天记录和朋友圈截屏都认可的话，我认为他们聊天记录内容明显超出了一般异性间的交往亲密程度，可以认定你丈夫出轨。但如果你没有证据证明他们同居的，那么就不属于《婚姻法》中对于精神损害赔偿的适用情形。法院有可能考虑你丈夫属于过错方，在财产分割中酌情调整分割比例。

对于抚养费的数额，虽然你丈夫目前处于无业状态，但如果这是他在你们分居之后主动辞职，且其亦未丧失劳动能力，未积极争取就业以提高自己生活和抚养子女的能力，法院会结合他之前的工资收入，以及本市青少年儿童平均的消费水平酌情判定抚养费的数额。

对于你提到的你丈夫的母亲给付的两笔钱款，如果你有证据证明是分别用于孩子的保险和早教费用，这些指定的特殊用途应该是超出了未成年人基本生活保障范围，因此不属于法律和司法解释规定的子女必要的生活费与教育费。我认为不应将这两笔款项作为你丈夫应支付的孩子抚养费的一部分予以扣除。

19 年满18岁的孙女，爷爷奶奶怎么探望

黄女士

我儿子早年离婚了，当时孙女只有六岁，孙女判给了女方。之后女方一直不让我们男方任何人看望孙女，那么多年我们只能去孙女的学校看望，从小学一直到现在孙女去北京读大学。今年孙女18岁了，请问我们要怎么办才能正常看望孙女？

律师解答

父母与子女间的关系，不因父母离婚而消除。离婚后，子女无论由父或母直接抚养，仍是父母双方的子女。离婚后，不直接抚养子女的父或母，有探望子女的权利，另一方有协助的义务。行使探望权利的方式、时间由当事人协议；协议不成时，由人民法院判决。这些指的是夫妻离婚后，对未成年子女的一个探望权。但按你所述，你的孙女现在已经年满18岁了，到北京读大学了，那么对她的探望，就不是夫妻之间的问题了，而是应由已成年的孙女自己决定。

20 儿子由女方抚养，不代表男方看不到孩子

常先生

  我是外地人，在上海上班，我和老婆在相亲网站上认识，她也不是上海人。一开始我就表明自己是奔着结婚交朋友的，她呢，表现得特别积极主动。我们刚开始都是通过微信、电话沟通联系的，接下来12月初，她邀请我去她家乡玩，顺便增进了解，还有后面圣诞节和元旦的时候，我也是根据她的要求去她家乡陪她过节、跨年。春节的时候，因为她一直说想要出去旅游，所以一起去了香港玩，没想到，竟然意外怀了孕。本身我觉得自己也老大不小了，自己是相对慢热的人，而她比较外向主动，感觉两个人应该挺合适的，互补嘛；性格脾气呢，虽然也有一些分歧，但她通常是使使小性子，第二天也就不提了。所以，到3月份她提出要我去见她妈，接着告诉我怀孕的事情，我高兴得简直觉得是天作之合。后来我们就开始忙着张罗订婚，拍婚纱照，各自老家安排婚礼，再到5月领证，差不多一个半月，忙得团团转。这中间，我老婆的脾气开始变得有点大，一会儿说不想结婚了，回头也不说什么，就连我父母到她家乡参加我们的婚礼，她有时候也是不管不顾的，态度有时候也是不冷不热。就这个事情，我曾尝试跟她沟通，她呢干脆不理你，甚至是让我在婚礼后第二天就安排父母回老家。我当时虽然也觉得她这脾气变得有点大，不过想想我自己忙的时候也是烦躁，更别提她是怀孕了，这么一想也就算了。可是，结婚后没多久，她就开始跟我说想离婚，先是直接拉黑微信不理人，再后来就是什么事情都不能跟她商量讨论，一有事情就吵，一吵架她就不理人，甚至直接赶我走，让我回上海。到最

后儿子快出生的那两个月，她不仅吵着离婚，骂人也是毫不考虑地乱骂。那段时间，我一再地跟自己说她是孕妇，太辛苦了，所以才这样，生完孩子就好些了。没想到 11 月份孩子出生以后她还是提离婚，连我爸妈过来看孙子，她也是没多久就想赶快让老人离开的样子。等她出了月子后，就开始跟我谈离婚，说孩子和财产的事了，谈不拢，后来她甩了一句：那就起诉离婚吧。她把我微信拉黑，儿子也不让我见。上周，她发短信通知我已经向法院起诉了。之前我老婆在跟我讲离婚的事情时，跟我说孩子现在才一岁多点，法院是一定会判给她的，让我想都不要想孩子的抚养权，请问是这样的吗？还有如果孩子判给她，我是不是就看不到儿子了呢？

律师解答

根据我国《婚姻法》第三十六条关于"离婚后父母子女关系"第三款的规定，对于哺乳期内的子女，的确是以随哺乳的母亲抚养为原则的。因为你儿子一岁多一点，现在正处于哺乳期内，所以，女方能够取得儿子抚养权的概率很高。

不过，即使儿子判归女方抚养，也不代表你就看不到孩子。提醒你在离婚诉讼中争取子女抚养权的同时，也需要竭力保障自己探望子女的权利。因为在我们的实践当中，的确存在夫妻双方都在极力争取子女的抚养权，而对探视权未作安排，导致当事人一方有可能需要另行提起关于子女探望权的诉讼。你要记住：离婚后，不直接抚养子女的父或母，有探望子女的权利，另一方有协助的义务。行使探望权利的方式、时间由当事人协议；协议不成时，由人民法院判决。

监护权之法律注解

01 儿子监护人擅自剥夺儿子的房产份额,亲生父亲该如何维权

毛先生

现在我觉得特别后悔。我和我前妻是单位同事,在工作中一来二去,发展成了恋爱关系。之后,我们顺理成章地结了婚,生了儿子。但是天有不测风云,我儿子在三岁的时候,摔了一跤,脑子有了损伤,变成了智力残疾。那次是我丈母娘带孩子时出的事,因为这件事,我和我妻子的关系有了裂痕。虽然事后我们多方求医,但最终儿子还是那个样子,回不到正常了。两年后,我和妻子协议离了婚,儿子归了妻子,我每个月把自己一半的工资给她,用作儿子的抚养费。三年后,我有了自己的新家庭,然后又有了女儿。虽然我不时会去看儿子,但毕竟有了自己的家庭,看儿子陪儿子的时间就少了。儿子主要是我前妻和她父母带,因为我前妻弟弟,也就是我以前的小舅子和他们住得近,所以他经常也帮忙照顾我儿子,这些我都知道的,而且我儿子是我小舅子看着长大的,感觉他俩的感情还是蛮深的。十年前,我前妻突发疾病过世了,而我现在的妻子不同意我把儿子接回家来,还威胁我说要儿子,就不要想再见到她们母女。那时我前丈母娘年纪也大了,身体也不好,不可能照顾我儿子了,于是我和小舅子商量。他提出由他来照顾我儿子,但要和我写个书面的声明,确定他是监护人,还要去公证。看到小舅子主动提出照顾儿子,再加上平

时也看到他对儿子的好,我也就同意了小舅子的意见,按着他说的做了。当时,小舅子还和我说我们要再写个协议,确认我放弃对儿子的监护权,既然监护权给了他,我就没有权利了。那个时候我前妻虽然走了,但她名下还承租了一套公房,我儿子的户口也在这套房屋里面。在协议里面我们写好:我放弃对儿子的监护权,儿子的监护权转归小舅子;为了儿子以后的生活,我前妻名下的房子和钱都归儿子;如果以后前妻承租的公房拆迁,分配的房屋必须给儿子一个人,产权证上不能有其他人的名字。这样,儿子就交给了小舅子,我前妻留的房子的承租人变成了我儿子。儿子在和小舅子住了十多年后,小舅子一个人也照顾不了儿子,就和我商量把儿子送到养老院去,我觉得小舅子也不容易,就同意了。今年年初,我听别人说原来我前妻的那套公房要拆迁了。于是我到了动迁组打听,问了人才知道,我小舅子早就签约了,钱和房子都在他那里,归了他,而且我小舅子在拆迁前就偷偷把他的户口也迁了进来。这下我不高兴了,当初说好,拆迁分了房子要写儿子一个人的名字,他怎么都不和我说一声就什么都拿了跑了。我去找小舅子。他一反常态,和我说:他是儿子的监护人,他有权和动迁组签协议;分的房子和钱如果给我儿子,我儿子不会花,也不会用,现在房子在他那里,以后还是会用在我儿子身上的,让我不要担心。而且他还说,拆迁分的钱和房子不是我儿子一个人的,他也有份,是属于我儿子和他两个人的。可我怎么能不担心:房和钱都在他名下,房子他可以卖掉,钱他可以用掉,我儿子怎么办?请问律师,这种情况下我可以要回我儿子的监护权吗?之前我去办过公证,我和小舅子签的协议可以作废吗?我可以帮儿子要回属于他的动迁款和安置房吗?如果可以要,我可以帮我儿子拿回多少呢?拆迁分的动迁款和安置房,我小舅子有份吗?

律师解答

首先,你说的这个小舅子成为你儿子的监护人,是通过一个正常程序来完成的。因为当时,你已经再婚,妻子也不同意你将儿子接回家,而你小舅子挺身而出主动承担对你儿子的监护责任,应该说是值得称赞的。而且这么多年,你小舅子照顾你儿子也是非常不易的。但现在你小舅子另有所图,将动迁利益据为己有,这就是问题所在。

你可以要求撤销你自己曾经作出的声明和与你小舅子签订的协议。在你前妻过世后,因为你是孩子的父亲,本来应当你为儿子的法定监护人,但你由于你自身的原因,没有办法承担对儿子的监护责任,在与小舅子协商后,由小舅子担任你儿子的监护人。双方有协议,你还去公证处作出了书面的声明,这是符合法律规定的。但是之后,你小舅子将自己的户籍迁入你儿子承租的公房内就已经超出了你们协议约定的范围。而且在该房屋动迁后,所得的动迁款和安置房都在你小舅子的名下,由他控制,你儿子没有动迁款和安置房屋,这显然违反了你们之前的约定。依据法律规定,监护人应当履行监护职责,保护被监护人的人身、财产及其他合法权益,除为被监护人的利益外,不得处理被监护人的财产。但你小舅子在担任你儿子的监护人期间,在该房屋动迁后,并没有维护你儿子的合法权益。所以你可以此要求撤销之前的书写的声明书和双方签订的协议。

关于动迁补偿利益的问题,在你撤销了上述声明书和协议后,依据法律规定,你作为父亲——你儿子的法定代理人——可以起诉你小舅子,要求其返还动迁补偿利益。依据《上海市国有土地上房屋征收与补偿实施细则》的规定,共同居住人是指在作出房屋征收决定时,在被征收房屋处具有常住户口,并实际居住生活一年以上(特殊情况除外),且本市无其他住房或者虽有其他住房但居住困难的人。你小舅子当时虽然是你儿子的监护人,但他不需要通过户籍迁入而履行监护职责，若拆迁时"数砖头"，那么他是不符合共同居住人的条件的，无权取得动迁补偿利益。所以你可以作为儿子的法定代理人，以你儿子的名义起诉至法院，拿回你儿子应得的动迁补偿利益。

02 精神残疾的儿子被离婚，他的权益怎么保护

张女士

我儿子本来人是好的，后来在外面被人骗了，想不通，发展到精神方面出问题，我们把他送到医院，医生说是得了精神方面的病。儿子被确诊为精神残疾。我儿子好的时候看不出有病的，但如果接触时间长一点，还是会发现有些问题的。我儿子在得病前，就结了婚，还有一个女儿。他还没这个病时，对他的老婆好得不得了，可他老婆一直看不起他，在家里什么都不做，我们虽然不喜欢这个儿媳妇，但我儿子愿意，我们也没办法。等他们有了女儿后，我们想只要他们能一辈子过下去，我们也就不去瞎操心了。可儿子得了病后，儿媳妇就一直待在娘家，把孙女也带走了，说是怕我儿子对孙女不好。所以办残疾证的时候，是我去办的，我是儿子的监护人。前段时间，儿子的病好一点了，儿媳妇也回到了家里，一开始我还觉得蛮高兴的。谁知道，有天她竟然背着我偷偷带我儿子去了民政局，办了离婚手续。等我知道，他们婚都离好了。后来，我查了一下，他们签订了自愿离婚协议书，上面写了，两人自愿离婚，婚生的女儿随女方共同生活，并由女方承担女儿全部的抚养费。要是只有这些，我也就算了，儿子得病了，不可能让儿媳妇守着他过一辈子。但后面还加了一条：他们两人名下的婚房的产权份额赠与给女儿，等女儿成年后办理产权

变更手续。这我肯定不同意的。房子全部给了孙女，我儿子就没份了，以后我们老了，儿子怎么办？孙女如果不管他的话，他连住的地方都没有。请问律师，我儿子虽说看上去没事，但实际是有精神疾病的，他们去离婚时，我根本不知道，这个离婚协议有效吗？这个房子现在就算送给孙女了吗？我怎么做才可以保护我儿子的合法权益？

律师解答

这要看你儿子的民事行为能力，是无民事行为能力人还是限制民事行为能力人。如果是无民事行为能力人，实施的民事法律行为无效。如果是限制民事行为能力人，实施的纯获利益的民事法律行为或者与其年龄、智力、精神健康状况相适应的民事法律行为有效；实施的其他民事法律行为经法定代理人同意或者追认后有效。

因为你儿子是精神残疾人，在没有监护人在场的情况下，与女方签署了自愿离婚协议，民政部门也已经颁发了离婚证，你作为监护人可以以你儿子的名义提起相应的诉讼。

目前，你对该离婚协议中关于双方自愿离婚及婚生女儿的抚养协议予以认可，应视为对该部分协议有效性的追认；你作为你儿子的监护人对该离婚协议中关于夫妻共同财产分割的协议不予认可，你据此可以提出确认无效或撤销之诉。

03 妹妹的监护权之争

庄先生

我小妹原来脑子是好的，就是比较内向，不爱说话。后来先是恋爱时受了刺激，又在工作中出了点事，人就变得有点奇怪了。后来带她去看病，医生说是有精神分裂症，天天都要吃药。她现在正常生活可以自理，就是脑子和我们正常人还是有区别的，你和她说几句话，没问题的，说得多了，就能察觉出来了。我们家里有一套老宅，是父母的。去年被征收了，我们没有拿房子，拿的是钱。兄弟姐妹一共五人，我小妹分了180万，是由我来保管的。拿到钱后，我们就商量着用这个钱给小妹买套房子住。买房子要本人去办手续，我小妹那个样子肯定不行，所以除她以外的兄弟姐妹四个人就签了一份协议，写清楚是用小妹的动迁款为她买一套房子，考虑到购买房屋需要办手续，所以产权登记在我和大姐名下。签好协议后，我就开始去看房了，因为钱不多，看了好久才选到。我看房子时，本来也叫其他兄弟姐妹一起去的，但他们都说没空，让我自己去。我选好房子后，我和大姐一起去签订了买卖合同。我买的是一室一厅的房子，用了大约150万，剩下的钱我帮我小妹存了起来。我小妹在我这里的钱，每一笔怎么花我都有记录，有凭证的。房子买好后，我们四个兄弟姐妹一起商量以后怎么照顾我小妹的事，我把账都弄好，给他们看了，他们当时什么也没有说。但没想到，在我们买房子的时候，我二弟竟然一声不吭去了法院，要求法院宣告我小妹为限制民事行为能力人，指定他为监护人；他认为我们把小妹的动迁款用了，产权证上写了我和大姐的名字是不对的，是对小妹不好的。其实我觉得是我二弟有问题，当初买房子的事都是写进协议的，而且又不是说这个房子就是我和大姐的，只是为了办手续方便才写我们的名字。当初说好写我们名字的时候，他就不是很高兴，但没有说出来。我觉得他有私心，我肯定不同意他一个人作为监护人。我父母早就走了，我小妹从来没有结过婚，当然没有老公、孩子。请问律师，什么是限制民事行为能力人？这个情况，我该怎么办？既然他不放心，我可以提出让我和他都做我小妹的监护人吗？这样大家也好有个监督。

律师解答

民事行为能力是指民事主体独立参与民事活动，以自己的行为取得民事权利或者承担民事义务的法律资格。民事行为能力与民事权利能力不同，民事权利能力是民事主体从事民事活动的前提，民事行为能力是民事主体从事民事活动的条件。所有的自然人都有民事权利能力，但不一定都有民事行为能力。自然人一经出生即当然享有民事权利能力，但要独立从事民事活动，实施民事法律行为，还必须要具有相应的民事行为能力。自然人的辨识能力因年龄、智力、精神健康等因素不同而有差异，《民法总则》根据自然人辨识能力的不同，将自然人的民事行为能力分为完全民事行为能力、限制民事行为能力和无民事行为能力，学理上称之为"三分法"。完全民事行为能力人具有健全的辨识能力，可以独立进行民事活动；限制民事行为能力人只能独立进行与其辨识能力相适应的民事活动；无民事行为能力人应当由其法定代理人代理实施民事活动。

不能完全辨认自己行为的成年人为限制民事行为能力人，实施民事法律行为由其法定代理人代理或者经其法定代理人同意、追认，但是可以独立实施纯获利益的民事法律行为或者与其智力、精神健康状况相适应的民事法律行为。

对于你小妹的情况，如果她是有病史资料或残疾证等，你们兄弟姐妹对其为限制民事行为能力人无异议的，法院也可以据此作为判决，认为你小妹为限制民事行为能力。

对于限制民事行为能力的成年人，由下列有监护能力的人按顺序担任监护人：（一）配偶；（二）父母、子女；（三）其他近亲属；（四）其他愿意担任监护人的个人或者组织，但是须经被监护人住所地的居民委员会、村民委员会或者民政部门同意。鉴于你小妹无配偶和子女，父母已过世，那么你们作为兄弟姐妹是可以担任监护人的。相关法律并没有限制监护人的人数，我认为法院完全有可能指定你和你二弟作为你小妹的监护人，这样你们可以相互配合、相互监督，共同保护好你小妹的合法权益。

对于你们购房一事，我认为你们兄弟姐妹之间对此是有约定的，而且相关花销你也有相应的明细及凭证，并未据为己有，不存在侵害你小妹权益一事。

04 帮弟弟炒股票，我的监护权就要被撤销吗

闻女士

我弟弟以前挺正常的，有一份稳定的工作，还结了婚。他这个病是婚后犯的，是脑子上的病：精神分裂症，因为这事，老婆和他离了婚，他就和我爸妈一起生活。他们三人还有我大哥一家，一起住在我们家的老房子里，本来我弟弟的监护人是我爸。我爸妈走了以后，因为我弟弟和我哥住在一起，这样监护人就变成了我哥。我哥对弟弟一般般，对弟弟不好的是我嫂子，她几次让我哥和我说，让我把弟弟接走，不能扔给他们。后来老房子拆迁，分的新房还没有拿到，他们就把我弟弟送到我们家，说是他们要在外面借房子住，带着我弟弟不方便，而且也借不到房子。我就提出来，住到我家里可以，大家三头六面说好，监护人就换成我，省得以后麻烦。这样，我们兄弟姐妹一共五个全到场，居委会的人也在，写了一份协议。内容就是我们五个人协商一致，监护人变更为我，从协议签订之日起，监护人由我担任。我还在协议上加了一句，为了让弟弟生活得更好，我自愿做弟弟的监护人，我同意把家里房子的小间拿出来让弟弟住，让弟弟以后的养老有保

障,也让在九泉之下的父母放心。居委会在这个协议上盖了章。这样,我弟弟就和我一起生活了。一天三顿饭我就不说了,我觉得我弟弟这辈子太苦了,都是因为生病害的,所以我会监督他吃药,尽量不让他想太多。和我住在一起后,我弟弟的病也好一点的。我还带他和我们一家人一起去好多地方玩,除了上海周边外,国外像东南亚这种近的地方我都带他去过。我弟弟很高兴的。这期间,老房动迁的房子下来了,但我哥哥把属于我弟弟和他的安置房,写在他一个人的名下。为此,我就作为我弟弟的代理人,和我哥哥打了官司,法院判我哥哥给我弟弟一笔补偿款外,还有一套安置房的一半归我弟弟。我弟弟的钱由我保管,我就单独为我弟弟开了股票账户帮他炒股。结果这事被我哥知道了,本来因为和他打官司的事,他就对我怀恨在心,这次他就借机说我对我弟弟不好,要撤销我的监护人,由他来当我弟弟的监护人。我哥还说,动迁房下来以后,是我不配合办手续,也算对我弟弟不好。其实哪里是我不配合,是我哥自己不愿意叫我去。而且我弟弟如果不发病,还是可以自理的,你如果问他,他肯定说要和我一起住。他经常和我说,原来和我哥一起不开心,现在很幸福。请问律师,这个情况,如果我哥打官司,法院撤销我做监护人的可能性大吗?我该怎么做呢?

律师解答

《民法总则》规定,监护人的职责是代理被监护人实施民事法律行为,保护被监护人的人身权利、财产权利以及其他合法权益等。监护人依法履行监护职责产生的权利,受法律保护。监护人不履行监护职责或者侵害被监护人合法权益的,应当承担法律责任。监护人应当按照最有利于被监护人的原则履行监护职责。监护人除为维护被监护人利益外,不得处分被监护人的财产。监护人有下列情形之一的,人民法院根据有关个人或者组织的申请,撤销其监护人资格，安排必要的临时监护措施，并按照最有利于被监护人的原则依法指定监护人：

（一）实施严重损害被监护人身心健康行为的；

（二）怠于履行监护职责，或者无法履行监护职责并且拒绝将监护职责部分或者全部委托给他人，导致被监护人处于危困状态的；

（三）实施严重侵害被监护人合法权益的其他行为的。

在父母过世后，你们兄弟姐妹五人协商一致，确认由你作为弟弟的监护人，而且这个协议是得到居委会盖章确认的。你与弟弟共同生活期间，由你照顾你弟弟的生活起居，并代你弟弟管理他的财产，为了你弟弟的利益，也曾代为提起诉讼，应该说是尽到了监护人应尽的义务。而且如你所述，你可以将你弟弟带至法院，当然是在保证你弟弟身心不受伤害的情况下，让他当庭表述自己的意愿，那是最好的。如果他当庭表示，愿意和你共同生活，且之前和你共同生活很开心之类的，我个人觉得法院撤销你监护人资格的可能性很小。对于你为弟弟开立股票账户，代为炒股的事，我个人认为不够妥当，建议你立即在这笔钱款仍保值的情况下取出，另外办理银行的存款业务。除非你哥哥有其他证据证明你未履行监护职责，或是侵害了你弟弟的合法权益，否则法院撤销你为监护人的可能性很小。

收养之法律注解

01 不作鉴定可推定　解除收养靠法院

📝 案情

在 20 世纪 60 年代初，小刚的亲生母亲还没有出嫁就意外怀上了小刚，所以在小刚出生后还未满月，就由外婆将小刚送给了婚后没有生育子女的范先生和妻子陈女士，当时并没有办理任何收养手续。之后，范先生和妻子陈女士对小刚视如己出，一家人倒也过得其乐融融。可是在小刚参加工作后，结交了一些不好的朋友，每天下班后就在一起喝酒、打麻将，后来发展到班也不好好上，经常赌博。为了给小刚还赌债，范先生退休后，还在外面打工。两位老人为了小刚操碎了心，还通过别人给小刚介绍了女朋友，希望小刚结婚后能有所收敛。刚开始小刚还是有所好转的，但是在结婚一两年后，小刚又故态复萌，继续赌博，妻子也因为他这个恶习而与小刚离婚。小刚又和父母住在了一起。

两位老人还是一如既往地对小刚好，可小刚却对父母的关心和照顾视而不见，经常和父母争吵。有一次小刚提出要将范先生和陈女士唯一的产权房出售用来还赌债，还声称如果他们不同意，自己不好过，也让两位老人不好过。争吵时范先生突发心梗，最终医治无效离开了人世。这些让陈女士对小刚丧失了信心，她害怕小刚觊觎自己的财产，让自己连个居住的房屋也没有，无奈之下,陈女士起诉至法院,要求解除与小刚的收养关系。

在庭审中,小刚称自己是范先生和陈女士的亲生儿子,不同意解除收养关系。陈女士在律师的建议下找到了知道收养事实的邻居和亲属出庭作证,并提出要与小刚作亲子关系的鉴定。但小刚当庭拒绝鉴定。

评析

从常理上来看,一般母亲不会否认与亲生子女之间的血亲关系,本案中,从陈女士所述的情况看,存在其与小刚不具有血缘关系而是收养关系的可能性,同时也有邻居和亲属出庭作证,以证明陈女士和小刚之间是收养关系,小刚不是陈女士的亲生儿子。而且,还可以通过亲子鉴定来证明小刚非陈女士亲生。小刚拒绝鉴定的行为,恰恰符合《最高人民法院关于民事诉讼证据的若干规定》第七十五条的规定:有证据证明一方当事人持有证据无正当理由拒不提供,如果对方当事人主张该证据的内容不利于证据持有人,可以推定该主张成立。小刚作为持有证据无正当理由拒不提供的一方,陈女士现在主张亲子鉴定的结果一定是其与小刚非亲子关系,这是不利于小刚的主张的,因此可以推定陈女士主张双方不具有亲子关系的主张成立。

根据《收养法》第二十七条,养父母与成年养子女关系恶化、无法共同生活的,可以协议解除收养关系。不能达成协议的,可以向人民法院起诉。鉴于小刚自幼由陈女士夫妇抚养长大,且小刚与陈女士以母子相称,双方构成事实的收养关系。目前,陈女士与小刚的关系恶化,继续共同生活将给陈女士带来不利影响,双方无法共同生活,原告陈女士要求解除与被告小刚间的收养关系,于法有据,理应得到法院的支持。

> ✓ 结 案
>
> 最终法院支持了我方的观点，判决解除陈女士与小刚之间的收养关系。

02 昔日收养齐欢喜　如今解除上法院

柯老伯的遭遇令人真心寒：当初想着他和老伴没有孩子，没人养老送终，才收养了养子文杰，可如今自己需要有人在身边照顾的时候，养子别说赡养了，连人都看不到。这要从头说起。

柯老伯当年和老伴结婚后，老伴一直没有怀孕，两人同去医院作了检查，结果是老伴的问题。那时，柯老伯的母亲还在世，知道了这个消息后，当即要求柯老伯和老伴离婚，俗话说"不孝有三，无后为大"。但柯老伯并没有按母亲说的做，而是坚持和老伴在一起。后来，母亲看到他们感情这么好，就退让了，只提出让他们俩领养一个孩子。看到母亲妥协，柯老伯和老伴就同意收养孩子，这样以后也有人为他们养老送终。于是，柯老伯母亲四处打听，没多久从乡下抱来了文杰。那时的文杰还是小毛头，不到一周岁，柯老伯和老伴把他当作自己的孩子，一把屎一把尿地抚养成人。要说小的时候，文杰还算懂事听话，老两口庆幸当初听母亲的话收养了文杰。可后来，文杰长大结了婚，问题就显现出来了。老伴和文杰的妻子关系总也处不好，在儿媳的挑拨下，文杰开始和老两口对着干，一家人常常是三天一大吵，两天一小吵。在这种家庭环境中生活，没几年，老伴查出得了胃癌。与病魔斗争了三年后,老伴走了,留下柯老伯一个人。其间,家里的老房子拆迁,文杰趁柯老伯照顾病重的老伴,无暇顾及动迁之际,提出让柯老伯全权委托他去处理。柯老伯一心扑在老伴身上,哪有空去管这些,就听了文杰的,委托了他去签字。可当文杰拿到了动迁款后,却一分钱也不愿意拿出来,甚至老伴落葬,文杰也没有出现。等柯老伯办完老伴的丧事后,毅然将文杰一家三口告上法庭,要求将属于他和老伴的动迁款还给他。庭审中,柯老伯提供了老伴立的遗嘱,写明她的动迁补偿款指定由柯老伯继承。该案在法院的主持下达成了调解协议:柯老伯搬出文杰家,文杰把属于父母的动迁款还给柯老伯。之后的几年,文杰再也没有来看过柯老伯一次。前段时间,柯老伯大病一场,其他亲友给文杰打电话,文杰一句"没空"就把电话给挂了。面对这样的养子,柯老伯是欲哭无泪,他想做的只有一件事,就是解除与文杰的收养关系。

作为柯老伯的代理人,我们除了撰写起诉状外,还调查了相关的证据材料,并在法庭上为柯老伯据理力争。我们提出,养父母与成年养子女关系恶化、无法共同生活的,可以协议解除收养关系,不能达成协议的,可以向人民法院起诉。如今我们提供了证据证明柯老伯与养子文杰关系恶化,无法共同生活,故柯老伯的诉请于法有据。

最终本案在法院的主持下,双方达成了调解协议,柯老伯与养子文杰解除了收养关系。

03 如此"养子"

📝 案情

何老先生的大哥和大嫂因为种种原因,没有自己的亲生孩子。

为此，他们收养了一个儿子小磊。这个孩子小的时候还算乖巧可爱，可是随着年龄一天天大了，坏毛病就显出来了。等小磊有了老婆，对何老先生的大哥大嫂不仅不照顾，还动不动就打骂。在朋友的建议下，老两口将养子小磊告上法院，要求解除收养关系。经法院调解，双方自愿解除收养关系，同时约定双方无财产及住房纠葛。小磊和妻子搬离了何老先生的大哥、大嫂家，迁往单位所分的房屋处居住生活。之后，他们两家再无交集。大哥、大嫂平时就由居住在附近的何老先生一家照顾。

可是，大嫂、大哥相继因病过世后，之前的养子小磊竟然通过虚假申报进行了公证，将原本登记在大哥、大嫂名下的房屋登记在了他一人名下。经何老先生申请复查，公证处虽然撤销了小磊的继承权公证书，但不动产登记部门无法将产权恢复至已故的大哥大嫂名下。去年，这套房屋被征收，小磊以产权人的身份与征收单位签订了房屋征收补偿协议，得到了一定的征收补偿利益。何老先生将小磊列为被告，起诉至法院，要求依法继承大哥大嫂所有的房屋的全部征收补偿利益。这里要说明的是，何老先生父母共育有两个孩子，即何老先生和大哥；何老先生的父母早于其大哥过世，大嫂的父母也早于大嫂过世，大嫂走在了大哥之前。

评析

遗产是公民死亡时遗留的个人合法财产。继承开始后，按法定继承办理；有遗嘱的，按照遗嘱继承或者遗赠办理。本案中，小磊与被继承人何老先生的大哥、大嫂夫妇解除了收养关系。在他们之间的收养关系解除后，养子女与养父母及其他近亲属间的权利义务关系即行消除，而且之后，双方也并无往来，小磊也未照顾扶养过两位老人。何老先生的大哥、大嫂生前无子女，两人父母均早于他们过世。在大嫂过世后，其遗产应由其第一顺序法定继承人即大哥继承。大哥死亡后，其遗产应由其第一顺序继承人继承。因大哥死亡后，其无第一顺序继承人继承的，对于他的遗产由其第二顺序继承人继承。而何老先生父母共育有大哥和何老先生两个儿子，故大哥的遗产应由何老先生一人继承。

关于遗产的范围确定，该房屋已因征收而灭失，现转化为征收补偿利益，小磊基于继承权公证获得该房屋产权，但该公证已被撤销，原继承权公证自此无效，不因产权仍登记在其名下，而当然享有该房屋的产权。

> ✓ 结 案
>
> 最终法院采纳了我方的观点，判决该房屋的全部征收补偿利益归何老先生所有。

04 曾经的养女 如今的继承

胡先生原本是有一个姐姐的，但这个姐姐和他没有任何血缘关系，而且这个姐姐自从结婚后，就和胡先生一家断绝了来往，算起来，胡先生有四五十年没有见过这位曾经的"姐姐"了。当年，胡先生的父母在结婚多年后一直没有孩子，虽然两人也做了各种努力，但结果并不尽如人意。亲友们就劝他们领养一个别人家的孩子，只要是自己养大的，和亲生的没什么区别。这样，胡先生的父母就打算去领养一个女孩，他们想着女孩子是父母的小棉袄，会疼人，反正也不是亲生的，也不需要传宗接代。正好有别人家生了女孩不想要，如此成全了胡先生的父母。在这个女孩到家后三年，胡先生的母亲竟然怀孕了，后来就有了胡先生。

父母都觉得胡先生是这个小女孩带来的，小女孩对他们家来说是个福星，所以一如既往地把小女孩当亲生女儿一般对待。但胡先生这个姐姐，工作后在社会上认识了一些不三不四的人，**特别是因为结婚的事，和胡先生的父母闹翻了**，从此之后，再也没有上过胡先生家的门。在父母心中，这个姐姐已经不是他们家的孩子了，他们之间的收养关系已解除。而且他们还听说姐姐之后改了名字，找到了她自己的亲生父母，胡先生对姐姐的记忆也渐渐模糊。

后来胡先生的父母生病住院，其间都由胡先生和妻子悉心照料，两位老人的身后事也都是胡先生一人办理。如今其他事都处理完了，就剩父母所遗的一套产权房。父母病重时，**胡先生一门心思想着给父母治病，根本没有想到让父母立个遗嘱**。如今父母走了，麻烦事来了，因为姐姐曾经在户籍资料中登记为父母的养女，所以如果要继承这套房屋，还需要姐姐配合办理相关手续。

无奈之下，胡先生将曾经的姐姐告上法庭。我们作为胡先生的代理人，根据案情调查了相关证据，撰写了起诉状。庭审中，我们提出，虽然胡先生的父母曾收养过姐姐，但之后姐姐与胡先生一家断绝了来往，并更改了姓名，且被继承人胡先生父母生前也由胡先生尽了主要的赡养义务。故可以确认姐姐已**与被继承人胡先生的父母解除了收养关系，无权继承胡先生父母的遗产**。姐姐当庭也同意胡先生所述的情况，但她表示自己这些年过得并不好，而且她自被收养后就居住在这套房屋中，希望胡先生能给她一些补偿款。

最终本案在法院的主持下，胡先生和姐姐达成了**调解协议，父母名下的房屋归胡先生继承所有，胡先生给付姐姐一笔补偿款**。

05 为做伴收养女儿　不照顾反来继承

黎先生

我叔叔一家真的是很可怜。我婶婶的身体一直不太好，本来听说是生不出孩子的，后来不知道吃了什么药，就生了我堂妹。有了我堂妹后，他们想让我堂妹有个伴，又收养了一个女儿。这样他们家就有两个女儿。要说也是好事，但收养的这个小女儿不争气，从小就不学好，调皮得不得了，学习也不好，我叔叔婶婶根本管不住。等她大了以后，不知怎么知道了自己的身世后，和我叔叔婶婶的关系就更差了，动不动就说我叔叔婶婶对她不好，偏袒我堂妹。我婶婶身体不好，我们家里都知道，她在十多年前就过世了。之后，我叔叔和我堂妹一起生活。那个养女结了婚后，就很少来看我叔叔了。

说到我这个堂妹，可能是遗传了我婶婶的基因，患有先天性的心脏病，所以也没有结婚、生子。八年前，我叔叔把家里的老房子卖了，买了一套楼层好点的房子，产权就登记在我叔叔和堂妹两人名下。在得知我叔叔买房的事后，那个养女就上门来看了，看的时候她嘟囔了一句说，这房子反正以后也是留给她的。这话刚好被我叔叔听到，等这个养女走后，我叔叔马上就找了同事，让同事见证他自己亲笔写了一份遗嘱，写明：我叔叔名下的房子和钱，在他百年后，就由我堂妹一人继承。当天，我堂妹也写了份遗嘱，其实她当时是看到我叔叔写了，就凑热闹自己写了一份。那时她身体还好，也还年轻，就写到，"我走了以后，我留的遗产就按我写的遗嘱办，谁对我好，我的钱和房子就留给谁；我爸妈的养女和我们平时几乎不来往，所以我的钱的房子和她没有关系"。因为我平时和堂妹的关系最好,给他们家的照顾和帮助也最多,所以我堂妹把她写的遗嘱给了我一份,意思是我照顾她多,遗嘱给我了,她的遗产以后不出意外就由我继承。谁也没有想到,最后我堂妹竟然走在了我叔叔前面。在我堂妹走了不到三个月,我叔叔也走了。办理完他们的丧事后,那个养女回到了我叔叔买的那套登记在我堂妹名下的房子里,说现在他们都走了,房子就是她的。请问律师,这套房子可以由我继承吗?这个养女的说法有道理吗?

律师解答

《继承法》规定,遗产是公民死亡时遗留的个人合法财产。继承开始后,按照法定继承办理;有遗嘱的,按照遗嘱继承或遗赠办理。

被继承人你叔叔留有自书遗嘱,故继承开始后,其遗产本应按遗嘱继承,但被继承人你堂妹先于你叔叔死亡,根据法律规定,遗嘱继承人、受遗赠人先于遗嘱人死亡的,遗产中的有关部分按照法定继承办理。虽然被继承人你叔叔以遗嘱的形式确定其财产由你堂妹继承,但因你堂妹先于你叔叔死亡,所以被继承人你叔叔的遗产应按法定继承办理。另外,被继承人你堂妹虽留有遗嘱一份,而根据该遗嘱的内容,其并无将遗产赠与给你的意思表示,也无明确的受赠对象,所以你以遗嘱在你处存放为由,要求继承你堂妹的遗产,没有依据。对于你堂妹的遗产应按法定继承。继承开始后,由第一顺序继承人继承,第二顺序继承人不继承。没有第一顺序继承人继承的,由第二顺序继承人继承。被继承人你堂妹死亡后,其父亲被继承人你叔叔可以按法定继承被继承人你堂妹的遗产。而这位养女并没有与你叔叔解除收养关系,因此他们之间是成立养父母子女关系。这样在被继承人你叔叔死亡后,那位养女可以按法定继承继承这套房子。

同时，《继承法》规定，有扶养能力和有扶养条件的继承人，不尽扶养义务的，分配遗产时，应当不分或者少分。对继承人以外的依靠被继承人扶养的缺乏劳动能力又没有生活来源的人，或者继承人以外的对被继承人扶养较多的人，可以分配给他们适当的遗产。如果你有证据证明你对叔叔扶养较多，可以分得适当的遗产。而养女不尽扶养义务，分配遗产时，你可以提出不分或少分。

06 养女因车祸死亡，生父母主张赔偿金

冷先生

我的女儿是收养的，也办理过有关收养手续。我们因为无法生育，所以对她视如己出，对她尽了抚养教育义务。平时女儿也与亲生父母有来往。但是在一天放学的路上，14岁的女儿被一辆大货车撞伤，经送医院抢救无效死亡，后经交警部门调解，肇事司机赔偿死亡赔偿金17万余元。该款由我们领取，并在调解赔偿书上签字。但她的生父母认为他们理应取得赔偿金。我想问问律师，他们有权来获得这笔赔偿金吗？

律师解答

依据《收养法》的规定，自收养关系成立之日起，养父母与养子女间的权利义务关系，适用法律关于父母子女关系的规定。养子女与生父母及其他近亲属间的权利义务关系，因收养关系的成立而消除。

在你办理了收养手续之后，你女儿与她生父母的父母子女关系，已消除，所以，你女儿的亲生父母无权以父母的身份来主张这笔赔偿金。

07 收养了一个白眼狼

凌女士

我老公是个老好人,我之所以嫁给他,就是因为他心地善良,待人热情。我们是再婚夫妻,我是离过婚的,没孩子,我和前夫离婚是因为前夫外面有了小三。本来我没有再婚的打算,直到遇见了我老公。我老公和他前妻也没有生育自己的孩子,但他们有一个收养的儿子。我老公曾经和我说过收养的经历:一天他大清早出门上班,走在路上听到有孩子的哭声,在街边的花坛中找到了一个刚出生不久的婴儿,当时孩子全身发黄,看着快要不行的样子。我老公连忙把孩子送到医院,后来经过医生的治疗,孩子终于保住了一条命。之后,我老公还出钱登报帮这个孩子找过父母,但一直也没有找到。这期间孩子就由我老公和他当时的妻子一起抚养着。刚好他们没孩子,在带孩子的过程中,他们对这个小孩有了感情,就这样,**他们去民政局办了收养手续。**

我老公的前妻是因病过世的。在我们结婚后,我老公带着这个孩子和我一起生活,我因为没有孩子,也把他当自己的亲生儿子。但这个孩子从小就不服大人的管教。他读书的时候,**我们给他的学费,他经常不去交学费,而是把钱花在打游戏上。**多年前,我老公家里的老房子拆迁,分了两套房子,一套写我老公的名字,一套写了我和这个孩子的名字。去年,我查出来得了癌症,因为要用钱治病,我们就商量把那套登记在我和孩子名下的动迁安置房卖掉。我婚前有一套房子,可以把孩子的名字加上。那时这养子已经上班了,一开始商量的时候,他是同意的。但等我们和下家一起签订了买卖合同后，他又不知道哪里出了问题，反悔了，不同意卖房子。因为这样，我们赔了下家十多万块钱。我老公生气，就说了他几句，他和我们大吵了一架后，就离家出走。再之后，我们就联系不上他了。后来，估计他是在外面借了高利贷，经常有追债的人上我们家里来要债，我们家还被泼了油漆。这些人经常来骚扰，我和老公正常的生活都被他们扰乱了，特别是在我治疗期间，我都快被这些人烦死了，实在吃不消。说起来我老公等于救了他的命，把他从小养到大，我也养了他十多年了，现在却不得安宁，他真是个白眼狼。请问律师，这种情况下，我老公可以和这个孩子断绝父子关系吗？我和这个孩子算什么关系呢？我们也要办解除母子关系的手续吗？该怎么办理呢？

律师解答

养父母与成年养子女关系恶化、无法共同生活的，可以协议解除收养关系。不能达成协议的，可以向人民法院起诉。你提到的这个孩子自幼被你丈夫收养，且办理了收养登记手续，他们之间存在收养关系。你丈夫已将这个孩子抚养成人。近来因房屋出售等问题，双方产生分歧引发矛盾，又没能及时消除，以致这个孩子离家居住。现基于双方关系失和、恶化，你丈夫可以要求解除收养关系。

对于你们之间的关系，你与你丈夫登记结婚后，这个孩子一直与你们共同生活至离家，受你抚养教育十多年之久，双方之间存在着继母子关系。就算你老公和这个孩子的收养关系已经解除，但这个孩子受你抚养教育的事实并不消失，双方之间已形成的继母子权利义务关系并不自然终止。你可以基于双方关系失和、恶化、无法共同生活，要求解除双方之间的继母子关系。

08 这个收养合法吗

武先生

我和老婆是上山下乡的时候认识的,因为都是上海人,共同语言多一些,没多久我们就确定了恋爱关系。我们在当地结婚后,老婆一直怀不上孩子,那个时候不像现在,不流行丁克,我们身边没有孩子的很少。于是我们就收养了一个儿子,想着是能传宗接代。结果,这个孩子长到五岁的时候开始生病,我们带着他到处治病,结果病没治好,人走了。当时有一段时间,我在上海带孩子看病,我老婆在外地单位上班。结果我老婆一个朋友的远房亲戚知道了我们的事,他家里有好多个女儿,就说可以把其中一个女儿送给我们收养。我老婆都没有和我商量,就领养了个女儿。那时候这个女儿都18岁了,我老婆还和他们办了公证的手续,公证书是1991年办的,上面写我们已和这个女儿共同生活了五年,收养关系的成立符合收养条件。我老婆把这件事都弄好后,才把这个女儿带回上海,那个女儿的户口也迁到了我们家,姓也改成了我的。一年多后,我们之前收养的儿子病发过世了。对那个收养的女儿,我事后知道后,心里不是很舒服。还有就是,她人已经成年了,和我们真的没什么感情,一开始我们让她做什么还做的,后来在上海待了几年,我们给她介绍了工作,她自己在外面谈了朋友后,就搬出去了,和我们就没有什么来往,我老婆三年前得病走了,那个养女都没有来。只是到现在她的户口都在我们家里,没有迁出去。我想问问律师,我从来没有去办过收养手续,就只有一个收养的公证,还是我老婆一个人去办的,这个收养有效吗?另外,当时办收养公证时,我们已经收养了一个儿子,那时儿子还在世,我老婆再去办的收养公证,这个收养合法吗?我现在该怎么做,才能和这个"养女"没有关系呢?

律师解答

我国的《收养法》于1992年4月1日起施行,后于1998年修正,其中确实规定有只能收养一名子女、未满十四周岁、要办理登记手续等内容;但法律同时规定,《收养法》施行前成立的收养关系,《收养法》施行后当事人诉请确认收养关系的,审理时应适用当时的规定。而你提到你的养女与你们的收养关系的形成时间,根据现有的1991年公证文书显示,收养关系成立于五年之前即1986年,且在办理公证文书之前双方已共同生活五年。你提到的你知道这件事是在办理公证文书之前,且你们在之前实际并未与这位养女共同生活过,对此你要提供证据证明。如果没有证据证明的,在公证文书未被撤销之前,当然具有无可非议的证明力,如果诉讼,对于这节事实,法院通常会按公证文书记载的内容作出认定。

鉴于你们的收养关系发生于《收养法》实施之前,之后又办理了收养公证,这位养女的户口亦迁入你们家庭户籍内,更关键的是,这么多年来,你和妻子从未对此提出过异议,因此法院认定该收养行为真实有效的可能性更大。

要强调的是,在你们收养关系形成之后,如果双方之间关系不睦,你随时可以要求解除收养关系。当然你要有证据证明你们之间关系恶化,无法共同生活。

第五篇

关于家族继承

继承中的法律护佑

01 妻子过世留债务　由谁偿还法院断

案情

去年年底，钱先生的妻子王女士不幸因为交通意外而过世。还沉浸在丧妻之痛的钱先生，却收到了妻子前夫林先生的起诉状。林先生称，在 2006 年，其与王女士离婚是在民政局办理的协议离婚，离婚协议中明确，双方在婚后共同购买的登记在王女士名下的本市 A 处房屋归王女士所有，王女士给付林先生房屋折价款 50 万元。但是王女士离婚后，就没有给过林先生房屋折价款，还把那套 A 处房屋给出售了。所以林先生在 2008 年时起诉了王女士，最终法院判决支持了林先生的诉讼请求，判决王女士给付林先生 50 万元。经法院强制执行，王女士现在还欠他 20 万元。本来王女士说好过年前一次性给付的，但是没想到王女士过世了。因为王女士的父母已过世，且王女士生前未育有子女，故钱先生是王女士唯一的法定继承人。林先生经过多方打听并查询，得知在王女士过世前不久，钱先生和王女士买了一套商品房，之前产权证上是钱先生和王女士两个人的名字，现在钱先生已继承了王女士的份额，该房屋登记在钱先生一个人名下。所以林先生起诉钱先生要求其偿还人民币 20 万元。在庭审中，钱先生确认王女士生前没有立遗嘱或遗赠，其为王女士唯一的法定继承人，并且其继承的王女士的遗产是超过 20 万元的。

评析

　　林先生要求继承王女士遗产的钱先生在其继承遗产的范围内偿还王女士的债务，是于法有所据的。

　　首先，《最高人民法院关于适用中华人民共和国婚姻法若干问题的解释（二）》规定，离婚协议中关于财产分割的条款或者当事人因离婚就财产分割达成的协议，对男女双方具有法律约束力。当事人因履行上述财产分割协议发生纠纷提起诉讼的，人民法院应当受理。林先生与王女士签订的离婚协议中关于房产分割的条款对双方均具有法律约束力。因为王女士未依据该离婚协议给付林先生房屋折价款的行为，是不符合约定的，故林先生有权就此提起诉讼。本案中，林先生已就此提起诉讼，并得到了法院的支持，且已对判决结果申请执行，故王女士对林先生负有20万元债务的事实是可以确认的。

　　其次，《继承法》第三十三条规定，继承遗产应当清偿被继承人依法应当缴纳的税款和债务，缴纳税款和清偿债务以他的遗产实际价值为限。超过遗产实际价值部分，继承人自愿偿还的不在此限。继承人放弃继承的，对被继承人依法应当缴纳的税款和债务可以不负偿还责任。

　　本案中，在王女士过世后，作为唯一法定继承人的钱先生并没有放弃继承的意思表示和行为，且现已继承了王女士所遗留的房产及其他财产。依据上述规定，继承遗产应当清偿被继承人王女士依法应当偿还的债务，但清偿债务以王女士的遗产实际价值为限。现在钱先生继承的王女士的遗产实际价值经确认超出了王女士应偿还的20万元的债务。故林先生起诉钱先生，要求其偿还王女士的20万元债务是有法律和事实依据的，应当得到法院的支持。

> ✓ **判决**
>
> 最终法院支持了我方的观点，判决被告钱先生于本判决生效之日起三十日内给付原告林先生人民币 20 万元。

02 父亲借款儿子还　返还房屋靠诉讼

诚实信用原则对一些老百姓来说是比较陌生的，或者说是比较书面的话。老百姓一般讲的是"诚信"，其实从某种意义上来说诚实信用原则也就是诚信，这是市场经济活动的一项基本道德准则，是现代法治社会的一项基本法律规则。实质上，诚实信用原则是一种具有道德内涵的法律规范，在《民法总则》《合同法》《民事诉讼法》等均有相应的法条予以规定。这里我要提到的这个案例就是以该原则为依据来诉讼的。

找到我们的当事人是徐先生和他的母亲两人，他们来律师事务所要求聘请律师时，徐先生拿着父亲与其朋友郑先生签订的《合同书》。事情是这样的，徐先生的父母经商多年，在 2000 年时被合伙做生意的好友给骗了，出现经营困难，于是父母两人向朋友郑先生借款 150 万元，为期四年。但四年到期后，徐先生父母的生意仍然没有好转，而郑先生催着还款。没办法，徐先生的父亲就和郑先生商量，并签订了一份合同书，该合同书中约定：徐先生的父亲将他名下的本市 A 处房屋过户至郑先生名下，自签约之日起拾年之内徐先生的父亲本人可用壹佰捌拾万元协商赎回房屋，但必须补还当日过户的税费和支付将来的过户的全部税费；拾年之内，郑先生不催促该房屋内的户口迁出，但该房屋内有户口的人也不得以任何理由与该房屋发生关系。同一天，徐先生的父亲与郑先生签订了上海市房地产买卖合同，并将他名下的 A 处房屋过户至了郑先生名下。该买卖合同中对付款时间、方式、违约责任等正常的买卖合同应有的内容都没有约定。去年徐先生的父亲突发心脏病过世，母亲将这些事告诉了徐先生。徐先生找亲戚朋友借了些钱，再加上自己的积蓄，凑够了 180 万元，打算赎回 A 处房屋。但郑先生不同意，并称要赎回可以，以市场价来结算。无奈，徐先生和其母亲只好决定打官司。

接案后，我们分析案情，准备证据材料，确定诉讼请求为要求被告郑先生将 A 处房屋过户至原告徐先生及其母亲名下，同时我们表示愿意按合同书的约定支付相关的费用。

在庭审中，郑先生辩称徐先生拿出的合同书虽然是自己签字的，便是这个合同约定的是徐先生的父亲本人有权协商赎回 A 处房屋，这个权利是有人身性质的，徐先生和其母亲作为他父亲的法定继承人是无权要求赎回的。同时这里约定的是协商赎回，而不是必然肯定可以赎回，如果要赎回，应以现在的市场价回购。

针对被告郑先生的辩称，律师提出，依据《合同法》规定，当事人行使权利、履行义务应当遵循诚实信用原则。依法成立的合同，对当事人具有法律约束力。当事人应当按照约定履行自己的义务，不得擅自变更或者解除合同。依法成立的合同，受法律保护。本案中，徐先生的父母与被告郑先生之间存在借贷关系，徐先生的父亲虽然已将 A 处房屋过户给被告郑先生，但是双方在上海市房屋买卖合同中对于付款等内容未作出约定，被告郑先生也没有提供证据证明其曾依照该买卖合同履行了付款义务。而且双方在签订买卖合同的当日还签订了合同书，该合同书明确约定了原告徐先生的父亲可有条件地购回该房屋。这表明双方真实意思并非房屋买卖，而是以房屋买卖形式担保债务的履行。该合同书是双方真实意思表示，不违反法律、法规强制性规定，应属合法有效，双方当事人均应恪守履行权利义务。被告郑先生辩称的合同书具有人身专属性，而从法律的角度看，徐先生的父亲与郑先生是借贷法律关系，相关的权利不是专属于徐先生父亲本人的人身权利，原告徐先生及其母亲作为其父亲的法定继承人提起本案诉讼，是符合法律规定的。综上所述，原告的诉讼请求理应得到法院的支持。

最终，法院支持了原告徐先生及其母亲的诉讼请求，其后的发展暂且不列入本文探讨。这个案件让我们看到，诚实信用原则在审判中的应用并不只是个案，而是广泛适用于民事案件。在日常生活中，诚信不单是挂在嘴上的口号，更是写入法律的规定，希望有一天我们的社会成为人人诚信的诚信社会。

03 儿子过世已多年　前儿媳起诉未支持

案情

朱老伯的老伴过世得早，在他又当爹又当妈地悉心培养下，儿子小斌的学业成绩十分优异，让朱老伯在亲友面前提起来很有面子。小斌从小到大都是在重点学校读书，考取了名牌大学后，又前往国外留学，毕业后就留在国外工作。在工作期间，小斌遇到了有同样经历的小珍，恋爱一年多后，两人领取了结婚证。结婚后，两人因为工作等原因，一直没有要孩子。几年后，小斌被公司派往外地工作，由于两地分居，两人的感情出现了裂痕，最终两人于1996年经当地法院裁判离婚，判决书中载明双方无子女，无共有的亦无准共有的资产，无配偶赡养费。在判决离婚前，小斌曾汇给父亲朱老伯一笔钱，朱老伯用这笔钱在上海购买了 A 处房屋，预售合同的认购方写的是小斌的名字。但天有不测风云，离婚后小斌回到了父亲身边，没多久就因意外过世。小斌过世后，开发商向小斌发出了重新签订正式的出售合同并办理产权证的函件。开发商得知小斌过世的事后，由于小斌当时已离婚，且没有子女，而朱老伯是其唯一的继承人，所以开发商就同意由朱老伯重新签订出售合同，并办理了登记在朱老伯名下的房产证。但让朱老伯没想到的是，在时隔十多年后，小斌的前妻小珍却回国将朱老伯和开发商告上了法庭，小珍认为朱老伯和开发商恶意串通，擅自将出售合同中小斌的名字变更为朱老伯，损害了小珍的合法权益，所以要求法院确认双方签订的出售合同为无效合同。

评析

虽然《合同法》第五十二条规定，有恶意串通，损害国家、集体或者第三人利益的情形的，合同无效。但本案中朱老伯与开发商签订的出售合同并不存在恶意串通的事实，当然不属于无效合同。

所谓恶意串通的合同是指双方当事人非法串通在一起，共同订立某种合同，造成国家、集体或者第三人利益损害的合同。而当事人恶意串通中的恶意是指具有加害他人的不良动机，且缔约双方主观上都必须具有加害第三人的恶意，如果一方缺乏故意的主观要件，也不构成串通行为。本案中，小珍与小斌早在1996年就已经通过诉讼的方式解除了双方的婚姻关系，在双方的离婚判决书中就已经明确了双方在婚姻关系存续期间并没有共同的或者准共同的资产，这个资产包括动产和不动产。在小斌过世前，其并没有缔结其他婚姻关系，也无子女，没有留有合法有效的遗嘱或遗赠的，依据《继承法》中关于法定继承的规定，作为父亲的朱老伯是其唯一的法定继承人。因而开发商与小斌的父亲朱老伯签订正式的出售合同时，已经尽到了一定的注意义务，根本不存在任何牟取私利的主观动机，更没有与朱老伯恶意串通损害小珍利益的必要。所以开发商与朱老伯签订的出售合同不存在恶意串通的事实，应为合法有效，而非小珍所称的无效合同。

> ✓ **结　案**
>
> 最终法院支持了我方的观点，判决驳回小珍的诉讼请求。

04　女儿过世后的继承

📝 案　情

女儿去年因突发疾病过世，徐老先生和老伴是白发人送黑发人，伤心自不必说，更让他们心痛的是女婿在女儿过世后所做的一些事。在女儿还在世的时候，两老就听她说过打算把当时住的登记在她和女婿两人名下的房子卖了，换一套大点的房子。可是还没等到去看女儿的新房，女儿就不幸离开了人世。在处理女儿的遗产时，两位老人还没有说什么，女婿就和两位老人说，他们平时开销比较大，几乎没有积蓄，本来住的这套房子也为了给女儿治病而出售给别人，当时急着要钱，就便宜卖了，房款也都用来给女儿治病和办丧事了，所以女儿没什么遗产的。本来两位老人也没想要女儿的遗产，可是一听女婿这么说，就觉得不对劲了。女儿在世的时候，曾和两位老人说过他们有积蓄，还买了理财产品，而且女儿一家住的房子房价也不低，女儿的医药费和丧葬费也不至于要那么多。可当两位老人质问女婿时，女婿两手一摊说，就是没钱了。两位老人看到女婿这样，也是没辙，当时还没有想到要打官司。可在几个月前，老人却听到邻居说曾在某小区见过女婿，而且打听到女婿在那里买了房子，还把地址告诉了两位老人。经过一番调查，两位老人发现女儿家里的房子在女儿还没有生病时就出售给别人了，现在女婿住的房子是女儿过世后没几天拿到产权证的，产权证上只写了女婿一个人的名字。于是，两位老人将女婿告上法庭，要求依法继承女儿的遗产。在开庭前，律师还调查到，徐老先生女儿家里原来房子的售房款是260万元，女婿新购房的房款是300万元，而且新购房的上海市房地产买卖合同的签约日期及其中所约定的给付大部分房款的时间是在女儿过世前，只有尾款的付款时间是在女儿过世后。

评析

《中华人民共和国婚姻法》规定，夫妻在婚姻关系存续期间所得的下列财产，归夫妻共同所有：（一）工资、奖金；（二）生产、经营的收益；（三）知识产权的收益；（四）继承或赠与所得的财产，但本法第十八条第三项规定的除外；（五）其他应当归共同所有的财产。在本案中，通过相关证据可以看出，女婿新购房的购房款大部分是售出原来所有的房屋的售房款，除尾款外的剩余购房款也是在徐老先生女儿过世前支付的，而原来房屋的售房款及除尾款外的剩余购房款是属于女儿和女婿的夫妻共同财产，同时购房时所签订的上海市房地产买卖合同的日期也是在女儿过世前，因此新购房虽产权登记在女婿一人名下，但仍属于夫妻共同财产。因为女儿在世前并没有留有合法有效的遗嘱，按法定继承，在分割遗产时，先将一半分出为女婿所有，其余的应为被继承人女儿的遗产，由两位老人和女婿一起继承。对于女婿所称之前的售房款已在女儿治病和办丧事时花得差不多了,但其并未提供相应的证据予以证明,故不应得到法院的采信。

> ✓ **判 决**
>
> 本案最终以调解结案,女婿承认新购房为夫妻共同财产,给付了两位老人所应继承房屋产权份额的相应折价款。

05 继承人继承遗产,偿还债务有规定

✎ 案 情

康先生是迫于无奈才将朋友朱先生的妻子毕女士和儿子小刚告上了法庭。康先生和朱先生是在生意中认识的朋友,说来也有十多年的交情,本来康先生是不愿意起诉朱先生的妻子和儿子的。朱先生之前因故陆续三次向康先生借钱,一共借了26万元,在最后一张借条上,朱先生写明要在半年前全部归还借款的,但是谁承想朱先生因突发心肌梗塞,抢救不及而过世了。朱先生过世时,他的父母已不在世,康先生只好让朱先生的妻子毕女士和儿子小刚还钱了。虽然康先生手里有朱先生借钱的借条和银行转账凭证,但是当康先生拿着借条找到毕女士和小刚时,他们却说不认识康先生,也不知道借钱的事,还说朱先生生前一直有钱的,不可能问康先生借钱,而且即使有这些借款,由于朱先生生前并没有将他的收入用于家里的生活,所以这个借款属于朱先生的个人债务和他们没有关系。看到毕女士和小刚的态度,康先生只有将他们

起诉至法院，要求判决毕女士向其归还借款 26 万元，由小刚在其继承的朱先生的遗产范围内对上述债务承担连带清偿责任。在起诉材料中，康先生还提供了登记在朱先生和妻子毕女士名下的产权房的房地产登记簿。

评析

公民合法的民事权利受法律保护。债是按照合同的约定或按照法律规定，在当事人之间产生的特定的权利和义务关系。原告康先生为证明借款事实提供的借条，明确记载了借款数额及借款期限等情况由此可以看出原告康先生和被继承人朱先生间形成了合法的借贷关系。

关于被告毕女士和小刚称被继承人朱先生的收入从未用于家庭开销，但他们并没有提供相应的证据予以证明，故他们的主张不应得到法院的采纳。

相反，康先生与朱先生之间的借款发生的时间是在朱先生与妻子毕女士婚姻关系存续期间，而毕女士也没有证据证明朱先生向康先生借款时约定了这个债务是朱先生的个人债务。《最高人民法院关于适用〈中华人民共和国婚姻法〉若干问题的解释（二）》规定，债权人就婚姻关系存续期间夫妻一方以个人名义所负债务主张权利的，应当按夫妻共同债务处理。但夫妻一方能够证明债权人与债务人明确约定为个人债务，或者能够证明属于婚姻法第十九条第三款规定情形的除外。（《婚姻法》第十九条第三款规定："夫妻对婚姻关系存续期间所得的财产约定归各自所有的，夫或妻一方对外所负的债务，第三人知道该约定的，以夫或妻一方所有的财产清偿。"）因此，朱先生对康先生所负债务应为其与妻子毕女士的夫妻共同债务，应以夫妻共同财产偿还。

本案中，在朱先生的父母已过世的情况下，毕女士和小刚作为被继承人朱先生的配偶和子女，是被继承人朱先生的法定继承人。

继承开始后，毕女士和小刚均未表示放弃继承，视为接受继承。依据《继承法》规定，继承遗产应当清偿被继承人依法应当缴纳的税款和债务，缴纳税款和清偿债务以他的遗产实际价值为限。超过遗产实际价值部分，继承人自愿偿还的不在此限。继承人放弃继承的，对被继承人依法应当缴纳的税款和债务可以不负偿还责任。本案中，毕女士和小刚应在遗产继承范围内，清偿被继承人依法所负担的债务。由于本案继承人未对继承事宜进行协商或诉讼，本案各继承人应当清偿的债务数额无法确定；为了保障原告康先生的合法权益，该债务应由毕女士偿还，小刚根据继承遗产的比例及实际价值承担连带清偿责任。

> ✓ 结案
>
> 法院最终支持了我方的观点，判决支持了康先生的诉讼请求。

06 父亲过世之后，继母与我的"战争"

小李的父母早在好多年前就离婚了，虽然小李一直和母亲一起生活，但父亲老李对小李还是很关心的，每逢节假日都会来看他，陪他玩。前年，小李父亲再婚了，婚后一年继母就生了一个女儿。因为有两个孩子要抚养，老李的经济压力增大，所以除了照顾家庭外，还一心扑在工作上，经常加班熬夜。去年年底，老李突发疾病过世。处理完父亲的后事，小李和继母谈到父亲遗产分配的事，结果是双方不欢而散。于是小李在母亲的陪同下一起找到我们，由我们作为小李的代理人，帮小李向法院提起诉讼，依法继承父亲的遗产。小李父亲在与小李母亲离婚时，家里原有的房子归母亲，母亲给了父亲相应的房屋折价款。离婚后，老李出资购买了一套产权房，产权证上只写了老李一个人的名字，另外他还有一些股票。在继承诉讼中，我们经过调查，查实了小李父亲所遗的这套房屋的产权情况及股票数额，要求按法定继承对父亲的遗产进行继承。

在第一次庭审时，小李继母并没有提及小李父亲有"遗嘱"。但在第二次庭审中，继母却拿出一份"遗嘱"，并称这份"遗嘱"是小李父亲在发病后、死亡前，由朋友代书，自己亲笔签字形成的。当庭，我们就提出对该份"遗嘱"中小李父亲的签字是否本人亲笔书写进行鉴定。之后，法院委托鉴定机构对继母提供的"遗嘱"中的笔迹进行鉴定，鉴定报告中意见为：依据现有材料，难以认定检材"遗嘱"落款处父亲签名笔迹与样本材料上父亲的笔迹样本是由同一人所书写形成。

庭审中，我们提出关于继母提交的"遗嘱"，首先，在第一次庭审时，继母对父亲生前留有"遗嘱"一事只字未提，而对于继母来说该"遗嘱"是本案的重要证据，但继母却在之后才递交该"遗嘱"，而且对此也未能作出合理解释，其行为足以令人产生合理的怀疑。其次，根据司法鉴定报告内容，依据现有材料，难以认定检材"遗嘱"落款处父亲签名笔迹与样本材料上父亲的笔迹样本是由同一人所书写形成。因此，继母提供"遗嘱"不是父亲的真实意思表示，法院对该"遗嘱"不应予以采信。

依据《继承法》规定，继承从被继承人死亡时开始，继承开始后，按照法定继承办理；有遗嘱的，按照遗嘱继承或者遗赠办理；有遗赠扶养协议的，按照协议办理。在继母提供的遗嘱不成立的前提下，本案应按法定继承办理，因小李的爷爷奶奶早于其父亲过世，那么小李、继母及妹妹作为父亲的第一顺序继承人，有权继承父亲的遗产。

最终法院支持了我方的观点，判决按法定继承对小李父亲的遗产进行继承。

07 失独老人与儿媳的诉讼

案情

姜老伯和老伴只有一个儿子，儿子虽然成绩不是数一数二，但也基本上属于中上等，姜老伯和老伴对儿子要求也不高，只要他能健康、快乐、幸福的生活就足矣。儿子大学毕业后，顺利找到了一份不错的工作。在工作后，儿子通过同事介绍，认识了现在的儿媳，恋爱一年后，两人领了结婚证。婚后，小两口过得也不错，就在他们打算要小孩时，儿子查出来得了白血病，虽然几经治疗，但最终死神还是夺取了儿子年轻的生命。白发人送黑发人，这件事带给两位老人巨大的伤痛，但更让两位老人心痛的是他们俩和儿媳因两套房子引发的两个官司。

前一个官司已审结，主要是分割儿子和儿媳的婚房，法院最终判决婚房归儿媳所有，由儿媳给老两口相应的房屋折价款。现在我们要说的是后一个官司。原告是儿媳，她将姜老伯夫妇告上法院，称其丈夫，也就是姜老伯的儿子在生前并没有留遗嘱，因此要求继承产权登记在姜老伯夫妇和儿子名下的A处房屋中属于儿子的份额，即儿子享有三分之一的产权份额，其应按法定继承，享有房屋九分之一的产权份额。庭审中，姜老伯及老伴提出，虽然这套房屋产权是登记在三人名下，但购买这套房屋的钱全部来源于姜老伯夫妇，是姜老伯将自己名下的一套老公房出售后所得的售房款再加上夫妻两人的积蓄购买的。当时儿子还在读书，根本没有能力出资购房，老两口完全是因为只有这一个儿子，才在产权证上加了儿子的名字，因此儿子所享有的份额不应为房屋的三分之一，所以不同意儿媳的诉讼请求。

评析

依据《继承法》的规定，遗产在家庭共有财产之中的，遗产分割时，应当先分出他人的财产。本案中，A处房屋为姜老伯夫妇和儿子共同共有，现在儿子去世，因此首先应当对该房屋内三人所享有的权益进行分割后，才能进行遗产继承。而姜老伯的儿子在购房时仍在读书，他是没有能力在当时支付购房款的，结合对该房屋购买所作的贡献，姜老伯的儿子在该房屋内所占的份额应小于姜老伯夫妇。

遗产是公民死亡时遗留的合法财产。本案中，因被继承人姜老伯的儿子生前并未留有遗嘱，因此他的遗产应按法定继承处理。姜老伯夫妇和儿媳作为儿子的第一顺序法定继承人，他们三人对于儿子的遗产应共同予以继承。从本案的实际情况来看，姜老伯夫妇失去了唯一的儿子，是失独老人，儿子的离世对两位老人来说身心已造成了巨大的伤痛，在今后的生活中，两位老人较儿媳相比，从精神和经济上都需要得到更大的照顾和帮助。虽然儿媳也失去了爱人，但从年龄和生活状态来看，她完全可以通过其他方式开展新的生活，而且她已取得婚房的所有权，在经济上需要的照顾明显会少于两位老人，所以两位老人应得的继承份额应远高于儿媳。

✓ 结案

法院采纳了我方的观点，判决房屋归姜老伯夫妇所有，由他们给付儿媳相应的折价款。

08 妻子过世后的遗产之争

案情

赵先生近日被岳父告上了法庭，为的是赵先生已故妻子的遗产。要说赵先生的妻子唐女士是个女强人，从单位下岗后，就和原来的同事一起开了公司，生意做的是风生水起。有了钱后，唐女士先是将家里的小房子换成大的商品房，之后又买了一套商铺，商品房和商铺的产权证上都写的是夫妻两人和儿子的名字。虽然，妻子的生意做得很大，但这丝毫没有影响他们夫妻两人的感情。因为妻子忙，所以赵先生就主动多承担一点家务，平时妻子工作上的事，赵先生能帮就帮，还经常出谋划策，为妻子分担了不少。但是因为各种原因，几年前，妻子的生意开始走下坡路，同时与合伙人也因意见不合而分开了，于是在赵先生的劝说下，妻子关了公司，打算休息一下。此时，原来买的商铺租金见涨，每月房租有好几万，这样家里的开销就都有了。本来赵先生一家三口应该说是过着让人羡慕的日子，但是去年妻子体检时发现有身体有问题，经过几家医院的诊断，确定妻子是癌症晚期。之后，赵先生几乎都是在医院待着的，陪着妻子治病、手术，可是最终妻子还是没能逃出病魔的手掌心，离开了人世。赵先生伤心是必然的，让他没想到的是妻子的姐姐在办理丧事时竟然拿出遗嘱，说是妻子在医院的时候立的，写明商铺和商品房中属于妻子的份额由老父亲一人继承。这让赵先生失去了方向。但仔细再看，他发现这个遗嘱根本不是妻子写的，而是其他人的笔迹。妻子的姐姐说，这个遗嘱是她老公写的，她老公是代书人，还有一个见证人是她的儿子,当时是他们去看唐女士时,唐女士要求他们代书和见证的,上面的签字是唐女士的。赵先生当然不认可这份遗嘱,岳母几年前就过世了,岳父已经快九十岁了,妻子怎么可能还会将商铺和商品房留给岳父呢?没过多久,岳父就将赵先生和儿子告上法庭,要求按遗嘱继承唐女士在商铺和商品房中所享有的产权份额。

评析

遗产是公民死亡时遗留的个人合法财产。公民依法享有财产继承权。本案中,赵先生和岳父对于唐女士所留遗嘱的有效性存在争议。根据《继承法》的规定,代书遗嘱应当有两个以上见证人在场见证,由其中一人代书,注明年、月、日,并由代书人、其他见证人和遗嘱人签名。下列人员不能作为遗嘱见证人:(一)无行为能力人、限制行为能力人;(二)继承人、受遗赠人;(三)与继承人、受遗赠人有利害关系的人。而这份遗嘱的见证人分别是赵先生岳父的女婿和外孙,由于他们身份的特殊性使得他们与赵先生岳父可能存在着一定的期待利益关系,因此他们见证遗嘱和代书遗嘱的行为应属无效,所以被继承人唐女士名下的遗产,应当按照法定继承的原则由赵先生和他儿子,以及岳父继承。

《继承法》还规定,夫妻在婚姻关系存续期间所得的共同所有的财产,除有约定的以外,如果分割遗产,应当先将共同所有的财产的一半分出为配偶所有,其余的为被继承人的遗产。遗产在家庭共有财产之中的,遗产分割时,应当先分出他人的财产。依据商铺和商品房产权登记情况等,属于唐女士的遗产应为商铺和商品房产权的三分之一,这部分产权份额由赵先生和他儿子,及岳父每人继承三分之一。

> ✓ **结 案**
>
> 最终法院采纳了我方的观点,按法定继承处理了赵先生妻子唐女士的遗产。

09 白发人送黑发人的继承之诉

史老伯的老伴早在十多年前就过世了,儿子、女儿曾多次提出让史老伯和他们一起生活,但史老伯还是习惯一个人的生活。去年年初,史老伯的小儿子突发意外过世了,当时史老伯是白发人送黑发人,伤心自不必说。好在还有大儿子和女儿,在他们的帮忙下,大家一起办理了小儿子的身后事。等所有事都办完后,小儿媳上门找到了史老伯,让他配合办理房屋产权过户手续。原来,小儿媳一家现在住的房子产权证上写的是小儿子、小儿媳和孙女三个人的名字,现在小儿媳想把这套房子卖了,换到自己娘家附近住。本来史老伯也没有什么想法,儿子的遗产都留给孙女他也没有意见。但是儿媳来的时候不是用商量的口气,而是命令史老伯去配合办理放弃继承的公证手续,还气势汹汹地对史老伯说,这是我们家的房子,和你们史家没有关系,你不要还想着要钱。一看儿媳这样,史老伯当场就决定是儿子的遗产他该要的都要,不同意放弃。儿媳见状就和他吵了起来,还威胁史老伯说如果不同意,她就去法院打官司,到时候史老伯不仅一分钱拿不到,还要付法院的钱。

于是史老伯找到我们。我们作为史老伯的代理人,撰写了起诉状，将儿媳和孙女告上法庭，要求依法继承小儿子的遗产，认为房屋中有三分之一属于小儿子的遗产。庭审中，儿媳和孙女辩称，登记在他们一家三口名下的房屋是拆迁安置房，而安置对象仅是儿媳和孙女，孙女因为是独生子女，所在是按两个人的份安置的，当时之所以产权人加了小儿子的名字，是出于夫妻感情的考虑，所以这套房屋中属于儿子的实际份额也就10%。

而我们认为，公民的继承权应受到法律的保护。遗产是公民死亡时遗留的个人合法财产。继承开始后，有遗嘱的，按照遗嘱继承或遗赠办理，无遗嘱的按照法定继承原则处理遗产。本案中被继承人史老伯的小儿子生前未留有遗嘱或遗赠，对于他的遗产按法定办理。史老伯、小儿媳及孙女是被继承人小儿子的第一顺位法定继承人。现该房屋登记在三人名下，小儿子所占的三分之一房产份额为小儿子的遗产。而小儿媳和孙女所述的房屋来源等不仅没有证据证明，而且也不能以此否定小儿子是产权人之一的事实，因此她们认为小儿子仅享有10%房产份额的观点是没有法律依据的。

最终，法院采纳了我方的观点，史老伯继承了其应继承的小儿子的遗产。

10 丈夫过世后一波三折的继承

谢女士和丈夫原来是同事，两人在工作中日久生情，在确定了恋爱关系后一年，如愿领取了结婚证。婚后，由于身体原因，谢女士和丈夫并未生育，但感情一直很好。在多年前的一次体检中，丈夫查出体内长了肿瘤。丈夫生病期间，曾提出要写份遗嘱给谢女士，但谢女士觉得不吉利，就没有让丈夫写遗嘱。经过半年多的治疗，最终丈夫还是走了，留下了谢女士一个人。

丈夫生前把家里的老房子卖了，售房款作为首付买了一套商品房，产权证上写了谢女士和丈夫两个人的名字。在丈夫走后，这套房子还有银行贷款没有还完，都是谢女士一个人还的。现在终于还清房贷了，就涉及到要把丈夫的名字从产权证上去掉，也就是对丈夫所享有的份额依法继承的问题。

在谢女士找到我们后，我们就和谢女士提出，由于她丈夫生前未留遗嘱，应按法定继承处理丈夫的遗产。由于她婆婆在丈夫小时候就过世了，而公公是在丈夫过世两年后才走的，所以对于丈夫的遗产，公公是有继承权的。现在公公已过世，也未留遗嘱，那么公公的其他子女对公公所应继承的份额是有权继承的。在调查相关材料时，我们还发现，除了谢女士知道的丈夫的兄弟姐妹外，公公在婆婆过世后，虽然未结婚，但与他人育有一子，之后送由别人收养。

在调查了身份关系的材料后，我们将公公的其他子女告上法庭，要求依法继承、析产丈夫所遗的房产份额。庭审中我们提出：首先，该房屋属于夫妻共同财产，而且在谢女士丈夫过世后，所有的贷款都是由谢女士一人偿还的，谢女士对该房屋贡献较大，应予以考虑。其次，丈夫生前由谢女士一人照顾，后事也由谢女士一人操办，为丈夫尽了主要扶养义务，且与丈夫共同生活，在分配遗产时，应多分。最后，对于丈夫同父异母的兄弟，他从小被他人收养，根据《收养法》的相关规定，养子女与生父母的权利义务关系，因收养关系的成立而消除。因此他无权继承公公的遗产。

最终本案在法院的主持下达了调解协议，谢女士如愿取得了房屋的所有权，并向除丈夫同父异母的兄弟外的其他兄弟姐妹支付了相应房屋折价款。

11 前夫留遗嘱 法院定权属

案情

要说金女士和宋先生真的是欢喜冤家。两人恋爱时就是好的时候好的不行,吵架的时候,就吵个天翻地覆。不过在内心深处,两人还是深爱着对方,这样结婚也成了理所当然。可结婚后没几年,两人又在争吵中离了婚。虽然之后两人都是单身,也各自有了男、女朋友,但经过一段时间的沉淀,他们又想到了对方,想到了对方的好。于是在离婚三年后,两人又再婚了。面对他们的第二次婚姻,刚开始两人都是格外珍惜,那时的他们成了周围亲朋好友都羡慕的亲密爱人。本来两人想着要有个自己的孩子,去医院检查,身体都没问题,但金女士就是怀不上。经历了十多年的风风雨雨后,两人再次离婚。在自愿离婚协议书中,双方约定,婚后所住房屋归男方所有,女方自愿放弃产权份额,男方每月支付女方600元,从离婚之日起算,共计12年。虽说离了婚,但彼此还是割舍不下,一直都有来往。其间,宋先生因为经济出现问题,没有按约给金女士钱,于是给金女士写了一份遗嘱,内容为:"因我没钱履行协议上对女方的责任,作为补偿,我百年后如果女方还在世的,那么上海市××路××弄××号××室房屋(就是两人婚后所住的房屋)给女方,这期间我不能随意转让这套房屋。"去年,宋先生查出来得了癌症,金女士得知后,就一直陪护在宋先生身边,直至他去世。宋先生过世前,他的父母已早于他离世,而且宋先生生前并未生育子女,也没有再婚。等宋先生落葬后,金女士拿着手里的遗嘱,和宋先生的兄弟姐妹提出要求继承遗嘱中提到的房屋。但宋先生的兄弟姐妹认为：这个遗嘱是假的，不是宋先生写的，而且宋先生患病后，都是他们兄弟姐妹在照顾，医药费也是他们凑的，宋先生生前说过房子是留给他们的，而不是给金女士；特别是遗嘱上写的"房屋给女方"，指向内容不明确，宋先生生前有不止一个女朋友，这个遗嘱是为了安抚其他女朋友写的，不算数；而且宋先生曾和其中一个女朋友也有过金钱纠纷，遗嘱上写的协议也没有明确，有可能指的是和之前的女朋友处理金钱问题时立的协议；遗嘱在金女士处，是金女士在照顾宋先生时自己拿的，不是宋先生给她的。无奈之下，金女士一纸诉状将宋先生的兄弟姐妹告上法庭，要求确认宋先生名下的房屋归其所有。庭审中，宋先生的兄弟姐妹明确对该遗嘱不申请司法鉴定。

评析

《继承法》规定，公民可以立遗嘱将个人财产赠给国家、集体或者法定继承人以外的人。继承开始后，按照法定继承办理；有遗嘱的，按照遗嘱继承或者遗赠办理；有遗赠扶养协议的，按照协议办理。本案中由于该房屋产权登记在宋先生名下，在他去世后，该房屋应属于其遗产范围。

本案中，对于该遗嘱是否为被继承人宋先生出具，原告金女士已提供遗嘱原件作为证据证明其主张，而被告宋先生的兄弟姐妹虽然对该遗嘱的真实性提出异议，但未提供相应的证据予以证明，而且明确表示就该遗嘱不申请司法鉴定，故应由他们承担举证不能的不利后果。法院应当确认该遗嘱是被继承人宋先生本人出具。

对于原告金女士是否是遗嘱所指向的受遗赠人，从以下几点可以看出：首先，遗嘱是被继承人生前所立的重要法律文件，理应由受遗赠人或其他能够充分信任的人，或遗嘱的利害关系人持有。从该遗嘱由原告金女士持有的现状，可以看出原告金女士应为被继承人能够充分信任的人,或遗嘱的利害关系人。其次,关于该遗嘱中载明的"女方",结合被继承人的年龄、当时的社会文化背景和语言习惯,双方离婚的情况,以及自愿离婚协议书中的表述,可以确认遗嘱中的女方就是原告金女士。而且被告对此也无相反证据提供。再次,关于该遗嘱中载明的"协议",被告认为这个协议不是自愿离婚协议书,而是宋先生处理与其他女性纠纷而出具的,但没有提供证据佐证,被告所述也与常理相悖。

　　由上可以确认,该遗嘱是被继承人宋先生出具的,是其真实意思表示,应为合法有效,现被继承人宋先生已过世,原告金女士以该遗嘱作为依据,主张该房屋由被继承人宋先生遗赠给她,归她所有,符合法律规定。

> ✓ 结案
>
> 法院采纳了我方的观点,判决支持了原告金女士的诉讼请求。

12 再婚夫妻　再生诉讼

　　范先生和姜女士虽说是再婚夫妻,但两人的感情那是真的好,相濡以沫这么多年,连脸都没有红过一次。范先生和前妻离婚时,没有生育子女;同样,姜女士和前夫离婚时,也没有生育子女。两人再婚时,姜女士的身体已不适合生育,这样夫妻俩并没有自己的亲生子女,但这丝毫没有影响他们的感情。结婚多年后,为了看病方便,两人拿着共同攒的积蓄,买了一套离医院比较近的二手房。当时手续都是姜女士去办的,产权就登记在了姜女士一人名下。范先生对产权登记在姜女士名下，根本没有当一回事。装修好后，他们便搬进去住了。虽说是二手房，但装修时，两人花了很多的时间和精力，周围亲朋好友来祝贺他们乔迁之喜时，都对这套房屋赞不绝口。他们则在这套房屋里继续着令人羡慕的幸福生活。但天有不测风云，去年，姜女士体检时被查出来身体出了状况，进一步检查后，确诊是体内长了恶性肿瘤。经过近一年的治疗，最终姜女士因病医治无效而过世。姜女士的母亲早在多年前就过世了，她父亲身体一直不好，卧病在床，姜女士离世不久后，父亲也因病过世了。姜女士和父亲生前都没有留遗嘱。

办理了姜女士的丧事后，姜女士的兄弟姐妹和范先生提出要继承姜女士的遗产。范先生经过咨询律师，也明白由于姜女士早于其父亲过世，因此姜女士的父亲有权继承姜女士的遗产，范先生也愿意将登记在姜女士名下的房屋折现给她的兄弟姐妹一些钱。可姜女士的兄弟姐妹认为，这套房屋是用姜女士婚前的存款购买的，而且登记在姜女士一人名下，是姜女士的个人财产，所以这套房屋全部都是姜女士的遗产，而不是只有一半。几次协商未果，范先生只得将姜女士的兄弟姐妹告上法庭，要求依法继承姜女士的遗产。

《继承法》规定，夫妻在婚姻关系存续期间所得的共同所有的财产，除有约定的以外，如果分割遗产，应当先将共同所有的财产的一半分出为配偶所有，其余的为被继承人的遗产。因此这套房屋虽然登记在姜女士一人名下，但是在两人婚姻关系存续期间，用夫妻两人共同所有的存款购买，因此属于夫妻共同财产，在分割遗产时，应当先将这套房屋的一半分归范先生所有，剩余的一半才为姜女士的遗产。

最终本案在法院的支持下，双方达成了调解协议，这套房屋归范先生所有，由范先生给付姜女士兄弟姐妹相应的房屋折价款。

13 丈夫走了，我有权继承

郭女士的第一段婚姻是不幸的。她和前夫在一起十多年，为了这个家任劳任怨，没想到自己的付出，并没有换来前夫的真心对待。反而因为家里条件好了，前夫在外面花天酒地，还找了别的女人。要不是那个女人找上门来，郭女士对前夫在外面的事都不知道。本来郭女士还试图挽回，没想到有错的前夫反而坚持要离婚。就这样，郭女士与前夫离了婚。离婚后的郭女士自己带着女儿，离开了家乡那个伤心地，来到上海，找了一份工作。打工期间，郭女士与秦先生相识，两人彼此间都有好感。接触了一段时间后，秦先生才向郭女士坦白自己年轻时不懂事，为了兄弟义气曾坐过牢，也结过婚，而且因为坐牢，妻子和他离婚了。郭女士认为这些都是过去的事了，只要秦先生以后对她好，对女儿好，就行了。

如此，两个离异的人走到了一起，领了结婚证。婚后的生活平淡而幸福，两人工作日都在外面打工，休息时，一起逛逛超市，买买菜都让他们觉得开心。

可好日子没过多久，秦先生就觉得身体不适，郭女士陪他去医院检查，后经医生诊断为体内有恶性肿瘤。秦先生生病住院期间，郭女士为了照顾他，从公司辞职，日日夜夜陪在秦先生身边。最终，秦先生还是因病医治无效过世了。

办理完秦先生的丧事后，秦先生的父母就让郭女士和女儿离开她和秦先生居住的家。原来这套房屋是售后公房，是秦先生与郭女士婚前就有的房子，产权登记在秦先生和他父亲名下。秦先生生病时，曾和父母说过，让郭女士和女儿一直住在这套房子里，但他父母当时没有表态,就说让秦先生安心养病,让他放心。如今人走了,秦先生的父母就提出来要处理秦先生的遗产。

由于秦先生生病后,家里所有的积蓄都拿来给他看病,郭女士也辞了职,家中最值钱的就是这套房子。秦先生的父母提出,这套房子是分给他们两个老人的,购房款也是由他们出的,之所以秦先生也登记为产权人之一,是想着他能给父母养老送终,现在他走了,不可能再赡养父母了,所以房子自然也没有他份。

郭女士找到我们后,我们根据她的陈述,展开了调查,并撰写了起诉状等。庭审中,我们提出,根据调查的材料可以看出,登记在秦先生和其父亲名下的房屋是拆迁安置房,秦先生也是安置对象;其父母所谓的将秦先生登记为产权人,为附义务的赠与,是不成立的,且没有法律和事实依据。郭女士作为秦先生的配偶,在秦先生没有留遗嘱的情况下,有权按法定继承继承其遗产。

最终秦先生的父母和郭女士达成了调解协议,房屋归秦先生的父母所有,他们按比例给付郭女士其应继承份额的相应的折价款。

14 登记在丈夫名下房屋的继承

要说伍阿姨也是人生坎坷,年轻时因身患疾病不能生育,加上吃药的原因,看上去要比实际年龄大不少,一直也没有结婚。等到她四十多岁时,才经人介绍嫁给了丧偶的老梁。此时,老梁的两个儿子还在读书,一个女儿刚工作不久,伍阿姨自己没有孩子,就把老梁的三个子女当自己的孩子一样对待,有什么好的,都留给他们,这样她与老梁的三个子女关系处得还不错。老梁对她也很好,不嫌弃她的长相,还让她感受到了丈夫的关爱,伍阿姨对这段婚姻很知足，很满意，常常暗自庆幸自己能有如此的家庭生活。

伍阿姨和老梁生活了三十多年，前年老梁因病过世。在老梁住院时，刚开始伍阿姨还能照顾他，后来伍阿姨自己也累病了，主要由三个子女轮流在照料老梁。同时，他们抽空还要照顾伍阿姨，这让伍阿姨心里暖暖的。

最终，老梁还是医治无效，走了。等老梁落葬后，老梁的三个子女来看伍阿姨时，就提到了老梁遗产的事。他们拿出了老梁生前立的遗嘱，内容是老梁名下的财产由三个子女平分。对于老梁的遗产，他们认为其中一套父亲老梁和伍阿姨婚后在郊区买的商品房，因为伍阿姨单位不好，退休工资很低，只够伍阿姨平时生活、看病，所以这套房子的钱全部是父亲老梁出的，算是父亲老梁的遗产；另一套房子是他们的亲生母亲还在世时，父亲老梁的单位分给他们夫妻俩的，这套房子也是登记在老梁名下，是老梁的个人财产，与伍阿姨无关。另外，出于人道主义的考虑，他们同意伍阿姨住在现在的房子里直到百年。对此，伍阿姨当然不同意，两套房子都是婚后买的，她当然有份，就算老梁立了遗嘱，也不能说两套房子全都是老梁的。这次协商后不久，老梁的三个子女将伍阿姨告上法庭，要求继承两套房子。

我们作为伍阿姨的代理人，在庭审中提出，依据《婚姻法》及相关司法解释的规定，两套房屋中一套商品房是在两人结婚二十多年后用夫妻共同财产购买的，虽登记在老梁名下，且老梁的收入高于伍阿姨，但不能以此来否认伍阿姨对该房屋所享有的权利；另一套房屋是售后公房，虽是婚前老梁承租的，但婚后用夫妻共同财产购买为产权房，也属于他们夫妻两人的共同财产。庭审中，我们提供了当初购房时的相关凭证等。同时我们还提出，希望法院能考虑到伍阿姨对这个家庭的付出，以及本人年老体弱，孤苦无后，且身患多种疾病的现状，对遗产进行继承分割。

最终，在法院的主持下，伍阿姨与老梁的三个子女达成了调解协议，伍阿姨取得了她现在住的市区的那套售后公房。

15 丈夫走后订协议　公公反悔来诉讼

宋女士和丈夫是大学同学，校园恋情是最纯洁的，毕业后，两人在同一个城市工作，结婚是水到渠成的事。婚后第二年，他们就有了爱情的结晶，一个可爱的女儿。可是，原来一家人和和美美的幸福生活，却因丈夫生病的事一去不复返。丈夫早就觉得身体不舒服，经宋女士多次催促后，才不情愿地去看了医生，然而一查出来就是癌症晚期了，没过几个月，丈夫就因病过世。

丈夫走后，最悲痛的人除了宋女士和女儿外，就是宋女士的公公了。宋女士的婆婆早年间过世，公公最疼爱这个小儿子，也就是宋女士的丈夫。白发人送黑发人，公公几天都待在家里不出门。

人死不能复生，宋女士只能强忍悲痛为丈夫办理身后事。吃完豆腐饭后，宋女士和公公商量起了如何处理丈夫遗产的事。宋女士和丈夫都是工薪阶层，所有的积蓄都用在了丈夫治病上，存款也所剩无几。丈夫的遗产主要就是家里的房子。这套房屋是婚后夫妻俩一起买的，产权登记在丈夫名下。当时，公公就提出来，关于房子，他继承的份额，送给小孙女。为此，公公和宋女士还写了一份协议，写明房子中由公公继承的份额，赠送给小孙女，其他保险等钱款，公公也只要10%即可。宋女士的丈夫还有一个妹妹，也在协议上签订了名字，她还特意加了一句话，她本人放弃继承。公公和宋女士也都在协议上签了字。

还没等宋女士去办理产权变更手续，公公就将她和女儿告上了法庭,要求法院依法继承并分割儿子所留遗产。

宋女士和女儿拿着收到的起诉材料找到我们。作为她们的代理人,我们将之前写好的协议作为证据提交给了法院。庭审中,我们提出,因被继承人宋女士的丈夫生前未留有遗嘱,也没有遗赠扶养协议,故对于其所遗房产应按法定继承。夫妻在婚姻关系存续期间所得的共同所有的财产,除有约定的以外,如果分割遗产,应当先将共同所有的财产的一半分出为配偶所有,其余的为被继承人的遗产。该房屋虽然产权登记在丈夫一人名下,但属于夫妻共同财产,本身就应分出一半归宋女士所有,另一半才为丈夫的遗产。对于遗产的处理,双方曾达成过一致意见,公公明为赠与,实为对继承丈夫遗产的放弃。

最终本案在法院的主持下,宋女士及女儿与公公达成了调解协议,这套房屋由公公享有10%的产权,宋女士享有60%的产权份额,宋女士的女儿享有30%的产权,双方应在期限前配合办理产权变更登记手续,房屋由产权人丈夫变更为宋女士及女儿与公公按份共有。

16 当继承遇到重男轻女的父亲

人家都说,女儿是父亲前世的小情人,父亲总是最疼爱女儿的,但陈女士和父亲的关系却不尽如人意。父亲重男轻女,母亲生了陈女士后,因身体原因不能再怀孕,父亲对此一直耿耿于怀。要说父亲有什么不对的地方也没有,他为了这个家付出不少,将陈女士抚养成人,但他们父女之间总像是缺点什么。母亲在时还好一些,在父女俩之间充当润滑剂的作用。十多年前,母亲过世后,她和父亲就渐行渐远。其实在母亲走后的一段时间,陈女士怕父亲孤单，经常去看望父亲，带父亲出去吃饭、旅游。父亲刚开始还愿意和陈女士出去，但后来父亲几次拒绝后，陈女士也觉得没意思。这样发展下去，陈女士就每个月来看父亲一次，带一点吃的、用的给父亲。一次，陈女士偶然发现家里有女性居住的痕迹。她就直接问了父亲，父亲的回答让她大吃一惊，原来父亲竟然有了女朋友，而且两人已经决定要结婚了。

陈女士心里很不是滋味，这离母亲过世还不到一年，父亲就有了新欢，她真的不能接受。父亲再婚请亲戚朋友吃了个饭，陈女士也没有出席。在这之后，陈女士就只有逢年过节才去看父亲，就算去了父亲家，她也最多待个十分钟就走了。

母亲生前，陈女士和父母一起出首付买了一套商品房，产权登记在母亲和陈女士两人名下，剩余房款是以陈女士为主贷人向银行办理贷款支付的，每个月都是陈女士来还贷。本来想着这套房子是陈女士和父母一起住，这样也方便照顾。但母亲走了，父亲再婚了，这套房子就一直由陈女士居住。

由于这套房屋产权登记在母亲和陈女士两人名下，陈女士办理事情时总有一些不方便，加上父亲年事已高，以后说不定会有什么事，因此陈女士就想把这套房屋的产权拿回来，省得将来麻烦。于是陈女士便去和父亲谈，继承母亲遗产份额的事，她希望这套房屋归她所有，属于父亲的份额，以及父亲继承母亲的遗产份额折现后，以现金的方式给父亲。但父亲不同意，提出他的名字也要上产权证。陈女士觉得这不是父亲的主意，而是继母教唆的。

无奈之下，陈女士找到我们，作为她的代理人，我们根据案件情况调查收集了证据材料，并撰写了起诉状，将陈女士的父亲告上法庭，要求依法析产、继承母亲所有的产权份额，确认房屋归陈女士所有，由陈女士给付父亲相应的折价款。

庭审中，我们提出这套房屋产权登记为陈女士和母亲共同共有，在共同共有关系终止时，对共有财产的分割，有协议的，按协议处理；没有协议的，应当根据等分原则处理，并且考虑共有人对共有财产的贡献大小，适当照顾共有人生产、生活的实际需要等情况。因陈女士对该房屋的贡献更大，故在分割共有房屋时，其应得的份额应大于母亲。另外，对母亲遗产的继承，母亲生病期间，都是陈女士一个人在照顾，依据《继承法》的规定，陈女士可以多分。

最终本案在法院主持下，父女两人达成调解协议，这套房屋归陈女士所有，陈女士在期限前支付父亲这套房屋一定金额的折价款。

17 我爸走了，小三的孩子要来继承

时先生

从我记事起，我爸就在上海打工、挣钱，我和我妈，还有爷爷奶奶一直住在乡下。小的时候，家里穷，我最高兴的事就是我爸从上海回来给我带礼物，虽然他一年也回来不了几次，但那几天我是最开心的。后来，慢慢地我爸在上海发展得好了，有了点钱，先是把乡下的房子造了起来，后来又在我们那个地方的城里买了房子，在上海也买了房子。我爸在上海是和别人一起开厂的，自己也有公司，我大学毕业后就留在了上海，在我爸的一个公司工作。我爸也给我买了一套房子，我就和我爸分开住，因为我爸工作忙，我自己也忙，所以和我爸并不是整天在一起。这期间，我偶然间听到别人说我爸和他的一个下属怎么怎么样。于是，我就问我爸，我爸说，这是别人瞎说的，他和我妈那么多年了，最苦的日子都走过来了，不会对不起我妈的。我看我爸说得很诚恳，想着是别人胡说的，也就没有太在意。去年我爸查出来胰腺癌晚期，没几个月，我爸就走了。由于病发得快，我们当时一心想着怎么给我爸治病的事，也就没有想其他方面，总是觉得我爸还年轻，不能这么早就走了，所以到处寻医问药，其他什么都没有做，也没想着让我爸写个遗嘱。在办理完我爸的丧事后，我爸的那个下属突然找到我们，说她怀了我爸的孩子，这个我爸是知道的，之前我爸在的时候，还陪她一起去过医院的。她说她没什么，但孩子出生、抚养都要钱，这个孩子也有权继承我爸的遗产，所以要我们家里出钱。我和我妈当时就傻了，没想到还会有这种事。后来，还是我姑姑出面解决了这个事，给了这个女的120万，这个事就此打住了。其实，我和我妈都觉得她胡说，我爸不可能和她有孩子的。可我姑姑说，我爸都走了，死无对证，事了了就算了，搞大反而烦。我觉得，我姑姑可能知道点什么，只是不说而已。我怕我妈伤心，也就没有深究。当时，我姑姑给那个女人钱的时候，还写了张协议，让那个女的签字，内容就是把我爸的遗产分了一下。本来我和我妈，还有我爷爷奶奶都没什么意见，他们都同意我爸的遗产包括钱、房子和公司的股份由我一个人继承。这个协议里也写了由我继承房子、公司以及一部分钱的事，里面特别说明的就是那个女的说她怀了我爸的孩子，因此这个未出生的孩子可以分得现金120万元，除此之外的财产和权利，她和孩子都放弃，协议签字后生效，任何一方均不得反悔。在这个协议上，我爷爷、奶奶、我和我妈也签了字，我姑姑作为见证也签了字。之后，我姑姑就通过银行转账给了那个女的120万元。我们以为这个事情就这样结束了。可没有想到，这个女的前段时间又来了。她说签这个协议的时候，她受骗了，我爸的财产远远不止协议上写的那一点，要让我们再给她100万，否则就打官司。而且，她还说她儿子也生出来了，现在小孩子就可以和我们打官司撤销原来签的协议，要求继承我爸的遗产。请问律师，这个女的说要求撤销原来签订的协议,有法律依据吗?她和我爸没有结婚,她生的孩子有权继承我爸的遗产吗?

律师解答

这一切的前提都是建立在这位女士所生育的孩子是你父亲的亲生子女的基础上。如果这位女士以孩子的名义提起诉讼,你可以依法申请相关的司法鉴定,以明确这个孩子是否是你父亲的亲生子女。由于你父亲已过世,因此应该无法直接进行亲子关系的鉴定。但你可以和这个孩子作同父异母兄弟姐妹关系的鉴定。

如果经过司法鉴定,能够证明这个小孩与你符合作为同父兄弟姐妹的遗传基因条件,那么就是说他是你父亲的亲生子女,他作为非婚生子女享有与婚生子女同等的权利,任何人不得加以危害和歧视。如果按法定继承,这个孩子和你同为你父亲的子女,可以依法继承你父亲的遗产。

关于你提到的协议,要看该协议的具体内容、你父亲的遗产和签订的情况等。如果在签订该协议时,这位女士作为你父亲的员工,对于你父亲的遗产清楚的,且孩子作为你父亲的子女所继承的遗产与其取得的120万元现金是相当的,那么,这份协议即为各方就被继承人你父亲的遗产分配作出的约定;其中,这位女士作为其孩子的法定监护人明确确认继承你父亲的遗产120万元,并表示除此之外的财产和权利都放弃权利。在该协议上你父亲的法定继承人都签字确认了,故这位女士在该协议中作出的放弃意思表示具有法律约束力,且事后她按照该协议内容,取得120万元的遗产份额,应视作其对之前所作的放弃权利之表示的再次确认,不得随意反悔。

但如果父亲的遗产金额巨大,这个孩子应继承的份额远大于120万元的。那么就存在这位女士所签订的协议侵害了孩子的合法权益,这份协议的效力就存在问题了。

18 车祸中丧生的老公和婆婆的遗产继承

朱女士

我和老公是在 2015 年结婚的，感情很好，但是在 2017 年 10 月，我老公和我婆婆不幸在一场车祸中双双离世。料理完他俩的后事之后，我和我公公在财产分配上起了争执。我先生的遗产是婚前有房屋一套，我们共同购置的汽车一辆；我婆婆的遗产是二老共同购置的房屋一套，产证登记为公公一人。我公公说他年老丧妻丧子，身体已经丧失了劳动能力且体弱多病，他要求多分遗产。请问律师，我老公和婆婆留下的这些遗产，究竟该怎么分配？

律师解答

《最高人民法院关于贯彻执行〈中华人民共和国继承法〉若干问题的意见》规定，相互有继承关系的几个人在同一事件中死亡，如不能确定死亡先后时间的，推定没有继承人的人先死亡。死亡人各自都有继承人的，如几个死亡人辈分不同，推定长辈先死亡；几个死亡人辈分相同，推定同时死亡，彼此不发生继承，由他们各自的继承人分别继承。由于你婆婆和丈夫是相互有继承关系的，他们是在同一车祸中死亡，如果能确定死亡先后时间，则按两人的死亡时间来确认如何继承。如果不能确定死亡时间，且两人辈分不同，都是有继承人的，推定是长辈即你婆婆先死亡，你丈夫后死亡。对于他们两人的遗产，继承开始后，按照法定继承办理；有遗嘱的，按照遗嘱继承或者遗赠办理；有遗赠扶养协议的，按照协议办理。

这里我们按法定继承来分析一下。对于你婆婆的遗产，即你提到的登记在你公公名下的产权房。该房屋是你公公、婆婆婚姻关系存续期间,用夫妻共同财产购买的,虽然产权登记在你公公一人名下,但属于你公公、婆婆的夫妻共同财产。夫妻在婚姻关系存续期间所得的共同所有的财产,除有约定的以外,如果分割遗产,应当先将共同所有的财产的一半分出为配偶所有,其余的为被继承人的遗产。即该房屋中的一半产权份额为你婆婆的遗产。如果你婆婆的父母早于你婆婆过世,即你婆婆的第一顺序继承人为你公公和你丈夫。在不考虑其他特殊情况的前提下,两人可各继承房屋四分之一产权份额。

对于你丈夫的遗产,除了其继承母亲的四分之一产权份额外,其婚前所有的房屋也属于他的遗产。对于你们婚后共同购置的车辆,一半价值应属于你丈夫的遗产。对你丈夫遗产的继承,按法定继承,你公公和你是第一顺序法定继承人,由你们两人依法继承。

《继承法》有规定,同一顺序继承人继承遗产的份额,一般应当均等。对生活有特殊困难的缺乏劳动能力的继承人,分配遗产时,应当予以照顾。对被继承人尽了主要扶养义务或者与被继承人共同生活的继承人,分配遗产时,可以多分。所以如果说你公公体弱多病、没有生活来源、丧失劳动能力等等,在这种情况下,你公公可以提出适当地多分。

19 男方欲将与前妻共有的房产留给再婚妻子,现其女儿不配合,该怎么操作

谢女士

我是 2000 年结婚的,在上海住的这套房子产权是我老公和前

妻的。他前妻已经过世,他们有一个女儿是美籍华人,我老公也是美籍华人。前妻有爸爸在世,九十多岁。现在老公要写遗嘱,想把他的房子给我,因为涉及继承问题,他女儿目前不配合,我应该怎么办?怎样才能完成遗嘱?

律师解答

《继承法》规定,夫妻在婚姻关系存续期间所得的共同所有的财产,除有约定的以外,如果分割遗产,应当先将共同所有的财产的一半分出为配偶所有,其余的为被继承人的遗产。你提到的房屋登记在你丈夫和他前妻名下,在他前妻过世后,其中一半的产权份额应归你丈夫所有,另一半为他前妻的遗产。

对于你丈夫前妻遗产的继承,继承开始后,按照法定继承办理;有遗嘱的,按照遗嘱继承或者遗赠办理;有遗赠扶养协议的,按照协议办理。若按法定继承,你丈夫前妻的父亲、女儿和你丈夫为她的第一顺序法定继承人。

公民可以依照本法规定,订立遗嘱处分个人财产,并可以指定遗嘱执行人。公民可以立遗嘱将个人财产指定由法定继承人的一人或者数人继承。目前这种情况,我建议你丈夫可以对其前妻的遗产依法进行继承,并订立合法有效的遗嘱处分属于他的个人财产。

20 能干的老婆走了,留下的商铺份额怎么能拿回来

熊先生

我家里是我老婆能干,我的工作是一般性的。我老婆原来和我一个单位,单位说,家里夫妻两个都在岗的,要有一个下岗,

我老婆为了保住我的饭碗就自愿下岗了。她下岗后，先是在别人的店里打工，后来自己和几个同事出来成立了个公司，每天忙得不得了，也很辛苦，早出晚归，样样事都要操心。刚开始公司的效益还可以，后来整个市场都不好了，我老婆就不想做了，想把公司的股份转给别人。刚好，这时候有个机会，就是他们公司的生意伙伴有套商铺要卖，当时价格是80万。现在80万不算什么，可在那个时候80万是个大价钱，我们家里是拿不出这么多钱的。于是我老婆还有她的几个同事，一共九个人凑钱买下了这个商铺。

那时候，我听我老婆说产权证上写九个人的名字的话，签合同、办产权证什么的都很麻烦的，最后他们商量下来，就写了其中两个人的名字，也有个制约，名字没有放在产权证上的人，就由那两个产权证上有名字的人给他们写个产权证明，上面有这两个的亲笔签名。我们九个人出的钱都是一样的，我们家里也有一份产权证上的人给我们写的产权证明。这个产权证明上写得很清楚，房屋由九人共同共有，未经共有人同意的，任何一方不得擅自出售，而且每一份产权证明即表明持有人享有九分之一的产权份额。当时，我们家里的钱都投到公司里了，也没有那么多钱，所以刚好就等于是我老婆退出公司的股份，当初入股公司全部的资金转为对商铺的投资款。为此公司还让我老婆写了一份声明。但他们公司也一直没有通知我老婆去办理退股的手续，工商登记里我老婆还是股东。我们也没想那么多，公司没让去办就没有去办。这套商铺买好后，就一直是出租的，每半年就分一次租金，当然我们也有一份，钱都是直接给我老婆的，我也不怎么管的。这个公司退股了以后，原来我老婆的一个客户就让我老婆去他们公司作总经理，我老婆就又开始忙了。去年，我老婆突然就变的很瘦，胃口也不怎么好，我让她去医院，她不去，最后是我强拉她去检查的，结果就发现是癌症了。当时我就傻掉了，现在说也不怕别人笑话，其实老婆才是我的支柱，我怎么也想不到她会得这个病。经过半年的治疗，我老婆还是走了，我连死的心都有，可我们还有一个儿子，我不能不管的。办完我老婆的丧事后，我就回到了原来上班下班的日子，但回到家已经不会再看到我老婆了，我和我老婆原来的朋友也没什么联系了。前段时间，我偶然碰到原来和我老婆买商铺的一个同事的老婆，她就问我钱拿到了没有。我就问什么意思，她说我们一起买的商铺已经卖掉了，你没拿到钱？我再问她，她看我什么也不知道，就不再说什么了。看她一副欲言又止的样子，我也不再问她了，直接去问了登记的那两个产权人，刚好他们都在一起。他们倒是也没有否认把商铺卖了的事，只是和我说当初说好是退了股才算一起买商铺的，到现在我老婆还没有退股，所以商铺没有我老婆的份，我老婆也不是产权人，想要分钱没门。请问律师，他们说的有道理吗？我手里的产权证明有用么？我老婆也走了，我到底该怎么办呢？

律师解答

《物权法》虽然规定，不动产权属证书是权利人享有该不动产物权的证明。但《物权法》及司法解释也规定，当事人之间订立有关设立、变更、转让和消灭不动产物权的合同，除法律另有规定或者合同另有约定外，自合同成立时生效；未办理物权登记的，不影响合同效力。当事人有证据证明不动产登记簿的记载与真实权利状态不符、其为该不动产物权的真实权利人，请求确认其享有物权的，应予支持。

你手中的产权证明可以证明你妻子对该商铺是享有相应的权利的，而且之前你妻子也按此产权份额享有租金收益。至于登记产权人所称的因为你妻子未办理股东变更登记手续，而致其无法享有商铺的权益，除非他们有证据证明享有商铺权益的前提条件为办理股东变更手续，否则这个主张是没有事实和法律依据的。从实际情况来看，你的妻子已退股完成，退出公司经营管理等，只不过未办理股东变更登记手续，因此不能以未办理股东变更登记，而认定你妻子不享有商铺的权益。

鉴于你妻子已过世，如果你妻子生前未留遗嘱或遗赠抚养协议，按法定继承，你妻子的父母、你以及你们的儿子作为你妻子的法定继承人可以将两个产权人告上法庭，要求他们支付相应的售房款。

21 再婚后买房，若一方先过世，房产该如何分

苏先生

我和我老婆都是再婚，婚后买了一套产权房，产权证上的名字是我们两个人。我老婆有一个儿子，我有一个女儿。她儿子结婚时我们帮他买了一套产权房，首付是我们的，结果两年不到，他们离婚了，房子让给了女方，还给了女方一笔钱。他现在在外地工作，每逢过年、过节都要住在我们家里。我女儿也不在上海，是在国外生活。请问律师，我和我老婆万一哪方先去世，房子是否一人一半？

律师解答

你们这对再婚夫妻在婚姻关系存续期间，用夫妻共同财产购买的房屋，产权登记在两个人名下，应为夫妻共同财产。若你们一方先过世，如果分割遗产，应当先将共同所有的房屋的一半分出为配偶所有，其余的为被继承人的遗产。继承开始后，按照法定继承办理；有遗嘱的，按照遗嘱继承或者遗赠办理；有遗赠扶养协议的，按照协议办理。如果按法定继承，就要看你们两人的子女在你们结婚时是否是未成年，是否形成抚养关系。如果你们

再婚时，子女未成年，形成扶养关系的，则过世一方的遗产，应由配偶、子女（包括有扶养关系的继子女）和过世一方的父母（在世）继承。如果你们再婚时，子女均已成年的，则过世一方的遗产，应由配偶、自己的子女和过世一方的父母（在世）继承。

22 老人留下遗嘱，将遗产均分给子女及保姆，遗产能否顺利继承

季女士

　　我做保姆好多年了，前几年，我一直照顾一个姓李的老人。说起这个老人，我觉得他蛮可怜的。我本来是他女儿请来帮他烧饭的钟点工。有时候，他吃得少，我有时间了，就帮他打扫一下卫生什么的。后来我们熟悉了，有时他的子女们有事，都是我陪着去医院的。我照顾他的时候，他和他老伴是分居的，他一个人在外面借房子。他和我说，他老伴对他不好，经常欺负他，他实在受不了，就跑出来了。本来他是住在儿子家里的，可是不习惯，就出来自己租房子住。在他走之前的一两年时间，他老伴和他打官司，要离婚，还要分房子什么的。具体我不是很清楚。但我听老人说过，房子他要来也没有用，就归他老伴，他老伴给他钱。他有一次开玩笑说，他一辈子的收入都在老伴那里，老了离婚了才有点钱，法院判老伴会给他一百多万呢。我也没当真。过了几天，他突然心脏不舒服，刚好我在，赶紧送医院，医生说晚送来一点就不行了。那次回到家后，他就说他要立个遗嘱，写好后，他还给我看了。内容是：因为他自己身体不大好，怕一下子走了，就立个遗嘱，全部都是他自己写的；他所有的财产分五份，四个子女每个人一份，留一份给我，感谢我对他这些年的悉心照顾。

我现在想来这个老人可能是有预感的。立好遗嘱没多久，他就走了，走得特别突然。他立遗嘱的时候就和我说了他把遗嘱放在哪里。后来帮着办丧事时，我找到了他写的遗嘱，还找到了他的离婚判决书。上面写到法院判决他前妻要给他150万。就我所知，这个钱老人还没有拿到。遗嘱的事，我当天就和他的子女们说了，说我要继承老人的遗产，他们说回去商量。我不太放心，怕他们不同意。就想来问问，这个事情我该怎么办？如果打官司，我能得到法院判的150万的五分之一，也就是30万吗？

律师解答

你提到的这位李老伯在生前与妻子长期分居，之后离婚诉讼时，法院判决他们夫妻共有房屋归妻子所有，由妻子给付他150万元的房屋折价款。即使这笔房屋折价款在李老伯有生之后并未给付，但不代表这笔钱款就不存在，对于李老伯而言这是属于他的履行标的为财物的债权，是可以继承的合法财产。

继承开始后，按照法定继承办理；有遗嘱的，按照遗嘱继承或者遗赠办理；有遗赠扶养协议的，按照协议办理。自书遗嘱由遗嘱人亲笔书写，签名，注明年、月、日。如果李老伯在生前所立的遗嘱符合法律规定的自书遗嘱的形式要件，即为合法有效。对于李老伯的遗产可按该遗嘱办理。即由李老伯的四位子女和你五人平均继承，每人五分之一。

要注意的是，《继承法》规定，遗产按照下列顺序继承：第一顺序：配偶、子女、父母。第二顺序：兄弟姐妹、祖父母、外祖父母。即被继承人的法定继承人分为第一顺序继承人配偶、子女、父母和第二顺序继承人兄弟姐妹、祖父母、外祖父母。除上述法定继承人以外的人员均不属于法定继承人。因此你并不是李老伯法定继承人，应为受遗赠人。《继承法》还规定，受遗赠人应当在知道受遗赠后两个月内，作出接受或者放弃受遗赠的表示。到期没有表示的，视为放弃受遗赠。所以，你一定要在李老伯死亡后两个月内作出接受的意思表示，否则就视为你放弃接受李老伯对你的遗赠。

23 故意杀害妻子，还想要继承房产

佟先生

　　我是帮我一个远房表弟来问的。他妈妈和他爸爸在他小的时候就离婚了，他跟着爸爸的。后来，他妈妈又再婚，又离婚，又再婚。按他爸的话说，他妈妈不管他的，如果爸爸也和妈妈一样不要他，他就没人养了。但听我表弟说，他妈妈其实对他很好，经常瞒着他爸爸到学校看他，给他买吃的、用的。他不敢拿回家，好多都放在同学家里。他爸爸一直在他跟前说他妈妈这不好，那不好，可他妈妈从来没有说过他爸的坏话，总是和他说，要听爸爸的话。至于他们为什么离婚，我表弟不知道，他爸妈从来没有和他说过。我听别的亲戚倒是说起过，说是因为我这个表阿姨脾气不好，两人经常吵架，有一次两人吵得凶了，她公公婆婆来劝，她推了一下，把她公公推得下不了床，没多久，两人就离婚了。后来，我这个表阿姨再婚了，但她还是会抽空来看我表弟，还陪他出去玩什么的。其实我觉得这个表阿姨蛮苦的，再之后找的老公，也不怎么样，还不如前夫，也就是我表弟的爸爸。按其他亲戚的说法，我这个表阿姨一辈子吃亏在脾气不好，爱生气，爱吵架，是刀子嘴豆腐心，可能就这一点害了她。据说有一次她和她丈夫吵架，这个丈夫脾气也不好，结果吵到最后，她丈夫用刀把她捅死了。后来这男的也被抓了，判了故意杀人罪，判刑坐牢了。我这个表阿姨生前有一套房子，是她在那次结婚前就买好的，产

权证上就她一个人的名字，结婚的时候还有一些贷款没有还，领了结婚证一年左右才全部还掉。我表阿姨的爸妈早就走了，现在她人也走了，我表弟作为她唯一的儿子应该可以继承她的房子；但是我表弟去交易中心改名字，工作人员说，他这个情况还要打官司，有了法院的判决才可以改名字的，或者要她丈夫同意，做了公证，才可以把名字改过来。我表弟就去找了她丈夫的家里人。他们家里人说，这个房子我表阿姨的丈夫也有份的，他也是继承人，而且他还和我表阿姨一起还贷的，也算有产权份额。我就想问一下，我表阿姨就是死在这个丈夫手里，他还有权继承我表阿姨的遗产吗？还有，一起还贷款不到一年，他就有产权份额了吗？

律师解答

《继承法》规定，继承人故意杀害被继承人的，丧失继承权。因此，你表阿姨的丈夫故意杀害被继承人你表阿姨的行为，符合《继承法》规定的丧失继承权的情形，可以认定她丈夫依法丧失对于你表阿姨遗产的继承权。因被继承人你表阿姨的父母均早于她死亡，你表弟作为她唯一的子女，故被继承人你表阿姨的遗产应当由你表弟一人继承。

你提到的房子，是你表阿姨再婚前购买，产权登记在你表阿姨一人名下，可以确认房屋归其一人所有。但她与丈夫两人结婚时，这套房屋的银行贷款还未还清，虽从结婚到贷款还清的期间不足一年，但这一期间的还贷应认定为夫妻共同还贷。如果诉讼，法院会在确认房屋归你表弟一人继承的情况下，根据婚姻存续期间还贷金额、参考房屋价值，并考虑你表阿姨的丈夫故意杀害被继承人的事实等因素，酌情确定一定金额的补偿款，由你表弟给付你表阿姨的丈夫。

24 丈夫去世，与前妻所生子女来继承

朱女士

我的老公因病去世，留下了一套我和他共同购置的房屋，产权登记在老公一人名下。我和老公是再婚的，他和前妻有两个儿子，大儿子跟他，小儿子跟母亲生活。离婚后，我老公再也没有见过小儿子。不是我老公不要见，是他前妻不让见。老公生病期间，这两个儿子对他不管不顾，不曾尽过孝道。现在人去世之后，他们两个却跑来争这套房子。我想问律师，他们两个是否有权继承这套房屋？

律师解答

父母与子女间的关系，不因父母离婚而消除。离婚后，子女无论由父或母直接抚养，仍是父母双方的子女。你丈夫的两个儿子，大儿子随你丈夫共同生活，小儿子随他的母亲共同生活，不论他们随谁共同生活，都是你丈夫的亲生儿子，属于《继承法》规定的第一顺序法定继承人，都有权利继承你丈夫的遗产。

《继承法》规定，同一顺序继承人继承遗产的份额，一般应当均等。对被继承人尽了主要扶养义务或者与被继承人共同生活的继承人，分配遗产时，可以多分。有扶养能力和有扶养条件的继承人，不尽扶养义务的，分配遗产时，应当不分或者少分。在对你丈夫的遗产进行继承时，因他的两个儿子并未尽到赡养义务，主要是你与丈夫共同生活，且对丈夫尽了主要扶养义务，你可以提出要求多分，而他的两个儿子可以少分。

另外，要强调的是，这套房屋虽然登记在你丈夫名下，但是

你们两人在婚姻关系存续期间用夫妻共同财产购买的,属于夫妻共同财产。其中有一半产权份额归你所有,另一半为你丈夫的遗产。

家族财富传承之法律护航

有关家庭财富传承的问题,大家一直以为这只是有钱人的话题,也就是只有财产高净值人士才会关心的。但随着时代的变迁,房价上涨,个人财富的积累加快、加大,家庭财富传承不再只是有钱人的烦恼,每个有一定资产的人都应该关注个人财富的传承,以达成家庭财富的积累和延续。

"道德传家,十代以上,耕读传家次之,诗书传家又次之,富贵传家,不过三代"。要打破"富不过三代"这个魔咒,在法律护佑下的财富规划必不可少。

财富传承目前最为常见的方式有信托和遗嘱(遗赠)。这里我们来分别谈一下。

01 家族信托之法律初识

要了解家族信托,首先要明白"信托"的概念。自 2001 年 10 月 1 日起施行的《中华人民共和国信托法》第二条规定,本法所称信托,是指委托人基于对受托人的信任,将其财产权委托给受托人,由受托人按委托人的意愿以自己的名义,为受益人的利益或者特定目的,进行管理或者处分的行为。

从上述规定可以看出,信托是一种特定的财产管理制度。不同于权利人对自己财产的自我管理,信托的独特之处在于是由他人进行财产管理,即由委托人将属于他所有的财产权委托给他人,由他人对财产进行有效的运用和处分。信托的前提是委托人与受托人之间的信任关系。这是很好理解的：如果委托人对受托人没有足够的信任，怎么可能把属于自己的财产交由受托人来管理呢？受托人要有足以让委托人信赖的条件，才能成就双方的信托关系。然而要注意的是，受托人管理财产是以其个人名义进行的，且将信托财产独立于委托人所有的其他财产而孤立存在。当然受托人在拥有权利的同时，也必须履行义务，承担责任，即他在对信托财产的管理等时，必须按照信托文件或者信托法律的规定，有一定的权利限制，并非可以为所欲为。也就是说，受托人虽然名义上对信托财产进行管理，但实质上，进行管理、运用或处分时，必须在一定的范围内，是有约束的；这个约束可以是信托文件，也可以是法律规定，也包括信托财产受益人的利益或者其他特定目的。

而家族信托，是将信托的内容进行了分类，是指个人或家族成员委托受托人（一般指信托机构、银行等）代为管理和处分家庭财产的财产管理方式，委托人和受益人均应为同一家族内部成员。

家族信托的设立，必须有确定的信托财产，并且该信托财产必须是委托人合法所有的财产。这个财产还包括合法的财产权利。如果这个财产目前不能取得，而是将来可能取得的，是不能作为信托财产的。这里的合法的财产权利，应包括无形的财产权利，比如商标专有权、专利权等具有经济价值的财产权利。

设立信托，应当采取书面形式。书面形式包括信托合同、遗嘱或者法律、行政法规规定的其他书面文件等。采取信托合同形式设立信托的，信托合同签订时，信托成立。采取其他书面形式设立信托的，受托人承诺信托时，信托成立。要强调的是设立信托，其书面文件应当载明下列事项：（一）信托目的；（二）委托人、受托人的姓名或者名称、住所；（三）受益人或者受益人范围；(四)信托财产的范围、种类及状况；(五)受益人取得信托利益的形式、方法。除前款所列事项外，可以载明信托期限、信托财产的管理方法、受托人的报酬、新受托人的选任方式、信托终止事由等事项。笔者个人认为针对不同的家族内部要求和特点，有关信托合同应为"私人定制"，量身定作，不应该是一些不能变更的格式合同，否则达不到家族信托的目的。

《信托法》还规定，设立信托，对于信托财产，有关法律、行政法规规定应当办理登记手续的，应当依法办理信托登记。未依照前款规定办理信托登记的，应当补办登记手续；不补办的，该信托不产生效力。这主要是针对不同类型的信托财产所作的规定，如果依据规定需要办理登记手续的，在设立信托之前，委托人就应了解相关规定，协同受托人一起办理相应的信托登记手续，以避免信托不产生效力的情况出现。

信托本身还有无效和可撤销的情形。对此《信托法》有明确的规定，信托当事人在进行信托事宜时，一定要做好事前的准备和了解工作，否则得不偿失。委托时有下列情形之一的，信托无效：(一)信托目的违反法律、行政法规或者损害社会公共利益；(二)信托财产不能确定；(三)委托人以非法财产或者本法规定不得设立信托的财产设立信托；(四)专以诉讼或者讨债为目的设立信托；(五)受益人或者受益人范围不能确定；(六)法律、行政法规规定的其他情形。

关于可撤销信托，《信托法》第十二条有明确规定：委托人设立信托损害其债权人利益的，债权人有权申请人民法院撤销该信托。人民法院依照前款规定撤销信托的，不影响善意受益人已经取得的信托利益。本条第一款规定的申请权，自债权人知道或者应当知道撤销原因之日起一年内不行使的，归于消灭。

如果在委托人在设立信托之前，债权人就对委托人有债权的，而委托人可能为了逃避债务承担，恶意设立信托，将自己的财产独立出来，使家族受益的同时，侵害了债权人的合法权益。为了保护当事人的合法利益，法律赋予了债权人之撤销该信托的权利。但要注意的是这个撤销权是有除斥期限的，即自债权人知道或者应当知道撤销原因之日起一年内不行使的，归于消灭。债权人知晓信托事宜后，应立即提起诉讼，以免权利归于消灭。

另外对于委托人、受托人的主体，从《信托法》的规定看，委托人应当是具有完全民事行为能力的自然人、法人或者依法成立的其他组织。受托人应当是具有完全民事行为能力的自然人、法人。法律、行政法规对受托人的条件另有规定的，从其规定。也就是说，我们自然人，只要具有完全民事行为能力，即可以作为委托人，委托受托人完成信托事宜。而关于受托人有个特别的规定，即法律、行政法规对受托人的条件另有规定的，从其规定。如受托人为经营信托业务的金融机构，即信托公司的，就由《信托公司管理办法》对其条件、经营范围、经营规则等作出约束性的规定。

家族信托的一个特点在于财产隔离。《信托法》规定，信托财产与委托人未设立信托的其他财产相区别。设立信托后，委托人死亡或者依法解散、被依法撤销、被宣告破产时，委托人是唯一受益人的，信托终止，信托财产作为其遗产或者清算财产；委托人不是唯一受益人的，信托存续，信托财产不作为其遗产或者清算财产；但作为共同受益人的委托人死亡或者依法解散、被依法撤销、被宣告破产时，其信托受益权作为其遗产或者清算财产。

信托财产在委托人设立信托之前，应归委托人所有的合法财产，在设立信托之后，信托财产则独立于委托人所有的其他财产。按家族信托的一般做法，受益人通常为委托人的子女等晚辈的，如果委托人过世，那么信托财产则不作为遗产，按信托合同的约定，收益归于受益人所有。

《信托法》规定，信托财产与属于受托人所有的财产（以下简称固有财产）相区别，不得归入受托人的固有财产或者成为固有财产的一部分。受托人死亡或者依法解散、被依法撤销、被宣告破产而终止，信托财产不属于其遗产或者清算财产。

同样，如果受托人是公司的，在受托人被宣告破产而终止时，信托财产独立于受托人所有的财产，当然不属于清算财产。

《信托法》还规定，除因下列情形之一外，对信托财产不得强制执行：（一）设立信托前债权人已对该信托财产享有优先受偿的权利，并依法行使该权利的；（二）受托人处理信托事务所产生债务，债权人要求清偿该债务的；（三）信托财产本身应担负的税款；（四）法律规定的其他情形。对于违反前款规定而强制执行信托财产，委托人、受托人或者受益人有权向人民法院提出异议。

由此可见，法院如果强制执行信托财产的，信托当事人均有权提出异议。但若属于上述四类情形的，法院则可以依法进行强制执行。

最后要说明的是，律师事务所开展家族信托法律业务，对比其他机构具有一定的法律和经验优势。律师事务所会综合委托人家族的经济特点、财产种类及分布，合并当事人的意愿，作出具有法律可行性且符合我国国情的家族信托框架方案。在方案履行时，各类书面法律文件的起草，相关信托财产的调查及转移登记手续的处理，律师事务所均可全程跟进，并完成。最重要的是，律师事务所尤为擅长处理相关民事、经济法律事务的处理，例如婚姻、析产、公司股权等事项的提前法律规划、事后法律补救等。

02 生前身后事处理之法律要点

国学大师季羡林先生仙逝已有多年，但其身后事在几年间从未脱离过公众的视野。季老独子季承、季老前秘书李玉洁、李玉洁干女儿王如等纷纷登场。各大媒体也对此展开了跟踪报道。

笔者从"中国裁判文书网"上查阅了季承与北京大学返还原物纠纷一审民事判决书。据报道，季羡林老先生2008年12月6日手书声明："原来保存在北大图书馆里的书籍文物只是保存而已，我从来没有说过全部捐赠。"季承因此认为，捐赠协议已被季羡林先生撤销。根据《合同法》第一百八十六条之规定，赠与人在赠与财产的权利转移之前可以撤销赠与。具有救灾、扶贫等社会公益、道德义务性质的赠与合同或者经过公证的赠与合同，不适用前款规定。依据上述规定，具有社会公益性质的赠与是不能撤销的，即便是赠与人本人也不能撤销。该案其中一个争议的焦点为季老的捐赠是否被撤销。而要认定这一焦点的前提是要看季老的捐赠是否属于公益捐赠。法院从如下几个方面对这个问题进行了深入的剖析。1. 从捐赠的目的来看，根据捐赠协议以及季老在捐赠仪式上的发言，季老向北京大学捐赠涉案物品的目的，是为了"对国家和学校都有利"，"送给国家，还给人民"。2. 从捐赠的对象，即受赠人的特点来看，接受赠与的北京大学，为专门的教学科研机构，接受的季羡林先生的捐赠物品既非归于某一个人使用，也非用于经营谋利，而完全是服务于社会公益，就此而言，北京大学应属于《公益事业捐赠法》第十条第一款、第三款所称的"公益性非营利的事业单位"。3. 从此次捐赠物品的属性看，本案所涉的捐赠物品皆为藏书、手稿、字画等具有较高科研价值和史料价值的物品。尽管其中部分物品本身即为文物从而具有收藏价值，还有部分是季老本人的物品，因季老作为文化名人，使得他的物品也具有收藏价值，更重要的是，北京大学已经在捐赠协议中承诺永久收藏，承诺不以任何名义转赠他人。所以，即便这些捐赠物品作为文物，而有商业价值，但也无法用于商业目的。法院从以上三点出发，结合捐赠目的、受赠人特点、捐赠标的物等因素进行综合判断，从而认定本案捐赠协议应属于公益性质的捐赠，即便是季羡林先生本人也不得撤销。

从这个判决的内容推开来看，涉及到个人财产生前处分和身后处理的问题。家族财产如何传承不可能仅是凭空臆想，而应需要一定的法律智慧。

作为有完全民事行为能力的自然人，如果希望名下的财产（包括财产权利）能一代传一代，延绵不绝，那么除了信托外，生前赠与，或订立遗嘱是不可或缺的。而赠与和遗嘱的订立需符合《合同法》《继承法》等规定，否则完全有可能成为"送出去的东西再也拿不回"，或遗嘱归于无效等。

先来说一下生前赠与。赠与合同是赠与人将自己的财产无偿给予受赠人，受赠人表示接受赠与的合同。赠与的前提条件是所赠与的财产为赠与人的个人财产。如对于夫妻共同财产的，配偶一方只能将属于自己的个人财产赠与给他人；如果为转移财产，恶意将夫妻共同财产赠与他人，那么配偶一方可以起诉至法院，认定赠与无效，追回属于他们的夫妻共同财产。

对于赠与是否可以撤销的问题，《合同法》中有相应的规定，赠与人在赠与财产的权利转移之前可以撤销赠与。具有救灾、扶贫等社会公益、道德义务性质的赠与合同或者经过公证的赠与合同，不适用前款规定。这也就是前面提到的判决中一审法院认定赠与不得撤销的原因，即赠与是具有社会公益性质，不适用在赠与财产的权利转移之前可以撤销赠与规定。

前面提到了在赠与财产的权利转移之前可以撤销赠与,那么如果赠与财产在权利转移之后,是否可以撤销赠与呢?《合同法》也有规定。受赠人有下列情形之一的,赠与人可以撤销赠与:(一)严重侵害赠与人或者赠与人的近亲属;(二)对赠与人有扶养义务而不履行;(三)不履行赠与合同约定的义务。赠与人的撤销权,自知道或者应当知道撤销原因之日起一年内行使。由此可见,赠与财产并不是百分百不可以拿回的,只要符合相应的法律规定就存在可以拿回的可能性。

赠与的财产依法需要办理登记等手续的,应当办理有关手续。这里要说明的是,有些财产是要办理登记手续的,如不动产,即房屋的赠与,不是说房屋送给你住,即赠与完成,赠与房屋的完成是以产权过户为标志的。

综上所述,涉及到家族成员间的赠与,则更要了解相关规定背后的深意,按自己的意愿订立既符合法律,又能维护自身权利的赠与合同是最为重要的。

再来谈一下有关遗嘱订立的事。遗嘱订立本身是对家庭财富传承最直接的表达,而且也是最为便捷的一种方式。但由于订立遗嘱的形式不规范等原因,导致无效的并不在少数。尤其是面对不动产、公司股权、有价证券等大额财产的继承问题,订立遗嘱就显得更为重要。

先要说一下遗嘱和遗赠的区别。公民可以立遗嘱将个人财产指定由法定继承人的一人或者数人继承。公民可以立遗嘱将个人财产赠给国家、集体或者法定继承人以外的人。其实不论是法律上的遗嘱还是遗赠,都可以遗嘱的形式来体现,只是说在法律上,立遗嘱是将个人财产确定由法定继承人来继承,而立遗嘱将个人财产确定由国家、集体或法定继承人之外的人来继承,即为遗赠。

关于祖父母、外祖父母立遗嘱将财产给孙子女、外孙子女是遗嘱还是遗赠,很容易引起混淆。因为孙子女、外孙子女与祖父母、外祖父母有很近的血缘关系,大家一般想当然地认为孙子女、外孙子女也应是祖父母、外祖父母的法定继承人之一,然而根据《继承法》第十条关于继承人范围及继承顺序的规定,孙子女、外孙子女并不在法定继承人之列,其继承祖父母或外祖母遗产的方式是代位继承或转继承。所以,祖父母、外祖父母通过遗嘱的形式将遗产留给孙子女、外孙子女,其性质仍属于遗赠,而不是遗嘱继承。根据《继承法》的规定,受遗赠人应当在知道受遗赠后两个月内,作出接受或者放弃接受遗赠的表示,到期没有表示的,视为放弃受遗赠。因此,当孙子女、外孙子女知晓祖父母、外祖父母留有遗嘱确定由其继承遗产的,应立即作出接受遗赠的表示,可以以诉讼的方式,也可以通过发书面函件等方式;若在知道受遗赠后两个月内没有表示的,从法律上则视为放弃受遗赠。

关于遗嘱的形式有如下几种:公证遗嘱由遗嘱人经公证机关办理;自书遗嘱由遗嘱人亲笔书写,签名,注明年、月、日;代书遗嘱应当有两个以上见证人在场见证,由其中一人代书,注明年、月、日,并由代书人、其他见证人和遗嘱人签名;以录音形式立的遗嘱,应当有两个以上见证人在场见证;遗嘱人在危急情况下,可以立口头遗嘱,口头遗嘱应当有两个以上见证人在场见证。危急情况解除后,遗嘱人能够用书面或者录音形式立遗嘱的,所立的口头遗嘱无效。

其中应当注意的是代书遗嘱、录音遗嘱及口头遗嘱中遗嘱见证人的身份问题。下列人员不能作为遗嘱见证人:(一)无行为能力人、限制行为能力人;(二)继承人、受遗赠人;(三)与继承人、受遗赠人有利害关系的人。继承人、受遗赠人的债权人、债务人,共同经营的合伙人,也应当视为与继承人、受遗赠人有利害关系,不能作为遗嘱的见证人。

如一公司的老总在生前订立了代书遗嘱,将家产留给儿子,而帮他代书的人是一个生意上的合作伙伴。当时老总也没有想那么多，而这个代书的合作伙伴又恰巧和老总儿子一起成立了一家公司，那么这份代书遗嘱就因违反《继承法》规定的形式要件而归于无效。万幸的是，老总在一次和我们律师在商谈其他工作事宜时，无意间提到了这件事，在律师的建议下，老总另行订立了符合法律要求的遗嘱。

目前，随着计算机的普及，书面文书也多以机器打印的形式出现。于是就出现了打印遗嘱。打印遗嘱与传统自书遗嘱的最大区别是其主文内容由机器打印而成，由于难以判断是遗嘱人自己打印或由别人代为打印，实践中则引起了较多的争议。在上海市审判实践中，打印遗嘱不能笼统地认定为自书遗嘱或代书遗嘱，其法律属性应当结合被继承人是否具有计算机操作能力、遗嘱形成过程等方面来综合予以认定。根据《最高人民法院关于贯彻执行〈中华人民共和国继承法〉若干问题的意见》第四十条，涉及死后个人财产处分的内容，确为死者真实意思表示，有本人签名并注明了年、月、日，又无相反证据的，可按自书遗嘱对待。因此，对打印遗嘱，有遗嘱人签名，注明年、月、日，并能举证证明确为遗嘱人真实意思表示，如遗嘱人有计算机操作能力、有其他材料与遗嘱内容相互印证等，则可以认定为是遗嘱人的自书遗嘱。对一些老年人来说，生前书写都存在困难，更不可能具有计算机操作能力，所以对于他们所立的打印遗嘱，一般法院很难认定为自书遗嘱。而对于代书遗嘱，《继承法》对见证人等有特别的要求，所以这类老年人在订立遗嘱时应对遗嘱的形式等更为关注，以防所立遗嘱成为无效遗嘱。

然而，立了遗嘱后，也不代表就是不可更改、一成不变的。《继承法》规定，遗嘱人可以撤销、变更自己所立的遗嘱。立有数份遗嘱，内容相抵触的，以最后的遗嘱为准。自书、代书、录音、口头遗嘱，不得撤销、变更公证遗嘱。这就产生了一个问题：如果想变更公证遗嘱怎么办？关于公证遗嘱的撤销，建议立遗嘱人应前往公证机关，以公证的形式撤销之前所立的公证遗嘱，然后再订立新的遗嘱。

关于遗嘱的法律要点还有很多，而且根据立遗嘱人的个人情况、意愿，以及不同的遗产类型等，所立遗嘱均有不同。律师事务所作为专业的法律服务机构，在立遗嘱方面有其天然的优势。

十多年前，媒体报道亚洲女富商龚如心病逝后，随即出现其生前订立的两份遗嘱，受益人分别为华懋慈善基金及陈振聪，由此引起一连串的诉讼，至今还会有人谈起。前段时间，媒体又争相报道，澳门赌王何鸿燊妹妹离世留下百亿遗产，一场豪门争产或将开始。对我们老百姓来说，有关独生子女可能无法继承父母房产的新闻也曾引起热议。可见，对家族财富的管理和传承更加需要未雨绸缪。如果具有完全民事行为能力的自然人能适时前往律师事务所进行有关法律咨询，在律师的指导下订立符合法律规定的遗嘱，那么应该可以防患于未然，合理合法地达到家族财富传承的目的。

第六篇

涉外婚姻简要提示

涉外婚姻之法律在身边

01 留学生的离婚之路

肖女士

  我和小李是在外国留学时认识的。刚到国外，面对人生地不熟的新环境，举目无亲的我感到特别孤独。有一次，我在校园里给爸妈打电话，小李刚好从我身边路过，听到我用家乡话讲电话，就在一旁停了下来。等我打完电话，小李就用家乡话问我家住哪，这样我们就聊了起来。结果不聊不知道，一聊才知道我们俩真是有缘。我们原来是读同一个小学的，只是小李小学毕业后，随父母到了外地生活。小李比我大一岁，早我一年到国外读大学。很快，他就带我熟悉了校内校外的一切。认识了小李后，我的留学生活就开始丰富起来，连我爸妈都能感觉到我已经适应了在国外的日子，也很高兴，也不像之前那样为我天天操心了。不久，我和小李就谈起了恋爱。恋爱中，小李对我很好，让我体会到家人的感觉。过年回国时，小李和我一起去见了我爸妈。我爸妈对他也很满意。

  回到学校后，在一次过情人节时，小李向我求婚了。我当然是答应了。不久，我们在国外登记结婚，住在了一起。但是，恋爱是甜蜜的，婚姻却不一定如此。我们俩的感情在柴米油盐的琐碎日子里开始变淡，争吵越来越多。完成学业后，小李留在了当地，我则回国了。我希望他和我一起回来，可他觉得在国外生活是他最大的愿望，既然都留下来了，就不可能回去了。我回国后,刚开始大家还有些联系,过了一段时间,他突然换了电话,我发邮件过去也没有回,其他网上联络的QQ、微信什么的,也把我拉黑了。我不能再这样耗下去了,如今我回国已经五年过去了,可现在我想离婚也找不到他人。而且我只知道他应该一直在国外,具体在哪里居住我也不清楚;但我知道他没有入外籍,还是中国籍,我还知道他家户口在哪。请问律师,这种情况我可以和小李离婚吗?因为是在国外结的婚,必须要在国外才能离婚吗?怎么离呢?我该怎么做?找不到小李也可以离婚吗?

律师解答

你可以通过诉讼来与丈夫小李离婚。先要说明一下,因为你丈夫小李的经常居住地在国外,所以你们的离婚案件应属于涉外民事案件。

如果诉讼,就涉及到管辖问题。《最高人民法院关于适用〈中华人民共和国民事诉讼法〉的解释》规定,中国公民一方居住在国外,一方居住在国内,不论哪一方向人民法院提起离婚诉讼,国内一方住所地人民法院都有权管辖。国外一方在居住国法院起诉,国内一方向人民法院起诉的,受诉人民法院有权管辖。你和丈夫的离婚诉讼完全符合上述规定,你们两人都是中国公民,你丈夫居住在国外,你居住在国内,你可以向你住所地的人民法院提起离婚诉讼。

还有一个法律适用的问题。《中华人民共和国涉外民事关系法律适用法》规定,诉讼离婚,适用法院地法律。你居住在国内,管辖法院即为你住所地的人民法院,当然适用我国的法律。

你们两人虽为自主婚姻,但五年前起,你便回国居住,而你丈夫小李则在国外生活,可以确定你们两人长期处于分居状态,你可以夫妻感情破裂为由提出离婚。对此你可以提供你们的结婚证、相应的公证文书及翻译件等以证明你们结婚的事实，提供你住所地所在居委会出具的居住证明以证明你在国内居住的情况。对于你丈夫小李在国外居住的情况，你可以申请法院查询你丈夫小李的出入境记录予以佐证。

你不知晓丈夫小李现在居住地的详细地址并不影响你们离婚诉讼的审理。人民法院对在中华人民共和国领域内没有住所的当事人送达诉讼文书，可以采用下列方式：（一）依照受送达人所在国与中华人民共和国缔结或者共同参加的国际条约中规定的方式送达；（二）通过外交途径送达；（三）对具有中华人民共和国国籍的受送达人，可以委托中华人民共和国驻受送达人所在国的使领馆代为送达；（四）向受送达人委托的有权代其接受送达的诉讼代理人送达；（五）向受送达人在中华人民共和国领域内设立的代表机构或者有权接受送达的分支机构、业务代办人送达；（六）受送达人所在国的法律允许邮寄送达的，可以邮寄送达，自邮寄之日起满三个月，送达回证没有退回，但根据各种情况足以认定已经送达的，其间届满之日视为送达；（七）采用传真、电子邮件等能够确认受送达人收悉的方式送达；（八）不能用上述方式送达的，公告送达，自公告之日起满三个月，即视为送达。

因为你丈夫小李仍为中国国籍，在国内有户籍地的。你需要通过律师查询到他的户籍信息，由法院向其户籍地送达法律文书。如果法院采用其他方式不能送达的，可以公告送达。你要预先支付一定金额的公告费用。公告期满，视为送达。如果经用公告方式送达诉讼文书，公告期满你丈夫小李不应诉，人民法院缺席判决后，仍应当将裁判文书依照民事诉讼法有关规定公告送达。自公告送达裁判文书满三个月之日起，经过三十日的上诉期当事人没有上诉的，一审判决即发生法律效力。

02 外籍夫妻财产关系的法律适用

苏先生

我是来替我表舅问的。我表舅现在算是外国人,他小时候和父母去了国外,就在那里结婚、生子。改革开放后,他开始回国做生意,之后就长期在上海生活了。他老婆和儿子在国外、上海两边都住的,但不常住上海。而我因为是我表舅在上海唯一的亲戚,来往就比较多一些。我表舅比较有投资眼光,那时候上海房价还没有涨,他就在市中心买了一套商品房。那时,我表舅忙着做生意没时间,所有买房子的事都是他老婆在弄,产权就登记在他老婆一个人名下。我表舅那时候和他老婆关系蛮好的,也没在意。这几年,我表舅的儿子也大了,有了自己的家庭,而我表舅和他老婆的关系反而不好了。我觉得可能和长期两地分居有关系。我表舅总是想着落叶归根,要在上海养老。但他老婆是外国人,不愿定居在上海生活。为这事,他们两人吵了好几次。有一次吵得特别厉害,我表舅老婆竟说,那套登记在她名下的房子是她一个人的,和我表舅没有关系。我表舅当时就气得把手里的杯子都摔到了地上。这件事在我表舅心里成了一个心病。前段时间,我和我表舅一起吃饭时,他就和我说了这事。我表舅还说,他老婆说因为他们都是外国人,关于这个房子不是按这里的法律,算是夫妻共同财产,而是按外国的法律,是属于她一个人的。现在,他老婆就逼我表舅回去,要不然,她就把房子卖了,钱也是她一个人的。我表舅呢,还是想留在上海,他认为这套房子都是他赚的钱买的,应该属于夫妻两个人的财产。所以这次我来问一下,这套房子在上海,产权人是外国人,产权应该是按照我们这里的法律，还是按外国的法律来定呢？

律师解答

　　《最高人民法院关于适用〈中华人民共和国涉外民事关系法律适用法〉若干问题的解释（一）》规定，民事关系具有下列情形之一的，人民法院可以认定为涉外民事关系：（一）当事人一方或双方是外国公民、外国法人或者其他组织、无国籍人；（二）当事人一方或双方的经常居所地在中华人民共和国领域外；（三）标的物在中华人民共和国领域外；（四）产生、变更或者消灭民事关系的法律事实发生在中华人民共和国领域外；（五）可以认定为涉外民事关系的其他情形。由于你的表舅及其妻子均为外籍，这套房屋产权登记于你表舅妻子一人名下，依据上述规定，你表舅与其妻子关于这套房屋所有权之纠纷，属于涉外民事关系范畴，是《中华人民共和国涉外民事关系法律适用法》的调整范围。

　　目前，他们夫妻是对这套房屋的权利归属有了纠纷，从形式上看是对不动产权属的确认之诉；但实质上，你表舅基于与妻子的婚姻关系而要求确认这套房屋归两人共有，是因婚姻关系所产生的财产争议。处理夫妻财产关系的法律冲突时，夫妻双方可以协议选择调整夫妻财产关系的法律。夫妻双方未选择的，适用共同经常居所地法律；没有共同经常居所地的，适用共同国籍国法律。如果你表舅与妻子没有协议共同适用的法律，那么应当依据《中华人民共和国涉外民事关系法律适用法》的规定首先适用共同经常居所地法律；没有共同经常居所地的，选择适用共同国籍国法律。如果你表舅有证据证明他和妻子共同经常居住地在上海的，那么可以适用我国的法律。

　　《最高人民法院关于适用〈中华人民共和国涉外民事关系法律适用法〉若干问题的解释（一）》规定，自然人在涉外民事关系产生或者变更、终止时已经连续居住一年以上且作为其生活中心的地方，人民法院可以认定为《涉外民事关系法律适用法》规定的自然人的经常居所地，但就医、劳务派遣、公务等情形除外。按你所述，你表舅常住在上海，而其妻子长期在国外居住，那么如果你表舅提起诉讼，要求确认这套房屋为夫妻两人共有，实体法律应优先适用国外的法律，而非我国法律。

03 外国籍的父亲所留遗嘱的效力

侯先生

我爸离开中国到国外去的时候，还没有和我妈离婚。我妈一直盼着有一天我爸能回来，再加上我年纪还小，我妈怕再婚后对方对我不好，就一直没有再婚。那个时候，我和我妈相依为命，日子过得真是苦。我妈最怕我生病，她一个人是又当爹又当妈，把我拉扯大是真不容易。小时候，我问我妈，我爸去哪里了。我妈一直说我爸去了很远的地方，总有一天会回来的。然而等我再见到我爸的时候，我妈已经因病过世了。我爸在国外的时候，又结了婚有了老婆，只是他们没有孩子。我爸找到我后，就打算在中国生活了。那个时候还没有限购，我爸就买了一套房子，产权登记在我爸一个人名下。买了房子后，我爸就长住在这套房子里，而我爸国外的老婆不是中国人，身体好的时候，她还在国内住过一段时间，后来说身体不好，就不怎么来国内住了。所以我爸就一直是我在照顾。我爸可能觉得年轻时对不起我，对不起我妈，对我是特别好。当然我对他也还可以，让他享受到天伦之乐。在我爸去世前，他拿出一个信封给我，说是让我在他过世后再打开。这件事，我从来没有和别人说过。我爸走了以后，后事都是我来操办的。我爸的老婆什么也不管,一分钱也不出。等这些事全部弄完后,我爸的老婆就来和我谈了,她提出要继承我爸名下的那套房子,她的意思是房子归她,她给我二十万,算是感谢这么多年,我对我爸的照顾。我在我爸走了以后,就打开了那个信封,里面是一份遗嘱,上面写得很清楚,确认我爸为这套登记在他名下房屋的所有权人,房屋归他一人所有;我爸死亡后,这套房屋由我,他唯一的亲生儿子来继承。但我看这个字不像是我爸写的,在这份遗嘱上有我爸的签名,有他老婆的签名,还有两个见证人。我想来问问律师,我爸和他老婆都是外国国籍,他们在国外结婚时,和我妈还没有离婚,他们的婚姻有效吗?如果无效的话,是不是我爸的老婆就无权继承我爸的房子呢?另外,如果要为继承这套房子打官司的话,法院是按我们国家的法律来吗?我爸立的这个遗嘱有效吗?

律师解答

你提到的这些问题,如果是诉讼,首先就要确定相关事项应适用的法律。因为作为被继承人你的父亲,以及你父亲的配偶为外国国籍,所以有关继承等应为涉外民事关系。《中华人民共和国涉外民事关系法律适用法》规定,对于夫妻人身关系,应适用共同经常居所地法律;没有共同经常居所地的,适用共同国籍国法律。法定继承,适用被继承人死亡时经常居所地法律;但不动产法定继承,适用不动产所在地法律。遗嘱方式,符合遗嘱人立遗嘱时或者死亡时经常居所地法律、国籍国法律或者遗嘱行为地法律的,遗嘱均为成立。遗嘱的效力,适用遗嘱人立遗嘱时或者死亡时经常居所地法律或者国籍国法律。不动产物权,适用不动产所在地法律。

对于你父亲与其妻子的婚姻关系是否有效的问题,依据上述规定,他们是否存在合法夫妻关系应适用共同国籍国法律,如果他们所在国家认可他们两人存在合法夫妻关系的，那么他们的婚姻关系应为合法有效。在这种情况下，你以你父母的婚姻关系未解除，来要求确认你父亲与其现在配偶的婚姻关系无效，一般很难得到法院的支持。

关于你所持的遗嘱的效力问题，依据上述规定，你父亲所立遗嘱是否具有遗嘱效力，可选择适用你父亲立遗嘱时，或者死亡时的经常居住地法律或国籍国法律，即可以选择适用我国法律或你父亲国籍所在国法律。按我国法律来认定的话，依你所述，这份遗嘱不是父亲亲笔所书，那么就不是自书遗嘱。这就要看这份遗嘱是否属于代书遗嘱。如果这份遗嘱是你父亲的妻子代为书写，按我国《继承法》的规定，继承人，与继承人、受遗赠人有利害关系的人不能作为遗嘱见证人，因此如果遗嘱是你父亲的妻子代书，则这份遗嘱不符合我国《继承法》对代书遗嘱形式要件的要求。如果这份遗嘱是在遗嘱上签名的其他见证人所书，那么诉讼时，你可以申请其他见证人出庭作证，以证明遗嘱的形成等符合法律规定。另外，你还可以提供证据证明这份遗嘱符合你父亲国籍国的相关规定，这样法院也应认定这份遗嘱的成立。若法院经审理认定这份遗嘱无效的，那么对于你父亲的遗产应按法定继承来处理，依据上述规定，即按法定继承适用我国法律。

另外要再强调一下，对于这套房屋还存在权利归属的认定，即要看这套房屋是属于你父亲和其妻子的夫妻共同财产，还是属于你父亲的个人财产。依据《中华人民共和国涉外民事关系法律适用法》的规定，夫妻财产关系，当事人可以协议选择适用一方当事人经常居所地法律、国籍国法律或者主要财产所在地法律。当事人没有选择的，适用共同经常居所地法律；没有共同经常居所地的，适用共同国籍国法律。如果按我国的法律规定，就要说到你手中的这份遗嘱，即使这份遗嘱的效力未定，但如果在这份遗嘱上，你父亲和其妻子都签字确认的，从遗嘱中你父亲"为这套登记在他名下房屋的所有权人，房屋归他一人所有"的内容看，可以认为这是他们夫妻对婚姻关系存续期间取得夫妻共同财产权属的约定，即这套房屋归你父亲一人所有。

04 涉外姻缘尽了之后的抚养费之争

姚女士

我前夫是外国人，我们是在上海认识、在上海结的婚。我们恋爱时，他已经在上海待了好多年了。别的不说，我前夫的事业还是很不错的，他自己有好多个公司，不光在上海有，外地也有。我们结婚后，他就不让我上班了，安心在家做个全职太太。我当时被爱情冲昏了头，以为像歌里唱的那样，他真的会和我一起慢慢变老，直到老得哪儿也去不了，他还依然把我当成手心里的宝。我按我前夫说的辞了职，一年后，我们有了第一个宝宝。又过了两年，我们有了第二个孩子。一个男孩，一个女孩，大家都夸我有福气。我单纯地以为我们一家四口的幸福时光会就此延续下去。没想到我前夫在一次出差后，突然和我提出离婚。我问他为什么，他也不解释，只是说条件随便我开，他只要离婚。我当然不同意。他就很强硬地和我说，如果我不同意他就去法院起诉，房子和钱都是他赚的，我一分钱也分不到；如果我同意，他会给我一套房子，孩子由我抚养，他每个月给我 8 万元作为孩子的抚养费。之后，他就离开了家。临走时，给我留了一句话：如果同意离婚，给他打电话。我以为他只是说说，因为他还是很疼爱两个孩子的，可是他真的再也没有回来过，而且一分钱也不给我。我看他是铁了心，就同意和他离婚。我们去了民政局协议离婚，就按我们商量的内容，签订了自愿离婚协议书，约定：婚后我们居住的那套房屋归我一人所有，我前夫再给我 200 万元；两个孩子都由我抚养，我前夫每月给 8 万元的抚养费；我必须保证我前夫每个月有 8 天的探望时间等等。离婚后，我前夫按约定给了我 200 万。每个月我从我前夫指定的公司领取抚养费，都是从公司走账的。但是从前段时间开始，我前夫和我说，公司经营不好，他拿不出来那么多抚养费，两个孩子的花销，我也要承担一半。他说他算了一下，每个孩子一万元足够了。我肯定不同意，都写了协议，怎么还能变呢？而且我前夫开了不止一个公司，怎么可能说没钱就没钱呢。而我前夫这次又威胁我，说如果我不同意，他就去打官司，他不光要减少以后付的抚养费，而且之前付的他也可以要回来。我就想来问问律师，就因为这个抚养费的事，我前夫可以在上海起诉吗？他和我们的孩子都是外国国籍，打这个官司从法律上有什么说法吗？如果我前夫打官司，法院按他要求判决的可能性大吗？

律师解答

根据《中华人民共和国涉外民事关系法律适用法》规定，父母子女人身、财产关系，适用共同经常居住地法律；没有共同经常居住的，适用一方当事人经常居住地法律或者国籍国法律中有利于保护弱者权益的法律。虽然你前夫和两个孩子是外国国籍，但他们的经常居住地为中国，故可以适用中国法律处理关于抚养费的纠纷。

根据《中华人民共和国婚姻法》的相关规定，离婚后，一方抚养子女的，另一方应负担必要的生活费和教育费的一部或全部，负担费用的多少和期限的长短，由双方协议，协议不成时，由人民法院判决。如果你丈夫就抚养费降低提起诉讼的，那么他应提供相应的证据证明。而且这些证据应符合客观事实，且不存在弄虚做假的内容，足以证明他存在经济困难等。如果他只是提供了一些自己掌控公司的证明等，没有确凿的证据，仅是以收入减少为由而主张降低抚养费，一般很难得到法院的支持。

后 记

上海市申房律师事务所自1997年创建以来,一直秉承"申明执法为民、房系百姓冷暖"这一宗旨,以期为广大群众提供最优质、最专业的法律服务。经过二十多年承办各类婚姻家庭纠纷案件的积累,掌握了大量具有指导意义的案例,也让我们萌生了一个想法:通过编写一本面向大众的案例法律书籍,帮助读者更便捷地了解身边的法律和规定,从而普及法律常识、提高群众对法治的信仰。

为便于读者能在最短的时间内找到所需了解的法律知识,本书在结构编排上以日常生活中婚姻家庭关系所涉及的主要法律关系为主要框架,根据不同的适用"场景"进行章节编排,通过故事案例的形式将法律适用融入其中。

本书的完成要特别感谢华东政法大学叶青校长、上海文化出版社姜逸青社长。在本书撰写过程中他们不吝赐教,提出了很多宝贵意见;从结构编排到内容的完善,他们都不厌其烦地给了我们很多有益的建议,这使得本书撰写在遇到瓶颈和困难时,问题能够很快迎刃而解。没有他们的帮助,本书难以如此顺利地出版面世。

由于本书完成的时间仓促,内容中难免存在一些错漏,敬请广大读者批评指正!

孙洪林　孙鸣民

2019年6月